襁褓里的"中国"

Qiangbao li de Zhongguo

冯精志 著

21 二十一世纪出版社集团
21st Century Publishing Group

图书在版编目（CIP）数据

褯褓里的"中国"/冯精志著 . -- 南昌：二十一世纪出版社集团，
2016.4（2021.4重印）

ISBN 978-7-5568-1725-2

Ⅰ.①褯… Ⅱ.①冯… Ⅲ.①仰韶文化—通俗读物Ⅳ.
① K871.13-49

中国版本图书馆 CIP 数据核字 (2016) 第 072498 号

褯褓里的"中国"

冯精志 / 著

策　　划	张　明	
责任编辑	周天明　敖登格日乐	
出版发行	二十一世纪出版社集团	
	（江西省南昌市子安路 75 号　330009）	
	www.21cccc.com　cc21@163.net	
出 版 人	张秋林	
经　　销	新华书店	
印　　刷	廊坊市瑞德印刷有限公司	
版　　次	2016年11月第1版　2021年4月第2次印刷	
开　　本	720mm×1000mm 1/16	
印　　张	27.25	
字　　数	401 千	
书　　号	ISBN 978-7-5568-1725-2	
定　　价	50.00 元	

赣版权登字—04—2016—191

如发现印装质量问题，请寄本社图书发行公司调换 0791-86524997

目 录

1

较长的楔子：郁积四十余年的心事

看了本书的标题后，有的读者可能弄不懂是啥意思。其实，这本书谈的是一个老旧的话题，也就是黄河中下游的一种最为重要的新石器时代文化，它被称为仰韶文化。仰韶文化于1921年在河南渑池县仰韶村首次发现，持续时间在公元前5000年至公元前3000年，也就是距今有六七千年了。回顾这种老掉牙的文化有何等意义？简而言之，后人得以通过这种文化，稍许观察到一点"中国"初生之际的模样。

简单地说，我之所以关注仰韶文化，是由于我在河南渑池县当过兵。按说，我当兵那会儿就可以去仰韶村看看，却一直没去成。至于为什么没去成，得从头说起。而这个"头"，得追溯到40多年前。

我是1968年春入伍的，在野战43军陆军127师步兵380团1营1连1排1班当战士。刚下连队驻广东韶关，没多久移防湖南岳阳。

那时适逢"文革"，各地武斗激烈。说起武斗，现在的年轻人或许不明白咋回事。武斗是对立的群众组织干仗，既不是吐沫喷张耍嘴皮子，也不是抡着拳头打群架，而是用从部队抢来的枪支弹药相互瞄准射击，甚至对着甩手榴弹。总体而言，武斗介乎于械斗与战斗之间。这种事大面积发生，如果放到别的国家，估计算得上内战。

一次，两派群众组织准备武斗，我们接到命令，赶到现场让双方缴出枪支弹药。甭说了，群众组织对当兵的横的要命，根本不予理会。二班副班长姓陈（忘名了），看到造反派头头脖子上吊着两颗手榴弹，就凑过去拉呱，扯了没几句，对方松弛了，老陈趁机一把抓住手榴弹，拧开后盖，右手小拇指迅速伸进弹环。刹那间，对方感到不对劲儿了。老陈接着一通瞎诈唬："依我看，眼下这事只能用两种办法解决，你任挑其一。要不，我们收走枪支弹药，咱们相安无事；要不，我这小拇指一钩，

1

3.7秒后手榴弹爆炸。不要忘了，手榴弹挂在你脖子上呢！"那造反派头头登时吓得脸色煞白，老陈随即把瞎诈唬推向极致，扭脸高喊："卧倒！"我们立即齐刷刷地卧倒。那小子不再犹豫，嘶哑地喊道："把武器交给解放军，咱们撤！"他的手下还算听话，即刻照办。

武斗此起彼伏，不时地有群众组织找上门来，要求"借用"连队的枪支弹药，甚至放出话来，不借就抢。一天傍晚，连长唐怀智在晚点名时出了个情况："一旦造反派冲进来，咱们怎么办？"不少战士举起手臂，攥着拳头，高喊："把造反派赶滚蛋！"

老唐干笑一声，而后冷冷地说："对于同志们表示的决心，我的回答是两个字和五个字。两个字：放屁！五个字：放你娘的屁！"接着吼道："现宣布连队党支部决定，一旦造反派冲进来，同志们务必保持镇定，打不还手，骂不还口。被服让他们抢，但是，你们都要给我记住，一支枪、一颗子弹都不能被他们抢走！"这话，全连战士听了面面相觑，每人都心惊肉跳的。事后一琢磨，话糙理不糙，连长说的是对的。

没多久，我们从湖南岳阳移防广西桂林，驻扎在桂林郊区的奇峰镇。在奇峰镇住了没几天，我们一大早出发，急行军到山里。在营房里，北方兵和南方兵的区别不大明显，而到了野外条件下，差距出来了。午饭后，广东老兵砍了些竹子和木头回来，叮叮喔喔地干了一下午，傍晚时营房建成，有连部、宿舍、饭堂，而且每人一张竹床。我们北方兵看到这些直发傻。要知道，那些广东老兵几乎是两手攥空拳呀。

我们去的那座山里，工程兵用炸药炸出条坑道，剩下的活儿轮到步兵上，在坑道里被覆大型工事。全连分为三班倒。我在坑道外，拿着把大方锹，装搅拌过的混凝土，这个单调动作一干就几小时，中间匆匆拨拉几口饭。那些日子，我每周只大便一次，原先以为就我这样，没想到别人和我差不多，吃的那点东西被充分吸收了，没什么可排泄的。

当兵的不怕累，吃的差不离儿就行，而连里伙食差。一天，全连吃午饭时，一头野猪蒙头蒙脑闯进饭堂。几个老兵反应快，端枪上刺刀，大呼小叫地劈刺过去。野猪挨了几下，皮厚，没啥事儿，晃晃獠牙，撒腿往外跑。有个叫苏世达的老兵攥着颗训练弹，野猪擦腿而过，瞅准了狠砸天灵盖，它吭哧倒地。大家那个乐呀，这下可以改善生活了。这时，

2

一伙农民呼哧呼哧跑来，说野猪是他们从山里撵出来的。全连一听，傻了。连长老唐平素不抽烟，这时跟老兵要了支烟，蹲在地上，闷头抽了几口，而后站起，扔了烟屁股，往外挥了挥手。全连默默地看着农民把野猪抬走了，啥话也不说，相互苦笑一下，又上山干活儿去了。

被覆坑道那些日子里，我加入连队报道组。夜晚，哥儿几个趴在铺板上，就着煤油灯写稿，写啥呢？我们干的是国防工程，一个字不准外露，就写干活儿的人，再不就写走村串寨遇到的新鲜事儿。我写的小稿件陆续在广州军区《战士报》上刊登，都是些肥皂块儿或豆腐块儿。团里知道了，把我抽调到桂林市三支两军办公室写材料。

三支两军办公室驻榕湖饭店，由于武斗，柬埔寨西哈努克亲王曾住过的一幢小楼的一半被炸塌了，另一半没塌，但当面那堵墙炸没了，室内景象袒露着，床上铺着平平展展的床单，茶几上有个花瓶，插着的花依旧鲜艳如初，就像服务员刚打扫过。这事我对不少人说过，没人信，都说楼的一半炸飞了，另一半毁得没样了，室内不可能原封不动。我说你们毕竟没有经历过，在那种扭曲状态下，什么怪事都可能发生。

1969年春，黑龙江那边发生珍宝岛事件，中国边防军击退苏联边防军，双方互有死伤。中苏关系本来就僵，而且两国的民族自尊心都挺强，事件后，双方剑拔弩张，像是要动真的。

当年初冬的一个早上，团政治处宣传干事谭必仁匆匆赶到榕湖饭店。他过去是桂林步校的战术教员，长得挺帅，常带着学员给参观的外国军事代表团做战术表演，很给解放军挣脸面。他从政治处拿了台破相机，拽我去照相。我俩到每个景区，喊哩喀喳几下，掉头就走。转了几个景区，我不乐意了，既然是玩儿，你急个什么劲儿？他四下看了看，小声说，为什么拽你出来照相？知道吗，要调防了。我心里一惊，小道消息吧，去哪儿？他说，北方。我乐了，好啊，我是北方人，就想回北方。他一撇嘴，你还别美，调防到北方，是准备打仗的。

几天后，我接到归队通知，赶回连队就得知，有几位兄弟被坑道塌方砸死了，其中一个是和我在团里一块打球的广东老兵（多年后看CBA，广东接连拿全国冠军，我一点也不奇怪，我在团里打球时就深知，别看老广个头不高，但对篮球的悟性特别高）。全连玩儿命干了几天，扫尾工作刚结束就收拾行囊，在附近一个小站上了军列。

军列向来不被待见，不管碰到什么车通过都得让路，在岔道等，也不知道等多久。就这么着，走走停停，磨磨蹭蹭三四天。闷罐车没有车窗，谁都不知道路过哪儿了。一天夜里，通知我们到地方了。

下车了，只见成排的大杨树映衬在夜幕中，这种景象是北方特有的。那时如果不是严冬，而是长树叶儿的季节，夜风掠过，树上挂着的叶子会唰唰啦啦地响。如果真的是那样，北方兵会张惶地扭脸寻找这种熟悉的声音是打哪儿来的，随后，哥儿几个会泪眼婆娑地搂抱起来，念叨着：娘的，可算回来了。但在严冬，这一景象不可能发生，我们在车下懵懵懂懂站着，不知道到的是哪儿。问连长，老唐一样懵懂。

列队，清点物品，走了十来里，到了片平房，各房间一样，一色大通铺，匆忙洗漱睡下。第二天起床后，看见不远处有座高炉，附近有工人在干活儿。我们过去问，这是哪儿？他们说是河南渑池县钢铁厂。

渑池！敢情，我们到的是个有说头的地方。

渑池县有个仰韶村。仰韶村火过一阵儿，后来由于方方面面原因，不那么火了。但不管怎么说，它依然是中国史前史的门脸儿房。

那时，国人文化程度普遍不高，在连队里，高中生就算"知识分子"了。在我们连，我是北京师院附中的老高三，还有来自广东新会、斗门、台山以及湖南涟源等地的高中生。不管怎么说，高中生比初中生知道的事情多点儿。一天，大伙儿凑到我在的一班宿舍开碰头会，听说仰韶村离连队的驻地不算远，打算抽个空去看看。这事儿就算说妥了，去仰韶村，看仰韶文化！"知识分子"们拍屁股跳脚的嚷成一片。

但是，谁都没去成。两天后，连长发话，每人给家里写封信，有什么要交代的尽量写清楚，上缴后由文书统一保管。连长不说写信目的，而在那时，即将开战的气氛浓烈，我们之所以从广西北上，是准备在战场上过招儿的，给家里写的这封信，是上战场前留下的遗书。在这种情况下，除了军训，其他所有"雅兴"都狗屁不是了，不能想了。

1970年初的一天，晚饭后全连集合去团里听传达命令，我是一班长代理一排长，留下站哨。不大会儿，连队回来，几个战士见到我，相互做了个鬼脸，异口同声地叫我冯干事。我说："甭他妈乱开玩笑，我是你们的班长，不是干事。"这下，他们认真了，说刚才全团集合宣布命令，你被提拔到团政治处担任新闻干事。不大会儿，连长和指导员跑来，通知我明天到团政治处报到。就这样，我离开了红一连。

到了政治处才知道，机关的弦比连队绷得还要紧，司政后人员外出一律佩手枪，带两弹夹子弹。为防止走火，不上膛。一天，一连指导员到团里开会，会后我请他吃饭，在渑池火车站旁的饭馆里点了个炒鸡蛋。做饭的老人一气儿磕了十几个鸡蛋，加葱花炒了老大一盘。吃饭时，老人围着我俩转悠，不时用掌边蹭眼眶，像在悄悄流泪。饭后付款，老人死活不收。我感到诧异，问他咋回事，他指指我腰间的手枪："快打仗了，你们将要为国捐躯，这笔饭钱算我这小店儿犒劳的。"那时鸡蛋5分钱一个，我没吭气儿，掏出几元钱强塞到他手里，扭头就走。出了饭馆，我和那老兄相互看了看，都想扯着脖子嚎两嗓子。闹了半天，在渑池百姓眼中，我们这些打南边北上的兵，明儿个就"光荣"了。

附带说说，最近偶然看到本书，是解放军文艺出版社出版的《十大王牌军》，翻了翻目录，排在"十大王牌军"首位的是我们43军，而排在43军首位的，则是我们127师。43军127师既然承载了这么高的荣誉，一旦有了紧急情况，就要在战场上说出个子丑寅卯来。

大练兵开始了，反复演练反坦克、反空降。训练中，听了场珍宝岛自卫反击战报告，报告人说，在珍宝岛打扫战场时发现有的苏军阵亡士兵没有穿内裤，光腚套棉裤。说到这儿，报告人不自在，听者黯然。对于可能发生的战争，中国军人心情复杂。苏军在中国东北消灭了关东军，是我们尊崇的军队。干吗呀？咱哥儿俩谁跟谁呀？但是，沙俄从前清掠走几百万平方公里国土，清廷压根儿没敢吱声儿。而在眼下，为了个巴掌大的小岛，我们准备以命相搏。这就是新中国！

几个月后，我调到师政治部宣传科，驻洛阳新安县。1971年7月的一天，晚饭后我们一帮参谋干事遛弯儿，碰到师长张万年。照例，我们敬礼后就走，师长却把我叫住了，问了一句：想北京吗？我照实说，哪个当兵的不想家。师长笑了笑，再没说话。我挺纳闷儿，问我这干啥？几天后干部科通知我调往军政大学（后更名国防大学）。"文革"把军事院校折腾得够呛，有的散摊儿了，没散摊儿的散了架子。混乱刚消停，解放军高等军事学院、政治学院、后勤学院混编为军政大学，严重缺编，从各军区紧急抽调干部。我就是搭这趟便车回的北京。

数年后爆发对越自卫反击战，我在北京留意着前方的消息，得知127师从河南开回广西，进入越南北方后连续穿插，打得勇猛。我往往拿着报纸就回想过去，在五通打坑道时，给我们发了北越步兵那种豆绿色军装，准备入越与美国佬作战。结果那时没有和美国佬打成，这会儿却和越军打了一场。此一时彼一时，不由产生了沧桑之慨。

80年代中期，我转业了，在人才杂志社担任主编，每天忙得连轴转，哪有时间回老部队。几次出差在陇海线乘车，特快列车过渑池县这样的小地方不停车，我只能透过车窗，远远看看县城的模样。

2012年春，我已退休，在中科投资公司帮忙，逮到个机会去三门峡谈项目，而渑池是三门峡下属县。下火车后，市政府接待办刘廷福主任接站，说了几句就问："冯老师过去是127师380团的？"我一愣："你咋知道的？"他说："网上查的。办完事后想去哪儿转转？"我说："回380团老连队看看，而后……喷喷……看看仰韶。"

刘廷福主任就这么安排了，谈完项目就去渑池。当晚，渑池县委书记请客，席间进来两名军官。县委书记对我介绍说："这位是380团政治处林主任，那位是团后勤处长，团长和政委外出学习，他俩代表380团来看你。"我急忙起身，过去和他们握手，张嘴就说："我原先是一连的。"刚说到这儿，就觉察到同行者从后面使劲拽了我几下。我当然知道他们为什么拽我，是要让我注意控制情绪。而我在那时并不想控制什么情绪，只任凭刹那间泪眼朦胧。

第二天，林主任带我回一连。到连队一看，鸟枪换炮，从枪械到被服，比过去强多了。进了士兵宿舍，我凑近，弯下腰看那些当兵的，看哪儿？看脸。每个时代有每个时代的脸。我感到这茬儿士兵的脸上少了些啥，啥呢？承受力。不客气地说，曾经压在我们那茬儿士兵肩上的重担，这茬儿士兵未必能够消受。我怀念自己当兵的那个年代，而且觉得那时的我们更有个军人模样。

随后，林主任带我进了1班宿舍，我在班长铺位上坐下。团政治处摄影干事赶紧跟过来，喊哩喀喳地抓拍。在这一刻，年过六旬的我，恍惚间觉得自己依旧是1营1连1排1班的老班长。

离开老连队后，县文化局方局长带我们去仰韶村。到了那儿才知道，村子里没有啥看头，农民普遍盖了新房，当年积淀的那种上古气氛早已消失殆尽，想找那种"味儿"，没戏。

那是我第一次去仰韶村，无论看到些什么或说了些什么，都次要，只觉得心里发烫、发紧。这是我和战友们多次相约来的地方，只是那时我们身上的每个细胞都在准备打仗，愣是谁也没来成。

每个当兵的都有风华正茂的日子，在我的青春中，最撒欢儿的那段日子并不在两广和湖南，而在这儿。时下，我那些一块拼打、生死与共的战友们已天各一方，风云流散了。好啦！弟兄们，我总算到仰韶村转了一遭，该看的都看到了。那天离开仰韶村时，我就像卸掉一桩多年来挥之不去的心事。

那时，我并没想就仰韶文化写本书。至于后来为什么想写本书了，是和三门峡政府一位女同志聊天引起的。这事儿得说说。

三门峡市有个大鹏酒店，坐落在湿地里。湿地中湖汊纵横，水泊相连。我家在北京西北郊圆明园遗址公园附近。从大鹏酒店客房窗户望出去，那种淡雅悠闲的景致让我想起了圆明园遗址公园。

一天，三门峡市政府接待办的陈洁来了，是个年轻女同志，说了活动安排后，坐下和我聊了几句。

我指着窗外说："三门峡不错，这种湿地可不是哪儿都有的。"

顿时，她喜上眉梢，美滋滋地说："湿地公园的确不错，我在工作中接待过不少人，大家都这么说。"随即，她的脸色阴郁下来，嘟嚷了一句："但是，也有些人不把我们三门峡放在眼里。"

我问："这是怎么回事？"

她说："其实是件小事，小到不足挂齿。我在郑州上大学时，有个男生问我是哪儿的人。我告诉他，我的家乡在渑池县，属三门峡市。三门峡？那男生呆呆想了一阵，才说：噢，想起来了，三门峡在豫西那片山沟里。听他这么说，我当即就不干了，对他说，别看我的家乡在山沟里，但仰韶文化在我们那儿，三门峡大坝也在我们那儿。"

我笑了："没想到，有人小视你的家乡，你的反应会这么激烈。"

她说:"我热爱家乡,并不仅仅因为这片土地生我养我,还有分量更重的东西。三门峡市是座移民城市。在这个城市里,操哪儿的口音的人都有,人们不都是在这里出生成长的,而是来自四面八方,在浓重的'移民文化'影响下,不约而同地把这里当作自己的家乡。"

说到"移民文化"了,我想起了美国。美国是个典型的移民国家,保持着一个长盛不衰的电影品种,就是人们耳熟能详的西部片,西部片说的是什么?说当年来自欧洲的移民是如何开发西部的。三门峡也是移民城市。当年建设三门峡大坝,吸引了大量水利水电事业的精英和非精英,他们来了,建设了大坝,而后就不走了。他们的后代今天继续在建设三门峡。半个多世纪以来,父一辈子一辈以至孙一辈的移民们,在三门峡上演着一部"西部片",这是一部多么宏大的史诗。

我说:"知道吗,你的这种感觉挺耐琢磨。就拿北京来说,老北京们自诩'八辈儿半老北京'。但在北京人口构成中,'八辈儿半老北京'其实不多,也就占北京居民的十分之一二,绝大部分是外来人口,却没有谁认为北京是座移民城市。三门峡人为什么会这样想?"

"为什么?为什么?"她托着腮想了想,突然间有些动情,"有一阵子,我也在问自己,为什么来自不同省的人把这里当家乡?后来我总算想明白了。因为建设,因为劳作,因为生计,因为奋斗,因为来自天南海北的人们把心血抛洒在这儿了,因为来自五湖四海的人们把身家性命寄托在这片土地上了。"她在大学毕业后,曾经担任过仰韶文化博物馆的解说员,这种职业养成,使得她说话有一种韵律。

我说:"你说的这种感触挺重要,有故事吗?"

她说:"我从大学毕业后,先回渑池县,分配在仰韶文化博物馆里工作,最近才调到三门峡工作,那段苦日子没赶上。听老同志们说,三门峡大坝建成后,岸边浸润出大片湿地。湿地,如果仅仅听名字,仿佛带着点诗意,而早先就是延绵不断的沼泽,乱糟糟地长满芦苇。没有航测手段,没人知道芦苇荡里是什么样的。原先也就那么瞎凑合了,而在三门峡大建设开始后,现实摆在市委和市政府面前。为了摸清湿地的底里,就要有人闯进芦苇荡里看看,否则,后面的事情无以进行。谁打头炮?有的同志不由分说,就一头闯进了芦苇荡。那时,不知有多少人为他们捏着一把汗，没人知道他们会不会陷进沼泽，没人知道他们会不会遭受意外,再说重点,就没人知道他们还能不能活着回来！老同志们说了，在那些日子里，哪个闯进茫茫湿地的干部不是拉家带口的，而哪个拉家带口的干部不知道自己有可能撇家舍口、一去不回。他们就是这么的义无反顾。舍生取义、杀身成仁那些事，在战争年代中有过，而在和平建设时期，这种人又在我们三门峡涌现出来了。"

我说："我来三门峡没几天，却感到这座城市憋着股劲儿，面对这种形势，我要听三门峡人是怎么想的。接着，说说你自己。"

"我?"她有些愕然，"我一个小萝卜头儿有啥好说的。"

我说："想到哪儿就说到哪儿。"

"我嘛……"她沉吟片刻，才说："在外人看来，我有个挺令人羡慕的工作，安逸、干净、体面，每天穿着女人们喜欢的那些漂亮衣服，来往于机场、车站、宾馆、酒店，和各路来宾们洽谈，待遇不低，活儿不重。但是，隔三岔五，安静下来，我就会问自己，三门峡在寻求机遇，三门峡在摸索道路，三门峡在拼！而我呢，我在做什么？我的同学们和朋友们在第一线忙得连轴转，我觉得，他们才是建设大潮中的弄潮儿，与他们相比，我只能算处在第二线的，处于他们的后方……我、我，我真的想一头扑进这个大潮！"她的手不由托起了额头。

至此，我和她没法儿聊了。知识女性往往敏感，容易冲动，她每天每时被波及三门峡每个角落的"移民文化"浸染着，激荡着，无时无刻地感受着这种文化的清纯和正直，聊到情切处，有可能会哭出声来。

就此，这个话题打住，只能扯点别的话题了。我随口问："你过去在仰韶博物馆工作，对仰韶文化怎么看？"

我本以为，她会像头前儿那样振奋起来，却没想到，对我这个问题，她一脸子无所谓，淡淡地说："至于仰韶文化嘛，雷声大，雨滴小。早先挺热闹的,而这么多年过去了，仰韶村一带并没有挖掘出多少像样的东西，没有多少好说的。"

听了这话，我脑瓜里顿时涌现出另一幅画面：当年，在渑池县那个简陋的钢铁厂宿舍里，我们一帮子"知识分子"战友吵七八火的，彼此重重地拍打着肩膀，摩拳擦掌，闹着喊着要去仰韶村里看看，每个人都把仰韶文化当回事。那种情景，恍如昨日。

我和年龄差不多的老同志们常常提起，这一代年轻人与我们年轻时不一样，代沟有多深，很可能超乎想象。眼下是个切实事例。据我了解，小陈的父亲是渑池县城里有些名气的老文化人，她是在书卷气浓重的家庭里成长起来，大学毕业后即在仰韶文化博物馆里工作过一段时间。一个对三门峡建设有浓厚感情的人，却对身边的仰韶文化如此淡漠，看样子，仰韶文化真的快被人们遗忘了。

于是，回到北京后，我就着手写一本书，就是当下摆在你面前的这本。我打算拉开尺度，海阔天空地谈谈仰韶文化。至于能不能做到这点，托个底吧，我心里真的一点数也没有。

1. 史前史：中国长期是一笔糊涂账

世界各国，迎接第一缕文明曙光的时间有早有晚，不是随便哪国人都能说自己的国家是文明古国的。长期以来，中国中学历史教科书中称：世界上有四大文明古国，分别是巴比伦、埃及、印度和中国。

对这种说法，中国人听了后觉得挺有面子，也就不考虑是打哪儿来的，更不去想"四大文明古国"中为什么没有希腊？后来才搞清楚，"四大文明古国"的说法是中国学者提出来的，仅算中国土特产。

就文明起源而言，中国的位置究竟在哪儿？人们常说中华文明是世界最古老的文明之一。这种心态挥之不去，很多人以为就像马拉松赛跑，跑在前面那些运动员组成"第一集团"，在文明起源的这块儿，中国再不济，也得跻身"第一集团"，尽管位置不十分靠前，就算排位在巴比伦、埃及、希腊和印度之后，最低限度也得算个老五。

中国文明史的时间长度，官方习惯说法是"上下五千年"。我有时挺纳闷儿，5000年这笔时间账究竟是怎么算出来的？通过查询数据得知，原来是1911年辛亥革命成功后孙中山就任临时大总统时通电各省，以黄帝纪元4609年为中华民国元年。或者说，起义者是要用它表明，这次革命是由地地道道的炎黄子孙发动的。

孙中山先生脾气耿直，率性十足，说话嗓门大，像个炮筒子，绰号"孙大炮"。"孙大炮"既然说出了这话，后世就要给胡噜圆了。据《辞海》所附"辛亥革命时所用黄帝纪元对照表"的相关说明，这个年数的来源是："各纪年中，以《民报》所用年代为多数革命党人所接受。武昌起义后湖北军政府文告，即以此为据，各省响应的文告亦多采此说。"

闹了半天，"黄帝纪元"的提法是《民报》率先采用的。其实，司马迁先生在撰写《史记》时，纵然把黄帝列在《五帝本纪》之首，却并没有说黄帝在世是 5000 年前，而且《五帝本纪》并不纪年。大概司马迁认为那些年数不可靠，所以没有采纳。

那么，《民报》是从哪儿找到"黄帝纪元"的？是通过古籍推算的。推算经过是：宋代邵雍《皇极经世》中所称尧元年为甲辰年，经卢景贵考定，这一年为公元前 2357 年。邵雍即大名鼎鼎的邵康节，即算卦者尊崇的康节先生，是精通象数之学的易学家，而并非史学家，所著《皇极经世》是术数书，史学上的可信度可想而知。既知尧元年为公元前 2357 年，再据晋代皇甫谧的《帝王世纪》推算，尧以上共五帝，历时 341 年。那么 341 年是从哪儿来的？据皇甫谧推演：黄帝在位 100 年，少昊金天氏 84 年，颛顼高阳氏 78 年，帝喾高辛氏 70 年，帝挚 9 年。依此推算，所谓"黄帝元年"应为公元前 2698 年。皇甫谧也不是史学家，而是个医生，精通针灸，《帝王世纪》只是业余著作，是否可信？难说。别说五帝在位年数，就说五帝的寿命就很难使人相信。所谓"黄帝纪元"不过是猜测而已。这就是五千年之说的来源。简而言之，《民报》采用"黄帝纪元"推导的五千年，是清末革命党人为"驱除鞑虏，恢复中华"的宣传需要提出来，未经过慎重考证，未必足信。

其实，如果有文字才算文明起点的话，中国文明始于商朝，至今不过 3000 年，而中东两河流域文明始于公元前 3500 年左右，埃及尼罗河流域文明始于公元前 3500 年左右，希腊爱琴文明始于公元前 2500 年左右，印度河流域文明始于公元前 2500 年左右。各大文明区域周边还有次要文明，如赫梯文明，亚述文明，腓尼基文明，波斯文明，犹太文明等。

也就是说，国人自我感觉的"老五"座次，其实并不稳当。麻烦的是，全球普遍认同老大、老二、老三、老四的史前文明，而只要提到老五，则会不由自主地嗫牙花子。并非西方史学界对中国文明的古老程度的认识有所偏颇，而是另有说道。全世界的史学家都承认中国有灿烂的古代文化，但是，灿烂的古代文明并不能取代史前文明。

考虑到文明起源时很多国家还没有形成，英国史学家汤因比曾经主张用"文明单位"来代替"民族国家"。他把 6000 年人类史划分为 21 个成熟的文明，包括：埃及、苏美尔、米诺斯、赫梯、巴比伦、古印度、希腊、伊朗、叙利亚、阿拉伯、古中国（商代）、安第斯（南美洲）、玛雅（中美洲）、中国（唐以后）、天竺（兴地）、朝鲜、日本、拜占庭、俄罗斯、墨西哥、育加丹，另外还有五个中途夭折停滞的文明：玻里尼西亚、爱斯基摩、游牧、斯巴达和奥斯曼。

中国人之所以说自己有5000年文明史，是因为传说中的黄帝。但黄帝的那些事仅仅停留在传说中，有案可稽的最早年代，在司马迁的《史记》中，也只追溯到西周晚期的共和元年（公元前841年）。再往前的商代，只有帝王世系而无年代。这就是说，所谓的5000年的文明史中，仅有3000多年有史可查。这种状况很煞风景，使得中国人说起5000年文明史理不直气不壮。而世界史的大框架硬砍实凿，谁也不能推翻这个框架。

那么，中国的强项在哪儿？是文字产生后的历史记载。二十四史是各朝撰写的二十四部史书的总称，如果是那种老式线装本，能塞满一书柜。它是两千多年间历代史官的集体创作，用统一的本纪、列传的纪传体编写，故称正史。它上起传说中的黄帝，止于明朝崇祯十七年（1644），3000多卷，4000多万字，加上数不清的私史、野史、杂史和各种史志，世界上哪个国家有如此卷帙浩瀚、博大精深的史书？当年，民国大总统徐世昌曾经下令将《新元史》列入正史，与二十四史合称为二十五史，而有的地方并不将《新元史》列入，或者改将《清史稿》列为二十五史之一，或者将两书都列入正史，从而形成了二十六史。

甭管二十四史、二十五史还是二十六史，历代官方撰写的史书井然有序，不仅对皇室传承说得清清楚楚，而且主要大臣、重要将领做的事也明明白白。每年发生的大事以至典章制度，农业生产、商业概况、天文气象，自然灾害、星象异端都有记载，就连皇室出行举什么旗，打什么幡都一一说到。世间以为后宫相当隐秘，而正史中对后宫这块都不大回避，主要后妃哪儿来哪儿去，生育状况，孩子是否夭折，没有夭折的后来干了什么，尽可能开列出来。这种做法是捆绑帝王的一根绳子。皇上从即位的那天起就准备着史官日后系统抖搂出在位时的所作所为，并以此约束自己。凡此，是世界上别的国家不可想象的。

史官记录国家大政和帝王言行，是由来已久的制度和传统。春秋时，"大史掌国之六典，小史掌邦国之志，内史掌书王命，外史掌书使乎四方，左史记言，右史记事。"秦汉后史官名称繁多，职务各异。唐朝刘知几著

13

《史通》，认为史之为用，是"记功司过、彰善瘅恶、得失一朝、荣辱千载"。假如没有史官，就会善恶不分，是非不辨，功过不清，"坟土未干，妍媸永灭"。帝王们或多或少会干坏事，那些贼臣逆子、淫君乱主，干的坏事更多，但干归干，举归举，要载入史册，传之后代，是绝对不允许的。两种目的，两个标准，南辕北辙，形成两种力量的尖锐矛盾和较量。较量结果，常常是权力压倒亢直者，屠刀强过笔杆子。在封建君主专制下，史官们屡遭厄难，原因就在这里。

与世界其他古文明相比，中国的古文明一路沿袭下来，是唯一没有发生中断的大文化。老牌文明国家的史书支离破碎，无法与中国完整有序的史册比肩。有意思的是，历史记载七零八落的老牌文明国家的史前史，又比中国人对自己史前认识的清楚。有的事就是这么不可思议。

二十四史有一块明显的短板，那就是，如果想从中看到史前的相关提法，就很无奈了。按说，史前史本就不是正史内容，但中华民族是从无史到有史一路走来的，也就是说，史前史是后来的中国封建社会的根系。历朝史官没有搞明白史前这块，对史前描述只有约略文字，语焉不详地几笔带过，不仅看不出是什么样的，而且存在不少争议。

中国史前粗略的大轮廓是：华夏族形成于黄河流域的中原，早期传世神话中有盘古开天地、女娲造人等，传说中的三皇五帝约是夏朝前的首领代表。具体而言，又有不同说法。

最早的说法出自《尚书·大传》，燧人、伏羲、神农称"三皇"。后有史书把伏羲、女娲、神农合称"三皇"，还有把伏羲、神农、轩辕黄帝称"三皇"的。流传最广的说法是秦始皇的宰相李斯说的"三皇"为天皇、地皇和泰皇。相比之下，"五帝"提法稍稳定，一般指黄帝、颛顼、帝喾、尧、舜。自三皇至五帝，历年无确数。专家们研究若许年，大体就是这么多，细究却是一派混沌。

那么，中国人为什么认为老祖宗创造了丰饶的史前文明呢？板子只能打到古人的屁股上。对于史前文明，古人草率地打了个包，"三皇五帝"成了装史前文明的篓子，凡与史前文明沾边的，笼而统之地安到虚无缥缈的"三皇五帝"头上。追溯史前文明这道活儿不是棘手，而是无从着手，古人用懒办法胡乱对付，但懒办法没能蒙混过关，不仅在世界上得不到

14

普遍认可，即便在中国，也遭到新锐知识分子的置疑。

20世纪的新文化运动中，具有科学精神的知识分子认为，建立在经典之上的中国古史不能成为信史。胡适，安徽绩溪人，新文化运动领袖之一，曾任北京大学校长、台湾中央研究院院长等职，著述丰富。胡适在北京大学讲授中国哲学史时，根本没有"三皇五帝"什么事，开篇仅从西周讲起，给当时的历史系学生顾颉刚挺大刺激。

顾颉刚于1920年毕业于北京大学哲学部，20年代为商务印书馆编撰《本国史教科书》时，重检古代典籍，起初以仿效"科学的古史学家"崔述为目的，却始料不及地开启了一场史学革命。他将《诗》《书》和《论语》中的上古材料按发生次序进行排比性研究，发现"禹是西周时就有的，尧舜是到春秋末年才起来的，越是起得后，越是排在前面。等到有了伏羲、神农之后，尧舜又成了晚辈，更不必说禹了"。

顾颉刚提出理论假设："古史是层累地造成的，发生的次序和排列的系统恰是一个反背"。层累说是他的古史学说核心，也是重要方法体系。他宣布，现今流传的早期文献或后世伪作或经大量修改。这就是著名的"层累地造成的古史"理论。什么意思？通俗地说，就是越古远的事情，后人凭着想象发挥的余地就越大，结果背离真实状况就越远。

他从《尚书》和《左传》中证明：中国上古史被上溯得越来越久远，后世史家总在现存历史叙述上增加更早的时代和人物。孔子时，尧、舜、禹世系逐步完善；黄帝和神农最早在战国文献中才出现；秦汉时，此前又加上了"三皇"。越是晚期文献，对越早的古史记录反倒越详细。古史辨派因此主张，史籍中反映的中国上古史不过是一些神话故事和传说。一切古史构建者，包括周公和孔子，如果本身不是虚构的话，至少提供了虚构的历史，上古三代史由此变得混沌一片。

对此，我有一点小小体会。近年，我们常从北京驱车前往内蒙古，每次路过河北涿鹿，都能看到高速公路旁竖着十几米高的杆，上有大牌子，牌子上的话是：涿鹿是中华民族根之所在，欢迎前来观光。同车的人看到这样的牌子后，总是问，中华民族的根在涿鹿？是谁认定的？得到官方首肯了吗？我只能大而化之：有种说法，黄帝在涿鹿打了一仗，别的就说不上来了。而每次浮皮潦草解释后，都有些感慨。

中国上古的华夏、东夷、苗蛮三大部族中，炎帝和黄帝两大氏族部落是构成华夏部族的基础，早期主要活动于河南。《史记》称："黄帝者，少典之子，姓公孙，名曰轩辕。"《国语·晋语》载："昔少典娶于有乔氏，生黄帝、炎帝。黄帝以姬水成，炎帝以姜水成。成而异德，故黄帝为姬，炎帝为姜。二帝用师以相济也，异德之故也。"按照《国语·晋语》的说法，少典是有熊国之君，把俩儿子分封姜水和姬水。据同书排列，黄帝在前，炎帝在后。据《帝王世纪》载："神农氏姜姓，母曰任姒，有乔氏之女，名女登，为少典妃。游于华阳，有神农首感，女登于常羊，生炎帝。人身牛首，长于姜水，以火德王，故曰炎帝。"对于炎帝的"人身牛首"，读者不要产生误会，按照古代习惯，所谓"牛首"，应当是扎着两根上挑的辫子，就像俩牛犄角。

　　史前传说中，从黄帝起就有了战争，有了浓烈的血腥味儿。黄帝是个大忙人，从来就没有消停过，去过东海，登过丸山，访过崆峒，游过长江，不管走到哪儿，除了打仗还是打仗。九岭八荒的土地上烽火连天，战车、奔马、逃难人群、滚滚尘埃。不仅如此，黄帝还是发明家，不仅发明了车，而且是房屋、舟楫的始祖。夫人嫘祖则养蚕、缫丝、织绸，华夏最古老的文明，热热闹闹地与黄帝、嫘祖纠缠到一起。

　　在上古传说中，蚩尤是九黎部落的领袖。《史记》中有几句话："蚩尤作乱，不用帝命。于是黄帝乃征师诸侯，与蚩尤战于涿鹿之野，遂擒杀蚩尤。"从《史记》看，黄帝调遣诸侯到涿鹿和蚩尤打仗，不是本人亲征。即便黄帝部下在河北涿鹿和蚩尤所部打了一仗，那时连铜器都没有，厮杀双方只能对着抡棍棒。涿鹿即便发生过黄帝部下和蚩尤部下对着抡棍棒的事，涿鹿怎么就成中华民族根之所在了？

　　中国史前史是笔糊涂账，造成触目惊心的反差：有着坚实历史底座的中国，有着洋洋洒洒二十四史的中国，史前这块却近于空白。

　　什么叫历史？历史就是对过去事情的记载。记载得有文字，或者说有文字才能有记载。《三国志·吴书》称孙权"博览书传历史，藉采奇异"。这段话是中国典籍中第一次出现"历史"一词。"史"字之前加"历"字，指经历、历法，就是人类经历的一段历法时间。在事件中加入时间概念，"历史"一词就有了当今的含义。

人类在绝大部分岁月中没有文字，也没有历史记载。即便有历法，也是口口相传，不可能形成于史书。文字产生前，人类奔走于荒原，在暗夜中颤抖着摸索无涯岁月，这段稀里糊涂的日子称为"史前"。

关于中国历史的长度，新中国成立后，习惯的说法是"上下五千年"。那么，中国有记载了五千年历史的文字吗？答案很扫兴，没有。

甲骨文是中国已经发现的古文字中产生时代最早、体系较为完整的文字，是商代后期（公元前14至公元前11世纪）王室用于占卜记事而刻在龟甲和兽骨上的文字。19世纪末至20世纪初，在河南安阳小屯发现。商灭亡后，甲骨文在周朝延绵使用。从那时起算，中国有文字记载的历史不过3000多年。那"上下五千年"从何说起？显然，前面那两千年不是依靠文字记载，而是依靠传说以及对典籍的研究和推论。

怎样才能了解史前发生的事？只有通过考古研究，找出技术演进讯息，例如使用火的能力、石器、炼铁术、宗教源头及农业。没有考古学，后人无从了解人类在没有书写文字的年代里的演化。考古的目的是什么？通过重建与分析古代物质文化与环境数据，包括器物、建筑、生物遗留与文化地景，摸清过去的人类社会。

中国对考古不陌生，西汉后，考据方法日渐成熟，名考据。"言之无据"被认为是伪学，考据的所谓"据"，春秋叫"经"，春秋人称为"代圣贤立言"，为修史服务。既然代圣贤立言，就不许超出"经"的范围。修史的重点自然是本朝，对前朝的事也要应付几句，说个脉络就可以了。至于再往前的事，随便打个包，就算对付过去了。这么一来，没有文字记载的史前史被最大限度地冷落，只是用"三皇五帝"之类传说故事应付，这是中国史前文明一直稀里糊涂的基本原因。

长期以来，中国史前文明近乎空白，只有些说滥了的传说故事。不仅如此，史学界任其糊涂。究其原因，除了修史者不把史前史当回事之外，还有个方法问题。在古代中国，即便史前文明不被冷落，即便有心探究，也没有科学方法和手段去探究。打个比方说，就像修理电灯，今天，即便是手艺最潮的电工也能干，而在古代，即便最睿智的工匠也不摸门儿，这是因为古人没有进入今天的文明程序。

中国是个嗜古的国度，一部分古董是传世的，一部分古董则是掘墓所得。考察传世和盗墓所得的古董，凭的不仅是经验，也离不开老学问。北宋年间诞生了研究青铜彝器和石刻的学问，被称为金石学。1092年成书的《考古图》，在书名中率先使用了"考古"一词，却是指考证古文字与古文章，别的并不在"考"的范围之内。

在老学问的指导下，古董店老板戴上老花镜，拿起个物件上下左右地看看，对年头心里大体就有数了。在如此环境下，中国考古学就像古董收藏的伴生物。以古董买卖为基础的考古自然随行就市，什么东西价钱好就研究什么。古董收藏中商业味道极浓，没有人会去收藏粗糙简陋的史前对象，而且谁也不认为史前那些破石头也算古董。

中国古人装了一脑瓜"三皇五帝"的浆糊，认为史前所有事统统是那老哥儿几个领着初民干的。上古神话中，甭管大事小事，一股脑地堆到那老哥儿几个头上。在官修正史中，一代又一代的史官用"三皇五帝"为史前文明打包，限制了对史前文化的探究，学者们经年累月地遨游在金石云端中，无心过问文字产生前的中国状态，或者说，他们即便有心过问，也是白搭，因为没有相应的方法论指导。

中国是一个文明起点很高的国家，却受到延续不断的完整史书的拖累。为何这般说？历代史官只关心本朝事，对更远的事不闻不问，亦无从过问。于是在我们这样一个文明古国里，既没有探究史前文明的像样手段，也没有这方面的需求，也就不可能萌生出像模像样的考古学。那么，弯子只能是一点点转过来的。这样一来，就有故事了，什么故事？是中国人学习如何从文明层面上寻根问祖的故事。

2. 乌龟壳的提示：管用的是田野考古

中国文明是开放体系，如果有排外因子的话，恐怕至今还在黄河中下游徘徊呢。中国文明有不可思议的包容性，一切异质文明因子都会被接纳、重组与吸收，成为中国文明的组成部分。例如，距今 2500 多年前，佛教由迦毗罗卫国（今尼泊尔与印度交界区域内）王子乔达摩·悉达多所创，于西汉末年传入中国。厉害的是，到唐末宋初，佛教文明完成了"中国化"的改造，竟然出现了与佛教发源地关联不大的禅宗。

回望过去两千多年中国与西方的接触，中西交往可能远远大于后来人的想象。秦汉帝国已与西方往来，后来的丝绸之路到达西欧的边缘。元朝尽管不是纯粹的中原王朝，但在中国历史序列中，人们依旧认为元朝是个伟大的时代。元朝的征战固然给东西方带来些灾难，但中西文明在那个时代确实出现过一次为时不短的正面接触。

马可·波罗是 13 世纪意大利旅行家，17 岁随父亲和叔叔，途经中东，历时 4 年到蒙古，后在中国游历 17 年。回威尼斯后，在威尼斯与热那亚的一次海战中被俘，在监狱里口述旅行经历，由狱友鲁斯蒂谦写出《马可·波罗游记》。这本书在欧洲广为流传，激起欧洲人对东方的向往，对以后新航路的开辟产生了巨大影响。同时，西方地理学家还根据书中描述，绘制了早期的"世界地图"。经过一通煽呼，中国一度在欧洲人那里有很大面子，成为欧洲人朝思暮念的天堂般的地方。

那么，中国文明哪个环节出了问题，让我们面对西方时有被欺凌的感觉呢？满族入主中原时，面临汉化、西化双重压力；满汉间的心结几乎始终困扰着满汉两大族群。很长一段时间，清廷因内部原因而没有延续明朝中晚期与西方文明坦然交往的历史。在清朝的早中期，即 17、18 世纪，正是人类历史发生突飞猛进变化的时期，中国在满清王朝统治下闭关锁国100多年，当再度面对西方时，西方已不是原来的西方，中国与西方从原来的异质文明变成两个时代的文明。中国文明还是纯正的农业文明形态，而西方文明已经在这两个世纪变成工业的、商业的近代文明。

其实，两个时代的异质文明并不构成交往的滞碍，试想一下，中国如果在1793年马戛尔尼使团访华时打开国门，开放市场，肯定会经过一场阵痛，但会在农业文明的基础上增加工业和商业的文明，就像几百年前接纳佛教文明一样。然而，历史没有办法复盘。乾隆爷不同意与西方构建与"朝贡贸易体制"不一样的近代国家关系，不同意让"红毛番"驻京。乾隆爷的失误不是使中国继续自外于世界多少年，而是使中国问题越到后来越复杂。中西之间不能构建近代国家关系，并不意味着中国重回到桃花源。事实上，中国始终没有完全中止与西方的贸易交往，一口通商始终存在，非法贸易更是朝野通知，甚至自得其乐。

近代以来，在第一次鸦片战争和第二次鸦片战争中，大清王朝两度被洋人的军队打得落花流水，颜面扫地，"万园之园"的圆明园被英国兵和法国兵一把大火烧了，被迫与英国、法国，甚至于还没有起步的美国签订了一系列不平等条约。几次对外战争下来，八旗兵被打得灰头土脸，马可·波罗塑造的中国神话彻底坍塌了。

话又得说回来，中国虽然接二连三地吃败仗，但骨子里的傲气却没有太大的折损，认为中国之所以败下阵，只是火器不如人家，别的玩意儿并不比洋人差。不管怎么说，如果拿文化资历与西方比较的话，中国像饱谙世故的老爷子，西方则像涉世未深的小伙子。

清末，几个与探究史前文化有关的词汇传入，这些词汇包括旧石器时代、中石器时代、新石器时代，还有田野考古学什么的。这些新鲜提法都是舶来品，从哪儿舶来的？欧洲。

对于这些新鲜的词藻，中国的那些老先生们闻所未闻，听了个云山雾罩。后来总算明白大意了，不由发出了莫大的感慨，闹了半天，早先既没有铁器，也没有铜器，使用的工具居然是石头。推而广之，历史不是猫在古董铺里，而是散落于田野。按说，追究史前文明是老爷子的事，而在这件事上，欧洲小伙子又一次大步流星跑到满脸褶子的中土老爷子之前，创制了中国考古学界必须遵循的方法和规则。

这个过程，中国学者们怎么听怎么别扭，怎么想怎么窝囊。让文明古国的史学界根据洋人的路数探究既往，那种无奈而苍凉的感觉，就像前两天有个人郑重其事地告诉你：来自加拿大的小伙子大山在教北京曲艺界的老一辈儿如何说相声。

这是怎么回事？追究起来，是个研究路数问题。欧洲受到古希腊欧几里得几何学影响，讲究逻辑和实证思维。例如三角形三内角之和等于180度是平面几何的简单定理，而复杂的几何学求证，就是通过一个个简单定理与公理推导出来的。由之，欧洲人考虑问题的方法比六经之类训练出来的中国人规范，而且缜密。

在考古方面，欧洲纵然没有悠远的历史，却有用大型石头堆砌起来的建筑。谁也说不出它们是怎么来的，只能断定是史前的。围绕它们，欧洲人更早地触摸到了史前文明。

欧洲修建和使用巨石建筑大约是从公元前3500年开始的，早期主要分布于南欧的西班牙和葡萄牙。公元前两千多年，巨石文化就像一股风，沿着大西洋海岸移动，刮到英伦诸岛和丹麦、比利时、德国北部及地中海的意大利。

欧洲巨石建筑有3种类型，独石、石棚和石圆圈。名气最大的是环状列石类建筑，以英格兰南部索尔兹伯里平原的斯通亨吉和杜灵威环石墙为代表。丹麦和英国差不多，也有巨石建筑物，无独有偶，史前考古学的奠基地就是这两个国家。

丹麦位于欧洲大陆和斯堪的纳维亚半岛间。人们只要提到这个北欧小国，就会想到安徒生，仿佛这里只有优雅浪漫的童话，中国人很难想象，丹麦人雅兴浓厚，居然痴迷于考古。丹麦国旗是现今世界各国国旗中历史最为悠久的，被称为"丹麦人的力量"；呈长方形，底为红色，旗面上有白色十字形图案，13世纪开始使用。

丹麦第一次考古探查发生在12世纪，带有考古目的的发掘始于同世纪。基于田野考古的年代学研究，至少出现于文艺复兴时期，还有关于遗迹、遗物和带插图书籍问世。19世纪前丹麦有上百项考古发掘公布于世。19世纪考古发掘出现转变，从书写历史限制中解放出来，考古学家着重研究早期聚落垃圾，即所谓"厨房垃圾堆"研究。这些垃圾是研究古代狩猎方式及经济形态的最早信息来源。

史前考古研究之所以在丹麦出现，与巨石墓有关。巨石墓产生于公元前 4000 年，有复杂墓道。丹麦人说不清建于何时，一股脑推到史前。1836 年，丹麦史学家汤姆森提议将欧洲史前史按照丹麦史学家西蒙森的观点划分为三年代系统，即石器时代、青铜时代和铁器时代，这种断代依据是使用的材料。汤姆森提出的三个概念，包括人类古物、演化与三年代系统是现代考古的基石。具有讽刺意味的是，1848 年丹麦国王在国家预算中缩减对"无聊的、没用的考古事业"的经费开支，而民间考古热情依旧不减。

英国阿姆斯伯里有个巨石阵，石柱排成几个同心圆，不少巨石横架在石柱上。没人知道用途，更没人知道谁建造了它。考古学家认为有某种历法或宗教目的，没有文献可证明这种说法。英国考古学家约翰·卢伯克，觉得丹麦考古学家汤姆森的三年代过于笼统，1865 年提出旧石器时代和新石器时代等名词。

人类最早的工具是石器。考古学上把史前人使用石制工具的时期称为石器时代，始于距今二三百万年、止于距今 6000 年左右。石器时代分为旧、中、新三期。旧石器时代使用打制石器；冰河期过去，天气转暖，为在新环境生存，中石器时代产生捕鱼工具、石斧，还有独木舟；使用磨制石器为主的时代叫新石器时代，大约从 1 万年前始，石器有了长进，燧石和角岩被削尖或切成薄片，可以切东西，玄武岩和沙岩则被用来制成石制磨具。木材、骨、贝壳、鹿角和其他材料也被广泛使用。人类不光奔走于山岭狩猎，也开始从事农耕和畜牧，将植物果实播种，把野生动物驯服以供食用，农耕与畜牧经营使人类由逐水草而居变为定居。在石器时代后期，粘土被用来制成陶器。随着农耕、畜牧及冶铜技术发展，石器时代结束了。这段时期称作史前时期。史前这种叫法的来由其实很简单，因为人类那时还没有书写历史的文字。

考古学家只把传承有序的史书、巴比伦泥版上的记载或从地下挖出来的东西当回事，对别的东西不予认可。无论从哪个角度看，这都是严谨的科学态度。依照这个标准考虑，中国自古相传的"三皇五帝"很难过关，史前的"三皇五帝"没有留下任何信物，加上后来的追记混乱，老几位尽管在中国得到普遍尊崇，而国际考古学界并不把几位东土老家伙当回事，认为他们仅仅是神话传说中的人物。

上古传说不可能取代从地底下挖出来的东西。近代西学东渐，中国人与外面的世界接触多了，感到老套路不灵光了，尝试运用西学路数来历数家珍。当然，这要有个过程，得慢慢来，不可能一蹴而就。

豫北有个中等城市，叫做安阳，又名邺。安阳的郊区有一条河，叫洹水，当地的老百姓在岸边经常拾到乌龟壳，不是人们现杀的乌龟后扔掉的壳，而是很古老的乌龟壳。至于有多么古老，没人知道，也没人打算知道，因为谁也不会拿这些王八壳当回事，更别说是陈年老辈子的王八壳。光绪初年，洹水畔住着一个叫李成的剃头匠，患了疥疮，浑身刺痒得慌，没有钱买药，尝试着把捡来的乌龟壳碾成粉末敷在疮口上。没想到，这种土办法发生了奇效，脓居然被吸干了。消息不胫而走，人们觉得这些说不清来路的老乌龟壳挺神奇，称之为"龙骨"。

上古大型脊椎动物的骨骼，笼统称"龙骨"。早在东汉及魏晋南北朝时已有"龙骨"入药，功效主要是镇惊安神，治疗心悸失眠、神经衰弱等症，还具有补肾、治愈小孩儿尿床的功效。李成搜集了不少"龙骨"，以每斤六文钱的价格卖给一家中药铺。这家中药铺转卖到京师中药铺。就这么着，"龙骨"从河南来到北京，随后就发生了故事。

国子监始设于隋，延续至清。国子监是国家传授经义的最高学府，也承担国家教育管理职能。国子监坐落在安定门内的成贤街，与孔庙和雍和宫相邻。成贤街两侧槐荫夹道，东西两端有彩绘牌楼，在喧闹的北京是闹中取静的所在。新中国成立后，为了拓宽马路，东四牌楼和西四牌楼被拆除了，而成贤街上还保持着彩绘的牌楼，在日益现代化的北京，是独一份儿。

清末那会儿，学界不正之风严重，国子监也成了科举附庸，监生多纳粟入学，为科名声利而学。中国经学最高学府的"副校长"称祭酒。不用说，在国子监中担任祭酒的，怎么也得是个大学问家。

清末国子监的祭酒叫王懿荣，烟台人，光绪六年（1880）中进士，家住因锡灯和蜡台作坊而得名的锡拉胡同。锡灯和蜡台不起眼儿，而这条胡同里住过不少名角儿。慈禧太后幼年时住在这儿；袁世凯任外务部尚书、军机大臣、内阁总理大臣时，住锡拉胡同西口。

光绪二十五年（1899）夏，王懿荣患了疟疾，家人去菜市口鹤年堂抓药，药抓回来，发现一味叫"龙骨"的药上有人为刻划，一般人看到这些刻划未必当回事，而王懿荣并非一般人，喜欢搜集夏商周以来的铜器古玩、印章，哪怕残石片瓦，金石造诣名满京城。北京古玩界有"得公一言，推为定论"的话。朝廷里有名的收藏家潘祖荫、翁同龢对他推崇有加。后人评价他研究古金石文字，称"钩稽年代，补正经史，搜先达所未闻，通前贤所未解，爬罗剔抉，每多创见。"

动物骨骼上为什么会有人为刻痕？王懿荣派人去鹤年堂，选择刻痕鲜明的"龙骨"，全部买下，逐一查看刻痕，觉得可能是文字。如果这些骨头上刻划的是远古文字，又是什么文字呢？

北京琉璃厂是古玩字画市场。咸光年间，潘祖荫、翁同龢、李文田、吴大澄和王懿荣等文官学者提倡，文人学者逛琉璃厂成为风气。有的官员下早朝后，不忙着回家，先转琉璃厂。琉璃厂有家清秘阁，专做六部办公用具生意，捎带经销有铭文的青铜器。这儿的二掌柜叫孙秋飘，和王懿荣是朋友。王懿荣委托孙秋飘搜集类似刻有文字的骨头。没多久，一个姓范的将"龙骨"送上门。《老残游记》作者刘鹗在《铁云藏龟》自序中说："庚子岁，有范姓客，挟百余片走京师，福山王文敏公懿荣见之狂喜，以厚值留之。"刘鹗提到的文敏是王懿荣的谥号。

庚子年京师闹义和团，王懿荣兼京师团练大臣，八国联军打进京师后，与夫人谢氏、长媳张氏投井自尽。王懿荣死后，家人将甲骨转让刘鹗。刘鹗收集7000多片带字龙骨，拓印1000多片，分册印制《铁云龟藏》，是第一部著录甲骨文的书。1909年刘鹗死于新疆，收藏的甲骨刻辞被上海犹太房地产大亨哈同买走。哈同聘请罗振玉和王国维研究，罗振玉在《殷商贞卜文字考》中考证出，出土甲骨之地在河南安阳小屯村，那里是"武乙之墟"；甲骨刻辞是商王朝的王室档案；组成刻辞的字，是中国最古老的文字，也就是甲骨文。

中国的第一个朝代是夏，夏朝主体民族是华夏。华夏生息地在河南伊洛流域一带。3600年前商汤灭夏，建立商朝。商朝最初的都城为亳，在河南商丘一带，后迁嚣，即郑州一带。盘庚时将国都迁到殷，在这里传了八世，约273年，所以商朝又称殷商。

殷在哪里？历来没人说清。直至在安阳附近发现甲骨刻辞后，才判明大量出土带字龟甲兽骨的小屯即是昔日殷都的所在地。带字龟甲兽骨是怎么来的？商朝没有竹简，更没有纸，殷商统治者的占卜卜辞以及与占卜有关的记事文字刻在龟甲兽骨上。在殷墟，商朝统治者搞过无数次占卜，便有了无数次记载，它们被大量积累下来。甲骨文中，多数笔划和部位未定型，是中国最古老也是最难以辨识的文字，即便是后来的国学大师，能考释出几个字，也颇为不易。

商代延绵500余年，31位王相继登位。自盘庚迁殷始，至纣王被周所灭，晚商八代十二王以殷为都，计273年。其间既有雄才大略的武丁，也有飒爽英姿的妇好，到昏庸无道的纣王执政时，大厦倾覆。公元前11世纪，周武王灭商，将此地封给纣王子武庚，"以续殷祀"。此后武庚发动叛乱，被镇压后子民迁走，殷地逐渐荒芜，后人称殷墟。司马迁在《史记》中有"殷墟"的提法，殷都的旧日辉煌渐渐被遗忘。秦汉时，人们心目中仅留有"殷墟"一词。隋唐年间，昔日的宫殿区更是沦为公共墓地。直至明朝，才逐步形成一个名为小屯的村落。

殷墟在平衡传世史籍和考古发现关系上举足轻重。北宋以来铜器著录中有对商代铜器的确认，在史籍中，虽"洹水之阳"屡被提及，但真正引起学者普遍注意是在小屯甲骨发现后。中国已发现的一种最古老的文字，居然是从洹水岸边"捡"回来的，而且过程充满了偶然性。面对这种局面，中国学者们不能不想了，事情怎么会是这样？

定都豫西的夏朝已难寻踪迹，如果洹水畔的剃头匠李成不用乌龟壳粉末敷疥疮，如果王懿荣不用"龙骨"治疟疾，如果从鹤年堂买回的带字甲骨没有提醒王懿荣，中国历史上第二个朝代——定都豫北的商朝——也无迹可寻。这个事实吓人一跳，就此只能得出一个结论：中国的老学问存在很大纰漏，死抱着老一套，会出大问题。

发现甲骨文的前后过程，给中国史学界上了一堂田野考古课。那些有文字的甲骨，居然是小屯的农民从庄稼地里刨出来的，全部来自田野。通过这个简单的事实，中国学人意识到了，上古的那些事不可能藏在书本里，而只能埋在地底下；同时也认识到，中国自古相传的考古学，在认识论和方法论上有明显不足。要想搞清楚上古那些事,不可能有传世品,要驰骋于田野,运用科学方法向地下挖掘,才能觅到踪迹。

爱德华·沙畹是20世纪初的欧洲汉学泰斗,他的第一本有关中国的学术著作名为《司马迁的传体史》(五卷),1890年由北京北堂印刷所出版了其中的一卷《封禅书》。这本书是沙畹建构他的中国学术殿堂的重要基石。罗振玉、王国维的《流沙坠简》是中国简牍学的开山之作,得益于沙畹的惠赠。当罗振玉听说斯坦因所获的敦煌汉简交由沙畹考释之后,写信希望获得这批材料。沙畹慷慨地把自己刚完稿、还没有出版的著作《斯坦因在新疆沙漠中发现的汉文文书》(1913年出版)的稿本寄给罗振玉,罗振玉和王国维才得以在沙畹录文的基础上加以分类考释,编成《流沙坠简》,1914年由上虞罗氏宸翰楼印行。在表彰罗、王《流沙坠简》的成绩时,很少有人注意沙畹的功劳,甚至给中国读者以沙畹考证不到家,才使得罗、王重新做了一遍的印象。但是,王国维于1914年看到沙畹的《斯坦因中亚所获中国古简与古文书》后,不由掩卷沉思,意识到西方考古学家不是白吃干饭的,他们的方法远远超过金石学达到的水平。

此后,罗振玉写了《殷墟书契考释》和《殷墟书契后编》两书,书中注重有字甲骨,充分注意到无字甲骨及石刀、石斧、骨器等。或者说,直到这时中国学者才把石器当回事了。罗振玉于1916年写的《殷墟古器物图录》,一改前人喜用的"金石"一词,而以"古器物"统称。

中国的学者终于醒过了神儿,想改改千年不变的套路了。但循规蹈矩惯了的学者不知道怎样改弦易辙,"金石"这一叫法改为"古器物",但古器物研究换汤不换药,缺乏田野考古学基础。

与古董打了数千年交道的中国,却距离近代考古学如此遥远,不能不说是个悲哀。直至第一次世界大战前后,或公派,或自费,中国留学生走出国门,到欧美国家留学。无论富家子还是穷小子,都知道学习机会来之不易,普遍勤奋,几年后带着洋人总结的学问陆续回来,包括西方田野考古学的规范套路。从这时起,中国人尝试按照现代考古学方法接触本土史前文明。金石学研究并没有放弃,仍然抱着不撒手,只不过开始注意古树如何开新花,也就是如何发扬光大老传统。

3. 民国初年，中国成立了地质调查所

说起仰韶文化，得从中国地质调查所开头。

读者或许会感到奇怪，考古的事怎么和地质工作扯上了？这么说吧，中国那帮做学问的人独立性不强，往往受到政界大腕儿的束缚，政界大腕儿对考古没兴趣，通常关注如何发展国民经济。发展国民经济，得拼钢铁等硬指标，因此，发展钢铁得找到铁矿，找铁矿就得开展地质调查。简而言之，发现仰韶文化，是地质调查的一个副产品。

1911年，干支纪年为辛亥。这年的10月爆发了反对大清的武昌起义。起义引起了连锁反应，南方诸多省宣布独立。此前，孙中山先生组织反清起义相继失败后，在夏威夷群岛加入美国国籍。他在美国看报纸，得到武昌起义的消息。武昌起义领导人自知难孚众望，怕成事后各省豪杰不买账，于是聘孙中山回国，作为向八方起义者招摇的一杆大旗。

1912年元旦，清室还没垮台，以孙中山为首的民国临时政府在南京成立。不久，美国报纸刊载消息称：孙中山已在夏威夷加入美国国籍。这就带来一个问题：美国公民能否担任中国总统？按说不允许。

中华民国临时政府放出话：谁让清室退位，谁就担任大总统。那时的大清皇上是爱新觉罗·溥仪，才5岁，朝廷里管事的是光绪皇帝的同父异母弟弟、摄政王载沣。面对危重形势，载沣没主意。谁能挽狂澜于未倒？庆亲王叫奕劻，为人圆滑，人称老庆，是袁世凯的忠实粉丝，声称弹压武昌起义，非得重新把袁胖子请出山不可。载沣急眼了，顾不了许多，把前不久遭到贬斥的袁世凯从河南老家请回来，主持朝廷日常工作的庆亲王奕劻知趣地闪到一边，由袁世凯接替他的位置。

袁世凯手下有在天津小站练就的新军，是大清近代化程度最高的军队，朝廷里有一帮铁哥们儿，个个是满洲贵胄。他玩儿得洒脱，一方面

对起义部队施加压力，一方面入宫与隆裕太后嘀咕，经过袁世凯的苦心规劝，加上老庆那帮权贵蹿叨，清室迅速判明大势，发布退位诏书。

在南京主持临时政府的孙中山，其实是个光杆司令，手底下没有听喝的军队，国库里没有打理政府的钱财，刚草创的中华民国举步维艰。欧美财团就像事先串通好了，谁也不借钱给孙中山。事情走到这步，孙中山只得兑现前诺，把临时大总统的位置让给袁世凯。袁世凯顺理成章登上大位，欧美国家一片雀跃，纷纷表示愿意解囊相助。

袁世凯主政前，在南京设立的中华民国临时政府成立了几个部，其中有个实业部，由实业家张謇任总长，马君武任次长。根据同盟会"总长取名，次长取实"原则，掌握实业部实权的是马君武。马君武这人不简单，是中国近代获得德国工学博士的第一人，还是政治活动家，教育家，广西大学的创建人和首任校长。但是，后来把实业部折腾出新气象的并非马君武，而是几个有海外留学背景的学者。

章鸿钊是浙江吴兴人，22岁中秀才，1905年官费赴日留学，1911年从东京帝国大学理学部地质系毕业。那时科举制度已废除，但举人和进士名号还有，他获格致科进士。这头衔是废除科举后清政府给学有所成的留洋学生的身份。随即应聘京师大学堂农科地质学讲师，是中国在大学讲授地质学第一人。赶得早不如赶得巧。他赶上了辛亥革命，1912年春南下，在南京实业部矿政司组建地质科，任科长。

按习以为常的说法，中国地大物博，但是"物"有多"博"，政府心里没数。章鸿钊提出"亟设局所，以为经略之基；树实利，以免首事之困；亟兴专门学校以育人才；广测量事业，以制舆图"的地质学发展方针，为地质调查的基本。这是中国人第一次提出成立国家地质调查机构，开展地质暨国土资源调查设想。

1912年4月，袁世凯不愿意去南京当大总统，执意留在北京，为此还搞了一场士兵哗变的闹剧。南京的大员们拗不过，民国政府只得北迁。实业部迁京后，分为农林、工商两部，地质科划归工商部。

丁文江生于江苏泰兴，早年接受私塾教育。后负笈东瀛，转赴英国，1906年考入剑桥大学，因负担不起学费而辍学。1908年入英国格拉斯哥大学，修动物学，以地质为副科。1911年毕业，获地质学与动物学双学士文凭。学成回国后，适逢清政府学部举行游学考试，他与章鸿钊一样，被授予格致科进士，并授农商部主事。

大凡人有异禀，通常长相也别具风采。丁文江的个子矮，留德皇威廉二世式胡子，凡是在饭馆用餐，须用开水烫涤器皿；酒席中从来不喝酒，但要用酒洗筷子；吃无外皮水果要用凉水浸，浸泡时间不少于20秒。夏天，他常带着夫人到凉爽地避暑，只要有机会坐头等车，绝不坐二等车；有安稳地方睡觉，绝不住旅馆。英国哲学家罗素说过："丁文江是我所见的中国人中最有才气亦最有能力的人"。

工商部矿务司司长叫张轶欧，留学比利时学采矿冶金专业，1912年底函邀丁文江到地质科任职。次年1月，丁文江到京，在地质科任佥事。佥事品衔与部门主官平行，相当时下的巡视员。没多久，丁文江出任地质科科长，科里只有一个佥事，两个科员，都不是学地质的。丁文江发牢骚说，我没有公文可办。我屡次要求外出旅行，部里都说没经费。只有两次，应商人请求，由请求人供给旅费，曾作过短期调查。

那时中国大地战乱频仍，经济衰敝，仅凭借科学研究，工作人员难以填饱肚子。另一方面，新式教育刚起步，新式学堂不多，知道新学科的人寥寥无几，很少有人知道地质学是干什么的。近代科学在中国缺乏文化基础和社会认同。地质调查所就从这里艰难起步。

清末，湖广总督张之洞兴建汉阳铁厂，是中国历史上第一个近代钢铁厂，后来它同大冶铁矿、萍乡煤矿合并，改组为汉冶萍煤铁厂矿有限公司，钢产量约占同期全国总产量的四分之三。在大清垮台的那年，全国的钢产量仅仅为9万吨。这点钢材远远不够。

发展钢铁，就要找矿，找矿就要开展地质调查。1913年9月，工商部饬令矿务司筹设地质调查所，所需图书、仪器均借自京师大学堂，任命丁文江为所长。这是近代中国最早的从事地质科研的机构。培养地质专才工作本应由高等院校承担。国内唯有京师大学堂设地质学专业，最初京师大学堂地质学专业只招到4名学生。

这时翁文灏从比利时回国，加入地质调查所，和章鸿钊、丁文江一道，被誉为开中国地质科学界一代先河的"三大元老"。

翁文灏是浙江人，13岁通过乡试中秀才，后到上海读书，到欧洲留学，成为中国第一位地质学博士，第一本《地质学讲义》编写者、第一位撰写中国矿产志的中国学者，第一张着色全国地质图的编制者，第一位考查地震灾害并出版地震专著的学者，第一份《中国矿业纪要》创办者之一，第一位代表中国出席国际地质会议的地质学者，第一位系统而科学研究中国山脉的中国学者，第一位对中国煤炭按其化学成分进行分类的学者，燕山运动及与之有关的岩浆活动和金属矿床形成理论的首创者，开发中国第一个油田的组织领导者。

地质调查所成立后，设在农商部院内。农商部虽是北洋政府下的部级单位，却没有今天国人熟悉的部机关大楼，而是缩在粉子胡同里。在如今的北京，粉子胡同已然消失，过去那是条烟花巷，妓院聚集地。

好端端的农商部在烟花巷里办公，实在闹心。1916年初，地质调查所的办公地点与农商部分家，随即搬离粉子胡同，一部分搬到兵马司胡同，另一部分搬到丰盛胡同。从这时起，兵马司胡同6号成为记录中国地质学发端和中国近代科学早期成长的标志性建筑。

兵马司胡同在西四南大街西，南是丰盛胡同，再南是辟才胡同，北与兵马司胡同平行的是砖塔胡同，再北是羊肉胡同。明代北京内城设有中、东、西、南、北五城兵马司，兵马司"掌捕盗贼羁押案犯事宜"，职责与公安局类似。光绪年间撤销五城兵马司，成立工巡局。虽然兵马司撤销了，但兵马司所在地的地名流传下来。

兵马司胡同离西四牌楼不远，早先西四牌楼是全北京最热闹的地方之一，而兵马司胡同小院儿闹中取静，占地仅四亩多。民初，北洋政府没有中央研究院一类机构，农商部下属的地质调查所瓜菜代，成为带有汇总性质的科研机构。有一阵，这里不仅是中国地质学的学术中心，而且被蔡元培先生誉为"中国第一个名副其实的科研机构"。

袁世凯独具慧眼，深知只有网罗大量地质人才，才能找到矿藏。地质调查所升格为由农商部直属地质调查局。原矿政司长张轶欧任局长，丁文江为会办（相当于副局长）。章鸿钊被任命为地质股长兼编译股长，翁文灏为矿产股长兼地形股长，丁文江兼地质矿产博物馆馆长。地质研究所结业的18名合格结业生全部进入地质调查所。

1913年冬，丁文江会同梭尔格、王锡宾等调查正太铁路沿线地质矿产，填绘二十万分之一地质图，是中国最早的区域地质调查。调查归来写出《调查正太铁路附近地质矿务报告书》，是第一篇用中文写成的地质报告。丁文江给太行山下了新的地理学定义，从河南济源至河北阜平这段近乎南北向的山脉，才是太行山；从阜平至山海关这段近乎东西向的山脉叫燕山。他指出，传统地理学往往把山脉当作大河分水岭，而山西若干大河，如唐河、滹沱河、漳河等都穿太行山而流到河北，打破了"两山之间必有水，两水之间必有山"的习惯观念。

李希霍芬是德国地质学家，1868年9月到中国进行地质考察，直至1872年5月，将近4年，发表5卷带附图的《中国——亲身旅行的成果和以之为根据的研究》，认为"山西是世界煤铁最丰富的地方，照现在世界的销路来说，山西可以单独供给全世界几千年。"丁文江对洋人的结论不盲从，他发现山西煤固然多，而正太路附近铁矿最厚矿层不超过0.6米，厚度不稳定，经济价值不大。他据实写文章，题为《有名无实的山西铁矿——新旧矿冶业的比较》，纠正了洋人的错误。

丁文江调查山西、云南地质，为中国自行调查地质之始。从此刹不住车了，成为从事实地调查涉猎区域最广，取得成绩最多的地质学家。曾随丁文江考察的王曰伦院士晚年回忆说："起初我以为丁先生这老头，曾当过官僚，平时又讲究享受，应该不能吃苦，哪知我想错了。他每天天未亮就起来，点灯穿衣吃饭，天亮后上路工作。背袋里装上一块饼，就算午饭的干粮。晚上下店，吃饭洗脚后，还要点灯将本日所作的图件整理后才睡。每天工作不停，并不考虑下雨和晴天。这样的苦工，我起初还不行，以后也就惯了。他亲自教我绘图、采化石并研究石头，平时也很爱谈天。他的常识丰富，中西学问都很好，颇有诲人不倦的态度，所以我很得到些益处，至今忘不了感激。"

1916年6月，袁世凯总统逝世，继任者为黎元洪。黎总统既没有前任那种睿智，更没有前任那种胸襟，做事缩手缩脚。政府经费的流向变了，地质调查所的经费被大打折扣，每岁政府拨款锐减为4.2万元，全所工资3万元（包括外国技师和所内人员出国进修费），剩下的1.2万元是办公费，包括书籍的排版印刷费。不敷开支，地质调查所只得勒紧裤腰带，工作人员工资锐减，凡有路子的另谋生路。

1919 年春，从巴黎和会传来令国人震惊的消息。和会是讨论如何处置一战的战败国，德国既已战败，它在海外的殖民利益由战胜国"分配"，德国霸占的山东理应归还中国政府。殊不知，确定由日本接替德国享有在中国山东的特权。作为对德战胜国，中国人的愤怒可想而知。五四运动由此爆发，成为中国现代政治史拐点。

中国知识界意识到，知识分子不能总关在象牙塔内，无论如何也要在政治方面出上把力气。丁文江的第一篇文章是《哲嗣学与谱牒》，他不追逐民主与科学争论，着重探讨中国知识界作为自觉的理性主义者的新生问题。他是个正牌书呆子，以优生学为理论基础，认为中国在考虑接受何种新的社会模式之时，必须证明它符合生物进化的科学论据。他确信，社会生存与繁荣是生物学目标，在取得成功的社会里实现这个目标是以牺牲个人私欲为条件的。他坚持，既然受过教育的人在经济上和知识上占了优势，就应该为公共福利事业尽心尽力。

中国知识分子自命清高，耻于谈钱，而在 1920 年，丁文江与章鸿钊、翁文灏，邢端发起募捐活动，募捐名声堂堂正正：筹建地质调查所图书馆。图书馆工程由德国雷虎公司承建。那时第一次世界大战结束不久，丁文江为敌国建筑师承接工程一事呈文请农商部并外交部批准。

地质调查所图书馆是主体两层的长方体建筑，为德国雷虎工程公司于 1921 年设计并承建，落成时是亚洲最好的地质图书馆，拥有地质学专业图书数万册，各种地形、地质、矿产图数千幅，省县志数百种，并与国外 260 余处机构保持期刊、图书交换关系。

盖办公楼的钱从哪儿来？由于政府财政吃紧，只得多方募捐。一幢德式二层小楼在兵马司 9 号落成，贝寿同设计监修。贝家曾经在苏州名噪一时，买下苏州名园狮子林。那时贝寿同的一个侄孙刚 1 岁。这个侄孙后来名震中外，名气大大超过叔祖，他就是建筑家贝聿铭。

盖办公楼拉了亏空。翁文灏挪用学术刊物印刷费应付建筑商，呈文向农商部要钱。钱批下来，只有 500 元！尚不足支付贝寿同的设计费。那时王恒升刚从大学毕业，晚年时回忆了当年尴尬的一幕：翁文灏带着他去"化缘"，进门后，矿主躺在土炕上抽大烟。王恒升拿着化缘簿，笔管条直地站在一旁，翁文灏惜时如金，急得满地"走绺"。好不容易等到矿主抽完大烟，问来者何事。翁文灏赶紧作答。待矿主在簿子上签了钱数，王恒升赶紧去柜上支取银票。后来尽管两位化缘者先后有了大出息，但这样盖起的楼，这么难堪的知识分子，至今让人叹息。

丁文江家庭负担重，工资单薄，1921 年辞去地质调查所所长职务，出任北票煤矿公司总经理。他做什么像什么，北票煤矿由年产 8000 吨原煤发展成为日产原煤 1500 至 2400 吨的现代化煤矿。

1922 年，翁文灏代表中国出席第 13 届国际地质学大会，向大会提交了中国地质学家的高水平论文，内容涉及地层学、构造地质学和地震地质学等领域。国际地质科学界惊奇地发现，中国地质学如火山喷发般一下子冒出来，从此他们知道并记住了兵马司 9 号这个地方。

地质调查所不是安心搞矿业调查的书斋，而是处于与中国的命运紧紧相连的漩涡中心，是带着新锐思想的知识分子聚会的场所。1922 年初，拥有 26 名创立会员的中国地质学会成立。学会早年活动有不少轻松形式，胡适和赵元任在联欢会上说过英文相声，两位留学美国康奈尔大学的名流在一批同样具有留学背景的学者面前捧逗自如，数落中国式英语的尴尬和窘态，引起阵阵笑声。

1922 年 7 月，《努力》第 2 期刊发《我们的政治主张》，蔡元培、王宠惠、胡适、丁文江等学者签名，呼吁成立"好人政府"。他们相信只要少数人能空其所傍，咬定牙关，不把政治视做军阀官僚的私物而勠力合心积极问政，政局必将为之一变。没想到，呼吁被直系军阀头子吴佩孚利用，产生王宠惠组阁的短命"好人政府"。参政的知识分子领略了政治的严酷，比如汤尔和即懊丧地抱怨"好人政府"的"场外指导"胡适和丁文江："我劝你们不要谈政治了罢。从前我读了你们的时评，也未尝不觉得有点道理，及至我到了政府里面去看看，原来全不是那么一回事！你们说的话，几乎没有一句搔着痒处的。你们说的是一个世界，我们走的又另是一个世界，所以我劝你们还是不谈政治了罢。"

"好人内阁"失败，丁文江将希望投向军阀，盼望出现好军阀，只要军阀身边安排学者精英，武夫智力开化，"好政府"就会梦想成真。1926 年，他辞去北票公司总经理职务，任淞沪商埠督办公署总办。他先收回会审公廨，后集中办上海市政。尽管他想办点好事，但与大军阀孙传芳的合作，在他的脑门上打了个大叉。

1928 年 6 月，国民革命军取得北伐战争胜利。随即就接收、裁并旧的北洋政府机构。最初地质调查所被划归国民政府大学院。这一决定显得过于草率，文不对题，遭到有关人员反对，最后决定地质调查所同北京政府农商部一样，由农矿部接收，名为农矿部地质调查所。

1931 年日本发动"九一八"事变。1933 年日军进逼长城。地质调查所将部分重要图书、标本紧急南运。翁文灏在南京选定新所址，主要骨干由北平南下，留平人员成立地质调查所北平分所。

1931 年，丁文江成为北大地质学研究教授，陆续发表论文，出版《申报地图集》（即《中国分省新图》），但没有放弃对国家政治、经济现代化的使命感，和朋友们组织时事刊物，名为《独立评论》。

1934 年，应蔡元培之请，丁文江继杨杏佛遗缺，出任中央研究院总干事。中央研究院从事高深之学，无济于时艰之用，长期不受重视，成立起就因经费短绌，处境尴尬。他上任后"夙夜匪懈，案无留牍"，尽力争取政府支持的同时，整肃院风，裁减冗员，减少行政经费，增加事业经费，理顺各种关系。为确保学术独立性，他创设评议会。上述诸项，用院长蔡元培的话说，"均为本院定百年大计"。

1936 年初，丁文江在湖南考察时因煤气中毒遽尔长逝。消息传来，胡适写《丁文江的传记》以慰追思之情。此后，这个名字很快就被淡忘了。丁文江很想为国家做点什么，政治立场摇摆过，最终也没上哪条船，所以没有哪个当政者想起他。他的墓在长沙岳麓山西麓半山腰，普普通通，和岳麓前山的黄兴墓、蔡锷墓反差极大。

读者或许奇怪，本书说的是探究史前文明，这章怎么说来说去都是地质调查所的事？当然有缘由。地质学与考古学好像互不搭嘎，其实有相通之处。地质学家从地下找矿，考古学家从地下找物，实际操作中，都得刨土挖沟。地质工作者在踏寻矿藏过程中，不时发现地下埋藏的古生物遗骸及石器，从专业角度接触到史前史探索，并按照职业训练，采取地质学的地层学理论，解释地球和文明进化课题。

近代考古学传入中国后，地质学中的地层学理论成为考古的主要支柱之一，地层学能弥补考古过程中的缺陷。现代地质学是近代工业的产物，别看这门学问是在与考古学毫不搭界的环境中成长起来的，而中国考古学的发轫，却一度仰赖于地质学的成长和扩张，在不知不觉间成为地质学的小表弟。别看国人嗜古，但即便最勤于思索的学者也不懂得地质学与考古学的相通之处，不知道地层以及文化埋藏概念，不稀罕上古器物，对上古器物的研究，仅停留在为典籍作注脚的层面上。

中国学者习惯于钻进故纸堆里自得其乐，不知史前史有啥用。这样一来，中国文明史就像瘸了一条腿。民国初年，从西方传入的考古学睡眼惺忪之际，出现了极具中国特色的咄咄怪事：对中国史前文明的探究，头几步并不是史学家走出的，而是地质学家点燃了探究中国史前文明的开山炮的炮捻儿。地质学家固然是从地下打开局面的。只不过，在这一轮中，他们从地底下找到的并不是矿石，而是史前文化的载体。

4. 瑞典地质学博士安特生与龙烟铁矿

瑞典位于斯堪的纳维亚半岛，是北欧面积最大的国家。10世纪，瑞典出现炼铁炉，18世纪成为钢铁出口国。瑞典发展钢铁并非空穴来风，而是有几个有利条件：铁矿藏丰富，有容易开采的中部地区的高品位铁矿；早先炼铁不用煤，而是木炭，而瑞典有可以烧制木炭炼铁的大森林；另外，这个国家有可作动力的充沛水力资源。

大自然也不一味地偏袒瑞典，瑞典固然铁矿丰富，但不产煤，只能用木材炼钢。18世纪初，英国发明用焦炭代替木炭炼铁，瑞典钢铁工业失去竞争能力，铁厂纷纷倒闭。竞争教会了瑞典人在产品质量上下功夫。转炉炼钢的第一个发明专利1855年在英国登记，但英国的第一次工业试验并不成功。1858年，瑞典人葛兰荪发展这种炼钢方法，几年后在现今犹存的山特维克钢铁厂建成转炉炼钢车间。不产煤的瑞典严重缺乏焦炭，只得重视发展不用焦炭的海绵铁生产新工艺。

乌普萨拉是瑞典第四大城市，北欧最早的天主教堂乌普萨拉大教堂便坐落在这里，1164年成为瑞典大主教辖地，不仅是宗教中心，而且是工业、军事中心和铁路枢纽。乌普萨拉大学素有"北欧剑桥"之称，是瑞典最古老的大学，也是北欧第一所大学，出过不少学者，包括8位诺贝尔奖得主，诺贝尔在1893年成为该大学名誉教授。

约翰·贡纳尔·安德松生于1874年，老家在瑞典纳克省奥利布罗市附近的一个小镇上。他在中学毕业之后，考入乌普萨拉大学，专业是地质学和古生物学。Andersson，是瑞典男人常用名，早先中国翻译外国人名字不规范，把贡纳尔·安德松译为古纳·安特生。时间长了，改不过口，也就约定俗成了。

瑞典是高纬度国家，靠近北冰洋。1898年，安特生报名参加北极探险。

三年后，他又随瑞典南极考察团远征南极。瑞典人尽管熟悉北极，却对地球另一端的南极陌生。由于事前准备不足，团队无法抵御恶劣气候，只得草草收兵，仓皇撤回国内。考察项目不尽如人意，收效甚微，安特生回国后，气得把自己在屋子里关了几天。

20世纪初，由于北欧国家没有参加八国联军，中国政府喜欢与北欧中立国打交道。光绪二十七年（1901）春，瑞典人斯文·赫定来华，发现被遗忘千余年的楼兰古城。这一意外成功，对安特生的震动不小。要论学识，斯文·赫定未必比安特生丰富，但他的探险方向却选择了中国。两人的成果是天壤云泥，大相径庭。

1902年，安特生在乌普萨拉大学获得地质学博士学位，1906年留校任教，兼瑞典地质调查所所长。1910年在斯德哥尔摩召开第11届国际地质大会，他被选为新一届秘书长。正当他的事业如日中天，1914年初春，他收到来自中国政府的信函，邀请他前往中国担任矿政顾问。

北洋政府亟待发展图强，打算从钢铁着手。协约国与同盟国两大资本主义国家集团的矛盾愈演愈烈，国际市场对钢铁需求激增，北洋政府迫切希望西方地质学家来华，加紧寻找军备和经济急需的煤矿和铁矿资源。北洋政府大员不认识安特生，地质调查所所长丁文江曾留学英国，对瑞典乌普萨拉大学教授安特生有所耳闻，推荐他担任中国政府农商部矿政顾问，帮中国找矿。

欧洲有几个钢铁强国，北洋政府为什么偏偏相中瑞典的地质学家？瑞典兵器工业说得过去，尽管历史上与俄国打打杀杀，却很少在亚洲国家招惹是非。当年八国联军入侵大清京师，连没有出兵的欧洲小国也跟着分了杯羹，瑞典却不跟着掺和。

后来李济在《安阳》一书中说：在中国有治外法权的大国都想把科学家派到中国，获取中国矿藏资源特别是煤矿和铁矿的第一手资料，列强之间为此竞争激烈。中国政府不从列强中选择专家顾问，而任用瑞典人安特生，因为瑞典是欧洲少数没有帝国主义野心的国家之一。这个决策大概是根据地质调查所所长丁文江的建议。

安特生接到聘书后，1914年春到印度，辗转进入新疆，顺塔里木河东行穿越河西走廊。他之所以这样做，是为了对中国地质地貌有个全面印象。5 月中旬他结束了对中国西部的考察，抵达北京。

赶得早不如赶得巧。安特生抵达北京次月，欧战爆发，后称第一次世界大战。规模空前的欧战是钢铁之战，新式武器要耗费大量钢材，钢铁成为紧缺战略物资，各参战国下令禁止钢铁出口。

近代中国的钢铁工业并不是想象的那么薄弱，武汉一度拥有世界领先的汉阳钢铁厂，是晚清重臣张之洞搞起来的。既便如此，汉阳钢铁厂生产最火爆时，进口钢铁仍在中国市场上占据统治地位。

那时袁世凯总统在北洋政府掌权，手下的诸大员中，除了徐世昌是个老牌文人，其余都是丘八出身。这帮武夫不糊涂。欧战参战国造枪造炮，大量采购钢铁，致使钢铁价格暴涨。上海新出厂的钢板和马蹄铁比战前上涨 10 倍，钢锭从每担 3 两银子左右抬高到 14 两，几乎是过去价格的 5 倍。中国置身于欧战之外，立即掀起大办钢铁实业热潮，上海兴和铁厂年产钢材 3 万吨；山西阳泉铁厂建起日产 20 吨的高炉。钢铁业成为中国最赚钱的生意，开铁矿比开金矿更具诱惑力。

安特生抵达北京时，北京有位名字被翻译为麦西生的丹麦矿冶工程师在探矿上有所斩获。那天，麦西生在街头看到位背着篓子卖"染料"的农民。麦西生看出，农民卖的"染料"样子像铁矿石，就买了些，回去化验，发现是含铁量甚高的赤铁矿。他翻过头到街上，找到那位卖"染料"的农民。功夫不负有心人，他连跟踪带打听，终于弄明白了，这种赤铁矿产自北京往西 100 多公里的龙关山，那儿属于燕山山脉。

丹麦和瑞典同属北欧国家，安特生很快结识麦西生，看了老麦从街上买来的赤铁矿，安排助手与麦西生一道前往龙关山一带察看，接着同地质调查所技师新常富到直隶龙关县调查下古生代地层中的铁矿，发现在龙关、辛窑堡一带的确有个大矿区，称为宣龙式赤铁矿床。

新常富是瑞典人，1900 年毕业于瑞典皇家工学院。1902 年为山西大学堂教授。辛亥革命期间参加了瑞典、英国联合以及瑞典单独组织的营救探险，营救被派往中国工作的洋人。1914 年到 1917 年在中国地质调查所工作，能讲中国普通话。

宣龙式赤铁矿床是个重大发现，同一矿层自西向南，延伸到宣化东部的烟筒山，相继延展达百余里，储量相当可观。并且附近有京张铁路通过，运输方便。发现大铁矿的消息很快就报到了北洋政府，袁世凯喜出望外，发了安特生一枚三等嘉禾勋章，以示嘉奖。

这件事儿如同天上掉下张馅饼。麦西生和安特生虽然发现了大铁矿，但二人都是学者，发现仅拘泥于知识层面，往下怎么搞，是否接着开发这个大铁矿，要由北洋政府拍板。

1916年6月，有个叫陆宗瀚的呈文，要求组建龙关铁矿公司，先采矿，再办炼厂。点子不错，但报告递的不是时候。袁世凯打算实行君主立宪制遭反对，气病交加身亡。代行大总统黎元洪和国务总理段琪瑞忙着派系之争，哪里顾得上铁矿，呈文递上去就没了下文。

1918年，安特生与新常富前往龙关勘查铁矿，入宣化境内，路边有几个拿着矿石的人。安特生不明白怎么回事。一位持石者凑过来说：我们在这里等着"献矿"。行家说，探矿像在牌桌上摸牌。这轮，安特生摸到把好牌。经过化验，那些献矿者交出来的红褐色石头是品位很高的赤铁矿矿石，产地是烟筒山。

安特生赶紧到烟筒山勘察，搞清这里又是大型铁矿，含铁量平均达到48%，也就是说，一斤矿石里几乎含有半斤铁，而且与龙关铁矿同属一个矿床。他立即给北洋政府打报告，说："其矿产之美富不亚于凤凰山、龙关、秣陵、大冶诸处，实为最近发现唯一之大铁矿。"龙关山和烟筒山合称，各取一个字，称龙烟铁矿。安特生的报告来的正是时候，那时中国政要大佬正在摩拳擦掌地想办铁矿。

徐世昌生于河南卫辉县城曹营街。1886年中进士，授翰林院编修，历任军机大臣、巡警部尚书、东三省总督、内阁协理大臣，实现了封建知识分子"朝为田舍郎，暮登天子堂"的梦。他既是袁世凯的河南老乡，也是老袁的铁杆儿挚友，老袁在天津小站练兵，创建北洋军，在清末政坛纷繁复杂的斗争中崭露头角，成为国内外新旧各派重点拉拢对象，炙手可热，权倾一时，徐世昌作为老袁的智囊，功不可没。

一战爆发后，袁世凯不想蹚这道浑水，在他看来，欧战作战双方都欺负过中国，是狗咬狗，一嘴毛。徐世昌当总统后却另有想法，中国加入协约国，对德宣战，图的是战后在国际舞台上改变处境。

北洋政府宣布投身于一战，顿时带来铁价暴涨，一天一个行情。这时，有个叫徐绪直的重提陆宗瀚开办龙关铁矿旧事。徐绪直不是别人，乃徐世昌之子。大公子放出的话，别人要考虑考虑来头。他说得很透亮，欧战方酣，铁价日昂，国内主要铁矿宜乘时开发，以辟富源。他建议龙关铁矿公司改为官商合办，资本增加到200万元。

1918年3月颁总统令：陆宗舆担任龙关铁矿公司督办。陆宗舆原先担任过驻日公使，回国后任中日合办的中华汇业银行总理。鲜为人知的是，末代皇帝溥仪被驱除出紫禁城后，入驻位于天津鞍山道的静园。溥仪在《我的前半生》中记述，我从日租界宫岛街的张园搬到协昌里的静园。这是租的安福系政客陆宗舆的房子。

民国初年，政坛人物与商界大佬间的身份转化乃是寻常景象。这时，陆宗舆还不太有名，后来由于向日本大量借款，承认日本在山东的特权，臭名昭著，在五四运动中挨了一通揍，成就大名。这时，距五四运动还有一年多点，他还没有被拱到风口浪尖上，尚能折腾一气。

办铁矿需要大笔资金，以中国的贫弱，钱从何来？龙关铁矿公司既是官商合办公司，公司简章上约定官方与商界各出一半，集资500万元。官股250万元来自农商部和交通部。农商部既然为统办，需要承担128万元；交通部以后要依靠该公司所产的钢铁来制作铁轨，于是分担122万元。商股250万元都是私人出资。

那时，拥有龙烟股权，成为政界商界巨头风头最劲的事，主要股东几乎涵盖了北洋政界和商界名流，不是政要本人，就是政要家人。算下来，私人商股计140户，筹集到230万元。股东们主要是大官僚和大银行家等权势人物，当时的中国，只有他们拿得出大钱。从中可看出，他们确实对龙烟铁矿前景充满信心，认为可以一本万利。

陆宗舆读到安特生的《烟筒山铁矿勘查报告》，当即向农商部提出将烟筒山铁矿划入龙关铁矿公司，并案办理。报告很快获得批准，公司更名为龙烟铁矿股份有限公司。4月19日以陆宗舆为公司督办，丁士源为会办，龙关山铁矿公司就此开张。计划日炼铁300吨。

钱有了，下一步是选择冶炼厂地址。选址素有"就红"（矿石产地）和"就黑"（煤炭产地）之争，更要考虑交通、地势、垃圾处理等因素。考虑过宣化、石景山、天津、坨里、长辛店、卢沟桥、通州和丰台等处，最后把炼厂选在北京西部的石景山（那时名为石经山）。

陆宗舆起草的《龙烟铁矿公司股东会报告书》中，提到把炼厂定在石经山的理由：地势较高且宽阔，基岩地层坚固，青石山恰可以承受建高炉的压力。所需铁矿石可由京绥路运来，炼铁所不可少的另一种配料石灰石，附近将军岭就有出产。用水，可从永定河中汲取。炼成之铁走京奉线运至天津外销，也是极为便利。人们还得知了一个消息，马上要在石经山北麓建京师华商电灯公司，日后炼铁厂的电力来源极方便。

陆宗舆踌躇满志，捋胳膊挽袖口，准备大干一场。而就在这时，北京学生相互串联，爆发五四运动，陆宗舆骤然撞到枪口上。一战初，日本从德国手中夺走青岛，旋即提出臭名昭著的二十一条。袁世凯派陆宗舆与日本谈判，预留备案，日本如强硬，将在操作中把二十一条逐步消融。实际上，后来袁世凯的确也这么做了，北洋政府仅承认二十一条中的部分无关紧要内容，没有给日本留下干货。

五四运动中，怒火中烧的学生们不论这个，陆宗舆与曹汝霖、章宗祥一道被列入要严惩的"三大汉奸"。火烧赵家楼后，学生没找到陆宗舆的住所，陆宗舆免受宅毁人伤的惊吓。不过，他被江东父老开除乡籍。他的老家在浙江海宁县，1919 年 6 月 13 日，海宁县各界人士召开万人大会，决议开除他的乡籍，并在盐官邑庙前、镇海塔下和陆家门口三个地点各立一块石碑，上面镌刻着"卖国贼陆宗舆"。

徐世昌认为乡人干得过火了，下令将石碑拆去，为平息舆论，撤陆宗舆币制局总裁职。陆宗舆到处哭号，不过擦干眼泪后，立马就没事了，该干啥还干啥。他心里明镜似的，学生们来势猛，总统必须难堪难堪他，做个样子，给那帮傻蛋学生们看看；政治这东西，充其量也就一阵儿，风头过去就没事了，对他在实业界的发展不构成实质性影响。

陆宗舆仍然担任汇业银行总理及龙烟煤矿和铁矿督办，1925 年后任临时参政院参政。1927 年任张作霖安国军外交讨论会委员；同年任交通银行总理。旋辞职，躲在天津混日子。1940 年被汪伪聘为行政院顾问，以卖国终老。说句很后来的话，1985 年，浙江海宁县硖石镇惠力寺清理场地时掘出一块"卖国贼陆宗舆"石碑，碑身完好。海宁市博物馆妥加保护，为的是让这家伙遗臭万年。

不说后来那些事，但说陆宗舆把持龙烟公司时，北京西郊的石景山叫石经山。为啥叫这名？传说唐僧师徒西天取经，路过此地，经书被雨水打湿，摊开放在山上晾干。早先石经山居民并不认为自己与北京有关，称自己是外省人。后来石经山被认为是北京郊区，因为那地方距离天安门不超过20公里。北京修的第一条地铁线路，也就是1号线，就是以石景山那儿的苹果园为始发站的。

石经山西北是太行余脉，比肩而立的40余座山峰不算高，东南部是一望无垠的华北大平原，南部横着永定河，东南是永定河冲击扇夹带残丘平原。刚草创的龙烟公司在石经山东麓征购一千多亩地作炼厂厂区，成立龙烟铁矿股份公司炼厂。

北洋政府相当背运，起大早赶晚集。龙烟公司大干快上时，德国爆发基尔军港水兵起义，德皇威廉二世下台，德国投降，第一次世界大战结束。北洋政府拼命修建龙烟公司厂房，战场上却烟消云散，钢铁不再是参战国竞相追逐的物资，钢铁市场一片萧条，中国钢铁行业的老大、鼎盛一时的汉阳铁厂硬挺了两年，被迫宣告停产。为了偿还贷款，每吨钢铁作价仅为欧战标准的二十分之一。

在石经山，龙烟公司还在硬挺着，海拔20多米高的青石山被削平了，计划日产250吨的炼铁炉连同热风机、锅炉等从美国贝林马雪尔公司订购，整套设备皆"世界先进，亚洲一流"。除了打好炼铁高炉地基，炼铁厂还挖了原料地沟，修建厂内的铁路线，建设办公用房与职工宿舍。1921年美国的后续设备陆续运到时，炼铁厂的筹建工作已完成80%。而就在这时，龙烟公司没钱了。公司筹集500万元开办，应付开发烟筒山铁矿、将军岭石灰石矿并建日产250吨的炼铁厂，远远不够。

龙烟公司督办陆宗舆的挽救龙烟之策是从日本借钱。1921年，他跑了趟日本，返回向董事会提出以龙烟所有财产担保，向日本东亚兴业借180万日元。为此，龙烟铁矿所有技师、会计聘用日本人稽查，每年需向日方交铁砂10万吨，生铁4万吨。借款合同在报纸披露，正打在中国人敏感的心结上，舆论一片哗然，认为是个十足的卖国协定，是把矿产主权拱手出让。国会议员向农商部提出质问，农商部急忙声明："报载龙烟公司督办以公司抵借日款，并以承受矿砂为条件各节，并未据该公司报部有案，无论对内对外当然不能发生效力。"

龙烟公司董事会有多位显赫官员，总统黎元洪也是股东之一。1923年4月黎元洪来厂视察，问龙烟公司工程负责人程文勋，投产需资金多少？程文勋精确告诉总统一个数字：开炉总计共洋 318.8 万元左右。黎元洪满不在乎地表态，所需费用政府补足就是了。殊不知，两个月后，这位大总统就被曹锟赶下台，龙烟公司拨款再无音讯。

连前带后，石经山炼厂筹办四五年，前后花费数百万元，却没有炼出一炉铁。抗日战争期间，石经山下荒草萋萋，炼铁厂设备锈蚀。新中国成立后，石景山炼铁厂活了过来，成为首都钢铁公司。近年，由于污染空气，这个厂迁离北京，到河北迁安落户。但至今北京篮球队仍然冠以首钢篮球队之名。在北京市民的心目中，去了河北迁安的那个首钢还是北京企业。这些与本书全然无关，就不扯那么远了。

5.周口店的发现：从鸡骨山到龙骨山

　　安特生在中国农商部任矿业顾问，正经活计是找矿，同时念念不忘搜寻古代化石。这倒不能算不安心本职工作。干这行的人都知道，古化石常能提供重要矿脉线索，搜寻古化石是地质学范围内的事。

　　安特生是瑞典人，来华之后，就像远嫁在外的女儿，但凡在婆家寻摸到好东西，就想往娘家搂点儿。他在中国找矿时萌发了一个念头，捎带手为瑞典博物馆采集有价值的化石。这件事上，他挺自觉，既然捎带手为祖国服务，花中国人的钱不大合适，于是给朋友写信，希望得到资助。拉各雷留斯欣赏安特生的计划，为安特生在中国采集化石募捐。安特生还从瑞典皇家争取到一笔经费，开始对古新生代化石收集整理。

　　安特生给分散在中国各地的外籍人士写信，附上德国慕尼黑大学古脊椎动物学家施洛塞尔关于中国动物化石的鉴定结果，请他们注意收集和提供化石产地线索。他在中国搜集到不同时代的化石，统统运往瑞典乌普萨拉大学，交给由维曼教授领导的古生物研究室研究。

　　20世纪初，西方学者根据第三纪以来哺乳动物进化和自然环境变迁的事实，推论中亚贫瘠、干旱的原野，昔日曾是孕育人类的伊甸园。他们判断正隆起的喜马拉雅山隔断了印度洋来的暖湿气流，在地壳变动中随着北方高原形成，树木稀疏，乃至消失，形成大片草原。气候除了干旱，还有寒冷，正是早期猿类从树上下来直立行走的环境。

　　老早以前，太行山以东浸没海中，后海水下落，平地联成湖沼。暖期过后，最后一批客人是鬣狗。那时，华北湿地成了鬣狗的天下。冰期里，华北平原变成植物带，华北有野马、野驴栖息。随着极地冰原扩展，海平面下降，低地连接起来，山东半岛和辽东半岛连成陆地。从辽东经渤海湾，河北，山西，陕西，直到甘肃的河西走廊，是广阔草原带，野马、野驴在草原地带游栖。虎、豹以马、驴为食。

化石是古生物留下的遗体痕迹。如若找到古人类的骨骼化石，就可以了解古代人类体质、智力发展水平。由化石发现地点可知古人类分布及所处地质时代。按人类体质和其文化发展顺序，可分为猿人、古人和新人等数个阶段。世界屡屡发现人类化石，可是仍然存在不少疑问，如猿人变古人的过程如何？古人变成新人的过程又如何？

探寻化石过程中，头骨化石最为重要。动物的面颅比脑颅大，人类则相反，脑颅比面颅大。原始人和现代人比较，差别主要在头骨上。第四纪时代出现人类祖先。最初亚非大陆温暖湿润，古猿在这种环境中演变成能制造工具和劳动的人类。双手创造万物，从而发展出语言，推动了大脑发达。人类的始祖直立猿人，与别的哺乳动物，即尚用四肢爬行而不能用手更无语言迥然不同，变成了支配世界的主人。

人这个物种刚出现时，能吃素也能吃荤。想吃荤就得打猎。他们在山洞河谷住下，那时人口少，他们不敢远离住地，繁殖到几十人时产生分支，分离出去。后来被称为"北京猿人"的部落繁殖人口越来越多，甚至遍布河谷。

1917年，安特生在豫西做地质考察，和新安县瑞典传教点建立联系，被告知附近有"龙骨"。所谓"龙骨"，就是各种脊椎动物的化石。

安特生把在豫西发现"龙骨"的消息告诉丁文江，丁文江向北洋政府打报告，执行安特生古生物化石采集计划，同时提议地质调查所和地质陈列馆也加入计划，安特生采集的化石标本由中瑞两国平分；他的研究结果须首先在即将创刊的《中国古生物志》发表；一些送到瑞典的重要化石标本在研究完毕后必须归还中国。这个计划还有更大尺度，包括中国留学生到瑞典进修。这时的中国没有来得及制定文物保护法规，丁文江和安特生关于中瑞两国平分在中国找到的"龙骨"，一家一半，是后来制定有关安特生史前考古发掘品协议的蓝本。

华北重要药材集散地在河北安国县，距周口店不远。周口店家家户户收藏"龙骨"，可拿到安国换些银子。周口店属房山县，处在山区和平原衔接处。1918年2月，安特生偶遇在北京任教的化学家麦格雷戈·吉布。后者出示了包在红色粘土中的碎骨片，是刚从周口店附近的鸡骨山采到的，并提及堆积物的石灰岩洞穴在周口店一带极多。

这个说法引起安特生的兴趣。3月，他雇了匹驴，起早赶晚到周口店，考察了两天。鸡骨山是石灰岩小山，含化石的堆积物的围岩剥落殆尽，变成古塔似的山体。他找到两种啮齿类和一个种的食肉类动物化石。老乡不认识动物骨骼化石，误认作鸡骨，因此山得名鸡骨山。能在北京附近找到"龙骨"产地，对他来说是值得高兴的事。但初次发掘的收获不大，他没有发现更特别的东西。

周口店地层出露状况良好，上新世和更新世堆积物保存齐全，是地质学家向往之地。周口店西有条小河，蜿蜒南流，东南地势开朗，附近有距今4亿多年前的奥陶纪石灰岩，石灰岩容易被带酸性水溶解，特别是褶曲发育、断裂多的地方，易被地下水穿通，形成洞穴和裂隙。洞穴和裂隙一旦形成，开采石灰岩时，有可能从裂隙中发现"龙骨"。

1921年春，安特生和美国人葛兰阶在龙骨山一条填满堆积物的裂隙见到鹿、犀牛、熊等遗骨，此后发现的动物化石还有野猪、水牛、剑齿虎等。初夏奥地利古生物学家师丹斯基来华，听说安特生在周口店小试牛刀，打算合作，安特生随即安排师丹斯基去鸡骨山。

安特生在《黄土的儿女》书中记述了发现龙骨山过程："正当我们发掘时，一位老乡过来打量我们一下，而后说在这里呆下去没有什么用。离这里不远有一个去处，你们可以在那里采到更大更好的龙骨。我深知要在中国寻访龙骨，绝不能轻易放过任何线索。于是我立即向那人进一步了解，他介绍的情况看来很可信。于是我们立刻收拾工具，跟着他向北面的一座石灰岩小山头走去……我们在那里搜索不大一会儿，就发现一件猪下颌骨。这是个好兆头，说明我们来到一处比鸡骨山希望大得多的化石地点。当天傍晚，我们满怀希望地返回住地，好像重大的发现已经向我们招手。次日，阳光普照，我们沿着一条直路，从我们下榻的小庙向那处名叫'老牛沟'的新地点漫步走去。这个地点总有一天会变成考察人类历史最神圣的朝圣地之一。"

安特生注意到堆积物中有白色带刃脉石英碎片，会不会被老祖宗用过呢？对师丹斯基说："我有一种预感，我们祖先的遗骸就躺在这里。现在唯一的问题就是去找到它。你不必焦急，如果有必要的话，你就把这个洞穴一直挖空为止。"

1927年早春，周口店还是一派冰冻萧瑟气象，龙骨山考古发掘拉开序幕。19世纪，在人类起源问题上，宗教坚信上帝造人说，但学者赞同英国科学家达尔文的人猿同祖论，德国进化论学者海扩尔假定，从猿到人存在过渡形态，也就是猿人。1891年，荷兰科学家杜布瓦在印度尼西亚爪哇岛发现人类头盖骨、下颌骨和大腿骨化石，脑量比猿脑大却比现代人小，大腿骨与现代人相似，能直立行走，称直立猿人或爪哇人。制造工具的动物才叫人，而爪哇并未发现石器或工具，顶多是灭绝的古猿。1895年，他把这个发现带回欧洲。人们都说上帝造人，你说从猿到人，等于挖了人家祖坟。20年后，杜布瓦的同行又聚集周口店，打算通过新发现证明人猿同祖。

1927年夏，加拿大解剖学家、北京协和医学院教授步达生在周口店堆积物中发现一颗人牙化石。他绘了一幅远古人类画像，脖子上画了朵牵牛花，并在《中国古生物志》发表"周口店堆积中一个人科臼齿"，认为属成年人左下第一臼齿，年代为第三纪，距今约55万年，性质与师丹斯基发现的那颗一致，名为中国猿人北京种或"北京人"。

同是1927年，周口店新来两位年轻人——杨钟健和裴文中，他俩均为北大地质系毕业。这年收获颇丰：发现一件少年女性右下颌骨、一件成年人右下颌骨、三颗臼齿。这使根据一颗牙齿确立的"中国猿人"得到翔实证据。德日进，一位长期在中国生活的法国人，中国旧石器时代考古学奠基者、地质调查所新生代研究室顾问，参与法国雪铁龙公司组织的往返北京、阿克苏的"黄色远征"汽车探险，他与杨钟健对周口店进一步勘察，发现不同年代的地质堆积层完备，明显属于更新时代。

1929年，翁文灏和步达生将发掘交付裴文中。12月2日下午4时，裴文中发现一狭窄洞口，系绳而下，在洞里发现头骨化石，一半埋在松土中，一半埋在土中。当晚裴文中、王存义、乔德瑞将头盖骨烘烤，糊棉纸，再糊石膏，再烤，石膏坚固后用棉被包裹。裴文中致信翁文灏，电告步达生："顷得一头骨，极完整，颇似人。"步达生致信安特生："昨天我接到裴从周口店发来电报，说明天将把一完整的中国猿人头盖骨带回北平！希望是真的！"

50 万年前的"北京人"重现天日，证实了步达生的预测，为从猿到人提供凿证，使爪哇人是猿还是人有了定论。此前达尔文的进化论、印度尼西亚发现的爪哇人等均不能佐证人是从猿进化而来的理论，得到公认的人类化石是生活年代不早于 10 万年前的尼安德特人。北京人的发现解决了爪哇人发现以来直立人是猿还是人的长期争论，为达尔文从猿到人的理论提供了有力证据，且将人类演化史推前约 40 万年。

　　只有石器，才能凿证北京人是"人"。1930 年，裴文中在发现头盖骨的地方发掘有人工打击痕迹的石英块，并发现砂岩、石英岩、燧石等砾石，都来自山下河滩。裴文中当即收集河滩石块，模拟打制，与山洞砾石一致。这就是北京人生产生活的工具。尖状器形同手指，砍斫器、刮削器，有盘刃、直刃、凸刃、凹刃和多边刃等形状。

　　1934 年初，步达生因心脏病英年早逝。一年后，裴文中赴法国师从史前考古学家步日耶，北京人遗址发掘由德国解剖学家和体质人类学家魏敦瑞接替，具体发掘由贾兰坡负责。由于此前发现的头骨一个是未成年人的，一个是碎片，无法系统研究北京人群体面貌与演变。贾兰坡的学历只是高中，但历史偏爱将机遇赐给凡人。1936 年，贾兰坡和同行在 12 天内，先后发现北京人门齿、头骨、上臼齿、头盖骨、左下颌骨、顶骨、枕骨、鼻骨、眉骨、耳骨等，鉴定为 3 个成年人（一女性）头盖骨。魏敦瑞驱车从北平来到周口店，研究 3 具完整头盖骨，认为是 3 个不同种族性质即原始蒙古人、美兰尼西亚人和爱斯基摩人，头盖骨伤痕表明属非正常死亡，疑似 3 个敌对种族有过争斗。

　　日军侵华期间，"北京猿人"化石包括 5 个头盖骨及头骨碎片 15 片，下颌骨 14 块，锁骨、腕骨、大腿骨、上臂骨 147 块，用细棉纸包好，包粉连纸，外边捆细纱布、棉花，装入木箱运到美国大使馆。1941 年 12 月 5 日晨，骨化石乘火车准备运往美国。往后发生的事情已是众所周知。12 月 8 日，日军偷袭珍珠港，随即在华日军就截获并抢劫了这辆军用火车。从此，"北京猿人"化石无影无踪。

　　安特生与"北京猿人"化石的发现有什么关系？似乎没有直接关系。但中国人永远也不要忘记，"北京猿人"化石是在周口店发现的，而周口店遗址发掘的帷幕，是安特生拉开的。

6. 地质调查所采集员刘长山的发现

　　地质调查所草创那会儿，有位小人物叫刘长山。之所以说是小人物，因为他仅是地质调查所的一名采集员。虽然他后来做出了名堂，而直至如今，人们知道的也仅是个名字，别的一无所知。

　　采集员是做什么的？地质调查所并非后来新中国成立的地质部，在编制中并没有勘探队，只能雇用采集员，采集员干的活儿是搜集矿业信息。民国初，北洋政府办公经费紧张，只得精兵简政，一个萝卜一个坑。时至今日，国家地质部门仍在征召采集员，任务是报告矿脉线索。采集员不在编。当年的刘长山也只能如此，是个临时工。

　　那时安特生的正式身份是农商部矿业顾问，从常理判断，矿业顾问与地质调查所有工作联系，但也就是提供咨询服务，不会有更多内容。地质调查所里的大大小小的事由丁文江说了算。

　　丁文江与安特生合计搜集史前文物，采集矿脉信息，捎带手寻找相关史前文物。在这个大背景下，身份背景至今不明晰的刘长山身不由己地走进中国人开掘史前文明的大进程。

　　刘长山究竟为地质调查所做了什么？三门峡市政协办公室秘书科科长石耘写的《仰韶文化发现记》里有这样一段话："1920 年秋，被安特生派到河南的采集员刘长山，在仰韶村南边的寺沟收捡到了些零碎石器。当时豫西地区旱灾严重，广大民众忍饥挨饿，度日如年，群众听说有人前来收买石器，也不管有什么用处，纷纷将自己家平时在耕作或掘土时捡到的石器，全都廉价卖掉，换回些活命钱维持生活。刘长山收购一些石器后，又请好心的乡亲们带他到实地采集了一些石器。这些石器或如锤如斧，或像凿像刀，绝非天然形成。由此吸引了刘长山，他在仰韶村住了 3 天，采集收购各种石器 600 多件，还有少量零碎陶片，然后雇请村民王兆英用毛驴驮到渑池县政府第三科（专管全县建设事宜）装箱，在火车站起票运往北京农商部地质调查所。"

这篇文章搜集的材料挺扎实,但是说安特生派刘长山去仰韶村,恐怕不大妥帖。安特生是农商部矿业顾问,刘长山是地质调查所的非编采集员,安特生与刘长山间不存在领导和被领导关系。如果上级让刘长山做些什么事,也是地质调查所出面,而非安特生指派。

安特生是基督徒,一种说法是,他在瑞典有神职人员身份。在中国,他离开北京到各地转悠时,多与各地教堂里的传教士打交道。

西方来华传教士履行教会赋予职责时,注意收集舆情。早在1918年,安特生为了采集化石来到河南传教点。渑池西边是新安县,那儿的传教士马丽亚·佩特松女士是瑞典人,这位女牧师带着安特生去过隔壁渑池县的某些地点。安特生在那儿发现了些化石。安特生尽管此前去过渑池县,却未必知道渑池县有个仰韶村。

从行政隶属关系看,农商部的洋顾问无从委派地质调查所临时工做事。刘长山究竟怎么去的仰韶村,至今说不清。最大可能是,刘长山即便不是渑池人,也熟悉渑池,部里洋顾问在找远古石器,他知道仰韶村一带有这种东西,就摸去了。

有本书这样描绘刘长山在仰韶村的经过:"几天前,一位名叫刘长山的地质采集员来到河南西部一个偏僻的小山村。当他随意敲开一家农夫的大门,开门的女主人恰巧要到河边提水,手里拎着一件特殊的器物。这可不是农村中常见的木桶,而是一件陶缸,表面还带有模糊的花纹。仔细一瞧,原来是人面鱼形纹。曾经走过无数个村落的刘长山顿时被惊呆了!他还从来没见过绘有如此花纹的彩陶缸呢!进到院子里,他发现这户人家的墙上扣着许多红陶和彩陶片,可能是作为墙壁的装饰品吧!窗台上也摆放着大小不等的陶缸,甚至地面上还散落着一些残陶片。刘长山急切地询问着这些陶片的来历。主人告诉他,这些陶器多数是在种地时挖到的,也有些是在村外捡到的,当地许多人家都有这种陶器和残陶片。刘长山有种强烈的预感:这些陶器都不是普通的东西。这个不起眼的小山村背后,说不定隐藏着什么巨大的秘密!几天来的疲劳一扫而光,他走街串户,急忙敲开各家的大门,开始了紧张地征集工作。在不到三天的时间里,刘长山就收集到各种类型的陶器、石器达600多件。

他雇用当地村民王兆英，用毛驴将这些东西驮到当时的渑池县政府，并马上装箱，经渑池县火车站运往北京。"

显然，书中加了些虚构成分，石耘说刘长山在仰韶村"采集收购各种石器 600 多件，还有少量零碎陶片"；而那本书中则说刘长山在仰韶村收集到了完整陶器。究竟哪种说法对？

只有一个裁定标准，就是看安特生自己是怎么说的。安特生的《中华远古之文化》一文说："民国九年，采集员刘长山自河南一处带回零碎石器数百件，其中颇有可取者。"安特生仅提到刘长山把"零碎石器数百件"带到北京，并没有提到其他东西。从而可以断定，刘长山在仰韶村并没有征集到陶器，更别说什么完整陶器。

仰韶村初民留下的灰坑和文化层裸露于地堰、沟沿处，除了受到大自然风化外，没有人为破坏迹象。石器有磨光石斧、钻有圆孔的石刀。人类很早以前就开始使用石刀了。石刀、骨刀既是劳动工具，也是随身携带的武器。有一类石刀，背部有穿孔，有人认为是收割工具，有人认为是砍伐工具。石斧刃宽顶窄，像梯形。开始人们不懂得装把，直接手握。慢慢地人们在斧头上安装了木柄，将二者绑在一起。这样，手握在斧柄上，利用惯性劈木砍柴，省了不少力气。

刘长山带回北京的是石器。为什么石器会引起安特生的兴趣？当然有前因。安特生早注意到日本学者在中国东北等地发现的石斧，还发表过一篇短文，名《新石器时代的中国石斧》。所以安特生关注的是刘长山带回的"零碎石器数百件"。

安特生对刘长山带回来的石器十分重视，随后请刘长山当向导，带他去渑池县仰韶村。安特生一行从北京前门火车站上火车时，未必意识到，在这一刻，中国对史前文化探索的幕布徐徐拉开了。

说到这儿，就要说说我和同行者们见到的仰韶村了。

2012 年 2 月的一天，我们一行去仰韶村。渑池县城到仰韶村不远，有数公里，在仰韶村村口，汽车停下。我们下车后，北望，远处有片山峦，我们去的那天是阴天，有雾，虽然不是浓雾，那片山在雾的遮掩下，显得若有若无，只能模模糊糊地看到轮廓。

陪我们一起来的是渑池县文化局局长方丰章。他大约 40 岁，大眼睛，瘦瘦的,待人谦和。后来我才知道,他是那种喜欢看书,喜欢琢磨问题的人,有些执拗,用北京话说,就是认死理儿。

方丰章挥指着说:"那片山叫韶山。现在我们看到的景象,肯定与数千年前不同,但山水轮廓不会有多大变化,与数千年前差不多。至今我们站在这里,也可以想象到,远古时,韶山一带终年有野兽出没,到了秋季,野果满山,河里鱼虾成群,加之水源充足,提供了聚居条件。靠山吃山,靠水吃水。聚居者完全可以依靠狩猎和捕捞过日子。如果再有农业,生存就更不成问题了。"

我问:"这个村子为什么叫仰韶村,有说头没有?"

方丰章指着远处说:"仰韶的意思是仰望韶山之意。韶山主峰海拔1463米,主峰南麓是缓坡台地,台地两侧各有一条数十米深的沟壑。东有饮牛河,西有干沟河。两河缓缓南流,交汇后曲折流入黄河。仰韶村就座落在三面临水的缓坡台地上。"

我又问:"那片山为什么叫韶山?"

方丰章说:"当地习惯说法是曾在山上演奏韶乐。当然,我们没有办法进一步考证,千百年来就这么叫的。据我个人理解,毛主席是湖南湘潭县韶山冲人,毛主席的故居就在韶山脚下。湖南湘潭县的那座韶山,也因为演奏过韶乐而得名。"

所谓韶乐,相传虞舜时代就已经产生了。那时,这种乐队是齐整的,而且绝对是大规模的。据《书·益稷》:"箫韶九成,凤凰来仪。"韶字在这里是继承的意思,演奏这种乐曲,表彰舜能够继承尧的美德。从韶山这一名称来看,这座山恐怕早先有些说头。

那次,我们在仰韶村村口参观仰韶博物馆。这座博物馆的建筑风格较大气,设计者有想法。馆前有4座铜像,分别是对仰韶文化作出了巨大贡献的4位学者,即安特生、袁复礼、夏鼐和安志敏。

对仰韶文化,我仅略知皮毛,同行者的水平与我差不多。我们进入仰韶博物馆后,自然看不出名堂,只通过解说员讲述,得知丁文江在主持地质调查所工作期间,组织了最早的仰韶村考察。

墙上挂着地质调查所老所长丁文江的照片,还有其他人的照片。在这些照片跟前,我们停了下来,由于不懂,稀里糊涂地看着。

这时，方丰章悄不言声地过来了，凑到我的身边，指着其中一幅照片的一个人说："据仰韶村的老人们说，这个人似乎就是刘长山。"看样子，方局长以为我了解仰韶文化，起码应该知道刘长山。

　　我随着所指看去，照片上有几个站在地头的人，其中的一位穿着简单，像当地农民。当年，随同安特生去仰韶村的人，一看着装，就不是仰韶村的村民。而那位疑似刘长山者的着装与仰韶村村民几乎一样。由于照片质量不好，模模糊糊的，看不清疑似刘长山的长相。

　　"刘长山是怎么回事？"我茫然问。

　　方丰章这才意识到我并不了解仰韶文化，于是说："刘长山是地质调查所采集员。他第一个从仰韶村发现了一批东西，带回了北京。"

　　我问："就这些？"

　　方丰章说："关于刘长山，目前仅知的就是这些。"

　　我说："刘长山既然第一个叩开了仰韶村的山门，你作为渑池县文化局局长，对这个人还知道些什么。比如刘长山是哪儿的人？那时多大年纪？长得是什么样的？什么学历？是怎样进入地质调查所的？"

　　看样子，我不是第一个提出这堆问题的。方丰章不由摇头，直截了当地说："你问的这些，我都回答不上来。"

　　我说："对刘长山我并没多问，提出来的都是些最基本问题。"

　　方丰章说："给你个建议，你回北京后，不妨问问中国社会科学院考古研究所的陈星灿研究员，他或许知道些。"

　　我问："如果陈星灿研究员也不知道呢？"

　　方丰章耸了耸肩："如果这样的话，恐怕就不会有人知道了。"

　　我那时觉得，回北京后查个电话号码不难，就没有要陈星灿的手机号。回到北京后，我通过中国社会科学院考古所总机查到陈星灿办公室的电话，而后立即打这个电话，而在电话那头，永远只是一个委婉的留言，称主人不在房间里，对来电者表示歉意。

　　陈星灿，1964年生于河南长葛县，1985年毕业于中山大学人类学系考古专业，1991年毕业于中国社会科学院考古学系，获得博士学位，同年至中国社会科学院考古研究所工作，先后任助理研究员、副研究员和研究员、副所长，还是山东大学东方考古研究中心专职教授。

接着，我给方丰章打电话，要陈星灿的手机号码，而方丰章却告诉我一个情况，说："巧了，昨天陈星灿到渑池来了，我把你提的问题逐一问他了，但是，他也回答不上来。"

搞清刘长山的来龙去脉，或者抓到点有关刘长山的资料，很有必要，我没有抱太大希望，或者说，不敢抱太大希望。因此，方丰章向我转述了陈星灿的答复后，虽然有些遗憾，却也在意料之中。

当时，我冒出的第一个念头不是别的，而是像我前面的很多人一样，在替刘长山打抱不平。刘长山未必知道，他的仰韶之行为一件大事开了个头。头开了，他随即就被遗忘了，而且被遗忘得如此彻底，以至时下连中国研究仰韶文化的权威学者都找不到他的其他线索了。他就像划过夜幕的流星，瞬间闪了一道光，随后就消失得无影无踪了。

那么，如何看仰韶村第一次发掘？此次发掘由安特生主持，过去认是为瑞典人发现的仰韶村，也是瑞典人带着中国人在仰韶村搞的第一次发掘。这样一来，就涉及到如何评价刘长山的作用问题。

1985年，在纪念仰韶村遗址发现65年大会上，苏秉琦、严文明说了公道话，指出仰韶村第一次发掘由中国学术机构地质调查所组织，是中国政府批准的发掘项目，参加发掘的袁复礼等大部分是中国人，发掘队负责人安特生虽然是瑞典人，但是受聘到中国的外国专家，不能因为安特生参加就改变第一次发掘的性质。最早发现仰韶村的文化遗物并采集的是中国人刘长山，正是这个人揭开了仰韶村远古文化的大幕。

仰韶村遗址是中国人发现的，第一次发掘由中外学者合作，是中外学者共同发掘的第一个考古项目，称为"中国现代考古的第一铲"。在"中国现代考古的第一铲"实施过程中，安特生的主要助手袁复礼的作用举足轻重。与学地质的安特生相比，袁复礼才是学考古的。

袁复礼是河北徐水人，就读于天津南开中学，1913年考入清华学堂高等科，1915年保送美国纽约建筑学校，后入布朗大学、哥伦比亚大学深造。1920年获硕士学位。翌年回国，任北京地质调查所技师。是年冬与瑞典安特生在河南仰韶发掘新石器时期文化遗址。1923年在甘肃武威发现维宪阶海相化石，首次确定中国有下石炭纪地层化石，采集到袁氏珊瑚等新化石种属，对中国石炭纪地层划分以及古地理、古生物的研究提供了珍贵资料。1927年赴西北考察，次年在新疆吉木萨县三台、藩家台子等地发现三迭纪兽形爬行动物化石，轰动国内外学术界；三台大隆口发掘的爬行类动物化石被戈定邦博士定名为"袁氏三台龙"，因此获瑞典皇家科学院授予的北极星奖章。

1986年9月，河南渑池县政协副主席崔金凯和政协文史资料委员会副主任常满仓等前往北京地质学院，采访了住在那儿的袁复礼。已然卧床的袁复礼以当事人的身份说了如下一段话：

严格地说，仰韶村文化遗址并不是安特生首先发现的，至少不能说是他单独首先发现的。因为安特生初次得到中国石器是在1919年。那时，中国地质调查所技师朱庭祜先生在沈阳等地调查时，采集到不少石器，此后又陆续采集一些。这些石器初次引起了安特生的重视。1920年，中国地质调查所的采集员刘长山先生，又在河南省渑池县仰韶村采集到许多石器，大概有几百件，具体数目我记不清了。刘先生把这些石器送给安特生看了，并给他介绍了仰韶村的情况，这就更引起了安特生的重视。因此在1921年4月，安特生就亲自去到仰韶村。这一次，他在那里经过初步采掘，又得到了一些陶器碎片，两天后又得到一石斧，随后又发现了一些其他遗物，这就促使安特生到那里去发掘。他回到北京后，向中国政府写了报告，在中国政府批准后，1921年秋天，安特生再次到仰韶村，主持发掘了仰韶村文化遗址。所以，在仰韶村文化遗址的发掘和对仰韶文化的初步研究上确是首功，而且为研究中国远古文化开辟了道路。但若不是刘长山先生从那里采集并带回来那么多的石器，同时还向他介绍了仰韶村的情况，安特生决不会有这一发现。据我所知，刘先生到那里采集石器并不是安特生派刘所为，而是刘自为之。刘先生采集之前，安特生根本不知其地，更不知有其物。因此，安特生本人也就根本不会亲往发掘和研究了。

长期以来，不少文章说刘长山是安特生的助手。其实，这种说法并没有得到相关资料的证实。之所以会冒出这种说法，大概先前有文章想当然地来了这么一句，招致后面的文章跟风。随声附和，人云亦云，这种事在报刊书籍中时有发生，屡见不鲜。

刘长山并不是安特生的什么助手，仅仅是地质调查所的采集员，任务是打听矿脉、搜集矿物标本。他与农商部矿业顾问的安特生间不存在工作关系，更不存在领导与被领导关系。关于这点，袁复礼教授说得十分清楚，刘长山第一次去仰韶村是"自为之"。也就是说，刘长山去仰韶村不是上级指派，是自己摸去的。说到底，刘长山就像重大事件中的过客，在恰当时机出现在恰当场合，做了件极为恰当的事。

刘长山不过是个采集员，人微言轻，加上缺乏考古专业知识，他在仰韶村拿到一批东西，却说不出门道。他或许不知道，他在仰韶村收集到的这批东西成了敲门砖。这一发现是个了不起的开始。

活动于民国早期的刘长山早已无影无踪了。这位仰韶文化的第一位探索者除了留下幅模模糊糊的疑似照片外，没有留下任何其他东西。我在写作本书时，曾经努力回忆在仰韶文化博物馆里所见到的那张模模糊糊的疑似刘长山的照片，一度打算给方丰章打个电话，请他复制一幅照片，发到我的邮箱里，用于本书。后来想了想，那幅照片的质量太差，而且仅仅是个疑似刘长山，也就算了。

至今，没人知道刘长山长得什么样，别的信息早湮灭了。而渑池县的百姓们，那些当年与刘长山打过交道的学者、当下史学家们、渑池县政府以至三门峡市政府并没忘记此人，对他的仰韶村之行，给予充分肯定。刘长山的在天之灵若是有知，或可聊以自慰。

7. 探沟和探方：中国现代考古第一铲

河南渑池县位于豫西，北濒黄河，与山西垣曲、夏县、平陆隔河相望，南与洛宁、宜阳相连，东与新安为邻，西界崤函与陕县接壤。陇海铁路途经渑池，1921 年 4 月 18 日，安特生一行由刘长山为向导，离开北京，到达渑池火车站时，县知事胡毓藩亲自恭候。

安特生被安排在西关福音堂居住。教堂牧师史天泽也是瑞典人，早在 1905 年就到渑池了，说一口流利的汉话，临时担任翻译。在县城住了一两天，安特生坐不住了，提出赶紧去仰韶村。县知事胡毓藩立即安排，在县政府第三科录事王茂斋陪同下，安特生乘坐县知事专车，也就是装备的尚可的马车，还雇了辆铁角车，前往仰韶村。

安特生刚进入仰韶村，就发现了东西，不是他要找的石器，而是陶片。陶片很可能在他的意料之外。对于这件事，原渑池县政协委员曹静波在《仰韶文化遗址的发现与三次发掘》一文中有所记述：

"当地政府给予他很大帮助，为他们雇了马车，还派人护送，从县城东一里河小道北上，途经任家洼、后窑村和一条深 50 米的大沟，涉过饮牛河，进入西寺沟村。几家住户住在遗址边沿。在道旁的断壁上，安特生仔细观察地质情况：下层是第三纪红土，上层是灰色土，明显的深灰色口袋形灰坑处处可见。当时他猜测是太古时期的遗址，立即下马细致观察，并动手拨弄灰土，在底部获得一片红底黑花、打磨光滑的彩陶。对于这一发现，他产生了疑问，认为在远古时代制不出这样精细的东西。从第二天起，他就带着问题沿遗址区各条小路的两旁仔细寻觅，采集到一个磨制精细的石斧，方知石斧与破碎陶器是灰层中的共存之物，于是便认定这里就是古代人类活动的场所。当时他测算其面积，东西宽 480余米，南北长 960 余米，遗址面积之广，遗留器物之多，实属罕见，遂萌发了发掘之念。"

按照曹静波等人的说法，安特生团队刚抵达西寺沟村，屁股还没坐稳当，就在道边找到彩陶的陶片和石斧。这是怎么回事？原来仰韶村不是一个村子，而是由几个自然村落组成的。每个村落之间相去不远，西寺沟村与人口最多的村子只有几百米远。

西寺沟村是个山村，当年的样子无可寻觅，估计是片草房。草房零落在台地上摆开，村北是连绵山丘，村外有两条沟，沟底溪水潺潺，交汇于村南。有一本书这样描绘那里的景象："村子就坐落在这两溪之间的黄土台地上，远远望去，宛如一弯半月。虽然还只是仲春，山谷中已有抹抹新绿，星星点点的野花也紧跟了春天的步伐。"

在《中华远古之文化》一书中，安特生特意谈到了仰韶村的地貌特色：仰韶村在陇海铁路渑池火车站以北15华里。渑池县城位于一小河流域北面，河两岸平行，为东西走向。地形由县城向北渐高，略似高原。北至20华里许，始遇到山岭。山为寒武纪以前岩石所成，地层倾向东南。仰韶村位于山南之高原，高原为第三纪红土和第四纪黄土所成，被河流冲刷，沟壑累累，深30至50米。

此后几天，安特生等人在断崖旁及深达十数米以至于数十米的沟壑中，这里挖挖，那里铲铲，尽管只有短短8天，几乎每天都有惊喜发现。这次，安特生等采集到大批陶片、石器、骨器和蚌器，4只大木箱塞得满满当当。回到北京后，安特生及助手立即开始研究采集到的陶片、石器、骨器，判定仰韶村极可能是远古文化遗址，有必要考古发掘。

安特生把自己的想法告诉了丁文江。1921年秋，安特生给农商部部长张国淦写信，鉴于中国没有保护史前遗址和文物的法律，请允许他购买土地以便保护和发掘该遗址，而且催促继续任命他为矿政顾问。安特生的申请获得批准，而买地要求被驳回。

1921年初夏，安特生去山海关考察，估测该地煤炭储量。工作将结束时，赴奉天沙锅屯调查，发现沙锅屯洞穴遗址，这里出土了部分陶器。这次在仰韶村又发现彩陶。安特生把仰韶发现的陶片与奉天沙锅屯发现的陶器做了番比较，得出三点初步结论：一是在砂锅屯发现的一只陶碗，质细色黑，磨砺甚精，与仰韶村所得极为相似；二是三足陶器在仰韶村所得颇多；三是在仰韶村发现的红底黑花陶片，是这次挖掘中最有研究价值的。

1921年9月4日，安特生给瑞典太子古斯塔夫·阿道夫写了封信，力劝他访问中国，参加中国考古发掘，支持从事田野工作的中国地质学家和考古学家，向轻视田野工作的旧传统挑战。

10月23日，距上次渑池之行半年，安特生再次踏上这片土地。与上次不同的是，这次农商部地质调查所的袁复礼、陈得广等6位中国学者和2名外籍博士同行，外籍人士是骨骼专家步达生和奥地利的古生物学专家师坦斯基。

县知事胡毓藩亲自迎接考察团，仍然安排安特生住在县城西关的基督教堂。10月25日，根据胡毓藩安排，由县政府第三科王茂斋陪同，在4名警卫护卫下，乘车到仰韶村，住在王兆祺家中。王茂斋负责联络应酬事宜，张兴民、王兆英负责采买，王兆祺组织人员挖掘。安特生一行不是免费在仰韶村的。他们在村边的台地上租了一块地方，旋即支起帐篷，架起行军床，袁复礼等人就住在帐篷里。

田野考古学是20世纪初期提出的，包括考古调查、考古发掘与室内整理，主要是勘察地面遗迹，依靠地图调查，有时根据调查结果测绘地图。以后田野考古转入以发掘为中心，并扩大调查对象和范围。随着方法逐渐完善，技术进步，调查发掘对象也由一般的居住址和墓葬等扩大到道路、桥梁、沟渠、运河、农田、都市、港口、窑群和矿场等各种大面积遗址。田野发掘是田野考古的基本方法。常见的有遗址发掘和墓葬发掘两大类，具体发掘方法为"探方"法，把发掘区划分为若干相等的正方格，探方内的土层以土质，土色和含沙量等划为不同文化层，按照先上后下顺序依次发掘。探方中每层下出现的各类遗迹，如灰坑、房基、窖穴、道路等，按照从晚到早原则逐一清理。发掘时对各种遗物都要收集。

10月27日，安特生考古队的发掘开始。对于中国考古界来讲，这是个值得纪念的日子，从此就算拉开中国田野考古的序幕。后来有人把此举称为"中国现代考古的第一铲"。

根据第一次调查掌握的情况，安特生圈定要发掘的地方，花钱雇仰韶村的农民挖沟。这时，袁复礼的正式身份是地质调查所技正，所谓技正是那时的中级职称，相当于工程师，而不是高级工程师。

多年后，渑池县政协采访这位老人时，老人已然94岁了，但头脑依旧清晰，提到仰韶村首次挖掘时，他是这样说的："1921年10月，我同安特生一起到仰韶村，在河南省和渑池县地方政府工作人员的支持下开始发掘。发掘的具体时间是10月27日到12月1日。同我们一同前去的还有步达生博士、师坦斯基博士。但步达生博士因事提前回京，没有坚持到底。对仰韶村文化遗址的首次发掘，是在安特生主持下进行的。当时除我外，还有5名中国助手。这个文化遗址的面积是很大的，共发掘了17个点。我记得，遗址和发掘点以及周围的地形都是我亲自搞的测量，并按1：4000和5米等高线缩绘成了图。"

仰韶村首次发掘，中外专家使用美式发掘工具，包括手铲、毛刷、铁镐、铁钩、皮尺、卷尺、照相机等。中方人员大量使用洛阳铲。

曹静波在《仰韶文化遗址的发现与三次发掘》一文中，介绍了在仰韶村了解到的情况："一位当时曾参与发掘工作的老民工告诉我，当年挖掘时已是寒冷的冬季，为了赶时间，工地上搭着帆布篷，点着汽灯、马灯，夜以继日地挖，挖了17个地点，但出土的完整东西不多，都是些破碎的石头瓦块，另有一具人骨架；他们还用现洋在村中挨家挨户收买出土的东西"。

赵会军在《发现仰韶》一书中提及这次挖掘的轶事："正当发掘工作顺利进行时，一位身穿灰布长衫、白胡子一大把的人，带着几个人冲到工地，大声嚷嚷着：你们这些外乡人，到处乱挖，岂不挖坏我家的风水宝地？伤我祖宗、祸我子孙吗？真是罪过啊！周围看热闹的人群，也不断随声附和，发掘工作被迫停了下来。安特生心急如焚，摇头叹气，又无可奈何，他十分不理解这些人为什么要这样做。在其他人的建议下，他才火速派人前往渑池县汇报情况，寻求支持。在县知事的干预、调解下，发掘工作得以继续进行。"同书中说，在仰韶村，安特生和蔼可亲，不论同行者还是参加发掘的民工，一视同仁。他有时给大家讲点小故事，引得人们哈哈大笑，不光是因为故事内容，主要是他的蹩脚汉语。安特生经常在同伴面前卖弄几句刚学会的"当地方言"。

这次进仰韶村，安特生特意带了架照相机，当地人，尤其是孩子们对这件洋玩意充满了好奇，不时伸手摸，他并不阻止。他成天把相机背在身上，记录着工地上的每个细节。闲暇时，他当业余摄影师，给村里的一对新婚夫妇拍合影、照全家福。可把这家人乐坏了，都过去大半辈子了，老两口还从没见过自己在照片里的样子呢！老外身上的口袋也随即被主人大把大把的瓜子、喜糖塞得鼓鼓的。

　　在村中福音小学里，安特生忙完一天工作后，经常用手摇留声机给当地村民们放"洋戏"。这时，四里八乡的人们相约而来。这个小机器真神奇，只要转动摇柄，就有优美的声音传出。安特生被村民们亲切地称呼为"安牧师""老安"，受到大人、小孩的欢迎。

　　渑池县文化局长方丰章对我说了个情况，据仰韶村老人说，安特生在仰韶村组织挖掘过程中，来了名西洋女子，据说是安特生的妻子。方丰章说，对这件事，仰韶村的老人们记不大清楚了，他们不可能知道安特生那时是未婚还是离婚了。根据有关资料，这名女子叫爱莎·罗斯纽斯，是瑞典人，回到北京后嫁给了安特生。

　　安特生认为，在仰韶村所得的器物，当下重要的是判断它们的产生年代。而判断年代，基本的活儿是看看陶器或陶片上是不是留有字迹。仰韶村与安阳小屯不远，那时刚在附近的安阳小屯发现了甲骨文。安特生因此说，甲骨文是在商朝产生的，距今不过3000多年。在仰韶村所得器物甚多，而所有的器物上面都没有文字，可见这些器物产生的年代比商朝更为久远，当是新石器时代的东西。

　　作为这一结论的佐证是，在仰韶村发现了大批加工程度很高的石器，如石斧、石刀、石铲等，甚至还有妇女用的石镯，以及骨针等。安特生由此得出的结论是：仰韶村所得的这些器物表明，那时仰韶村还在新石器时代。一个简单而扎实的推论是，如果一个民族有了金属用具，必然不会有如此精巧的石器。

　　在《中国远古之文化》一文中，安特生记述了一个插曲：一天有个仰韶村男孩儿来了，拿着个铜制箭镞，说是刚在灰土层中找到的。安特生得知这个消息后吓了一跳，如果这个男孩儿真的是在灰土层里找到了铜制箭镞，那么他关于仰韶文化出于新石器时代的判断就站不住脚了，就得找铜石并用时代了。这么一来，已有的结论就得推倒了重来，麻烦可就大了。安特生傻眼了，还是袁复礼沉得住气，反复询问那个男孩子。末了，这个男孩子终于承认，铜制箭镞是在别的地方找到的，拿来是想换几个钱。

12月1日，发掘工作全部结束，历时36天。

这次发掘，安特生自认为是第一次在中国使用考古学的探沟法，其实采用的还是地质学的探矿方法。他们先后开挖17个发掘点，其中包括两条探沟，探沟的深度为3.2米，分为6层，别的都是探方。无论探沟还是探方，都按照深度记录发现的遗物以及数量，陶器分为红、黑、灰3种，其中有彩陶，似乎还有完整陶器。从仰韶遗址出土的600多件器物上看，这里是新石器时代的遗址，当时，人们的生活用具主要是陶器，陶器表面和口沿部分都绘有精美的花纹。

发掘结束时，安特生等人还在村民王德全家的地界上树了一个木牌，以示保护。出土的陶器、石器和骨器等分装为11箱运往北京。

12月3日，办妥各项事宜后，安特生一行返京，投入对遗址出土古物整理。对大批古物，他不时拿起石斧、石刀、石铲，学着古代祖先使用工具的样子；又拿着大块彩陶片，画着上边的图案。他没有想到仰韶村埋藏着这么丰富的遗物。他在一部书中说：如果与欧洲相比，凡是在那里发现的重要器物，在河南的各处遗址中都能找得到。

通过在仰韶村的发掘和研究，安特生认定在中原腹地的村庄里，地下确实存在史前文化。这点向传统中国历史叙述提出重大挑战。因为中国史书中讲到史前这块，讲的都是传说，而且这种说法与那种说法之间的出入很大。从来没有人从地下挖出东西说明史前的样子。

仰韶村遗址的发掘，不仅是几个洋人和几个中国学者的一次考古活动，而被视为近代田野考古学传入中国的标志性事件。安特生没有细细品味，他与中国人在仰韶村一通忙活，是中国政府第一次有计划有组织开展的田野考古发掘工作。中国新石器时代考古学就此起步。

不久，安特生面对的情况喜忧参半。1922年1月，中国地质调查所的图书馆和陈列馆扩建工程完工，举办了地质和古生物标本展出，还专门开设了一间仰韶文物陈列室，展出了不久前刚从河南仰韶村发掘的史前文物。与此同时,北洋政府因为经费有限,要裁减机构,包括中国地质调查所和地质陈列馆。所幸的是,这个中国现代历史上的科学教育基地,在社会各界的奔走呼吁下,终于保留下来。

1923年,安特生的《中国远古之文化》发表,把仰韶文化确立为中国史前文化,使中国无石器时代论调不攻自破。他以著名的丹麦遗址为例,"长为100至300米,广50至150米,厚1至3米",而仰韶南北为960米,东西480米,灰土层厚1至5米不等。安特生说:这么一比较,"则可知在石器时代,其地当为一个大村落无疑。"

仰韶村发掘工作结束后,地质调查所的采集员按照仰韶村的办法,在郑州附近的荥阳县调查,发现秦王寨、池沟寨、牛口峪等史前遗址。秦王寨遗址位于荥阳市西北20公里的北邙乡秦王寨村西部,遗址西临黄河,南依哑巴沟,北是寨沟村,东为平坦的农田。东西长300米,南北宽100米,面积约3万平方米。在遗址的表面,陶器、石器的残片甚多,文化层最厚处达7米,断崖上暴露出的灰坑之大,在荥阳同类遗址中所仅有。陶器以泥质红陶为主,间有黑陶和夹砂陶器,陶胎厚薄均匀,其中红陶中的白衣红彩、红衣黑彩图案繁多,有菱形、月亮形等,因发现较早且内涵丰富,与全国其他地方发现的该时期同类型遗址一起,被称作仰韶文化秦王寨类型。

安特生认为这些遗址和仰韶遗址同属于一个文化系列,因此把这些石器遗址也命名为"仰韶文化"系列的遗址,这是中国考古史上出现的第一个以遗址地名命名的考古学文化。这种命名方法本是现代考古学的通常做法,而在中国却闻所未闻,后来成为中国考古学文化命名的通则,沿用至今。由于仰韶文化的主要特征是出土大量彩绘的陶器,因此仰韶文化也被安特生称为"彩陶文化"。

对于仰韶文化的命名,当时没人提出异议,因为是按照国际社会通行规矩来的。而对于"彩陶文化",后来则有不同说法。安特生生猛地把仰韶文化称为"彩陶文化",这种说法造成了后来的一些混乱。

2012年4月初,我们几个第二次去仰韶村。

同行的有渑池县文化局副局长许建刚。他是渑池人,长相端正,圆乎乎的脸上总是挂着友善的微笑。他告诉我一个情况:127师北上时,渑池县紧着腾驻地，他那时读中学，中学教室腾空一部分，几个班挤在一间教室上课。就这几句话，我仿佛在渑池县一把找到了故交。

许建刚是文物考古的老资格，1980年即在渑池从事文物工作。那时还是个小年轻，拿着把洛阳铲，跑东跑西。他曾在仰韶村蹲点，对村里大小事了如指掌。那天，许建刚带着我们在仰韶村转悠时，不断有人和他热热乎乎地打招呼，可见他在这儿的人缘儿不错。

我和许建刚溜达到台地上，眺望四周，饮牛河在几十米以下的沟壑中流淌，不远处有个工厂的烟囱吐着白烟。

我问："当年安特生组织挖掘的探沟、探方在哪儿？"

许建刚指了指："有几个在饮牛河对岸，其他地方也有。"

我问："这些探沟、探方的地点，你们都知道吗？"

许建刚说："我们都知道。"

我问："还能恢复起来吗？"

许建刚沉吟片刻，才说："如果为了开发旅游，恢复的难度不大。安特生他们的勘察地点方位都在，哪里是探沟，哪里是探方，都比较清楚，还有些老照片，按当年开挖原样恢复，兴许能招徕些游客。"

我问："为什么不动手？"

许建刚微微一笑："如果从考古学角度看，安特生组织开挖的那些探沟和探方，没有必要恢复。"

我问："为什么？"

许建刚说："安特生的本职工作是地质学，由于地质学涉及到古化石，才半路出家，成了考古工作者。按照当今行家的眼光看，安特生不熟悉田野考古发掘的操作程序。当时中国田野考古处于萌芽状态，没有可以参考和依照的方法。固然，地质勘探与田野考古有相通之处，但毕竟属于不同学科，二者间存在原则性区别。仰韶村第一次发掘时，安特生他们组织开挖的探沟、探方，以地层水平深度分析取样，而不以文化自然堆积分层收集遗物，因此分不清时代早晚，使得仰韶文化概念从开始就混乱，给后来的研究带来了很大的麻烦。"

我说："我这个外行听的似懂非懂。"

许建刚想了想，说："这么说吧，从田野考古的要求看，安特生用地质勘探方法挖的那些探沟、探方，都不能达标，因为从中看不出土壤的年代断层。安特生固然发现了一些东西，但由于他们组织开挖的那些探沟、探方，没有标明土壤年代断层，不知道那些东西是出自哪个土壤断层的，所以无从判断年代。在安特生的正式报告里，公布了以水平层对各类陶片的统计表，这种水平层的发掘方法，把注意力集中在陶片颜色分类上，很容易忽略文化遗迹的复杂迭压关系，所以不能从根本上反映文化层位的真相，也就导致了一定的混乱。"

我说："我听出点名堂了，你是说，如果原封不动地恢复安特生他们当年的探沟、探方，从考古学的角度看，没什么意思。"

"差不多就是这样。"许建刚说，"考古学是不能按照水平深度划分地层的，必须按照土质土色划分出原生的地层界线。安特生没有意识到这点。那时，好多考古学家也做不到这点。这本来是学科发展早期阶段难以避免的现象，是学科不成熟的表现。不能用现在已经达到的水平去苛求近百年前的安特生。因此，如果现在全都按照当年的样子把探方和探沟恢复起来，搞不好会闹笑话，考古界的老手一看就知道，这是外行干的活儿，反而会讪笑。"

我不由接着问："按照地质学规则挖探沟会产生什么后果？"

许建刚说："举个简单例子，中国彩陶烧制起码六七千年了。尽管彩陶年头这么久，而直到近来部分城乡地区也仍然有用粗陶的。比如北方农村很多人家，至今仍在使用的大水缸，就是粗陶造的。"

我问："这能说明什么？"

许建刚说："通过粗陶和彩陶比较，可以说明，何种陶器的烧造年代不能简单的一概而论。比如说，硬性地说单色陶器是彩陶的祖宗，就过于简单了。安特生从仰韶村探沟里找到的东西，由于没有文化层，看不出年代区别。没办法，只得将错就错，依据出土的粗陶器或单色陶器及彩色陶器概括出简单标准，以至在他那里出现了'单色陶器'早于'彩色陶器'等模糊概念。还有，安特生说仰韶文化就是'彩陶文化'，这些说法都很成问题，把后来的研究者思想搞乱了。"

我觉得，许建刚说得很在理。

8. 仰韶村的发现启动了"中国文化西来说"

一百多年前，西方史学界看中国，总觉得别扭。别扭在哪儿呢？中国纵然有整齐有序的史书，而说到史前，却只有神话传说，拿不出史前文物。西方史学界一度认为中国没有史前文明，或许从巴比伦汲取了些文明养分，快速成长到奴隶制社会，进入封建社会后才大放异彩。

西方史学家如是说并没有成见，长期以来，中国的确没有史前概念，只有上古或先秦之类说法，只要提到上古文明，颠过来倒过去的说些不贴谱的"三皇五帝"什么的，却没找到"三皇五帝"的任何实物依据。这种僵局直到发现仰韶文化后才被打破。世界从此认识到，中国也有充沛的史前文明，仰韶文化成为中国史前史的可视坐标。

早年，中外史学界的目光一度聚焦到豫西的这个角落里，就仰韶文化的来由展开过论战。洋人说仰韶文化不是从中国本土产生的，是"西来"的。争论乍起，中国史学界那时对考古学不过是初学乍练，甚至于不知道该怎么反驳，只是小声嘟囔了几句。

但是，持续不断的"中国文化西来说"如同抽了几鞭子，中国的史学家们由此扬鬃奋蹄。新中国成立后，对仰韶文化的相关研讨继续进行，无论是当地政府还是当地百姓，都说不上话，任凭本乡本土的命运在学术之争中漂浮。勤恳的、勤勉的政府和忠诚的、忠厚的百姓，甚至不知道他们脚下的土地进入了学术之争的漩涡，他们曾经在自己视野之外的漩涡中跟着旋转了许多年。

安特生初到仰韶村，头脑懵懂，不知道会探寻到什么。从初衷而言，他看了刘长山在仰韶村搜集到的史前石器，估计仅为石器而来，结果歪打正着，居然在名不见经传的小山村里寻摸到了陶片儿。

仰韶村陶器是从哪里来的？答案很清楚，仰韶村出土的陶片，只能是仰韶人烧制的。那么仰韶人是什么人？安特生在仰韶村发掘时，加拿大的步达生博士根据出土骨骼做出判断："仰韶人种当为现代汉民族的远祖"。近百年后看，这一结论难能可贵。从此可以判断出，仰韶的出土物品是土生土长、承前启后的中国史前文化产物。

仰韶村文化积淀是根生土长的汉族文化。安特生对于仰韶村遗存属汉文化这点不持异议，在《中华远古之文化》一文中说："现在在中国的南部，尚有猡猡苗子等族；在中国北方，则为蒙古族的支派支脉。那么，仰韶文化是属于汉族还是属于蒙古族？这个问题不难解决。从目前所掌握的所有事实来看，都可以说明，仰韶文化是汉族文化。"

看来，一切都挺顺畅。也就是说，在安特生的心目中，仰韶文化是正经八百的汉族文化的产物。那么，他后来怎么拐弯了呢？

1904年，美国承担费用，德国人施密特博士率领一支联合考察队在土库曼阿什哈巴德东南12公里处发掘公元前2200年的安诺遗址。这里曾经有过一座城市，有灌溉系统，有彩陶、珠宝和青铜器等物。就像其他史前文化遗址，安诺文化的典型器物是陶器。这些陶器为平底钵、碗、罐。彩陶为深褐色的单彩或红、黑色的双彩，绘出三角、菱形、方格、十字、并行线等几何纹及山羊等象生纹。不施彩绘的陶器胎呈灰色或红色，器表常磨光，间或施划纹。屡见红陶人像和动物像。这儿的居民属欧罗巴人种东地中海类型。从红陶女像和墓葬尚无明显贫富分化看，当时社会处于母系氏族公社阶段。晚期屡见男子陶塑，似为母权制衰微征象。

安特生回北京后，查阅有关资料，看到美国的中亚考古调查团十几年前发表的安诺遗址发掘报告，发现中亚出土的陶器和仰韶彩陶相似。安特生的本行是地质学，对陶器若明若暗，令其不解的是，为什么河南仰韶彩陶同安诺彩陶间有相似处呢？它们之间有没有必然联系？

安特生在仰韶的最重要发现是彩陶片，随即面临的问题是判断陶片来路。当时中国没有其他参照系，当安特生把仰韶文化与中亚安诺文化比较时，仰韶文化的彩陶片所反映出的工艺甚至花色图案，与安诺遗址彩陶有相似处，可能同出一源。在安特生的眼里，那个"源"即是巴比伦。或许可以这样说：巴比伦彩陶先传播到中亚的安诺，又从安诺所在的中亚地区进入中国中原地区。

赵会军在《发现仰韶》一书中描绘了那时安特生的状态："在农商部的一间办公室里，小火炉上的水壶腾腾地冒着白色蒸汽。呼呼的北风拍打着窗户。安特生坐在办公桌前，聚精会神地注视着面前高矮胖瘦各不相同的几件陶器，有些还沾着细细的泥土，显然没有来得及清理。安特生不时比划着手里的一个放大镜，他希望这个东西能帮得上忙，可以从中发现点什么。旁边的一张桌子上，铺满了稿纸，上面用钢笔画满了一些奇形怪样的符号……这是一份关于中亚地区的考古发掘报告，上面提到的遗址中也有彩色陶器出土。安特生眼前一亮：中亚地区有彩陶，中国的河南也发现了彩陶，那么二者是否存在着联系呢？安特生不禁陷入了深深的思考。经过反复对比，安特生发现，中原地区的彩陶与中亚土库曼斯坦安诺及东南欧特里波里等地彩陶有相似之处，可能出自同一源；中国彩陶在年代上晚于巴比伦等地彩陶，制作时间上也在中亚与东南欧之后，因此中国彩陶有可能来自西方，这个地区的文化也可能是从西方传播过来的。"

安特生是合格的地质学家，又是不甚合格的考古学家。他会识别矿石，却不会识别陶器。由于对仰韶村陶片吃不准，他把其中一部分寄给瑞典王太子古斯塔夫·阿道夫，请古斯塔夫帮助判断。

瑞典王太子古斯塔夫是收藏家，以收藏中国瓷器为主。瓷器与陶器毕竟是两码事，精美的中国瓷器与粗陋的史前仰韶陶器风马牛不相及。古斯塔夫拿到安特生寄来的陶片，无从判断这些陶片的来龙去脉，便亲自到伦敦去，向大英博物馆的郝伯森（R•L•Hobson）讨教。

我没有查到郝伯森的相关资料，既然连瑞典的王太子都亲自向他求教，估计他是那时大英博物馆研究陶瓷问题的权威学者。没过多久，他就明确答复瑞典王太子古斯塔夫：在仰韶村发现的带黑色条纹的红陶与中东发现的"同属一类"。这种陶器当在公元前 3500 年源自巴比伦，随后向外蔓延，在伊朗、小亚细亚、安诺、希腊北部都有发现。

郝伯森提出仰韶彩陶发源于巴比伦，施密特博士率领的考察队在安诺发现的彩陶源自巴比伦。看样子，两大权威都认定仰韶彩陶与巴比伦密切相关，结论就比较清楚了。但安特生还是有些吃不准，于是又给在柏林博物院工作的施密特博士写信，征询他的意见。

施密特博士因发现安诺遗址而名声大噪，但身为德国考古学家，绝不浮躁，有日耳曼人那种严谨，给安特生的回信持谨慎态度："所谓仰韶陶器与安诺遗址出土的陶器，相同之处并不充分。如果要进一步考察的话，除了要比较纹饰之外，重要的是要考察二者的制造技术、所用色彩，以及表面磨光程度。"看样子，施密特博士才是真行家，几句话就说到点子上了，半路出家的安特生只能自愧弗如。

对安特生提出的问题，郝伯森和施密特都做了回答。安特生认为，郝伯森的回答痛快，施密特的回答谨慎。随即，安特生的意识转入另一个方向，那就是怀疑仰韶文化中的彩陶不是汉人的东西，而是从西方传入的。在这里，"西方"并不是欧洲，而是中国以西的阿拉伯半岛，而巴比伦文化便在阿拉伯半岛。

安特生那时即便彷徨，也情有可原，因为"中国文化西来说"并非安特生首倡，而是已在中国蔓延多年，甚至成为时风。

世界上最老的文明产生于中东的两河流域、北非尼罗河流域及印度河流域，那里首先出现了文字和青铜器。在世界诸国中，文明萌芽凑得相对整齐的，同时也是文明萌芽发育最早的是古巴比伦（公元前30世纪至公元前729年），也就是今天所说的伊拉克一带。

提到古巴比伦，不能不提底格里斯河与幼发拉底河。这两条河原本是分开的，由于泥沙在河口沉积，填出土地，两河下游在伊拉克南部汇合。两河均发源于亚美尼亚高原。幼发拉底河经土耳其、叙利亚进入伊拉克，全长大约为2750公里；底格里斯河经土耳其进入伊拉克，全长大约为1950公里。两河流域面积总共为105万平方公里。伊拉克首都巴格达就位于底格里斯河的西岸。

两河流域有一连串肥沃土地。两条河都不驯顺，定期泛滥，使得两河的沿岸因河水泛滥而积淀成适于农耕的肥沃土壤。包括今日的以色列、黎巴嫩、约旦部分地区、叙利亚，以及伊拉克和土耳其的东南部。由于在地图上好像一弯新月。所以，美国芝加哥大学的考古学家布雷斯特德把这片土地称为"新月沃土"。

约在公元前4000年，苏美尔人定居于美索不达米亚平原。苏美尔文明是世界最早产生的文明。乌尔第三王朝颁布世界上最早的《乌尔纳姆法典》，阿摩利人颁布《汉谟拉比法典》。在亚述之后，这块土地上诞生的印欧语系的赫梯文明颁布《卡迭石条约》。苏美尔文明时期，有数个独立城市国家，每个城市国家的中心是该城保护神或保护女神的庙。每个城市国家由一个主持该城市的宗教仪式的祭司或国王统治。公元前1763年，最后一位苏美尔民族君主瑞穆辛的首都拉尔萨城被巴比伦军队攻陷，从此苏美尔人便在历史上销声匿迹了。

苏美尔农业依靠灌溉系统。灌溉系统包括汲水吊杆、运河、水渠、堤坝、堰和水库。政府有管理水渠和运河的人。农民用运河淹地，用牛践踏农田和杀草，用鹤嘴锄挖地。地干后他们锄地、耙地和用铲将土壤松散开来。苏美尔人秋季收割，收割时三人一组，收割后使用碾石分离谷粒和茎，使用打稻棍来分离谷粒及麸皮，最后使用风吹开，来分离谷粒和麸皮。

苏美尔人通晓多种行当，不仅会烧制陶器，而且在陶器上使用雪松油画的图案；他们是石匠和首饰匠，会加工方解石、象牙、金、银、玛瑙石和青金石；他们发明了冶炼技术，炼出青铜。他们掌握的技术有：轮子、锯子、鞣质皮革、镯子、锤子、鞍子、钉子、大头针、指环、铲子、斧头、刀、长矛、弓箭、熬胶、匕首、袋子、头盔、盔甲、鞋子、靴子和酿酒。苏美尔人的皮船是由芦苇和动物皮制的，帆船使用沥青来防止水渗入，木船有时用人力或畜力拉。

苏美尔人文字是已知最早的文字。他们用粘泥制成泥版，用削成尖头的芦苇秆或骨棒、木棒当笔，在潮湿黏土版上写字，文字符号的每一笔按压部分痕迹宽深，拖出部分窄浅，像木楔一样。所以叫楔形文字。他们将各种事物画下来，图形越来越简单，于是形成文字，刻写在泥板上晒干。发掘出的苏美尔文章包括个人和企业信件、汇款、菜谱、百科全书式的列表、法律、赞美歌、祈祷、魔术咒语，包括数学、天文学和医学内容的文章。许多文章多个版本被保留了下来。

苏美尔文字不包含现代人熟知的语法结构。为长久保存泥版，要晾干后再烧制。这种烧制的泥版文书不怕虫蛀，也不会腐烂，美中不足就是太沉，每块重约一公斤，看每一块都要搬来搬去的。

苏美尔人发明了太阴历，是人类早期最重要发明。必须知道播种和收获时间，要找到某种时日行程以确定周而复始的可靠途径。做到这点的简单方法，是观察月亮盈亏循环。月亮由最初的峨眉月到下个最初峨眉月需 29 天半，就把这样一个循环视为基本计时单位，后来把它称为一个月，然后累计月亮运行了 12 个这样的计时单位（6 个是 29 天，6 个是 30 天），"年"就这样过去了，又到了开始播种的时候。

苏美尔人当然不知道一年是地球绕太阳公转一周时间，月亮的十二次循环或十二个月比一个太阳年少十一天。直到九百年后，苏美尔人才了解，每隔几年要另加一个闰月，才能准确预报季节循环。他们按照月亮盈亏把一年分为十二个月，共三百五十四天，同时设闰月调整阴历阳历之间的差别，巴比伦人将一天分成以两小时为单位的十二时制，每小时分为六十分，这就是巴比伦时间。这个时间概念，至今为世界通用。

苏美尔人对月球自转的观察和今天的观察结果只差 0.04 秒。在库云底亚克山上发现了一个 15 位数：195，955，200，000，000。古希腊全盛时期，计算只达到 1 万，大于 1 万的数，就认为是"无限"了。

在阿卡得语中，巴比伦的意思是"神之门"。古巴比伦王国也称巴比伦第一王朝。它遗留了世界上现存的最古老、最完整的法典，即《汉谟拉比法典》。在 2.25 米高的玄武岩石柱上刻了 282 条法律，规定了司法行政、土地房屋、商业债务、私产保护、婚姻家庭、职业、农牧、租赁、伤害和奴隶买卖及处罚等多方面事宜。巴比伦神庙的祭司开办了借贷机构，分实物借贷和金银借贷。偿还方式为分期付款，每月一还；利息按法律规定：金银借贷为 20%，实物为 33%。

创造苏美尔文明的苏美尔人很可能是含米特人，他们很快就与后来进入这一地区的闪米特人融合了。继承苏美尔文明而起的阿卡德文明（公元前 2371 年），巴比伦文明（公元前 1894 年），都是闪米特人创造的；创造亚述文明、腓尼基文明、犹太文明的也是闪米特人；创造伊斯兰文明的阿拉伯人也是闪米特人。今天生活在中东的大部分居民是古代闪米特的后裔。他们所信奉的宗教是从古代闪米特人原始宗教发展而来的伊斯兰教，使用的文字仍然是从楔形文字和埃及象形文字中提取元素而产生的腓尼基字母文字发展而来的阿拉伯文字。至于巴比伦，不过是两河地区最早的文明出现近两千年后才出现的晚期文明。

埃及文明始于公元前 3500 年，这个时期出现了象形文字、数十个城市国家、冶炼铜器。公元前 3100 年，美尼斯统一上下埃及各城邦。约在公元前 3000 年形成统一的奴隶制国家。第三王朝大规模修建金字塔。埃及最初的居民是含米特人，后与闪米特人融合，创造埃及文明的就是这个混合民族。闪米特人源于阿拉伯半岛，阿拉伯人、犹太人都是闪米特人。古埃及本土政权陆续经亚述人、波斯人、希腊人、罗马人、阿拉伯人统治，但种族从法老时期以来没有大的改变，今天生活在尼罗河两岸的居民的体貌特征，与古埃及时期的雕刻和绘画上的形象仍然非常相似。

希腊最早的米诺斯文明始于公元前 2500 年，19 世纪末在希腊克里特等地发现大量遗迹。考古依据包括早期象形文字及中期的线形文字；成熟的青铜冶炼术及出土的冶炼青铜器；早期城堡，中期的克诺索斯等地的王宫，尤其是后者，在各早期文明中达到了登峰造极的地步。

紧随其后的是希腊南部的迈锡尼文明，始于公元前 1600 年，《荷马史诗》记叙的主要是这一时期的历史。19 世纪在希腊迈锡尼、泰林斯等地发现了很多城市遗迹，大量青铜器，还有线形文字。然后是两百年的荷马时代，这时希腊开始进入铁器时代，武器和工具普遍铁制。

希腊罗马文明在发展过程中接受了基督教，基督教从开始就是希腊文明与犹太文明的混合产物。《新约》用希腊语创造，主要传播者也是罗马帝国中的希腊人。只奉《旧约》的犹太教严禁偶像崇拜，而基督教各流派都可以绘画雕刻圣像，这就是希腊化的典型特征。

犹太文明始于公元前 2000 年，居住在这里的迦南人（闪米特语族）已进入铜器时代，建立了城市，与进入这里的犹太人融合。犹太文明对人类的贡献无需赘言。赫梯文明可能是雅利安语族的文明，始于公元前 2000 年左右，地点在小亚细亚一带。这个文明的最大成就是发明了冶铁术，并在公元前 1400 年左右率先进入铁器时代。

地中海以东的中东是世界上文明发达最早的地方。有学者鼓吹说，中东文明是人类文明源泉。但共享"源泉"的国家，就得有同一个文化来源。而迄今为止，没有数据显示，中国上古文化来源于中东。

朱大可先生认为中国是世界文化体系的一部分，是世界器物体系的一部分，是世界人种体系的一部分，是世界复合体的组成部分。曾经有过一个很伟大的世界体系就是青铜。从美索不达米亚平原孕育出青铜文明以后，向西发展就成为希腊文明，然后向东发展出印度、波斯、华夏文明，这样就形成一个所谓青铜文明的全球体系。这个体系非常辉煌灿烂，以前我们一直以为它是各自生长的集体无意识结果，彼此之间没有关联，但考古学已经发现，这其实是一个传播的结果。传统人类学的逻辑起点，就是企图描述一个共时性的文明结构，认为人类拥有共同的基因，所以他们做出来的东西是一样的，这个说法不是很靠谱。朱大可认为荣格式的集体无意识固然有一定作用，但文明的核心，却主要是传播的结果，因为互相传播和影响，就形成了共同体。所以朱大可提出"亚洲精神共同体"的概念。他认为提得还算比较保守，实际上应该是"人类精神共同体"，因为这个共同体的外缘，还应包括北非、希腊和美洲。正因为各文明之间有着远超出我们想象的交往，才形成这样一个世界体系。

另一个世界体系就是比青铜文明更早的彩陶文明，当时也遍及整个世界。彩陶文明源于西亚，却在东亚和中亚交界处，也就是以中国甘肃地区达到发展的最高点。甘肃出土的齐家文化彩陶，显然是全球彩陶的巅峰，器型的多样性、纹饰的复杂性和漂亮，都无与伦比。但考古学家已经发现，它跟西亚和南欧彩陶有某种亲缘关系。它的器型跟土耳其彩陶相似，而它的梳形纹则源于俄罗斯草原。

在这样的世界体系当中，中国是这个体系的受惠者，比如说是中国是苏美尔青铜文明的受惠者，但是中国又发展出一个独特的、完全属于自己的青铜铸造和纹饰体系，这样我们就不仅是它的受惠者，也是这个体系的推动者，我们不仅接受了青铜文明，而且我们创造了一个新的青铜文明。

一个相反例子是丝绸文明，中国是这场文明的原创者和推动者，因为这个体系源于中国，后来发展出一条技术和产品的贸易输出道路，欧洲人叫"丝绸之路"。但它不是汉代张骞打通西域之路才开始的，早在商朝，就已经有南方"丝绸之路"，通过丝绸原产地四川，经过云贵高原，沿缅甸、印度、阿富汗进入波斯，并由波斯人转运到希腊和埃及。希腊人跟着波斯人称中国为丝国，也就是"Sin"。这个词过去一直被误认为是"秦"，实际上是"丝"的发音。这样一个世界性的、跨三大洲的贸易体系，在公元前 2000 年到 1000 年之间就建立起来了。在青铜文明方面，中国既是受益者，也是推动者，而在丝绸文明方面，中国是相对单一的推动者（以后才有波斯人学着用当地的桑叶养蚕、缫丝和编织地毯）。不管怎么样，中国在古代全球体系中扮演了重要角色。不从世界角度探讨中国的问题，就永远看不清它在这个体系中的意义。从新石器时代的彩陶文明开始，就可以看到大量西亚以及中亚草原文化进入的痕迹。这种交流的痕迹，在考古学上已经被充分证实。

中国文化与西方文化相互冲突的历史，至少可以追溯至明末清初西方传教士东来。17 世纪，大批耶稣会传教士来华，不久中国文化起源问题起了微澜。西方传教士依据《圣经》中创世纪、乐园放逐、洪水等记载，宣称中国文化源于基督教。汤若望是德国人，曾为明军制造红夷大炮。清初，汤若望授意、钦天监监正李祖白所撰的《天学传概》说："初人子孙聚处如德亚（指犹太），……其后生齿日繁，散走遐逖，……在中国为伏羲氏，……天学固其所以怀来也。"有个叫考狄的写了本《中国通史》，1920 年在巴黎出版，书中概括来华西方传教士的主导思想，说他们"震于中国立国之悠久，及其在世界史上地位之重要也，于是大运神思，力言中国文化渊源西土，以示西洋人之有功于中国。"

最早提出西来说的是天主教传教士南怀仁，他在《道学家传》小序中称伏羲是亚当的"第 13 代子孙"。李祖白受汤若望的影响，在《天学传概》中提出"中国之初人实如德亚之苗裔"。这种说法遭中国学界反感，杨光先称李祖白"挟大清之人尽叛大清而从邪教，是率天下无君无父也"，掀起康熙历狱，又称汤若望案。杨光先上书斥汤若望西洋新历法十谬，尤其选择顺治帝皇太子荣亲王葬期误用洪范五行，山向年月俱犯忌杀。136 天后，顺治帝驾崩。康熙帝年幼尚未亲政，顾命大臣鳌拜不满外邦人参议朝政，支持杨光先，汤若望及杜如预、杨宏量、李祖白、宋可成、宋发、朱光显、刘有泰等钦天监官员被判处斩。后因天空出现彗星，京城发生地震，改判汤若望、杜如预、杨宏量免死，李祖白等 5 人依然被斩。康熙帝亲政后决定对该案平反，但中国文化西来之说不复有人提起，康熙帝支持的"西学中源"论成为学界共识。

中国文明从外传入的说法，像棵歪七扭八的树，产生多个与中国文明外来说的命题。埃及说为16世纪德国教士基尔什尔首创。基尔什尔在中国跑的地方不少,回国后在《埃及之谜》(1654)与《中国图说》(1667)中提出:中国文明出于埃及,《圣经》所载闪族子孙率埃及人到了中国。他的观点得到法国主教胡爱与法国汉学家德经支持。德经甚至"考证"出古埃及人在公元前1122年迁居中国。由于这个学说主要发端于欧洲,尚未波及中国,并未在中国引起什么反响。

中国是个文明古国,中华民族创造的辉煌成就,令各国叹服,而中国文明起源问题始终为国外汉学界关注。晚清西学东渐,中国的大门被打开了;与此同时,欧洲考古界对近东进行大量发掘,成果卓著。关于中国人种和文明的起源问题,受到政、学两界的共同关注。

拉克佩里是法国人,生于香港,长于香港,能熟练书写汉字。1870年在伦敦大学东方语言学院任教,1894年编撰《古代中国文化西源考》,以巴比伦史与中国古史相比附,以19世纪后半叶欧洲考古界对近东地区的挖掘成果为基础,提出中国文明源于两河流域古巴比伦文明。

这一结论与中国史家传统看法大相径庭。先秦以来文献认为汉族发源于中原,后部分流逐边疆,才有所谓"四裔"。四裔地望,古以幽州为北裔(北京密云县东北),崇山为南裔(湖南大甬),三危为西裔(甘肃敦煌),羽山为东裔(江苏东海县、赣榆县及山东郯城县)。

拉克佩里的"西来说"对中国自古相传的本土说提出重大挑战,主要根据是中国早期与古巴比伦存在相似性,其中主要有:

天文历法方面,两河流域与中国都采用太阳历纪年法,置闰月,一年分四季、十二个月、二十四节气,以十二年为世运一循环,十九年为天文上的一周年、六十年为一甲子。此外,对"天"的形状描述、对彗星的称呼、以金木水火土为五日累积法和天干地支用法等,大体相同。

科技发明方面,两河流域居民与中国初民一样,开沟造运河、种植小麦、锻造金属、利用粘土造瓦、制造兽皮舟以及使用战车等。

语言文字方面,《易经》中的八卦是古巴比伦楔形文字变形,所谓卦者是中国古文字,因字简而事繁,故一字中包含多种意义,后人遂以为八卦寓含天地万物之理。

政治制度方面,两河流域居民与中国人都行帝王独裁政治,置天官,以右为尊，在"四表""四海""四岳""十二牧""黔首""中国""上帝"等概念使用方面也有相同之处。

历史传说方面，中国古代有洪水传说、神农氏传说、仓颉造字传说及半鱼半人传说等，这些在古巴比伦都能找到类似记载。

根据以上诸点，拉克佩里推断公元前 2282 年左右，生活于两河流域的闪米特人的一支，在酋长奈亨台率领下东迁，从土耳其斯坦经喀什噶尔、塔里木河到达昆仑山，辗转入甘肃、陕西一带，征服原有野蛮土著部落，深入黄河流域，于此建国。酋长奈亨台即中国古史传说中的黄帝，随其而来的那支发展成为日后的汉族，另一部分则与藏西北当地民族融合。

"中国文化西来说"并非没有拥趸。连续两次鸦片战争，清廷被打得灰头土脸，怀疑中华民族人种虚弱。刘师培、章太炎等均为国学大师，在学术界有影响，他们认同拉克佩里之说，产生了很大副作用。

除了部分学者，有些革命党人也予以认同。陶成章两次赴京刺杀慈禧太后，是广州起义、上海起义主要组织者。他在《中国民族权力消长史》里节录《支那文明史》中介绍拉克佩里学说的部分内容，并用典籍佐证："据拉克佩里氏谓奈亨台王率巴克民族东徙，从土耳其斯坦经喀什噶尔，沿塔里木河达于昆仑山脉之东方，而入宅于中原。其说之果是与否，虽不可得而知，以今考之，我族祖先既留陈迹于昆仑之间，则由中亚迁入东亚，固已确凿不误，由中亚迁入东亚，既已确凿不误，则其由中东以达中亚，由中亚以达东亚者，亦可因是而类推矣。"他对拉克佩里学说并未全然确信，但相信中国人种自西而来。

宋教仁是先驱式人物，在《汉族侵略史·叙例》中指出："太古之汉族，自西南亚细亚迁徙东来"。他对拉克佩里学说似乎未确信，如评说《中国人种考》时认为"至其主张汉族西来之说中，黄帝系迦勒底帝廓特奈亨台与否之问题，汉族系丢那尼安族与否之问题，神农系塞米底族之吾尔王朝之沙公与否之问题，则犹无确切之解释也。"

20 世纪初，文化人类学在欧美兴起。持这一理论的学者认为，由于人类生理与心理的一致性，不同民族不同地区的人们发展到一定社会阶段，需要某些生产生活技术时，技术成果会在两个或两个以上毫不相干的地方一次又一次被发明出来。各民族古代文明的某些相似性，只能证明人类在适应自然、改造自然这点上具有共同的思想与能力，而不能说明它们是相互彼此影响的结果，更不能说明就是一个"中心文明"向四周扩散的结果。在解释人类文明起源的问题上，文化人类学的上述观点，显然比文化传播理论更具说服力。

随着中国考古学起步，许多古人类化石在中国相继被发现，成为柳诒征、梁启超等人反驳拉克佩里"中国人来自西方"的论据。缪凤林在《中国民族西来辩》中指出："东亚之有人，为期实先于西亚。"在学者们的努力下，西来说所依据的不少上古典籍被考证为后世伪作，朱逷先指出："晚近言汉族西来者大都取证于汉魏以来之纬书神话。"

五四运动后，尽管考古成果不突出，史前文化线索远未明了，但不充分的考古数据也足以使人们开阔眼界，破除笼罩于中国文化起源问题上的神话色彩。梁启超解释中国早期文明与巴比伦文明相似性时认为："大凡人类的本能都是一样的，不必有什么关系总能相同。"陈嘉异强调："同一文化的发生，除种族因素外，土地、气候、经济等都不无关系，世界几大文明如埃及、印度、巴比伦、中国几乎同时产生，绝非偶然；它与这些国家同处温带地区，多河流平原，土壤肥沃，比较适宜于人类居住生活等息息相关。与其谓中国民族之文化为由巴比伦或埃及等所输入，毋宁谓彼此因地理气候之相等而遂发生类似文明"。

中国文明是土生土长的，尽管是世界文明的一部分，与世界文明有千丝万缕联系，但还是以独立发展为主，具有独特色彩的地域文明。梁启超说，埃及、小亚细亚、希腊、印度、中国为世界文明的五大发源地，但前四者彼此间有交流，文明"自己的实兼有外来的"，惟有中国因山海阻隔，与周围文明并无交流，其文明全然为"独创的"。

对于"中国文化西来说"，从 20 世纪初的"翕然赞同，初无异词"，到五四运动前后的全然否定，近代中国人的态度何以前后迥异？当今的中国学者概括说：对中华民族起源"西来"与"本土"的争论，实质上反映了民族心理的自卑与自信问题。

从鸦片战争以迄辛亥革命，中国人的文化心理趋向是不断地认同西方文化，相信西方文化远比中国传统文化先进，以西方文化为民族新文化建设目标。这一心态随着第一次世界大战发生而出现转向。一战充分暴露西方文化弊端，中国人开始对中西文化双重反省，主张以中国文化复兴推动民族复兴。五四运动后，中国人民族文化自信心高涨，"东方文化派"肯定中国文化的独立性与现实价值，摈弃"西来说"自是应有之义。只有从五四时期中国人民族主义情绪日趋亢奋的深刻背景中，才能认识当时学者否定"西来说"的真意所在。

中国学者热热闹闹地主张"中国文化西来说"或反对"中国文化西来说"时，安特生在做什么？他不懂中文，不会说中国话，中国学者用笔头子或嘴头子干仗那些热闹事，估计他一无所知，或者仅从同僚那儿听了一星半点。他顾不上这些，在忙活自己那摊事。

早在仰韶文化被发现前，就有外国学者对中国本土发现的石器做过推测，认为式样是外来的。日本学者鸟居龙藏认为，在蒙古高原和东北发现的石器为古代东胡和通古斯族的遗物，因此分别用"蒙古式"和"满洲式"命名，认为两者皆非汉族先民遗物。美国学者劳佛尔认为，"中国石器时亦见之，但甚鲜少，中国从未有石器存集一处，形色具备而能使我们定论其人其时无金属之助而专恃石器为生者。或石器发达足可供一地之需者。故据现代所知者言之，不能为中国有石器时代。更从典籍考之，因此无所谓'中国人之石器时代'。"

在这样的背景下，安特生不能不陷入泥坑，说："虽然以河南与安诺相比较，它们的器形相似之点既多且切，实在令我不能不引起同源的想法。两地彼此流传是完全有可能的。即便河南距安诺极为遥远，然而两地之间也不乏交通孔道。"囿于仰韶彩陶与近东出土彩陶存在相似之处，安特生对仰韶文化的来源，做出由西方传入中土的推测："就考古学上论证，仰韶村发现的彩陶当由西方输入，他日应当证明，仰韶人的制陶术来自西方，有着其他文化或种族的特性。"

安特生的偏执在《中国远古之文化》中流露真切，别看河南与中亚安诺遗址距离远，但两地间不乏交通孔道，从西藏以北到西伯利亚以南都可来往。为说明这点，他举鸵鸟蛋化石例，鸵鸟体型大，跑得快，但飞不起来，而鸵鸟蛋化石遍布亚洲，从中东到黑海以北草原到处都有。连鸵鸟的足迹都分布这么广，从中国河南到安诺自然有多条传播彩陶文化的通道。安特生举鸵鸟蛋的例子，说明不了文化传播问题。况且他可能搞岔了，他说的鸵鸟蛋化石应是恐龙蛋化石。

为说明远古以来中西交通便利。安特生说，自汉代以来，或因战争需要，或因通商需要，中西屡屡往来。安特生以自己的亲眼所见表明自古中西交通及人种交流频繁。在《中国远古之文化》一书中，他举例说：1920年，他在从内蒙古通往河北的路边上，看到个石像，容貌与欧洲人极为相似。其实，他举的这个事例说明不了什么。在中国的大庙宇中，山门里通常站着横眉立目的哼哈二将。细看，哼哈二将眉眼和胡须挺像彪悍的洋人，即便如此，也没有人会认为哼哈二将是根据洋人脸盘塑造的，更不会认为哼哈二将是"东西交通"的使者。

1920年，美国人种学家黑德利斯克来到北京，在演讲中说："汉族只是大多数人是黄种人，但有迹象表明，远古的时候，汉族与白种人有交融，直到近代以来，这种交融也时有发生。"

安特生在《中国远古之文化》中引了黑德利斯克的这几句，潜台词清楚，汉族血统上都有白种人成分，遑论文化西来了。一夜之间，他发生了一次扭转，从"中国文化西来说"的拥趸，变成用自己的考古成果倡导"中国文化西来说"的热心人。或者说，他并没有变，作为在中国做事的北欧学者，内心本来就藏着不轻易表露的傲岸，走上这条路亦属正常。他这种做法，自然遭到处于内忧外患中的中国人的极大反感。

仰韶村彩陶是打哪儿来的？安特生有个大致判断，认为仰韶彩陶受到中亚土库曼斯坦安诺遗址或巴比伦彩陶的重大影响。无论是安诺还是巴比伦，都在河南渑池县西。甘肃、青海、新疆等地也在河南西边。如果仰韶彩陶从西方传入，就会在通向中原的甘肃和青海留下传播遗迹。安特生认为，来自西方的文化应该通过丝绸之路和草原之路两条道路向东传播。那么，这条文化通道真的存在吗？

19世纪末到20世纪30年代，西方传播论风行一时，成为考古学主流理论。传播论依据简单而清晰，发明一样东西很难，传播一样东西容易。比方自古农民就用粪便施肥，西方发明化肥后，中国买化肥使用就是了，没必要再把化肥发明一遍。如果中国觉得从外面买化肥成本太高，就把某种化肥原理搞清楚，仿造就是。按照传播论，如果一个文化典型器物出现在文化地域范围外，会被视为文化传播证据。传播论大行其道时，国际考古学界不假思索地将文化传播与族群迁移等同看待。与传播论休戚相关的另一个理论是，文明的生成是不可复制过程，任何事物都是一次发明而成的，一个特定的发明只有唯一发源地。

在安特生活跃的年代里，文化传播学派固执地认为，文化的发明和创造很难，而人群之间相互学习和相互借鉴，则比较容易。世界上许多文化是由一地发明后相互传播的结果，人类文明发生发展是一个从中心向四周不断扩散、传播的过程，世界各民族文明与"中心文明"存在亲缘关系。至于"中心文明"何在，学者们的意见并不一致。有的认为在埃及，有的认为在美索不达米亚平原。值得注意的是，随着西方殖民主义势力向世界各地的扩张，文化传播学派关于世界文明的单一起源论变成了"西源论"，即认为：亚非拉等非西方地区的文明或多或少是受到西方早期文明"启示"和影响的结果。

中国人早就懂得观察天象和气候，创造了二十四节气，在农业中得以广泛应用。中华民族是研究和掌握天文、地理、物候知识最早的民族。西方学者鼓吹"中国文化西来说"时，却把中国人总结的二十四节气划分传到欧洲。欧洲只知道冬至和夏至两个节气。无论是古埃及、希腊、巴比伦或印度都不曾有过这样的认识。二十四节气传到欧洲后，引起一片赞叹，英国人萧纳伯以英国气象局局长身份在 1928 年的国际气象台台长会议上倡议欧美各国采用中国人提出的二十四节气。英国率先在农业气候和生产统计中采用萧纳伯的建议。

传播论有很大的局限性，英国历史学家汤因比有一个比较中肯的说法："传播论是有一定价值的，但是必须指出，原始创造在人类历史上的重大作用，由于人性一致的原则，我们应当记住原始创造的火花或种子可以迸发出任何生命的火焰或花朵。"汤因比的意思很清楚，文化并非全部依靠传播扩散，在更大程度上是创造出来的。

早期，汤因比这种睿智的声音尚未出现。国际学术界普遍相信传播论。毕竟，只有创造出来的文化才稀有，而大部分文化是相互传播的。举个大家耳熟能详的例子，现在中国人使用的收音机、电视机什么的，都不是中国人发明的，而是西方国家发明的。但是。也不是笼而统之的"西方发明"，而是在西方的许多国家的发明创造在相互传播中凑起来的，然后再传播到世界各地的。再举个例子，就连原子弹都来自于文化传播，是各国科学家在"曼哈顿计划"的组织下共同完成的。

在安特生那个时代，西方学人展开想象的翅膀，称新石器时代晚期，一支熟练烧制彩陶的农业集团从中亚进入黄河流域，并汇入中国原有古老文化，从而形成中国史前文化。那时，安特生也是这么想的。

中国大一统历时甚久，处置问题喜欢在历史中寻求依据，这本是血统宗法社会的思维惯性，在农耕时代有了正当性。例如，一片山岭被一个宗族耕耘百年，自然属于该家族，而该家族在此地延绵中产生了自己的习惯，从而形成自己的文化。这点，对中国人用不着做更多解释，是顺理成章的。而对于安特生来说，却不存在这种思维习惯。

北欧是高纬度地区，在严寒气候条件下，物产不丰富。因此历史上产生过大批海盗。海盗习惯于打一枪换一个地方，流动性极强。安特生身上似乎保留着北欧海盗遗留的血性，习惯于从流动性上认识问题，认准中国上古文化是从西方某地传播的。

安特生去中国西北，是为了寻求实证。他在《中国远古之文化》中说得坦率："因为仰韶遗址的发现，使得'中国文化西来说'又有了复燃希望，目前要用事实证明之"。1923年，安特生决定亲自到甘肃和青海寻找史前文化遗址。这样，他在中国范围最大的考古调查开始了。

9. 去甘肃、青海发掘，所得用皮筏子运回

安特生去中国西北考察，目标明确：仰韶文化最近的源头当在甘肃和青海，那里是中东彩陶东传的必由之路。

过去，安特生找龙烟铁矿时出了大风头，北洋政府以为他西行的目的仍然是探矿，因此给沿途各省省长写信，要求各省对考察团给予关照，并且安排了 10 名护送士兵，发写着汉、蒙、藏 3 种文字的护照。

看来北洋政府还算老实。它的底子是袁世凯打下的，袁世凯自己就是个老兵，手下的诸大员多来自军队，除少数人为一时之需而虚情假意背靠某强国，其他大员可进入爱国人士行列。如果这些穿军装的爱国人士知道安特生去西北是要寻找中国文化的根，断然不会给老安行方便，兴许还会露出丘八本色，蹬鼻子上脸的，找茬儿刁难刁难。

安特生带着考察团出发，乘火车抵达陇海铁路尽头的洛阳。当时火车尚未通到西安，以后路途只得乘马。途经西安时，安特生一行考察了东十里堡的史前遗址。而在安特生之后，西北考古又有重大发现。安特生急于到甘肃，忽略了史前彩陶文化丰富的关中、陇东地带。

清末，左宗棠统领大军开赴新疆平叛，开辟了西行通道。安特生从左宗棠大军开创的西兰大道，沿八水绕长安的泾河，再经陕西彬县、长武，进入甘肃泾川、平凉，于 1923 年 6 月 21 日到达兰州。

当前，兰州是甘肃省省会，而在民国初年，甘肃辖青海和宁夏，兰州等于三省省会，是西去新疆，北往河朔地区，东抵关中，南下四川的交通枢纽。兰州还是大西北瓜果之乡，汇集甘肃、青海、宁夏三地物产，饭馆多，价格公道，可谓物美价廉。与此同时，由于开禁鸦片，乡下人种之，城里人吸之，烟馆林立，十人九瘾，对民众身心危害极大。

安特生抵达兰州时，这个城市只有十几万居民，汇集了不少西北少

数民族，有许多在北京见不到的事。例如德国商人卡修斯投资修建的黄河大铁桥，河边保留着巨轮式样的木质水车；内地早就流通袁大头，这儿还普遍使用前清方孔钱，夹杂当地用土法铸造的不同面值铜钱；老人蓄长发，妇女仍裹脚，衣着多为自产土布。

刘大有、刘小龙在《安特生评传》中说："有安多藏区的藏民，冬天穿着无面子的皮衣，却不顾严寒露出一条胳膊，西域的维吾尔人在此做生意，河套的蒙古人赶骆驼运货。回族姑娘戴绿的，已婚戴黑的，老奶奶戴白色的盖头，又多俄国难民。明代的肃王府，晚清陕甘总督左宗棠移节于此，驰名全国的淳化阁碑石和碑帖，白塔山元代白塔，五泉山明代铜像，城隍庙的壁画，都给兰州增添了光彩。"

安特生的主要活动在以兰州为中心、活动半径在400公里范围内。在兰州稍事休息，他考虑去西宁。跑过这条线的读者知道，这两个地方离得并不远，坐火车两个小时就到了，而在当时，则充满凶险。

那时管辖青海的叫马麒（马步芳父），是北洋政府收编的，领着一彪人马，称"西北回回王"。安特生名头不软，扛着北洋政府招牌，还带着北洋政府护兵，马麒不敢怠慢，也派出武装士兵护送。其实安特生做了充裕准备，带有精良武器。后来安特生的助手白万玉随斯文·赫定入新疆，所带的步枪和子弹超过沿途军队的装备水平，部落首领要出大价钱购买。可见安特生的装备不比民国政府的地方部队差。

安特生一行抵达西宁后，随即展开工作。1923年6月底首先发掘西宁东郊十里堡，所获石器、骨架、彩陶片不少。随后去青海湖，发现了几处石器、陶器遗存。朱家寨距西宁西郊15公里，地势开阔，多为平坦起伏的丘陵。10月，安特生在朱家寨发现墓葬群，发掘出包含有马家窑、齐家、卡约等新石器时代晚期和青铜文化并存的文物，典型器物有石质的鹤嘴锄，各种质地的饰珠牙刻，距今3700多年，彩陶别具风格。在朱家寨遗址发掘出43具人骨和大量随葬品。

随即，安特生在距离朱家寨7公里处发现卡约文化遗址。路途是从朱家寨附近的大堡子乡出发，行不多远就是湟中县李家山镇。卡约村史前文化遗址就在这里。卡约，藏语意为山口前的平地。

在卡约，安特生根据发掘实物特征，归类于仰韶文化辛店期。就是说，他把藏族的史前文化也打进了仰韶文化的包，或者说，那时他企图用在仰韶村的发现囊括整个中国史前文化。

那一带以农业为主，畜牧为辅，彩陶更精细，安特生发掘了7座墓葬，两件大粗陶组成的瓮棺，有零星铜、牙、贝、骨等，人多二次葬。至今路边有一吨重的花岗岩石块，凸刻"卡约文化遗址，辛巳年仲冬"。

附带说说，解放后，新中国的考古工作者经过在卡约遗址更大范围的多次发掘，众多出土文物证明是一种独特的史前卡约文化，距今两三千年，分布在甘肃和青海交界的十多个县市。

从西宁到贵德县，大约100公里，要翻越海拔3820米的拉鸡山口，但见峰顶白雪皑皑，山下牛羊成群，路边不时有人采挖冬虫夏草。这里是日月山余脉，也是湟中、贵德的界山，以产孕拉鸡而闻名，乾隆年间改归德县为贵德县。此处是与黄土不同的赭红色土山，比第四纪黄土早得多，被安特生命名为"贵德系红土层"。安特生在《甘肃考古记》中，描绘了甘肃考察发掘处的地质构造图。经四川、甘南流此的黄河是绿色的，有"天下黄河清贵德"之说。

安特生当年发掘过的罗汉堂乡现已划归拉西瓦镇，这里因藏传佛教寺院的罗汉像而得名。安特生当年发掘过的是黄河支流豆厚郎河的东侧，碑上刻贵德县级文物保护遗址"罗汉堂墓地"。这里有马家窑文化遗址，但主要属齐家文化，安特生在此发掘得到两件精美文物，收载于他的《中国史前史研究》一书。

从西宁返兰州，途经乐都县。安特生收了几件马厂彩陶。东行到民和县，再往上川口镇边墙村北，在湟水之南与兰州市海石湾相接处，便是马场垣。在这里发掘的彩陶多为四大圈形图案，距今4200多年，彩陶上黑红相映，线条粗细相间，画法更是由蛙变成了蛙神和人。遗址还出土了石器、骨器、贝饰等，被命名为马厂文化。

这儿去喇家遗址较远，从甘肃临夏大河家乘车前往很近。安特生当年在青海发掘了几处史前遗址，出土较多的史前遗物，他只概括性地命名为"甘肃仰韶文化"，待完成洮河流域发掘后再统一命名。

1923年冬，安特生在兰州度过。在兰州没闲着。英国传教士乔治·安德鲁介绍，在兰州可收购到来自洮河流域的彩陶，大约不少于200件。

安特生向买家打听出土地点，买家不说，他派人调查。这种做法太生猛，像侦探小说。他对中国非常陌生，带的中国学者没有能力跟踪盗墓贼。在兰州，他偶尔从一个货摊儿上找到了一个装着烟叶的旧彩陶罐，在得知这件彩陶来自临洮后，他不打算放过这个线索。

安特生之前，甘肃百姓不把上古彩陶当好东西，觉得这些东西系盗墓所得，晦气，即便路边摊贩出售也没人买。安特生收购这种东西，把贫困的甘肃人挑逗起来，临洮迅速出现盗墓的。

地处偏远的甘肃人老实，不仅摆摊儿卖老陶器的摊主老实，连盗墓贼都不摸行情。他们不是关里那些老练的盗墓贼，觉得从先人墓中盗宝说不过去，得手后匆忙出手，有的带着泥土，足以表明货真价实。安特生没有公布过收购这些精美陶器的价格，估计价格非常低廉。

后来安特生把彩陶收购写入考古报告，谁也没想到，随即出现了另一个情况。陈万里 1917 年毕业于北京医学专门学校，是中国最早的摄影艺术家之一，五四时期与黄振玉共同发起艺术写真研究会。他随中美西北科学考察团到达兰州，在笔记中说："由于安特生的收购，使得彩陶价钱猛涨，而且还出现了鱼目混珠的赝品。"看看，没有几天工夫，内地人玩儿熟了的制赝，就让老实巴交的西北人学去了。

冬天过去，天气变暖，安特生和助手继续开展考古调查。1924 年 4 月 23 日，他们离开兰州，沿洮河南下。今天乘长途公共汽车经兰临高速公路，1 小时即可达临洮，而安特生当年翻山越岭走了几天。

临洮古称狄道，地处甘肃省中部，古丝绸之路要道，自古就为陇右重镇。战国秦长城起首、汉代古墓群、唐代哥舒翰纪功碑等历史文化遗迹星罗棋布。自周安王十八年（公元前 384 年）建置狄道县，秦昭王二十七年（公元前 280 年）始设陇西郡以来，长期是郡、州、道、府、县治所在地，作为中央政权连接西域少数民族的桥头堡。

辛店镇有光绪末年美国传教士在临洮办的福音堂分堂，安特生在旁边台地发掘辛店遗址。出土彩陶距今约 3000 年，多有绘家畜动物和日月图形，而且出现了商周青铜器上的回纹。彩陶不理想，质地疏松，形象简约。难得的是，已出现小件青铜器。

辛店发掘结束后，安特生没有歇息，从康家崖过洮河，前往 10 公

85

里外的齐家坪村发掘。齐家坪村民长于耕地，基建、打墓时发现石、陶、骨器等。齐家文化陶器多未施彩，造型古朴，安特生后用"仰韶文化"这个大筐规范西北所得，排名为甘肃6期彩陶之首。但是他忽视了齐家陶器的精巧、胎薄、器形美，并同时有玉铜器等特点。

齐家坪行几十公里，到下边家，远望洮河。1924年6月安特生于此发掘了被称为"半山头人"的墓葬，有件人面型器盖（瑞典东方博物馆归还中国后，下落不明），估计发现于此。

下边家和上边家两个小村，沟对面一千米处是半山墓地遗址。这里的彩陶多为方格纹、双耳、红黑两色，无论大器小件都打磨得光滑明亮。半山遗址离半山村咫尺相隔，距今约4250年。安特生当年详细绘制这一带遗址和村庄的地图，拍摄了庄永成在边家沟墓地发掘的照片。

半山文化分布较广，东至天水，西到青海，陶器有大器和小器之别，打磨光滑，彩绘细腻奇异，有四耳、双耳、单耳罐。在大通河流域和靖远也发现有网格纹、长颈、口部带乳黑红色相间的陶器。

安特生在齐家坪调查时，当地的回族、东乡族、撒拉族等群众不欢迎考察队，也是，没有哪个地方的群众喜欢挖坟头的。安特生说了当时的处境："我们终于来到了一个高地，这里地势高亢，视野开阔。我们马上发现盗掘的遗址，堆土中彩陶的碎片随处可见，彩陶片和我们在兰州购买的华丽而又完整的彩陶属于同类。很显然，许多陶器在墓葬中因土的压力而破碎，还有不少陶器则是在村民的盗宝争斗中遭到破坏……很长一段时间，我们都试图发现没有遭到村民破坏的墓葬。有那么几天，看起来整个地区都被盗掘过了。但是，我们在甘肃考古期间最伟大的发现是在我们悉心挖掘下，精美的陶器一个接一个地出现了。最后我们看到有12个陶罐围绕在一个成年男子的周围。"

安特生从齐家坪、半山归来，已是1924年初夏。他到临洮，把采集到的文物存于福音堂，拜会刚从美国留学归来的县知事水梓（此人后任甘肃省教育厅长等职，是央视主持人水均益的祖父）。

安特生接着发掘马家窑，遗址位于两河交汇处。洮河边巴马峪北面的巴郎坪、瓦家坪灰坑厚，文化层分布面广。由于安特生西北之行名声响了，后来人们都到这儿捡漏，外露陶片被捡完了。后人仅偶尔捡到几片表面光洁、单一黑色绘水浪纹等彩陶碎片。据说，这儿的陶器距今约5000年。

马家窑遗址位于临洮县洮河西岸，安特生在麻峪沟口发掘出大量彩陶器皿。在其他地方发现样式和花色差不多的陶器。马家窑文化遗址有东乡林家、临洮马家窑、广河地巴坪，以及兰州的青岗岔、花寨子、土谷台、白道沟坪与永昌鸳鸯池和青海乐都柳湾等20多处。

马家窑文化主要分布在甘肃中南部，以陇西黄土高原为中心，东起渭河上游，西到河西走廊和青海省东北部，北达宁夏南部，南抵四川北部。分布区内主要河流为黄河及支流洮河、大夏河、湟水等。

马家窑遗址一般位于黄河及支流两岸台地，近水源，房屋多为半地穴式建筑，房屋形状有方形、圆形和分间3类，以方形房屋普遍。方形房屋为半地穴式，面积一般在10至50平方米，屋内有圆形火塘，门外挖方形窖穴存放食物；圆形房屋多为平地或挖一浅坑起建，进门有火塘，中间立一中心柱支撑斜柱，房屋呈圆锥形；分间房屋最少，主要见于东乡林家和永登蒋家坪，一般在主室中间设一火塘，侧面分出隔间。

马家窑彩陶器打磨细腻，器型丰富，图案极富变化，比仰韶发现的陶器绚丽多彩，这一发现让安特生喜出望外。即使今天，考古学家仍然没有再发掘出比马家窑彩陶更为精美的陶器。

后来，马家窑文化被史家称为"甘肃的仰韶文化"。不管什么事，都有起有落。当河南进入仰韶文化晚期时，彩陶已开始衰落，以至于消亡。而甘肃彩陶到大地湾仰韶文化早期开始由东向西发展，陆陆续续延续了近3000年。在不同时期出现了不同类型的文化彩陶，直至夏、商、周青铜的鼎盛时期，彩陶文化才趋于消失。

马家窑居民以经营旱地农业为主，大田主要种植粟和黍。两种谷物的遗存曾分别发现于甘肃的东乡林家遗址的窖穴和兰州的青岗岔，在青海柳湾墓地的许多墓葬发现有装在粗陶瓮中的粟。

在各氏族营地的房址和公共墓地随葬品中，发现大量生产工具，用于翻地的石铲通体扁薄，收割用农具很多，主要是石片磨制的和用陶片改制的爪镰，形状有长方形穿孔的和两侧打成缺口的两种。在镰刀中有一种形制很特殊，也是长方形，但一端刻成锯齿，为马家窑文化居民所独创。谷物加工工具有石磨盘、石磨棒、石杵和石臼等。

为寻找仰韶半山文化和辛店等文化的中间缺失环节，安特生的寻找地域扩大了。为了赶在冬季之前完工，助手在西宁河谷的民和县马厂原发现马厂文化。安特生直接去河西走廊，不过在河西走廊时间不长，在民勤沙井村，他们发掘并发现了沙井文化。

安特生被传教士领到洮河旁的临洮县衙下集镇寺洼山，发掘出马鞍口双耳寺洼灰陶和红陶罐，上面有似犬牙交错的画纹，耳部有似文字的刻划纹。它分布广，在宝鸡也可见到，平凉有相似的安国类型，安特生把它定为单独的文化。捎带说说，以后夏鼐于此地发掘，出土遗物证实它与辛店是同一时期，是距今约 3000 年的羌族边民文化。

寺洼遗址的梯田长满洋芋等农作物。1924 年 7 月安特生一行在此发掘 10 天左右，把用纸和麦草等包好的陶罐和三口袋碎片等，由几辆大车拉回临洮。近年，甘肃研究安特生的专家任稼祥和刘大有踩着安特生的脚印在这儿拣陶片，在原始灰层中拣了个精美玉斧。

初秋，安特生结束了河湟、洮河考察，他想不到在甘肃临洮县百里之内发现精美彩陶（一种说法是，甘肃发现的史前彩陶占全国80%左右）。面对密集的史前遗址，安特生生怕挂一漏万，由于人力、物力、时间有限，1924 年 8 月，他们兵分四路，去未去之地再做补充调查。

这次，袁复礼到兰州民勤县的天祝臭牛沟发掘古生物化石，庄永成再次到马场垣做补充性发掘，白万玉则到天水秦州七里墩、烟铺下和礼县石桥乡白蛇坡考察，并发现齐家文化遗址。古老的渭河不但哺育了大地湾文化（稍早于仰韶文化），而且哺育了齐家、马家窑文化。散布在渭河两岸的师赵、西坪、李崖、陈沟等众多遗址，如繁星落地。

从兰州西固行程四五十公里，便是山光水色的永靖县。永靖县有众多史前遗址。小茨台遗址位于盐锅峡镇小茨村东南黄河南岸第二台地上。遗址有大台和小台两个阶地，小台面积约 60 亩，大台约 80 亩，崖坎上有灰层，地面有零星陶片，多为细泥红陶，饰黑彩，绘平行线纹，为马家窑类型遗存。

忙乱中，安特生没有去永靖县。捎带说句后来的事：1950 年 4 月的一天，三坪村的戚永仁和哥哥往家里搬东西，在一土坎的下面发现一点圆圆清水，像盛在盆子里。他用手扒开泥土，旋即便发现一个橙黄色的高大彩陶瓮。后来，他把它献给国家。郭沫若命名它为中国"彩陶王"。1990年4月，邮电部还把它的样子印制成纪念邮票。

然闹遗址位于白龙江畔，举头可见苍松翠柏林立，山峦如扇面般打开，白龙江由北向东而去，北面迭山伟岸雄浑，东西山谷山环水绕，奇峰连绵。在这个风光如画的藏乡遗址，出土了大量的细泥质素面灰陶片、加砂灰陶片、粗神纹加砂红陶片；细泥质彩陶壶口，壶唇外卷，颈部有带纹，有夹生层；还有石斧、贝壳化石、乳黄色牙齿化石等。

从兰州西行260公里，抵达武威（凉州），转行95公里到达民勤县。距县城西南15公里，有个沙井遗址。1923年，安特生派白万玉去民勤县征集到彩陶、铜器等。

安特生在河西走廊东端的民勤县沙井村发现了距今2700多年的遗址，安特生称其为"远古文化最晚者"。这里的彩陶多几何图形纹，相当西周时期。山丹、永昌、四坝均有此时期彩陶。他亲自发掘了柳湖墩、沙井子、三角城等遗址53座墓葬，出土了较丰富的石、骨、陶器，少量的铜器以及编织物、绿松石、贝壳、蚌珠、金线等装饰品。

沙井遗址分布在石羊河古水道边缘以及古浪、永昌县等地，彩陶多有宽窄条纹、垂直三角纹、菱形纹、折线纹、鸟纹等，上绘浅红和深红色图纹。后来夏鼐、裴文中也来此考察。沙井文化距今2500至3000年。此时，中原早已进入青铜文化时代。

安特生一行在西北考察，不是骑骆驼就是骑马，再不就骑驴或步行，常住破庙漏屋，有时遇土匪袭击，还要动枪交火。安特生即便拿出工资的一半接济中国出版专刊，也占了大便宜。他没想到会搜集到如此多的文物。如他所说："此次甘肃考古为期两年，发现完整之彩陶多件，皆精美绝伦，为欧亚新石器时代陶器之冠。"听听，评价有多高。

安特生在甘肃和青海获得彩陶、素陶、石器、人骨架、铜器完整器及残片3万余件。这么多东西如何运回？雇马帮有隐忧，彩陶在地下历经数千年，在高低不平的土路上难以经受颠簸，怎么办？

他考虑走黄河水路，对黄河上用牦牛皮和羊皮制作的皮筏子产生了极大兴趣。这种筏子系用小牛、小羊的整张生皮，脱毛后，鞣制成柔软的熟皮，充气后捆绑在用小木杆扎成的龙骨上，制成如同橡皮艇似的筏子。

当地做法是，从兰州起航，把当地出产的水烟、药材、畜产品等，经宁夏、内蒙古，漂流2400多公里，到达包头，上岸后从公路转运北京。而后，艄公就会把筏子放气，龙骨就地出售，皮革运回兰州。安特生考虑再三，最终选择了具有相当危险性的筏运。

皮筏子有多种，经挑选，安特生看上了当地称为"牛娃皮袋"的筏子，据说它比羊皮筏子结实得多。安特生雇佣了两个大筏子，每个筏子用一百零八个牛皮袋子，花费三千大洋左右。每个筏子的前后各有三只大桨，挑选最有经验的六位水手，掌舵者行话称之为"把式"，相当于船长，前面的两人叫"贴浆"，后面的三人称为"叶子"。筏子长约二十五米，宽七米左右，可载重十多吨，龙骨是用较粗的松木捆扎起来的。除了水手，每张筏子上有荷枪实弹的保卫人员十人。

安特生一行把装文物的箱子置于筏子中，用芦苇遮挡包扎成长方形整体，把食品、茶叶、油盐、柴火置于其上，人在筏子上吃喝拉撒睡。放筏人大多是东乡族人或撒拉族人，艄公们是唱"花儿"的高手，一路行来，在湍急的大河中亮亮高亢的嗓子，也是人生一大乐事。

1924年10月中旬，兰州人刚穿上棉衣时，安特生采集的大批古陶和其他文物从兰州黄河滩头，上了"牛娃皮袋"。黄河流经兰州，落差很大。从西固到东岗，河面宽阔，流经东岗镇后，就流淌在下切很深的岩石河道中，大河于此几乎90度北折而去，有险恶的桑园子大峡谷，依山色等命名的红山峡、黑山峡、乌金峡、青铜峡、野马滩、古人滩、鹦哥滩、黄羊湾、独石头等，河岸狭窄，水流湍急，多险滩，多暗礁，还有煮人锅、大照壁、寡妇面、月亮石、野虎桥、五雷旋、三道坎、歪脖子滩、洋人招手等令人谈虎色变的鬼门关。

顾颉刚在《浪村随笔》中记有这样一个故事：一位外国传教士乘筏子至此，感到筏子要碰到礁石了，于是耸身一跳，落在了四面是惊涛骇浪的礁石上。艄公用木杆一撑，筏子化险为夷，漂流而下。那位传教士只能向过往的筏子招手求救。而在这里，不可能逆水行筏。

上世纪30年代，范长江从兰州乘筏子到宁夏中卫，在《中国的西北角》中说："大峡两岸山势比向阳峡陡峭得多。河面有时非常窄逼，水急而时常有巨滩,于近乎直角的转道"。在牛角把子,"河水直冲一石岸尖上,皮筏必须对石崖放去,同时又须于未接触的一刹那转筏下流,生死存亡之际,其间不能容发。筏上水手与搭客,至此皆屏息等待,以待命运之降临!筏上首领则立筏上高处,全力注视水纹,一面发出各种非内行不易听懂之命令,指挥前后之水手……"可见其惊心动魄。

安特生一行运气还算不错,在黄河上游水道行进途中,有惊无险,没有出现大事故。他们遭遇过一次土匪,估计是小股散匪。这股土匪胡乱放了几枪,见到谁也没有被吓唬住,即自行撤离。

对水运,安特生有过惨痛教训。1919年他将在中国采集到的82箱古生物化石置于瑞典"北京"号货轮运回瑞典,结果"北京"号途中遇风暴沉没。由于发生过这出,他对水运心存疑窦,小心翼翼。经过几天奔波,两个"牛娃皮袋"筏子平安运到内蒙古包头市,安特生一行带着在甘肃和青海搜集到的文物上岸,在包头市稍事休整后,向东100多公里即到归化(后来归化叫呼和浩特,成为内蒙古首府)。

在早先的中国版图中,蒙古首府叫库伦(后称乌兰巴托)。1911年中国爆发辛亥革命,诸多省为推翻清朝政府而宣布独立,自绝于清廷。外蒙古趁势宣布独立。袁世凯主政北洋政府后,对外蒙的"独立"坚决否决。俄国爆发十月革命后,由于苏俄政权支持,外蒙古的王公贵族扛着"独立"招牌,与北洋政府分庭抗礼。北洋政府不承认蒙古分裂,曾派徐树铮率东北边防军第1师挥师出塞,向库伦进发,拉开了收复外蒙古的战幕。但是,这事后来不了了之,徐树铮回国了。

安特生一行抵达内蒙古后,往下的路就顺了。他们带着从西北搜集到的文物,从归化向东,又途经乌兰察布、张家口,返京。1925年,他返回瑞典。1927年、1937年又两次到中国短暂考察。此时他的全部精力都投入到中国史前文化研究上。

10. 梦的破灭：新疆并非传播彩陶的中转站

在《甘肃考古记》一书中，安特生将在甘肃所得彩陶与在河南仰韶文化遗址出土彩陶做了比较，认为没有技术手段可以证明甘肃遗址比河南仰韶遗址古老。两地彩陶都有新石器时代石器伴随出土，而且没有发现金属物。两地彩陶肯定有密切关系，表现出来却各是各的。

河南仰韶彩陶数量大。甘肃仰韶文化彩陶色彩丰富，器形完整；河南仰韶文化彩陶硬度、深红色彩、打磨设色、图案的优美程度、陶壁的薄厚等方面均可，但还要加入几种特质，才能自成一族。

安特生西北之行是寻找仰韶彩陶的发源地，选择的路线是在梳理他判断的西方彩陶的传播路径，或者说，巴比伦等地的彩陶是通过什么路径传播到中国中原地区的。在他看来，甘肃彩陶与河南仰韶彩陶固然是一个路子，而成色却大不一样。之所以出现差异，是由于中原与西北距离"西方"的远近不同，甘肃距离"西方"近，所以花色品种比河南的同类东西好得多。所说的"西方"即是巴比伦或安诺等地。

安特生要找到传播路线的路标。至于路标如何确定，是在假定的传播路线上搜集古代陶器，就像在狩猎途中寻找动物留下的爪印或擦痕，沿着蛛丝马迹，一路跟踪。

安特生的做法是，确定遗址，组织民工发掘，或者是从文物贩子手里收购墓葬出土物，而后留意假定的仰韶彩陶与巴比伦、波斯、小亚细亚、安诺、特里波利和泰萨利等地区出土彩陶的相似性。

在彩陶来源问题上，安特生就像初中生解平面几何题，完全按照公理和定理，一步一步地推导。他认为，仰韶彩陶年代取决于与安诺彩陶的年代比较；仰韶彩陶与安诺彩陶有共同特征，二者存在传播关系。用不着什么明眼人，即便外行也可看出，马家窑彩陶比仰韶彩陶发达得多，从器形和花色上更接近于巴比伦或安诺遗址彩陶文化的特点。假如甘肃彩陶是从中原发源的，就不应出现这样的现象，因为流经地的产品肯定不会比祖地的产品强。既然在甘肃和青海发现的彩陶比中原发现的彩陶强得多，那么仰韶就不可能是中国西北彩陶的祖地。

安特生认为，在甘肃和青海的收获证实了他的推测，中国文化受到巴比伦或安诺文化的影响。巴比伦和安诺陶器在中国西北立足后，通过甘肃等地传播到中原，从而产生了仰韶文化。

那时，用碳－14测量陶瓷年代的方法还没有被发明出来，由于缺乏准确的测量年代的科学方法，安特生尽管可以这么去想，却得不到河南彩陶晚于甘肃和青海彩陶的确凿证据。

根据大英博物馆郝伯森的意见，彩陶技术始源地是巴比伦，仰韶彩陶由中东传来。安特生推定仰韶文化的年代在公元前3000年左右，早于夏代，而晚于近东最早出现彩陶的公元前3500年。

大英博物馆学术权威的说法，使得安特生的底气很足，情不自禁地把他理解的"仰韶文化"做大做强，做成包容性很大的箩筐，史前东西都往里装。他将在甘肃发现的不同时期的不同文化乃至谱系有别的考古学文化，统统归入他所说的"仰韶文化"。

他以为找到了仰韶文化源头，在《甘肃考古记》中公布了50多个考古地点，提出仰韶文化六期说，推定仰韶文化六期的绝对年代，按照时间顺序，依次是齐家、仰韶、马厂、辛店、寺洼和沙井，前三期划归新石器时代和铜石并用时代，后三期归入早期铜器时代。

安特生认为，仰韶文化六期说并不是无源之水、无本之木，而是从地面采集到陶片后，与各地彩陶比较"原始性"后，得出的老老实实的结论。安特生所谓的"原始性"，即是彩陶出现在素面陶之后的年代顺序和陶器从素面到彩绘、纹饰由简到繁的逻辑关系。

不幸的是，后来考古发掘证明，安特生的这种说法是错误的。安特生所说的"仰韶文化"是个庞杂概念。打个比方，就像一道被称为"乱炖"的东北菜，土豆、茄子、萝卜都下到一口锅里，炖成一盘。

以今天的认识进行评价，安特生当年的观点，谬误显而易见。安特生对地质地层学与考古地层学的区分毫无意识。在他眼中，新石器时代地层因没有生物种属显著变化可被视为小而不可再分的地层单位。他列出的仰韶遗物中混入了很多晚期器物；作为将仰韶文化认定为中国土著文化的主要依据的陶鬲，实际上是仰韶时代之后的产物。

安特生采用的是当时普遍流行的计层发掘方法，这样就难以将仰韶村这一包含了不同文化、不同时期的多层规程，按实际规程情况客观提示出来。因此，他依据对仰韶村遗址的发掘命名的仰韶文化，包涵了半坡文化、西阴文化、秦王寨文化、以平陆盘南村为代表的遗存、泉护二期文化、庙底沟文化、三里桥文化等，是并不规范的庞杂体系，从学科史观之，乃是不能流向通畅的歧流中的泡沫。

彩陶在全世界发生有早有晚，而且在新时期中晚期，世界各地的彩陶发展过程中，此地与彼地之间并没有发生明显传播现象。

长期以来，日本史学界自谦地认为，日本没有像样的史前文化。而在 2013 年 4 月，日本和英国研究人员对日本北海道和福井县遗址出土陶器的焦糊痕迹分析发现，这些陶器属距今 1.18 万年至 1.5 万年前的绳文时代草创期。考古人员在其中发现了含有烹饪鱼类时产生的脂质，因此推断是目前发现的最古老的烹饪陶器。

东亚出产的陶器有个共同特点，就是筒形罐流行，而且一般为灰褐色，饰刻划纹或压印纹。日本上古的陶器多绳纹，故日本的新石器时代又称"绳纹时代"。朝鲜和西伯利亚的古陶则多施篦纹，表明日本在 1 万年前就有的陶器，并没有传播到邻近地区。

约在公元前 7000 至公元前 6000 年，中东各地先后进入有陶新石器时期。最早的陶器是土器，火候极低；稍后有厚胎素面灰褐陶，最后出现彩陶。有的地方已有灌溉农业。房子一般多间、平顶，有的房内有牛头形塑像。个别遗址中有用冷锻法制造的铜扣针，进入铜石并用时代。

国际考古学界都知道，中东的新石器文化曾经对周围地区产生过明显的影响，一是向北非尼罗河流域传播，一是向欧洲东南部扩展。欧洲的希腊以及克里特岛以至黑海北岸的克里米亚等地存在过前陶新石器文化。从陶器出现以后，欧洲南部主要有印纹陶文化，而多瑙河流域则为线纹陶文化，这些地区在进入铜石并用时代后出现了彩陶文化。而东欧较北地区在新石器时代则流行小窝篦纹陶文化等。

中亚起步相对较晚，约在公元前6000至公元前5000年进入新石器时代，哲通文化分布于土库曼斯坦境内。石器大多为细石器，同时出现磨制石斧和磨谷器；已种植小麦和大麦，饲养山羊。陶器胎中多掺草末，除素面外还有彩陶。从总体面貌看，明显受到中东新石器文化影响。

南亚次大陆较早的新石器文化大约开始于公元前6000年左右，分布在俾路支和印度河流域一带。约在公元前4500年出现陶器，并且很快就出现彩陶。到公元前3500年左右进入铜石并用时代。

欧洲殖民者到达之前，美洲仍处于新石器时代，即使已经创立了高度文明社会的玛雅王国，也不使用金属器。在大洋洲和非洲中南部，在殖民者进入以前基本上仍处于狩猎、采集经济阶段，不会制造陶器，旧石器时代和新石器时代的界线不明显。

粗略浏览世界主要地区的新石器时代概况，石器、陶器、农业等基本要素，没有统一标准。举例来说，男孩子进入青春发育期，个子明显地长高了，嗓门变得粗了，出现了阴毛、腋毛，随后，有些人就会发生遗精现象。大部分男孩子的身体是按照顺序陆续出现数种体征的，这个过程完成后，就成为青年了。而在世界文明史上，文明的初萌却不是这样，并没有上帝设置的恒定密码，并不是严格按照石器、陶器、彩陶、农业这几个阶段逐步爬坡的。

陶器出现之前，中东已产生了农业。墨西哥特瓦坎遗址发掘证实，该地区在公元前3400年就有农业，陶器却在公元前2000年后才产生。日本，距今1万年前的绳文时代出现局部磨制石器和陶器，但直到3000多年前的绳文时代晚期才产生农业萌芽。

陶器业和农业不一定同步发生，日本考古学界基于陶器的纹饰特征，把新文化时期称为绳文时代，是区别于一般新石器时代概念。非洲在原始农业产生后，却始终不会制造陶器，非洲古国贝宁有发达的青铜文明，却没有文字，同时也没有陶器。不妨说句凄恻的话，直到欧洲人制造出汽车了，非洲人也没能烧制出陶罐。

文明起源问题相当复杂。早在1670年，就有人认为，天下的文明都是从古老的埃及起源的。这就是文明起源的一元论，即在某个条件比较好的地区首先出现文明，然后从这个点向四面八方扩散。

此后，一元论被世界各地陆陆续续发现的文明所否定。通过考古发掘，两河流域发现了与埃及文明同时甚至稍早的美索不达米亚文明，在南亚发现印度河文明，在东亚发现中国文明，中美洲发现玛雅文明，南美洲发现印加文明。这些充分说明，文明起源是多元的。既然文明起源是多元的，中国文明在东亚的土生土长完全合乎规律。大量事实证明，仰韶文明不是舶来品，是在黄河流域根生土长的。

陶器的出现，是新石器时代晚期重要特征之一。制陶术不仅反映技术进步，而且揭示出生活方式改变。考古研究中，陶器变化既能一定程度地揭示出文化的发展演变过程，同时也可作为比较文化异同的主要标尺之一。但是，如果仅把这一特征的作用扩大化并进一步视为新石器时代唯一的起始标志，难免就有片面强调陶器重要性之嫌。

文明之所以与国家不同步发生，在于文明与部落目的一致性，因而可以从氏族制度直接发生，直接延伸下来。国家与部落制度相背离，故不能从部落制度直接发生，必须经过早期文明的桥梁，待国家赖以发生的条件成熟后，才能以背离部落方式产生。一旦背离氏族目的的条件消失，则国家也就同时消失。摩尔根所说的更高阶段对"古代氏族的自由、平等和博爱"精神"复活"的社会，仍然属于文明社会，而不再属于国家，这是文明与氏族目的的一致性的根本原因。

安特生过去的想法是，他在中国西北搜集的彩陶来自巴比伦或安诺，即便不是"进口货"，也是从巴比伦或安诺来的师傅传授了技艺，中国大西北工匠照葫芦画瓢，然后打上个"中国制造"字样。

其实，地理环境否认了安特生大而化之的判断。中国处于相对封闭环境中，与所谓"西方"（包括巴比伦以及安诺等）间有戈壁滩、沙漠与大山的阻隔，时至今日，位于东亚的中国与位于中亚的安诺之间，别看同属亚洲，也不可能直接往来。我在写本书时，想象不出古代安诺遗址所在的土库曼斯坦与河南之间存在过一条通道，实际上，两地间存在着无法逾越的塔克拉玛干沙漠与卡拉库姆沙漠。

以秦岭为界，中国分成面向海洋和面向内陆的两大块，面向内陆这部分彩陶发达，尤其是黄河中上游地区的彩陶得到充分的发展。从现有考古资料看，渭、泾流域是中国彩陶的最早发源地之一。

中国彩陶源远流长，含有彩陶的最早文化是老官台文化，经碳−14测定距今 8000 年。世界上发现较早有彩陶的两河流域的耶莫有陶文化（距今 8080 年至 7586 年）和哈孙纳文化（距今 7980 年至 7281 年），和中国彩陶出现年代大致相当。但老官台文化的彩陶器形和纹饰与耶莫有陶文化和哈孙纳文化迥然不同。老官台文化陶器的陶质为夹细砂的褐红陶，而耶莫陶器是夹草的浅黄和橘黄陶。老官台文化陶器以三足圜底器为特征，而筒形罐和圈足碗的器形为耶莫陶器所不见。老官台文化彩陶的花纹为宽带纹和富有标志性的内彩纹。耶莫彩陶则绘动物的长角状的花纹，而哈孙纳文化的彩陶则是以直线组成的网纹等花纹。因此老官台文化和耶莫有陶文化、哈孙纳文化彩陶的基本特征是不相同的。

距今 6000 年左右，继老官台文化发展起来的仰韶文化早期的半坡类型以彩陶为特征。半坡类型的年代大体和两河流域的哈雷夫文化相当，但彩陶风格各不相同。哈雷夫彩陶大多施陶衣，复彩绘花纹，花纹以几何形纹为主，但也有动物和人物纹，动物纹以牛为主，人物纹是全身的。而半坡彩陶不施陶衣，多以黑单彩绘花纹，彩陶花纹中象生性花纹较多，动物纹以鱼为主，人物纹只绘人面没有绘全身的，而且人面多和鱼纹结合在一起。哈雷夫彩陶中常见的高足杯、大口而外侈的壶和尊形器，在半坡彩陶中不见，而半坡彩陶常见的迭唇圜底盆、葫芦形瓶和细颈壶，则不见于哈雷夫陶器，因此两者的差异性很大。

中国学者指出，仰韶文化庙底沟类型的年代为公元前 4000 年左右。与此年代大致相当的有两河流域的欧贝德文化等和稍晚些的中亚地区的纳马兹加 I 期−安诺 I 期文化等。庙底沟彩陶器形以折唇曲腹盆、敛口钵为主，图案中以钩羽、圆点、弧边三角组成的变体鸟纹为主要特征，以散点不对称的旋动的图案格式而独辟蹊径。而欧贝德彩陶以筒形杯和内外施彩的碗为特色，动物纹占一定数量，主要为大角羊、犬和鸟纹。尤其是鸟纹的形象与庙底沟彩陶迥然不同，是一种长颈短尾曲背的热带沙漠中特有的鸟，而庙底沟鸟纹则是短颈长尾平背的鹊类鸟。欧贝德彩陶主要以直线造型，庙底沟彩陶主要以弧线造型。

伊朗苏撒文化彩陶明显受欧贝德文化影响，花纹有动物纹、人物纹和植物纹。动物纹主要有公羊纹，还有长颈长脚无尾的鸵鸟类的鸟纹、犬纹和蛇纹等，人物纹也是全身的，但似乎是人身鸟首。植物纹样则以穗纹最常见。苏撒彩陶也明显与庙底沟彩陶不同。

通过仰韶彩陶与世界其他地域年代相当且具代表性的彩陶比较，可以看出，各有发展过程。中国考古工作者在黄河中上游发现裴里岗文化、磁山文化、大地湾文化，都在距今7000至8000年前，是仰韶文化的祖族文化。仰韶文化的祖族文化比巴比伦彩陶稍早。这也就是说，"中国文化西来说"的论者，力图给仰韶文化从中原的大西边找个祖宗，而这位假定的祖宗尚未降生时，仰韶文化的真正祖宗就已经在中原地区繁衍后代。裴里岗文化、磁山文化、大地湾文化不是地处中原，就是在中原旁边。由此看来，仰韶文化的先人就在身边，实在没有必要在阿拉伯人的地盘里寻找仰韶文化的前辈。

在《中华远古之文化》一文中，安特生谈到一种上古物件，这就是陶鬲。陶鬲是炊器，形制上类似于鼎，有三足，而且三足是中空的，虽然加工时多了几道手续，却可获得更好的加热效果。在生活中，陶鬲主要用于烹调稀食。在中原地区，早在新石器时代，初民就广泛地使用陶鬲，因此在仰韶文化遗址中大量出土陶鬲。后来出现了铜鬲，基本依照新石器时代的陶鬲的样子制成，形状一般为侈口（口沿外倾），有三个中空的足，便于炊煮加热，流行于商代至春秋时期。

仰韶出土的陶鬲与传世的铜鬲，样子类似。安特生因此认为，前者是后者的原型。鬲是居家过日子常用的，往往被视为中国传统文化的象征。安特生因此认为，他所发现的陶鬲代表早期中国文化，这也是他将仰韶文化命名为"中华远古之文化"的理由。

在甘肃和青海挖掘完成，安特生发现甘肃彩陶比中原彩陶发达得多，但甘肃彩陶文化缺乏中国上古文化典型器物，例如陶鬲。如果甘肃彩陶文化是从中原发源的，就不应出现这种现象。或者说，如果甘肃彩陶来自中原的话，在中原广泛使用的陶鬲也应该一起流入甘肃。既然甘肃没有发现陶鬲，那就证明了甘肃彩陶并非来自中原。

那么，甘肃彩陶是从哪儿来的？安特生推测仰韶彩陶来自中国西方，无论安诺遗址还是巴比伦，与河南横亘着广袤的大西北。西方文化进入中原前，彩陶的西方原产地与中原有个过渡地区，那就是新疆。

很难说"新疆说"是安特生主动思考的结果，看起来，更多是在拾人牙慧。安特生去西北前，大英博物馆的郝伯森给过他一个清晰的提示：既然在中国河南渑池县仰韶村发现彩陶，可见这种东西传播之远。照此推理的话，这种东西在中国的新疆也应该有，起码有发现的希望。

1925年，安特生的《甘肃考古记》发表。在文章中，他对之前发表过的观点做了修正，肯定了彩陶及一些农业技术从近东起源，沿新疆、甘肃传入河南，河南仰韶是自成体系的文化。西方的彩陶进入中国，新疆是个过渡地区，或者说是个中转站。

早有学者意识到，近东和中国黄河流域之间完整地横隔着新疆。要解决仰韶文化彩陶的"西来"问题，须对新疆彩陶进行系统研究。对此，安特生颇有同感，"从地理环境上分析，新疆的确是我们最后解决仰韶问题之地。"粗粗拉拉地看，这种说法大面上说得通。不妨打开地图看看，新疆位于中国河南省与安诺遗址、巴比伦之间，的确有充足的条件充当巴比伦文化或安诺文化渗透中原地区的桥梁。

那时，由于从兰州去乌鲁木齐的铁路还没有修建，安特生纵然在兰州和西宁长期逗留，却始终没有去新疆。没有去过新疆，更没有在新疆进行过文物调查，就放言新疆是西方文化进入中国的通道，不得不认为，安特生提出"新疆说"，过于自信了。

中国的考古事业走到这个节点时，考古人员还很稚嫩。安特生的"中国文化西来说"建立在近代考古学基础上，显得有一定科学依据，一经出笼，便在中国史学界引起震动。受中国传统文化教育极深的学者们对此说法，断然不能接受，但同时也感到，要推翻安特生的观点，最终解决中国文化起源的问题，在材料上还有许多实际困难。

后来这件事的发展有些意思。安特生的"新疆说"并没有受到中国考古人员的驳难。而随着研究持续推进，安特生的臆断越来越缺乏依据了，弄得自己也没意思，不是别人，而是他自己把"新疆说"废弃了。

1943年，安特生出版《中国史前史研究》一书。在这本书中，他再一次修正了过去的看法，得出仰韶彩陶与近东无关的结论，这似乎意味着他彻底改变了"中国文化西来说"的观点。

从安特生在1925年信誓旦旦提出新疆是西方文化进入中国的中转

站，到 1943 年安特生主动地放弃"中国文化西来说"，而且不再提什么"新疆说"，这个弯子是怎么转过来的？安特生自己从来就没有阐述过这次大拐弯的原因，而据笔者的看法，安特生这次大拐弯，估计与斯文·赫定等人在新疆的调查有直接关系。

西域狭义上是指玉门关、阳关以西，葱岭以东，即今巴尔喀什湖东、南及新疆广大地区。而广义的西域则是指凡是通过狭义西域所能到达的地区，包括亚洲中、西部，印度半岛的地区。

欧美探险家富于牺牲精神，迷恋的不仅自古所说的西域，而且人迹罕至的新疆塔克拉玛干大沙漠无时无刻在挑逗着他们。19 世纪末，英国探险家凯里沿和田河与叶尔羌河汇合处，顺塔里木河干流到罗布泊，成为第一个纵穿塔克拉玛干大沙漠的欧洲人。又有几位西方探险家前仆后继，为探寻进入塔克拉玛干之路做了不懈努力。

1895 年，瑞典探险家斯文·赫定进入塔克拉玛干大沙漠。后来由于饮用水耗尽，不得不半途而废。但是，他锲而不舍，先后在新疆进行 4 次探险，1900 年进入罗布泊，发现丹丹乌里克古城和古楼兰遗址。楼兰古城被称为"沙漠中的庞贝城"，位于罗布泊西部，处于西域的枢纽，在古代丝绸之路上占有重要地位。内地的丝绸、茶叶，西域的马、葡萄、珠宝，最早都通过楼兰交易。楼兰古国在公元前 176 年前建国，到公元630 年却突然神秘地消失了，只留下了一片废墟静立在沙漠中。楼兰古城四周墙垣 10 多处已坍塌，城区呈正方形，面积约 12 万平方米。全景旷古凝重。此后俄国、法国、日本、英国、德国的探险队纷至沓来，从新疆带走了大量佛像、壁画、古钱币、舍利盒和木简。

有意思的是，在那阵子，不管是哪国的探险家，深入新疆到了什么地步，都没有在新疆发现过彩陶，只发现过个把的素陶器。新疆的古代陶器究竟稀缺到什么程度，从一件事可略见一斑：

新疆若羌县古时为楼兰国，后来改名为鄯善国，处于丝绸之路的要冲。1928 年 8 月，瑞典探险队队员贝格曼在若羌县瓦石峡发现残剩一半的陶罐，带回了瑞典。50 年后，一位叫张平的在瓦石峡找到陶罐的另一半，被新疆博物馆收藏。1992 年中国作家王嵘访问瑞典，在瑞典民族博物馆看到贝格曼当年带回的半个陶罐，陈设在玻璃柜里，为掩饰只是半个，下铺黄沙，仿佛是个完整陶罐，从沙中露出半个。从这个事例可以看出，别说古代彩陶，新疆就是完整古代素陶也十分罕见。

上世纪 40 年代初，安特生突然放弃"中国文化西来说"，而且再也不提新疆是巴比伦陶器进入中国的中转站了。他的认识为什么会突然发生大转折？只有一个解释，那就是他看到了各国探险队在新疆搜寻文物的数据。不说其他国家了，斯文·赫定率领的瑞典探险队在新疆搜寻到不少东西，而就是没有发现完整的古代陶器，以至偶尔找到了半个陶罐，就送回国内，在瑞典民族博物馆陈列展出。

在这种情况下，安特生如果再执拗地坚持仰韶彩陶是从西边传播到中国的，而且是以新疆为中转站的，那就真会要闹出国际笑话了，结果只能是让这位国际知名学者成为国际知名笑柄。安特生显然意识到了这点，知趣地从"中国文化西来说"这块阵地上撤退了。

安特生从学术领域中的这次大撤退，完全正确。因为自打新中国成立后，越来越多考古发现表明，仰韶彩陶不但不是"西来"的，而且仰韶彩陶曾经从中原地区向西边扩张，并且达到新疆。

新中国的考古成果表明，距今 8000 年前，黄河流域的彩陶文化就逐渐向四周扩张，数千年间未曾终止。距今 7000 年以降，仰韶彩陶进入六盘山两侧。距今 5000 年，扩展到青海东部，随后西进至祁连山北麓。距今 4000 年前后，仰韶彩陶现身于新疆哈密。不过，东来的彩陶文化并没有在哈密绿洲驻足，至少在距今 3000 年前，向西进入吐鲁番盆地，同时沿天山间的山谷和山间通道，进入乌鲁木齐周围，再向西沿着天山北坡的绿色通道，进入伊犁河谷。约在距今 2500 年前，这支文化继续向西挺进巴尔喀什湖以东，成为这里所谓塞克·乌孙文化的主要构成因素之一。传播至此，彩陶文化的传播已是强弩之末。前后的汉代，这支源于东方的古老彩陶文化终于被其他文化所取代。

中原彩陶文化西渐过程中，沿途不断与其他文化交流、融合，逐渐形成一个又一个新的地方性文化。中原彩陶文化以黄河上游为起点，通过河西走廊，在新疆地区沿着天山山脉这座沟通东西文化的大陆桥西进，终点到达巴尔喀什湖东岸一线，前后历时 5000 多年。沿途不同的考古文化是黄河文明一波又一波向外扩张的历史缩影。

至此，地处东西方间关键位置的新疆彩陶，面貌逐渐明朗。彩陶之路的发现，使得建立在这个基础上的"中国古代文化西来说"终成历史。

中国大陆地形是西北高耸、东南低平，自西向东形成三个落差很大的台阶。西部为第一阶，中部为第二阶，东南部为第三阶，平均海拔从3000至4000米降至200米以下。地理构造使得中国大陆形成面向海洋一侧开放、背向海洋一侧相对封闭的环境。地理格局对中国古代文明的形成和发展有重大影响，决定了中国远古文化具有强烈的土著色彩。

新中国成立后，经考古学家的努力，在新疆境内，东起哈密、伊吾，南到塔克拉玛干大沙漠边缘的皮山，西至伊犁河流域的昭苏等地的早期古代遗址和墓葬中，都发现有许多彩陶器。这些彩陶出现的时期，距今3000年左右，较中原地区晚，但延续的时期较长，从新石器时期至金石并用时期，直到西汉时期的古墓中都有发现。

新疆发现的彩陶器，有陶罐、陶壶、陶杯、陶钵和陶盘等，其中多以器身带耳把器具为特征。新疆彩陶色彩的基本格调是在红色陶衣上绘以黑色，也有在橙黄色或白色陶衣上绘以红色的图案花纹。花纹似以三角纹为母题，有实体倒三角纹、大倒三角形的网状纹，或由倒三角形演变而成的涡纹、竖条纹以及平行短纹、树枝纹、弧线纹和水波纹，也有棋盘格纹等。这些多样化的色彩纹饰，反映了新疆原始文化多彩的风貌。新疆出土的彩陶，从器形、图案到制作方法，都与甘肃河西的沙井文化有相近之处，受到了甘肃彩陶文化的影响。

经过多年考古调查，中国史前文化向西部扩散轨迹，梳理得比较清楚了。距今7000年前，老官台文化兴起于渭河上游；距今5000年前，晚期仰韶文化进入青海东部的湟水及黄河沿岸；距今5000年以后，马家窑文化已深入到河西走廊的西端。

考古学借助于体质人类学帮助的研究表明，在中国大西北甘肃、青海地区，原始居民的体质形态均属于蒙古人种东亚类型。而迄今为止所知的欧亚大陆上时代最早、分布位置最东的欧洲人种类型，出自新疆东部罗布泊附近的孔雀河发掘的一批墓葬，年代距今约有3800年，所出土的人骨具有典型的原始欧洲人特征。

上世纪的80年代中期，考古学家发掘新疆哈密焉不拉克墓地，被检测的 29 具头骨中，蒙古人种 21 具、欧洲人种 8 具，证明欧洲原始人种在公元前 3300 年前后已东进至哈密绿洲，但此时蒙古人种在数量上明显优于原始欧洲人。上世纪 80 年代末，又在哈密发掘了意义重大的林雅墓地，通过多年对这一距今 3300 至 3700 年前后的墓地的发掘研究，考古学家认为，当时这一地区即有来自河西走廊的蒙古人种移民，也有南下的原始欧洲人种，并估计以蒙古人种居多。

多年来，通过对林雅墓地、焉不拉克墓地分析，并结合新疆以往的考古发现，考古学家描绘了早期东西文化交流的图画。在公元前 20 世纪初，部分生活在俄罗斯南西伯利亚至东哈萨克斯坦的原始欧洲人种，或翻越阿尔泰山、或沿着额尔齐斯河谷，经阿尔泰草原陆续南下，进入新疆。差不多同时，久居甘肃河西走廊西段的一批东亚蒙古人种也历经磨难，穿越戈壁瀚海，进驻哈密绿洲，来自两个方向的人种在哈密盆地首次发生了碰撞。值得提出的是，蒙古人种西迁事件，本身也起了特殊历史作用，即在很大程度上制止了原始欧洲人种继续东进势头。迄今为止，在河西走廊西部未发现有原始欧洲人种分布，即是有力证明。

人种数据提示后人，迁徙到哈密绿洲的蒙古人种在数量上多于欧洲人种，这种格局在新疆东部地区维持了很久。进入哈密的蒙古人种并未停止西进步伐，部分向西北渗透到乌鲁木齐一带，另一部分向西进入天山深处。体质人类学研究结论指出，最早的原始欧洲人种于公元前 1800 年出现在新疆东部，中亚地区的古地中海人在西周、春秋时期才跨越帕米尔高原，沿塔里木盆地南、北两侧东进至罗布泊和天山东段。在这一大迁徙浪潮中，来自三个方向的不同种群频繁接触，造成新疆中部一带特有的文化和人种"混杂"现象。

这些研究结果是反驳"中国文化西来说"的有力证据。另一方面，公元前 20 世纪的东西方文化的首次碰撞和文化融合，为日后新疆地区众多绿洲小国的形成奠定了基石，并最终导致联接欧亚大陆的"丝绸之路"的诞生，这些无疑是对世界历史产生积极影响的重大事件。

新疆不是没有彩陶，而是很早就发现了彩陶，尽管数量稀少。直到上个世纪 80 年代之前，受中原考古学研究模式影响，这些彩陶被当作是新石器时代遗存。上世纪 80 年代后，这种认识被逐渐扭转，特别是上个世纪 90 年代到本世纪开始几年内，新疆发掘出的史前墓葬四五千座，出土了大量彩陶。中国历史学者对新疆出土彩陶的墓葬或遗址进行具体分析，认为它们大多数属于青铜时代，晚者是铁器时代的，新疆彩陶兴衰的基本线索被逐步理清。基于这种认识，新疆彩陶研究跨出了关键的一步，新疆彩陶并非是由西而来，而是东方黄河流域彩陶逐渐西渐的结果，从而提出了彩陶之路的崭新理念。

时至如今，掉过头看，安特生过于自信了，工作目标不是高，而是太高。艺高人胆大。就安特生而言，很难说考古学入门级的瑞典地质学家的"艺"有多高，在更大程度上，致使他走出这步的，是白种人优越感，他打骨子里认为白种人能做到黄种人做不到的事情。

安特生是个比较老实的学者，明显的优点是坦诚，知错必改。后来，他深挖自己的思想根源，平实地说："当我们欧洲人在不知轻重和缺乏正确观点的优越感的偏见影响下，谈到什么把一种优越文化带给中国的统治民族的时候，那就不仅仅是没有根据的，而且也是丢脸的。"

安特生提出了种种假说，却偏偏忘了汉族初民有能力做什么。安特生虽然创造了一个时代，但由于他的局限性以及工作失误而带来的问题，把中外学者搞得晕头晕脑，后来中国学者用了几十年时间，才得出较为清晰、较为平实客观的答案，那就是仰韶文化不是从西边传播过来的，而是在中原本地发展起来的，不但没有受到西边文化影响，相反还向西传播，尽管没有传播太远，没有传播到安诺或巴比伦，但浸润到甘肃、青海以至新疆。实际上，中国西部发现的彩陶并非受到什么古巴比伦和安诺文化影响，而是与中原成长起来的仰韶文化一脉相承的。

考古学文化研究，除了对文化内涵阐释外，还要考察源流。文化的源头与流向有明确轨迹可寻。追寻这种文化轨迹并非轻而易举，因为这种轨迹并不是开始就清晰可辨。对仰韶文化源头的研究，经历了漫长过程，时至今日还不能说问题已完全解决，探索仍在继续。

安特生改错时，中国学者也在纠错，既纠正安特生的错误认识，也在纠正过去对于安特生过于迷信造成的偏颇。安特生在《中国史前史研究》中将仰韶文化的绝对年代作了较大改变，但并没有改变各期的相对年代关系。中国学者一步步否定了安特生的结论，取得的重要研究成果是将齐家期从仰韶中分离出，独立命名为齐家文化，而且从地层关系上明确年代晚于仰韶文化，彻底否定了安特生的"六期说"。

安特生学说维持了20年左右，就成了历史；仰韶文化"西来说"被中国学者纠正了。虽然仰韶文化西来说被否定，但学术界没有立即解决来源问题，在很长时间里，黄河流域都没有发现年代更早的新石器文化遗存。正如陈星灿所说："安特生等考古学家所以把中国史前文化的渊源指向西方的一个主要原因，是早于仰韶的史前文化的缺失"。

安特生品质不错，过去说过的话被证明站不住脚，就老老实实认账。他在"中国文化西来说"这块阵地上彻底溃退了，而许多中国人不明就里，还在对他憋着一肚子气，余波久久不曾平息。多年来，许多人责难这位启蒙者。在新中国民族主义情绪极端爆发的年代里，安特生被指责为"窃宝者"，与国际小偷相提并论。不论是对他而言，还是对学术研究而言，这都不能不说是一个误解。

安特生西行的主要原因，是把安诺遗址出土的彩陶和仰韶彩陶做过比较，得出"中国文化西来"结论。但安诺遗址后来的出土物并不给安特生面子。20世纪将结束时，土库曼斯坦和美、俄联合考古队在安诺遗址发现一枚石印，刻符与汉字相似。美国宾西法尼亚大学梅维恒博士说，安诺印章迫使我们重新用一种根本不同的方式考虑中国文字起源问题。北京大学裘锡圭教授推测，一个符号可能代表谷物，一个字符也许是代表"5"什么的。本书对这场猜测兴趣不大，只是觉得，如果真的如中国和美国的教授们所说，那就不是"中国文化西来说"了，而是改变了文化传播流向，当家花旦成了"中国文化西去说"。

11. 羞涩的反击：李济在西阴村的考古发掘

安特生的名声最火爆时，一位名叫李济的中国年轻学者唱了几句反调。不要以为李济的批评有多尖锐，那时他只是轻声地嘟囔了几句。而在安特生大红大紫时，资历浅的中国年轻学者能嘟囔几句，也属难能可贵。

1896年，李济生于湖北钟祥县，父亲通过清廷最后一次科举考试在北京谋到个小官儿，全家迁京。李济在北京胡同里度过青少年时期。1911年，庚子赔款溢款开办的留美预备学校清华学堂招生，15岁的李济榜上有名。1918年李济出洋，在美国克拉克大学攻读心理学。

那时，李济与徐志摩同住一个公寓。徐志摩是历史专业自费生，第一学年，李济和徐志摩以全年级第二和第一的成绩毕业，尔后徐志摩转入哥伦比亚大学。1920年李济转入哈佛大学，攻读人类学。徐志摩去伦敦求学，后经历了一段与名媛林徽因的恋情，闹得沸沸扬扬。

在哈佛大学人类学研究院中，李济是唯一的外国留学生。取得硕士学位后，继续攻读哲学。他的博士论文标题是《中国民族的形成》，认为中国民族主要有5大成分，即：黄帝子孙，圆头窄鼻；通古斯人，长头窄鼻；藏缅族群，长头宽鼻；孟—高棉语群，圆头宽鼻；掸语群。另有3个次要成分，依次为匈奴、蒙古、矮人。

用今天的眼光看，这篇论文缺乏对民族基本特征的把握。但在那时，中国民族学研究还没开展，连有多少个民族都搞不清。李济从人种角度尝试，殊属不易。李济的相关说法是拾洋人牙慧，没拾到多少真东西。而在中国学者中算新鲜提法。因此也有人说，李济的这篇论文开了中国人种学研究之先河。如果从论文完成时间论，这种说法不为过。

1923年5月，李济的博士论文通过答辩，评委会给予的评价是"极佳"。当年6月李济授哲学博士学位。这是中国留学生在哈佛大学取得的第一个博士学位。李济不打算在美国滞留，回国后应南开大学校长张伯苓聘，任社会学和人类学教授。干了没几天，经丁文江推荐，前往河南新郑李家楼春秋大墓参加试掘性工作。由于"整个工作的进行都是从搜集古玩而不是从考古学的观点出发的"，加上新郑治安差，他在墓坑中找到几块人骨，工作就中断了。1924年，已是南开大学文科主任的李济和鲁迅、王同龄、蒋廷黻等人一起去西北大学讲学。

1925年4月，清华学校创办国学研究院，是个研究老学问的地方，在这样一所留学美国的预备学校里，显得颇不入流。但是，这儿的教师队伍中，尽是些大腕儿，王国维、梁启超、陈寅恪、赵元任等被聘为教授，有人说清华学校国学研究院有"四大金刚"。李济被聘为讲师，那时他才29岁，据说在工资上享受教授待遇。

这年，美国、法国、瑞典等国考古队纷纷来到中国。其中美国史密森研究院弗利尔艺术馆委员毕士博听说李济是中国第一位哈佛大学的哲学博士，来信邀请李济参加他们的考古队。李济回信提出两个条件：一是在中国做田野考古必须与中国学术团体合作，二是在中国掘出的文物必须留在中国。毕士博回信道："我们可以答应你一件事，那就是我们绝不会让一个爱国的人做他所不愿做的事"。

1926年春节刚过，李济结伴袁复礼去山西南部，确定有无考古发掘的可能性。他们经过太原、介休，沿着汾河南下。之所以选择晋南，是因为那里治安状况好，考古资源丰富。史载，尧都在平阳、舜都在蒲阪、禹都在安邑。尧、舜、禹的政治中心在这一带，尽管这种说法不能成为定论，起码有一部分古籍是这么说的。

袁复礼是在美国学成归国的，后来是安特生在仰韶村挖掘的主要助手，在美国那种思想比较奔放的学术环境中，要让他接受仰韶文化"西来"的观念，怕有相当难度。李济和袁复礼的此次行动，其中的部分动机是打算廓清安特生的所谓"中国文化西来说"。

李济的《西阴村史前遗存》一书中有"挖掘夏县西阴村史前遗址的动机"一文，他写道：近年，瑞典人安特生考古的工作已经证明中国北部无疑地经过了一种新石器时代晚期的文化。西自甘肃东至奉天，他发现了很多这一类或类似这一类文化的遗址。因为这种发现，我们对于研究中国历史的兴趣就增加了许多。这个问题的性质极复杂，包括很广的范围。我们若要得一个关于这文化明了的概念，须细密研究。这文化的来源及它与历史期间中国文化的关系是我们所最要知道的。安特生在他的各种报告中对于这两点已有相当的讨论。他所设的解释，好多还没有切实证据。这种证据的需要，他自己也认得很清楚。所以若是要得到关于这两点肯定的答案，我们只有把中国境内史前的遗址完全考察一次。不作这种功夫，这问题是解决不了的。自然，因此发生的问题不止这两个，其余的也是同等的重要，具同样的兴趣。我们现在的需要，不是那贯穿一切无味的发挥；我们的急需是要把这问题的各方面，面面都做一个专题的研究。这个小小的怀抱就是我们挖掘夏县西阴村史前遗址的动机。

2月9日，李济和袁复礼离开太原，3天后到介休。太原以南古风浓重，建筑采用拱形结构，冬暖夏凉，从古代洞穴演变而来。从窑洞到各种窑房的过渡形态明显可见。旧历新年之际，李济和袁复礼在介休观光，捎带对附近居民做人体测量。从他们留存的资料看，这儿的居民有些像异种系人：有的连鬓胡可与亚美尼亚人媲美，也有纯黄胡须的。最常见体质形态为圆头长面型，即体质人类学称的"不协调型"。

2月15日，他们考察介休县西南绵山的寺院，见到唐、元、明3种不同文化层次，见到一头不知何时从何地被山洪冲来的石牛。

3月3日，他们住在浮山响水河，采集到一片风格古朴的红色陶片。

3月4日离开响水河，开始看到周代、汉代的灰陶碎片，不久发现有黑色花纹的红色陶片，然后又发现很多陶片。下午到达翼城县。

3月22日到夏县。夏县位于山西南部、运城东北方向，中条山西麓。相传是嫘祖养蚕、大禹建都之地。历史悠久，人文荟萃，文物古迹较多。主要有司马光祖墓、禹王城遗址、堆云洞等。

李济写道：穿过西阴村后，突然间一大块到处都是陶片的场所出现在眼前。这片区域很大，有好几亩。他们捡拾几片暴露在地面的碎片，仔细一看，不得了，全是史前陶片。第一个看到它的是袁先生。这个遗址比我们在交头河发现的遗址要大得多，陶片也略有不同。他们随手采集了86片，其中14片是带彩的。带彩陶片中有7片有边（3片带卷边，4片带平边）。主要图案是三角形、直线和大圆点。几种图形通常结合使

108

用。还有一个变形的陶杯。

李济带回的彩陶片激起清华田野考古热情，校长曹云祥与弗利尔艺术馆代表毕士博商定两家合作发掘细则：考古团由清华国学研究院组织，经费由弗利尔艺术馆承担，发掘报告用汉英文各完成一份，分别由清华和弗利尔艺术馆出版，所得暂归清华保管，以后交中国国立博物馆永久保存等。

8月，清华聘袁复礼为地质系讲师，派他与李济赴山西。梁启超给山西省长阎锡山写信，请他支持这一新兴科学事业。

10月15日，李济与袁复礼组织民工在夏县西阴村发掘。发掘工作由李济主持，袁复礼承担发掘和测量，用他的话说：每日以8小时计，我费了25天工夫。没有将整个遗址挖开，只选择一小块，采用探方法，挖出8个两米见方的探方，另有4个探方因不完整而未编号。

探方编号按照发掘先后次序而定。平面定东西线为X轴，南北线为Y轴，上下移动为Z轴（即考古发掘绘图定位基线），出土文物位置都用轴线确定。李济称之为"三点记载法"。与此同时，采用逐件登记标本的层选法，用大写英文字母表现以每米为单位的人工层位，同时还用小写英文字母表示自然层位深度。

李济初露身手，就显峥嵘。以他为主发明的"三点记载法""层选""探沟探方（点线）"等田野科学考古工作方法，奠定了中国开展现代科学考古的基石，今天仍被海峡两岸考古界沿用。张光直说："这种发掘方法今天看来虽然简单，但在60年前却有开天辟地的意义。"

西阴村两个月发掘，获大批石器、骨器、陶片和贝壳，装了9辆大车。1927年初，山西省府接到晋中晋南几个县报告：有9辆大车组成的车队正沿侯马、临汾一线朝北行；车辆沉重，共有几十个木箱货载，共动用骡马等牲口五六十匹；押车的是两个着装古怪的青年人。官方接到线报，警觉起来，在太原迤南的榆次截住车队。检查人员开箱，一看是破碎陶片，第二箱是破碎陶片，第三箱还是破碎陶片，便问："花这么多钱，运这么多箱货物到北京，都是破砖烂瓦？"李济回答："都一样，你们每箱都打开看就是。"第二天装火车，搬运工人又生疑窦，议论纷纷。后来一位车站职员想当然地告诉工人："这些箱子所装的东西都是科学标本，运到北京后就要化验，化验后可以提炼值钱的东西。"

这番话给了李济意外启示，他后来在《殷墟陶器研究报告序》中写道："提炼"一词或确能说明这一研究工作的性质，至于提炼出来的是不是值钱的东西，却是个见仁见智的问题。学问本身所涉及的并非远离日常生活很远；凡感官所能接触到的，都是知识的来源；无论粪土还是珍珠，在学问上并无先天的区别。只有靠小心提炼得出的东西，才是真正有价值的准确的知识。

1927年1月10日，李济、袁复礼回到北京，清华国学研究院召开欢迎茶话会。据戴家祥回忆："那次欢迎会，李老师首先说明，这次发掘不是乱挖的，而是严格地一层层挖下去。"欢迎会上，助教王庸端着一个盒子上来，其中有被割裂过的半个蚕茧。李济在《西阴村史前遗存》正式发掘报告中，也写了这样一段话：我们最有趣的发现是一个半割的，丝似的，半个茧壳。用显微镜考察，这茧壳已经腐坏了一半，但仍旧发光；割的部分是极平直。清华大学生物学教授刘崇乐先生替我看过好几次，他说：他虽不敢断定这就是蚕茧，然而也没有找出什么必不是蚕茧的证据。与那西阴村现在所养的蚕茧比较，它比那最小的还要小一点。这茧埋藏的位置差不多在坑的底下，它不会是后来的侵入，因为那一"方"的土色没有受扰的痕迹；也不会是野虫偶尔吐的，因为它是经过人工的割裂。

李济认为，山西夏县的丝织业的历史非常悠久，这半个蚕茧，可以当作"文化遗留"看待。他认为：这个发现替我们开辟了一条关于在中国北部史前研究的新途径。中国自从有了历史，就有了关于蚕业的记载。它是中国文化的一个指数。这一发现表明，中华民族在史前就家养蚕茧。捎带说说，时隔半个多世纪后，1995年9月，为纪念李济先生诞辰百年，台湾故宫博物院举办了一场为时8天的特展，所展文物仅1件，即半个蚕茧壳。可见这半个蚕茧壳的分量。

在西阴村发掘的文物曾在清华展览，李济亲自担任讲解员。这批文物被断为公元前3200年至公元前2900年间的新石器时代器物。不久他将此次考古的研究成果写成《西阴村史前遗存》一书，于1927年出版。

李济主持的西阴村仰韶文化遗址发掘，是中国学者第一次独立进行的考古发掘；而李济的报告书完全突破传统的金石学，开创了中国人自己用近代科学方法研究考古学的道路。也就是说，中国人自己研究的近代考古学，自此开始了。

西阴村发掘扩大了仰韶文化分布版图,因此李济对"彩陶文化西来说"表示了谨慎的怀疑。他绝非咄咄逼人,而是平和地说:考较现在我们所有的材料,还没有可靠证据断定在中国带彩陶器发源于西方。比较各处带彩的陶片的做工及厚薄,中亚及近东的出品很少可以比得上仰韶。比较西阴村与地质调查所陈列的甘肃的仰韶期出品,西阴村的出品又细致得多。换句话,西阴村的陶人等到陶业发达到很高的程度方着手于加彩的实验,甘肃的陶人却在陶业尚粗糙的时候就加彩了。我们也可以说,这就是甘肃先有带彩陶器的证据。这种解释也与西方起源说暗合。不过我们还不知道甘肃的做工是否到过西阴村最高的境界,甘肃不带彩的陶器的种类是否有西阴村的多。这两点要没有研究明白,那带彩的陶器的原始及移动的方向,我们不能断定。

西阴村史前遗址发掘,是中国人自己主持的第一次田野考古发掘,标志着现代考古学在中国正式建立。当然,不管怎么说,现代考古学在中国的正式建立,还是仰仗着留洋学生之手完成的。

西阴村遗址被认为是单纯的仰韶文化遗址,也是后来的"西阴文化",那里出土陶器上的"西阴纹"后来在其他仰韶文化的地域也出现过。把西阴遗址的陶器同周围地区的遗存进行广泛比较后,李济对安特生的观点质疑,指出:"中国新石器时代彩陶的发祥地及其与安诺报告中所载彩陶间明显关系的真实意义迄今仍不易解决。"李济在《西阴村史前遗存》就已说过:"我们还没得着十分可靠的证据,使我们断定在中国所找的带彩陶器确发源于西方","要与别处的'对照'比较起来,西阴村的带彩的陶片并不显著什么抄袭的痕迹。换句话,我们还不能反证'西阴村带彩的陶片原始于西阴村'的这个可能。"

李济在中西文化关系讨论中,并没有踏进充满泡沫的歧流,而是坚持实事求是的科学精神。李济指出:"只有'步步为营'式的专题研究可以解决这个问题,发挥贯穿在现在是耗时夫益的工作",这就直接地抨击了安特生提出的"仰韶文化西来说"。

李济看到"西阴村的遗存是最近于仰韶期"的同时,又指出西阴村不见鼎、鬲制品。鼎与鬲是中原人生火做饭必不可少的器物,打个比方,它们的存在,简直就像表明中原文化身份的"户口本"。而在西阴村遗址中并没有出现鼎、鬲，这点有别于安特生发掘的仰韶村遗存。

然而，李济却未依据西阴和不召寨遗存解析安特生的"仰韶文化"其实包含了几个不同的文化遗存。这倒不是疏漏，而是由于李济的发掘方法基本同于安特生的方法，因此难以质疑安特生的发掘。

事隔三年，李济在讨论小屯殷墟地层中出土的仰韶期带彩陶片的文章中，写了如下重要的话："不能断定仰韶期文化是否与安诺、苏萨等处确为同时，就是这两处本身的标年问题也没叶脉若干疑问"，"仰韶的文化不得晚过历史上的殷商，并且要早若干世纪"，"殷商文化之代表于小屯者或者另有一个来源，仰韶与它的关系最多不过像那远房的叔侄，辈分确差，年龄却甚难确定。"

春风大雅能容物，秋水文章不染尘。那时的清华园，主流是留学美国的学前教育，但国学学术空气浓厚，学人气象恢宏，即使学者们学术见解相左，也都出于公心大义，坦坦荡荡，君子之交，和而不同。然而，好景不长，这是清华国学研究院最后的辉煌。

1927 年 6 月 2 日，王国维雇了辆洋车，单独前往颐和园，入大门，径往佛香阁附近的鱼藻轩，坐在石阶前点燃纸烟，陷入沉思。而后扔下烟蒂，踱到昆明湖边，徘徊一会儿，纵身跃入水里。救起已气绝。验尸时从衣袋中找到四元四角银洋，还有前一天草拟的遗嘱，文中有"五十之年，只欠一死。经此世变，义无再辱"的话。入殓后，停灵清华南边的刚秉庙。送殡的除亲属和研究院部分学生，还有梅贻琦、陈寅恪、梁漱溟、吴宓、陈达、马衡、容庚等学者。

关于王国维的死因，溥仪在《我的前半生》中说：内务府大臣绍英委托王代售宫内字画，被罗振玉知悉，以代卖为名将画取走，并以售画所得抵王国维欠他债务，致使王无法向绍英交待，遂愧而觅死。还传王曾与罗合作做生意亏本，欠罗巨债。罗逼王每年供生活费两千元。王国维一介书生，债务在身，羞愤交集，便萌生短见。此说经郭沫若笔播，几成定论。但从王遗书和事后其他证据表明，王国维生前并无重债足以致其自尽。陈寅恪提出殉文化说，在挽词中写道："盖今日之赤县神州值数千年未有之钜劫奇变，劫尽变穷，则此文化精神所凝聚之人，安得不与之共命而同尽，此观堂先生所以不得不死，遂为天下后世所极哀而深惜者也。"另有说法是，王国维真心拥戴大清王朝，大清完戏，觉得再活下去没意思了，勉强维持十几年，干脆一走了之。

1928年，梁启超因肾坏死而住进北平协和医院，接受手术治疗时被美国医生切掉好肾。时西风东渐，国人不了解西学，为维护西医声誉，促西学在中国传播和推广，梁启超阻止徐志摩等上诉法庭，放弃任何赔偿，不要任何道歉，1929年1月19日逝世。享年56岁。

王国维、梁启超的谢世，标志着清华国学研究院落幕。同年罗家伦出掌清华，原为留美预备的清华学堂改为四年制的国立清华大学，文理法工诸系将共同筹建规模完整的研究院。没有本科基础，只收专门国学人才的清华国学研究院于1929春宣布永久停办。

清华国学研究院停办，老人们另觅出路，而李济的步子不但没有停滞，反倒渐入佳境。1929年3月，中央研究院对殷墟进行第二次挖掘。以后差不多每年春秋两季，中央研究院都要在李济的主持下对殷墟进行挖掘，直到1937年抗日战争爆发。上个世纪20年代至30年代，对殷墟的15次挖掘，其中14次是在李济的主持下完成的。

清华大学国学研究院和美国洛克菲勒基金会支持的西阴村调查，是李济第一次单独练手，规模不大，而且李济和袁复礼的收获是在地头捡的，或在西阴村老乡家搜集的。在学术史意义的追溯上，殷墟发掘没有吸收洋人参加，李济也因此被称为"中国考古学之父"。

殷墟发掘是由民国政府资助，由国家学术权威机构组织的首例考古活动，虽然是初学乍练，但是殷墟发掘目的及工作倾向都是控制在建立"新史学"的宏旨之下。在20世纪初的中国学术界，"石器时代"这个西方人用了几十年的词汇，对于大多数中国学者来说，仍然是一个全新的概念，而殷墟所代表的殷商文明却耳熟能详。

殷墟发掘是中央研究院历史语言研究所在中国最重要的考古田野工作，安阳刻辞甲骨的出现，使得殷墟成为史学界的热点。殷墟的发掘始于1927年，尽管后来的考古发掘被日本侵华战争中断，但在专业训练的考古学者主持下，成为中国考古学的最初培养基地。中国第一批考古学家李济、梁思永、董作宾、郭宝钧、石璋如和高去寻等都是在这里奠立了事业的基础。当时没有任何其他的遗址能与安阳相比，从对中国考古学的意义上讲，至今仍没有单个的遗址在重要性上超出安阳。

为了系统研究甲骨文，北洋政府组织了殷墟发掘。1929 年，李济主持的殷墟第三次挖掘出土了大龟四版。这是在殷墟首次发现大块甲骨，龟板上刻满了殷商时代的贞卜文字。

1936 年 6 月 12 日下午，在小屯村的一个地下贮藏坑里发现龟板。工作人员小心翼翼地一块一块地取出，用了几昼夜，将埋藏珍品的土块整体起出。经过几个月整理，这次共发现有字甲骨 17096 片。

在殷墟，与甲骨文同时出现的还有青铜器、玉器、日用器具、人兽骨、建筑遗迹等。1935 年的第十一次挖掘，清理 10 座大墓、1200 多座小墓。大墓中有大量刻纹石器、玉饰品、青铜器等。小墓中的埋葬躯体，呈俯身、仰身、屈身等不同姿势，显然是陪葬墓。这是一处殷商王朝的王陵。1936 年 4 月第十四次挖掘，发现埋有完整马车和四匹马的车马葬坑，是第一次发现商代交通工具。失落了 3000 年的殷商王朝，天降般地出现在世人面前。此前，中国境内有考古活动，而从学术史意义上追溯，殷墟发掘被认为是中国现代考古学的基石。

有 28 位商王的名字出现在甲骨文中，证明司马迁在《史记》列出的先王世系基本上是对的。这个事实不仅抚慰了司马迁在天之灵，而且对于处于被挑战、批驳的中国传统古史而言，也是极大的鼓励。李济说："安阳发掘的结果，使这一代的中国史学家对大量早期文献，特别是对司马迁《史记》中资料的高度可靠性恢复了信心。""司马迁所记载的殷代王室的谱系是准确的，几乎没有任何差错。"

1939 年，美国弗利尔艺术馆代表毕士博发表了影响颇大的《东亚文明的开始》。文章中，他叙述了中国新石器时代晚期彩陶与黑陶文化，甚至扯到从殷商到周朝状况，检讨了中国文明的各项特质，提出一个惊人的"发现"，那就是：中国的有特色的物品都是外来的。比如彩陶、青铜器、大麦、战车、文字、牛、羊、马、鸡、水牛、小米、大米、高粱等等。至于这些东西是打哪儿来的，毕士博说，它们不是来自于近东，便是来自于印度。他的结论是："文明最早出现于近东，在那里若干动物被驯养，若干作物被栽培；也是在那里各种基本的发明被创造，城市生活产生。这些成就需要很长的时间，可能好几千年。在东亚我们发现当时情形纯然不同。上述文化特质中有许多在这里也有出现，但它们都出现得晚得多，并且表现一个比较进步的发展阶段，没有任何证据能说明它们是在这里独立发生的，而在若干例子中我们可以找到它们自西方起源的确凿证据。因此，后来在东亚建立起来的文明，其起源与基本类型必须归因于从古代近东来的文化传播所致的刺激。"

20 世纪 30 年代初的中国，安特生在西北运回的仰韶文化彩陶引起业界不小震荡。那时安特生的说法还没有经过系统修正，有的中国考古学者鹦鹉学舌，认为河南发现的彩陶与巴比伦、安诺遗址发掘出来的陶器纹饰相似，便吵吵仰韶文化源于西方或受到西方文化影响，中国古代文化的发展是由西至东传播而来。这种说法虽受到不少学者质疑，但在没有考古证据支持下，"中国文化西来说"仍然十分流行。

这样，中国古史研究者面对两难困境：一方面，仰韶发掘是近世科学发掘的成果，结论不可能视而不见；虽然今天可以批评其中的纰误，但在上世纪 30 年代的中国学术界，它的科学性并未受到挑战；另一方面，从民族心理而言，中国人不论教育程度高下，都会抵制关于 5000 年文明源自化外蛮貊之地的假说。

解决问题的方法是，或否定中国文化中的西来因素，或将西来因素排除出中国文化的核心成分。前者受到仰韶发掘"科学性"的限制，大多数学者倾向于第二种方式。为推翻这个结论，学者们开始关注安特生的理论：或检查其推演材料的错误，或试图发现另一种考古学文化取代仰韶在这个年表中的位置。前者引发了夏鼐的西北之行以及对安特生西北彩陶年代的校正，而后者导致了"龙山夏文化说"的生成。

上个世纪 50 年代以前，对中国文化起源的讨论，大致停留在这种水平上。中国文明包含哪些元素，这些元素是土生土长的还是从外面来的，有人说中国文明的重要因素都是外来的，反过来，有的学者认为中国文明是本地起源的。李济在一篇讨论中国上古史的文章中，批评了毕士博的说法，指出中国古代文明中至少有 3 件物事是确确凿凿土生土长的，即骨卜、蚕丝与殷代的装饰艺术。这 3 件，外国人讨论东方文化时，只管可以不提，却不能不承认是中国独立发展的东西。这种土著与外来成分的拉锯战持续到上个世纪的 70 年代。

12. 疑惑：《夷夏东西说》和城子崖"古城墙"

在考古界对"中国文化西来说"争论时，谁也没想到，一个叫吴金鼎的青年学者在山东章丘发现了一处遗址，还在遗址中发现了不同于仰韶彩陶的黑陶。这个地方后来被命名为城子崖遗址。

其实，在发现城子崖遗址后，满可以接着去找城子崖遗址和仰韶文化之间的关系，继而探求彩陶与黑陶之间的关系。而在那时，学界领导人之一傅斯年却另立新说，认为城子崖遗址与仰韶文化遗址是并列的，同为汉族文化的两大起源，这就是曾经名噪一时的"夷夏东西说"。但是，这种说法刚刚掀起，还没有怎么着呢，就被梁思永在河南安阳后冈遗址发现的"三迭层"一棍子闷了回去。

吴金鼎是山东安丘人，1901 年生，少小家贫，经苦读入齐鲁大学，毕业后留校。1928 年 4 月，他到山东调查平陵故城，4 日发生的事，至今有两种说法：一种说法是，那天他到离龙山镇遗址不远的汉代平陵城遗址考察，途经龙山镇，不经意间回头一望……另一种说法是，他不是去野外考察，而是回老家，途经龙山镇，不经意间回头一望……

吴金鼎回头一望，究竟看到了一些什么？断崖的横截面引起了他的注意，在阳光下，一条延续数米的古文化地层带清晰可见。

章丘县龙山镇的东北、武原河东岸的高阜地带，后来被学术界的一部分学者认为是谭国的什么"古城旧址"。"古城旧址"是个延绵至今的错觉，暂且不说。这一带早先的名字乡土气重，称鸡鸭城，估计曾经有过一个买卖家禽的集市。

翌年 7 至 10 月，吴金鼎对鸡鸭城调查数次，发现了一种色泽乌黑的陶片。"黑陶"这种称呼是后来才叫起来的，吴金鼎刚发现这种东西时，起了个充满乡土气息的名，叫"油光黑陶片"。此前，他没有见过"油光黑陶片"，于是将自己的发现报告老师李济。

但在那时，李济的精力放在河南安阳附近的殷墟，满脑瓜子装的是甲骨文什么的，无暇顾及鸡鸭城那儿有什么。李济并不把鸡鸭城当回事儿，鸡鸭城这个地方后来之所以名声大噪，得力于傅斯年。

傅斯年生于1896年，山东聊城人，祖籍江西永丰，七世祖傅以渐是清朝的第一个状元，官至兵部尚书。到傅斯年这代，已没有祖上的光环笼罩。他幼年丧父，1909年就读于天津府立中学堂，1916年进入北京大学。1918年与罗家伦、毛子水等组织新潮社，仿效陈独秀的《新青年》，创办《新潮》月刊，提倡新文化，与北大国粹派论战。

1920年，傅斯年赴欧洲留学，1926年应中山大学之聘回国，1927年任文科学长，1928年创建中央研究院历史语言研究所。1930年，中央研究院发掘吴金鼎发现的鸡鸭城遗址，发现板筑城垣痕迹，得名城子崖。比起鸡鸭城，这个新名称带有古文化的雅致。

城子崖遗址南北长530米，东西宽430米，文化层4至6米。城子崖遗址发现前，出土的古陶大都是彩陶和红陶。以河泥为原料的黑陶是4000多年前东夷的创造，质地坚硬，造型精美，因地处龙山镇，不同于以彩陶、红陶为特征的仰韶文化，定名山东龙山文化。

黑陶器皿通身乌黑，上面没有彩绘，黑色表面上的刻划或模印的几何图案，主要有弦纹、划纹和镂孔等。黑陶器形主要有：碗、盆、罐、瓮、豆、单耳杯、高柄杯、鬲、鼎等。黑陶反映了当时高度发展的制陶业水平。其中以鬼脸式鼎腿、圆环状鼎足最具特色。

比起彩陶，黑陶代表了另一种文化理念，陶胎较薄，胎骨紧密，烧制时采用封窑烟熏的渗炭方法，器表呈现出深黑色光泽。它表面磨光，朴素无华，纹饰仅有少数弦纹、划纹或镂孔。黑、薄、光、亮为黑陶的四大特点。附带说说，后人仿制的黑陶，至今挺有市场。

城子崖出土的黑陶文物中，最具有代表性的是蛋壳陶。典型器物是黑陶杯，高20厘米，最薄处仅0.5毫米，重量不足50克。考古专家们形容"黑如漆，亮如镜，薄如纸，硬如瓷，掂之飘忽若无，敲之铮铮有声。"后来发现的蛋壳陶越来越多。造型小巧，外表漆黑黝亮、陶胎薄如鸡蛋壳的高柄杯，多见于大型墓葬中。

据专家研究，蛋壳陶质料全部是细泥质黑陶；薄陶胎是重要特征，最薄部位在盘口，个别薄至 0.2 毫米，一般在 0.5 毫米左右；柄部和底座要承托上部重量，陶胎略有增厚，不超过 1 至 2 毫米；器身高度不超过 25 厘米，重量多为 50 至 70 克。这种易于破碎的珍贵器物绝非一般生活用具，当是专为礼仪用的器皿。

龙山陶器代表的不仅是轮制技术，审美情趣上也与仰韶陶器截然有异。发掘初，研究者不能确定黑陶年代，但确信这种陶器与仰韶陶器有显著差异。在吴金鼎看来，有迹象表明，城子崖代表着一种文化体系，可以和殷墟文化相较。他和拥趸们感到，春秋战国时的齐鲁地区发展着构成中国最早期历史文化的"最要紧的成分"，甚至认为，如能查明城子崖黑陶文化的发展脉络，"中国黎明期的历史就可解决一半了"。

城子崖的发掘，非同小可，它是中国的国家学术机构、中国考古学者首次对史前遗址进行有计划、有目的的大规模发掘。在发掘的后期，运用了刚刚创建的考古地层学原理，区分出不同的土色土质，绘制有地层图；把该遗址的文化堆积区分为黑陶文化和灰陶文化两期；而且据说发现了黑陶文化期和灰陶文化期两座城址。

从地层学分析看，城子崖主要包含两个层次：上层属于春秋时期地层，发掘报告认为此地为春秋时期谭国故地。此层之下，大量的磨光黑陶出土，开启了史前文化的重要分支龙山文化研究。

对于城子崖的起始年代的推算相当粗糙，在龙山文化层之上，可能属于春秋时的谭国文化层，而在龙山文化层中却没有发现青铜器，于是推测龙山文化的年代应该早于商代。

在城子崖挖掘的出土器物中，鬲及三足器物占有相当大的比例。鬲被认为是中原的代表性器物，一些学者因此建议，龙山文化和殷墟发现的商文化有密切联系。在城子崖下层发现有卜骨，卜骨的使用是流行于东亚地区的一种特殊的祭礼，发源地可能在中国；城子崖发现的卜骨为牛、鹿及其他动物的肩胛骨制成，有钻孔，无刻字。

1933 年秋，吴金鼎前往英国伦敦大学进修，曾经跟随英国考古学家泰斗彼得教授到巴勒斯坦发掘。1937 年，他获博士学位后回国，那时抗日战争刚爆发，他迁往昆明，成立苍洱古迹考察团，抗战胜利后回到齐鲁大学，因胃癌在 48 岁辞世。

1934 年，傅斯年发表《城子崖序》，表述了自己超出纯粹考古研究的另外一种兴趣。他提出了两个新词，即"全汉"和"半汉"，毫不讳言强烈的民族主义情绪，认为西方学者从事的中国研究，总是从旁观者角度出发，难免曲解中国文化中的基本问题。

傅斯年间接批评了仰韶的发掘，乃是一种"半汉"研究。他相信中西学者对问题的不同认识，乃是文化的观察者与参与者的区别。他说："西洋人治中国史，最注意的是汉籍中的中外关系，经几部成经典的旅行记，其所发明者也多在这些'半汉'的事情上。……我们也觉得中国史之重要问题更有些全汉的，而这些问题更大更多，更是建造中国史学知识之骨架，中国学人于在这些问题上启发，而把这些问题推阐出巨重的结果来，又是中国学人用其凭借较易于办到的。"

傅斯年认为，彩陶在中国西部相当流行，而东部甚为少见，因此假设文化是多元而不是一元发生的，进而提出在中国东部存在一种截然不同的新石器文化，山东踏察和发掘目的，是寻找存在于中国东部沿海地区的新石器文化，考察这种文化与殷墟的关系。他将这种文化称为"东夷"，认为商代文化起源于东方，而这个关联又被城子崖的发现印证。

傅斯年发表《夷夏东西说》，阐释古代中国文化东西分野理论。他的文章在考古发现鼓励下出现，但主要支持材料仍来自传统文献而不是田野材料。他的结论是：秦汉之前，中国的政局存在东西分野。早期，夏在西方，而商在东方。夏自西来占据中原，数百年后，夏为东来的商王朝击溃。而商的继承者周则来自西方的渭水流域。"历史凭借地理而生，两千年的对峙，是东西而不是南北。三代及近于三代之前期，大体上有东西不同的两个系统。这两个系统因对峙而生争斗，因争斗而起混合，因混合而文化进展。夷与商属于东系，夏与周属于西系"；"因地形的差别，形成不同的经济生活，不同的政治组织，古代中国之有东西二元，是很自然的现象"；"东西对峙，而相争相灭，便是中国的三代史。"傅斯年在文献之外，仅引用了高丽好大王碑为物证。这并不是现代的考古学方法，不过是钱大昕考证元史方法的余绪。

在仰韶、龙山和殷墟的地层关系建立之前，城子崖的发现和龙山文化的确认并未改变夏文化的认证。傅斯年的理论的主要贡献在于否定了传统的历史单线进化观点，并建立一个三代时期政局两分平衡理论体系。在夏文化问题上，傅斯年不排斥夏为西来观点，但认为中国文明的基本特征来自中国东部的农业文明。

傅斯年的二分理论，与其说是反映了从一元说向多元说的层进，倒不如说是中国民族主义者的一场学术自卫。但是，不管怎么说，还是不能以好斗的、偏激的政治说教取代严谨的考古学发现。

1931年，梁启超先生的次子梁思永发掘安阳高楼庄的后岗，提出中国考古学史上著名的"后岗三迭层"理论。过去，土壤就是土壤，人们不认为土壤颜色的变化能反映出不同的文化。后岗文化层被梁思永细分为3个小层：下层为褐色和深灰色土壤，以红陶和少量彩陶为代表的仰韶文化遗存，又称为彩陶层；中层土壤颜色发绿，以黑陶和蓝纹陶为代表的龙山文化遗存；上层为浅灰色土层，是以灰陶和绳纹陶为代表的小屯文化遗存。这是中国考古史上第一次揭示出仰韶文化、龙山文化和殷商文化的早晚地层关系，从地层上证明了中国历史由史前就根生土长，一脉相承，压根没有断线，并没有掺入"西来"的"血统"。

梁思永发现的"后岗三迭层"非同小可，它表明了小屯、龙山、仰韶3种文化的遗存是上下依次堆积的，明确了三者之间的相对年代关系，不能不说是对"中国文化西来说"的巨大冲击；与此同时，也是对傅斯年的"夷夏东西说"的毁灭性打击。

傅斯年提出的所谓"古史二分现象"，是建立在两个假设基础之上的：第一个是仰韶彩陶从来就未曾抵达东海岸，因此，中国东部的滨海地区有自成系统的文化传统；第二个是，仰韶与龙山是同时代的文化，二者之间的差异是由地域及族群的差异所造成。对于前者的否定，是在20余年之后，在东海岸地区考古调查开展后才得以实现的；而对于后者的否定，则主要归功于梁思永的研究。

殷墟发现甲骨文，无须断代，文字就告诉考古者它出自什么年代。而绝大多数史前遗址并不包含可以确定具体年代的器物，因此，对史前文化的断年始终是困惑早期研究者的问题。当梁思永宣布后岗的发现时，中国的考古工作者也就掌握了根据土壤断代的方法，自仰韶发掘以来所有对中国上古文化的所谓"重建"工作，便几乎崩溃了。

在"后岗三迭层"被揭示前，仰韶与龙山的关系并不为人知。中国考古学史上出现的多元模式由于前提的错误让位于一元模式。梁思永的"后岗三迭层"表明，以红陶和少量彩陶为代表的仰韶文化遗存在下，以黑陶和蓝纹陶为代表的龙山文化遗存在上，不仅表明仰韶文化早于龙山文化，而且表明龙山文化是在仰韶文化的基础上生发的，二者是继承关系，而不是中原与东海岸的并列关系。通俗说，仰韶文化是龙山文化的祖宗或长辈，而不是各据一方的兄弟。

对此，李济有个公正评价，认为"后岗是头一个显露出文化先后关系的多层遗址，它把史前时代和历史时代衔接起来了。"这个说法相当客观。此后夏鼐也指出："第一次依据地层学上的证据，确证了仰韶和龙山两种新石器文化的先后关系以及二者与小屯殷墟文化的关系，解决了中国考古学上一个关键性问题。"

城子崖发掘报告公布后，将仰韶确认为夏文化的观点迅速瓦解，因为仅从地层分析，仰韶对于夏文化来说，年代过早。梁思永的"后岗三迭层"发表后，仰韶被逐步归入史前文化范畴，从此"石器时代"作为社会发展史上的一个概念开始深入人心。与安特生将仰韶命名为史前文化不同，早期的中国古史学者更倾向将仰韶置于已知的青铜文化之前。"后岗三迭层"在否定仰韶文化作为夏文化的同时，对中国笔载历史的完整性再次提出了质疑。

梁思永这次发掘虽然采用以往的探沟方法，但在地层划分上有重大进展，表现在较准确地揭露了文化层的自然堆积状况，对自然层中的遗物进行统计，并按照层位的分布情况，分别归类到上层的小屯商文化、中层的龙山文化和下层的仰韶文化层中。梁思永的发现已成为专有概念，"后岗三迭层"的提出，是中国田野考古学的一个里程碑，这是中国田野考古作业中第一次以文化内涵和土层颜色区分文化层，标志了考古地层学的成熟。这次发掘工作，使以往采用的地质学上的水平层位法退出了田野考古发掘的历史舞台，从此新的考古发现层出不穷。

1932年春，侯家庄高井台子发现了小屯商文化、龙山文化和仰韶文化的依次迭压关系。1933年，安阳殷墟 BE 区发现了小屯商文化和龙山文化的地层迭压关系。1934 年，同乐寨遗址发现汉代文化遗存、小屯商文化、龙山文化和仰韶文化的迭压关系。

一系列发现表明，此时的史前考古发掘水平有了较大提高，发掘技术运用日益成熟。从此中国史前考古学在地层学的发展方向上步入良性轨道，为后来的类型学的形成和发展奠定了坚实的基础。

1949 年以后，大量发掘和研究表明，原先的所谓龙山文化，文化系统和来源并不单一，不能视为只是一个考古学文化。根据几个地区不同的文化面貌，分别给予文化名称，以资区别。

有必要说明的是，山东龙山文化即最初由龙山镇定名的那种遗存，分布以山东地区为主，放射性碳素断代并经校正，年代约公元前 2500 至公元前 2000 年。而庙底沟二期文化主要分布在豫西。由仰韶文化发展而来，放射性碳素断代，约公元前 2900 至公元前 2800 年。从中不难看出，在这个文化发展序列里，最早是仰韶文化，其次是在仰韶文化基础上发展出来的河南龙山文化，最后才是山东龙山文化。

城子崖发掘是中国考古学幼年时的发掘，田野考古水平低，认土、识别遗迹、分析释读地层现象技能薄弱。而作为考古发掘基础的方法论——考古地层学，仅在发掘后段开始对原理有所运用，远未成熟。因此，城子崖的发掘不可避免地存在某些问题。

例如，"城子崖"这个名字的由来，是因为发现了有板筑城垣痕迹。至今，城子崖博物馆中有一段被说成是"古城墙"的遗址。

由于我所在的中科投资公司在山东没有业务，我也就没有去过城子崖博物馆，曾经想去看看，却一直不得空，只能看看相关资料。该博物馆的网页上说，这个城市曾经真实存在过，城址没有遭到毁坏时，平面近方形，东、南、西的三面城墙规整平直，北面城墙弯曲，并向外凸出，城墙拐角处呈弧形。城内东西宽大约 430 米，南北最长处达 530 米，面积约 20 万平方米，深埋地下的城墙宽为 8 至 13 米。

暂且就算是这样。那么，这段"古城墙"是怎么建的？城子崖博物馆网页称，筑城时，"古城墙"大部分挖有基槽，少量部位利用沟壑填实夯筑起墙身。城墙夯土结构有两种，一种用石块夯砸，一种用木棍夯筑，表明城墙修筑时间有早晚之分，也显示出龙山文化不同阶段夯筑技术的发展。早期的夯土未能分层；中期重修的城墙夯层已较清晰，但层面尚不平整，夯窝不十分清楚；晚期城墙夯层清晰，有比较平整层面。不过当时未出现较先进板筑技术。据宣传，龙山文化时期的古城面积大约有20公顷，城墙高约10米，城墙宽13至15米。一段土墙，被认为是距今4600年前的龙山文化时期的土墙。

被说成"城子崖老城墙"的土分3层，最下面土为深灰色，往上的土颜色变淡，为黄褐色。据说是后来岳石文化时期的"古城墙"，只是这段明显窄了，宽度只有5至9米，由简单堆筑变成板筑，在两行木板之间填上黄土，用捆在一起的木棍一层层地夯实，然后撤去木板，以保证墙壁峭直。再往上，则被说成是春秋时期的城墙遗址。

城子崖网页上说："在城子崖博物馆有一段古城墙遗址。这是一段浓缩了两千多年历史文化的土墙。单纯用现在的眼光来看这段土墙，我们无法体会到这段土墙的伟大之处，但要把时空转换到原始社会，想象身处刀耕火种阶段的祖先们的生活场景。我们再面对这段土墙，自然而然就会肃然起敬。这段土墙明显地分为3个层次，最下面的土墙颜色为深灰色。"城子崖博物馆主任田继宝告诉我们，这一层次的土墙，就是距今4600年前的龙山文化时期的土墙。经考古专家研究推断，龙山文化时期的古城面积大约有20公顷，城墙高约10米，城墙宽13至15米。在那个年代，如此又高又厚的土墙是如何筑成的呢？考古学家经过多次研究发现，龙山文化时期的古城墙是原始人用堆筑的方法筑起的。也就是说，先是清挖地基，然后聚土，再用木块、石块夯筑而成的。这一点，从城墙一侧的一个大斜坡上可以找到证据。这个大斜坡是当时人们为了便于堆土筑墙而留下的能起到"楼梯"作用的设施。再往上，土墙的颜色变淡了，成了黄褐色。田继宝主任称，这是后来的岳石文化时期的古城墙，这段古城墙明显变得窄了，它宽5至9米。这说明，筑墙的方法也改变了，由简单的堆筑变成板筑。也就是说，在两行木板之间填上黄土，用捆在一起的木棍一层层地夯实，然后再撤去木板，以保证墙壁峭直，因此城墙也就没有了大斜坡，而是直上直下的。田继宝称，这时候的城墙的功能也发生了变化，主要作用便是防御了。接下来便是春秋时期的城墙遗址。城子崖遗址所保存的这段城墙，是目前发现的世界上最早的城墙，这段墙向我们展示了夏代之前、夏代以及东周时期的历史。那么，令人不解的是，处在夏、周之间的商代却没有任何标志性的文物出现。商代在这里，仿佛奇迹般地消失了。

看了城子崖的网页后，我相当疑惑，无论是古今中外，怎么可能会产生"浓缩了两千多年历史文化的古城墙"？网页上还说"这段土墙明显地分为3个层次"。这种说法更令人难解。土墙剖面的3个层次代表了3种文化，3种文化共存于一段城墙上，这种事有可能出现吗？

不妨举个例子，秦始皇时修长城，尽管日后曾经修补，但修补的只是城砖，不会动城砖里的土，可以说，秦长城的土壤剖面中肯定不存在什么文化断层，说通俗些，还是孟姜女哭长城那时的土。

我的少年时期在北京度过，那时北京老城墙完整环城一周。这个城墙于明朝初年修建，墙砖里面的土肯定全部来自明初。反观城子崖博物馆里的所谓"古城墙"，就不是那回事了。这段所谓的"古城墙"，居然从下到上存在龙山文化、岳石文化、春秋文化3个文化层。

这意味着什么？显而易见，意味着这道"城墙"从龙山文化时期起建，跨越了漫长的岳石文化时期，一直修建到周朝，否则不可能在一段城墙的土壤中产生3个文化层。为了让读者看明白些，不妨打个比方：如果真发生了这种事情的话，就相当于秦始皇执政时建的一段城墙，走走停停的，直到中华人民共和国成立之后才建成。

显然，"城子崖"的提法站不住脚。那么，所谓"城子崖"是个什么呢？其实，它就是仰韶村中那种包含着不同年代的土层剖面，与什么城墙之类全然无染。而如果承认了这点，等同宣布城子崖本来就没有什么"古城墙"，因此连"城子崖"这个地名都站不住脚。

与我的怀疑吻合，有一篇报道说，持续达半个多世纪的考古，始终没在城子崖遗址及左近地区找到大规模墓葬遗址。而其他地方出土同时代遗址，通常会发现成规模的墓地。这就证明，同时代的龙山文化遗址中应有墓地。在这种推断下，有关的考古队曾经拿着小铲，一点一点地搜索了城子崖遗址方圆10多公里地方，结果还是一无所获。

13. 一家一半：退还中国的仰韶彩陶丢失

2012 年 2 月，我第一次参观渑池县的仰韶文化博物馆。这个博物馆的门面说得过去，有一种墨守成规的大气，博物馆的整体建筑风格比较厚重。进去之后看看展品，看得出来，筹建博物馆的工作人员下了番功夫，力所能及地搜集了所能搞得到的东西。

博物馆里有一批现代制作的泥塑，史前人类生活场景被还原得栩栩如生，遗憾的是，博物馆展出的陶器，除了新中国成立后两次大规模发掘的以外，没有一件与安特生有关。当年，安特生在仰韶村也没有发掘到完整的陶器，估计只采集了少量陶片。

展览馆展厅里的展品并不太吸引我。原因很简单，因为没有什么展品算得上是精美的。不仅如此，几乎所有的陶器都经过大修大补，修补痕迹相当明显，裂缝处或接口处涂抹着白胶。

即便摆在最显眼的玻璃橱窗里的尖口瓶，也被白胶裹了几道，就像个重伤员，身上缠了几道醒目的绷带。毕竟是六七千年前的东西，对它们不能提出更高要求。但即便明白这点，仍然很难提起精神。

转了会儿，一幅彩照吸引了我。画面上是一堆精美彩陶，摆放的密密匝匝，个头都不小，颇有"现代气息"，挺"前卫"的。令人无法相信，仰韶文化居然有这么出彩的东西？

我凑近看图片说明，凉了半截。闹了半天，这些体型硕大、图案简洁的彩陶，不在北京或郑州的博物馆里，属于瑞典东方博物馆，是人家的。我没说话，扭脸看看身旁的渑池县文化局长方丰章。

方丰章一眼看出我的心思，轻叹一声：瑞典东方博物馆又叫远东古物博物馆，在瑞典首都斯德哥尔摩。实话说，我们这个渑池县仰韶文化博物馆里没有吸引人的展品。没办法。仰韶文化那些拿得出手的好东西，很多在人家那儿放着呢。"

我问："瑞典东方博物馆里都有些什么？"

方丰章微摇头："这我就说不来了。安特生在甘肃、青海一带连挖带买的，到底弄走多少件新石器时代晚期的彩陶，我手上没有数据，反正数量不少，而且部分很精美，个头儿也大。"

听了这话，我有些扫兴，听到旁边有人议论："闹了半天，咱们这儿陈列的是些不起眼的东西，好东西敢情在人家那儿呢。"

我转身说："方局长，你们就不能去趟瑞典东方博物馆，到了那儿认真拍照，认真量好尺寸，拿回来复制？"

方丰章没说话，只是苦笑。

与我同行的老侯，退休前在中国检察学会，对法律上的事较清楚。他说："法律层面的事你们不用考虑，仰韶文物本来就是洋人从中国拿走的，中国人复制自己的东西，不管走到哪儿都说得过去。为稳妥起见，你们在展出时标明是展品是复制品，就站得住脚，没有人会挑剔你们。那样一来，咱们这个仰韶博物馆就会提气多了。"

方丰章说："你们说的不能不说是解决问题的办法，但你们没有考虑到我们的实际状况，工作人员往返瑞典的费用从哪儿出？去斯德哥尔摩复制仰韶文化文物的费用从哪儿出？这可是笔不小的钱呀。文化局每年就那么点办公经费，掏不起这笔钱。"

同行者于锋不由插话说："小方，你们考虑问题，思路还要再开阔一些。其实，办这种事花不了几个钱，不就是那点差旅费嘛。你们到了瑞典的那个东方博物馆里，把安特生带回去的仰韶陶器的尺寸和样式搞清楚，回来后，可以烧制复制品，摆在仰韶博物馆的专门地点。这边展出，那边销售，只要价格公道，销售应该不成问题。你想想看，在仰韶博物馆出售仰韶文物复制品，意义大不一样，产品可靠性高，肯定受欢迎。用不了多久，那点投资就收回来了。"

方丰章显然受到了启发。

可能有的读者会被闹糊涂，既然仰韶遗址的开发是由中国政府组织的，那么仰韶文物中的精美者怎么在中国反倒没有了呢？怎么会到了瑞典呢？这的确是个曲里拐弯的故事，有必要说说。

中国历史悠久，自古以来，皇室和民间又都有收藏古董的嗜好，因此中国理应存放着不少好东西。据联合国教科文组织近年的不完全统计，在全世界的 47 个国家，200 多家博物馆的藏品中，有中国文物 164 万件，包括个人收藏文物，至少 1700 万件以上，远远超出中国本土博物馆藏品的总量。这是怎么造成的呢？

第一种途径，鸦片战争后，大清国势衰弱，一次次战败和列强入侵，致使中国文物经历了几次浩劫。列强在战乱中直接掠夺，外国团体或个人非法挖掘、盗窃，低价骗购并贩运文物数以百万计。咸丰十年（1860年），英法联军侵占北京城，圆明园秘藏传世文物和珍贵的艺术品被洗劫一空。随后，外国探险家和"考古学家"开始以各种名义到新疆、陕西、河南等地发掘文物，甚至到北京收购皇家文物。

第二种途径，从古至今，中日间有着长时期文化交流史，来中国学佛学的日本僧人，回国后就会带走当时知名僧人或艺术家的作品。

第三种途径，大量艺术品包括古代的、现代的，被偷运到国外牟取暴利。中国古董商开辟"洋庄"，中国人也开始有了做中国古董的生意人，中国古董在国际古玩市场的走俏直接导致文物外流。

民国年间没有完整文物法规，对于文物也没有级别上的鉴定和管理，是个乱摊子。为了尽快扭转这种状况，袁世凯要求拿出相关法规。北洋政府于 1914 年 6 月 14 日发布《大总统限制古物出口令》，明确规定："京外商民如有私售情事，尤应严重取缔"。看似严格，实际上没有分类清晰、惩罚明确的古物保护法可执行。大总统令只是让"内务部会同税务处分别核议，呈候施行，并由税务处拟定限制古物出口章程，饬各海关一体遵照"。遵照大总统令，内务部和税务处紧急磋商。内务部态度强硬，主张古物绝对禁止出口，没二话可说，"并非于古物之中，分别种类，酌定税则，许其出口"，并且"凡为古物，即应扣留，不得专为禁止大批出口，其他珍重古物零星运输者即可无庸过问"。

内务部于 1916 年 11 月制订了一部古物暂行办法，已明确规定取缔私售外人等，但"尚未能将各项古物应如何区别种类，限制出口规则详细厘订"。1924 年，内务部又拟定古籍、古物、古迹保存法草案，并提交国务会议研究，"因时局变更，未经议决公布"。这个草案第二十八条内载:"凡古籍、古物及古迹,无论何人,不得任意毁弃损坏,并不得贩运或携出国境。"然而在具体拟定古物法规上,两部相互催促,加之1927年前后政府南迁,时局不稳,最终未能实行,一切详细办法无从拟议。1927年3月,国民政府下令:税务处妥订禁止古物出口办法令。内务部声明在根本法未经订定公布之前,由税务处参酌民国五年订定的保存古物暂行办法各条,厘定章程,通行各机关遵照办理,以资救济",待政局大定,再由内务部依据民国十三年草案拟定明细规则。此后,直到1935年3月,国民政府才颁布"裁决古物规则、古物出国护照规则、外国学术团体或私人参加采掘古物规则",对于采掘古物、古物出国护照等作了简单规定,显然不符合限制文物出口的要求。

由于法规不完善,未对文物艺术品进行分类分级,未对出口文物做出严格规定等,导致海关无具体法则可依,容易让精明的"洋庄"和外国古玩商钻空。更有甚者,还出现海关等部门和古董商串通使用非法手段降低文物出口税的现象。作为行业协会,古玩商业同业公会可以为会员拓展外贸业务开具证明,因为无严格法规政策可依,并不对会员所运古玩可否出口做仔细检查。政府的疏漏以及古玩出口的各个环节简单手续致使文物一路畅通至海外。

安特生从中国西北回来后,就处在这样一个时期,面对这样一种现状。中国人对文物大量外流憋了一肚子气,很想拿出像样的法规控制住这种局面,但严格的法律条款没有正式出台。摆在安特生面前的是正在逐渐关闭的大门,但门没有关紧,有一道明显的缝。

安特生在中国西北搞到的仰韶文化遗物,就在这种法律不十分明确的背景下出去的。至今回过头看,这批珍品之所以能够堂而皇之地出国,关键所在是绕过法律,经过高层沟通,走旁门出去的。

1924年10月,安特生自甘肃回到北京后,在甘肃和青海的考古材料也陆续运抵北京。他遇到了头疼的问题,对此行发掘的仰韶文物归属和保护,颇费思量。这些东西是在中国土地上获得的,怎么合理合法地拿到瑞典一部分?他希望能以此前中瑞双方就化石达成的协议为蓝本,对考古采集品也作同样处理。

经过安特生和中国、瑞典双方相关负责人的协商,1924年12月31日,支持安特生在中国从事科学研究委员会的三位委员给中国地质调查所的名誉所长丁文江、所长翁文灏寄来一份有关安特生在中国考古采集品的协议。协议虽然采用通信形式，但是却代表中瑞双方的官方认可，实际上安特生采集品的命运正是由这个协议决定的。

陈星灿把协议文本翻译如下：

致北京中国地质调查所所长丁文江和翁文灏博士
尊敬的丁、翁先生：
安特生博士让我们注意到下面的情况：Wiman 教授和 Halle 教授已经就归还中国地质调查所一套哺乳动物化石和植物化石的采集品达成协议，但是考古采集品还没有达成这样的一种协议。这是因为这些采集品只是在最近几年才引起重视，且大多被安特生保存在北京之故。

现在安特生博士要求我们拟定一个有关考古采集品的协议，根据和他的沟通，我们把结果通报如下：

1.我们理解你们和安特生博士已经就人骨遗骸的归属达成共识，安特生博士发掘的人类遗骸应全部移交给中国地质调查所，所有的这类采集品都已经在你们手中。这些采集品包括完整或近乎完整的 178 具人骨，具体如下：

沙锅屯约　40 具
仰韶村　　20 具
朱家寨　　65 具
辛店　　　25 具
沙井　　　28 具
合计　　　178 具。

我们知道安特生博士已经向你们建议，考虑到人骨数量众多，少数几具，比如说上述每个遗址所出的两三个个体，在科学研究之后，送给我们以便和我们的众多文物一并展示。我们将非常感谢你们的美意，因为如此则能够更完美地展览这些文化。

2.我们知道，如同就脊椎动物化石和植物化石达成的协议一样，双方同意我们把安特生及其助手在诸遗址发现的第一套人工制品和动物遗

129

骸留在瑞典。全部采集品的大多数将被送至瑞典做科学研究和描述，在安特生博士（如他不在或在我们）的照拂下，为中国地质调查所精心挑选一套采集品，目的是给地质调查所一套精美的、尽可能完备的、有代表性的各种不同组合的人工制品。归还中国地质调查所的这套人工制品（包括此前送还中国研究机构的部分），应该尽可能达到有保存价值的材料的一半。

展示用作古人食物的动物骨骼，只有很少部分可以保存，但是我们也将看到，这批采集品中有代表性的一套也将送还给中国地质调查所。

3. 这批材料的科学研究我们将与安特生博士合作，分派合格的专家承担工作，尽可能短时间内完成任务，以便促成答应中国地质调查所的这套材料及时归还，避免没有必要的拖延。

4. 就科学报告的发表形式而言，我们完全赞成安特生博士同意所有的报告由中国地质调查所出版，我们接受此为协议中至关重要的一点，我们将竭尽全力协助报告的出版，使之与这些由自身体现出来的别具一格的文化相匹配。但是，我们不能承担 5 万克朗之外的出版和印刷费用，这笔资金是委员会的一员和丁博士一起从瑞典的一位捐赠者得到的，其中的大部分将被用于出版脊椎动物化石和植物化石专刊。

我们注意到安特生博士已经得到你们的授权，在每次征得你们的同意后，可以用瑞典文出版这些研究报告的简本。

5. 最后，基于安特生博士的建议，我们在此宣布我们不仅乐见所有归还的化石，也包括所有的考古遗物，既要根据达成的协议精心挑选，还要细心包装并运送至中国。我们的委员会将支付运抵上海的运输和保险费用，并事先通告这些归还物品的发货时间。

我们的委员会将不再负责物品运抵上海之后的费用。

斯德哥尔摩，1924 年 12 月 31 日

支持安特生博士在中国从事科学研究委员会

信的落款为"支持安特生博士在中国从事科学研究委员会"，是不是瑞典那个"中国委员会"的简称？不得而知。委员会领导是瑞典王太子古斯塔夫·阿道夫，有"中国情结"，喜欢吃中国菜，喜欢中国陶瓷艺术。

1905 年结婚时，祖父奥斯卡二世送给他一对清朝花瓶，他如获至宝，从此开始搜集中国瓷器，成为知名的中国瓷器收藏家。他组织了"中国委员会"，自任主席，倒不是一时心血来潮，"中国委员会"的工作宗旨就是搜集中国古董。由于这位王储的不懈努力，瑞典成为中国境外搜集中国陶器和青铜器最完整的国家。

时隔一月，1925 年 2 月 2 日，丁文江、翁文灏也以通信的形式，对协议加以肯定并做了补充。丁文江和翁文灏的回信是这样的：

致斯德哥尔摩支持安特生博士在中国从事科学研究委员会
尊敬的先生们：

请允许我告诉你们已经收到你们 1924 年 12 月 31 日就有关安特生博士在中国的考古采集品的处理意见的信。中国地质调查所非常赞赏瑞典委员会处理此事的合作态度，对你们为中国科学工作所给予的巨大帮助我们也诚挚地表示感谢。

当安特生博士告诉我们给瑞典委员会提出的条件之后，我们马上报告在其领导下完成采集工作的中国农商部。在充分认识到瑞方所提条件的慷慨前提下，农商部对授权把这批重要的以如此独特的方式展示中国早期文化的考古采集品运出境外，尤迟疑不决。为得到授权，在我们的建议下，安特生博士必须向农商部说明，在既有的协议上增加某些补充说明，使中国的利益必须得到充分满足，即所有的文物必须尽可能地平均分为两份，那些可以很快研究完毕的部分，自运出中国之日起两年内归还中国，其余则在尽可能短的时间内完成。他也同意驻斯德哥尔摩的中国公使可以察看这批材料并监督协议的执行。

上述补充条款已得到我们部长的认可，我们很高兴能够说整个事情现在已经得到官方的批准。

再次感谢你们，你们诚挚的丁文江、翁文灏（签名）

陈星灿的文章说，这两份存在瑞典东方博物馆的协议已经变脆发黄，与其他通信放在一起，并没有做任何特别处理。不过，就是这两份协议，决定了安特生考古采集品的未来命运，瑞典东方博物馆的基本收藏，也是这两份协议的结果。

两份协议的要点可以归纳如下：全部采集品的大部分（除人骨外）运抵瑞典研究；各遗址选择少数几个人骨架，在北京研究后送瑞典和文物一并展览；描述、研究之后的采集品平分为两份，一份留在瑞典，一份送还中国；瑞典方面分派专家对采集品进行专门研究，研究完毕，将其中的一半尽早送还中国；所有研究报告均由中国地质调查所出版，但是在得到授权之后，可以用瑞典文出版研究报告的简本。送还中国的采集品瑞典方面负责包装和运输至中国上海的费用；驻斯德哥尔摩的中国公使可以察看这批材料并监督协议的执行。

陈星灿指出，值得注意的是，瑞典中国委员会强调的是"把安特生及其助手在诸遗址发现的第一套人工制品和动物遗骸留在瑞典"，而中国方面强调的是"所有的文物必须尽可能地平均分为两份"；瑞典方面承诺"尽可能短时间内完成任务，以便促成答应中国地质调查所的这套材料及时归还，避免没有必要的拖延"，而中国方面则强调"那些可以很快研究完毕的部分，自运出中国之日起两年内归还中国，其余则在尽可能短的时间内完成"，虽然对于科学研究时间的不确定性给予充分的理解，但还是规定了归还的时间。

1925 年 7 月，安特生将启运仰韶文物的事情安排好后，乘船返回瑞典。岁末，他回到瑞典，斯德哥尔摩为从中国归来的安特生举行庆祝活动，他受到了英雄般的欢迎。古斯塔夫·阿道夫王太子在安特生的陪同下，参观了存放在原俄斯特马尔姆监狱库房里的中国文物。

1926 年春，由于安特生从遥远的中国带回来一批难以估量价值的宝贝，瑞典国会决定成立东方博物馆（英文名直译为"远东古物博物馆"），任命安特生为第一任馆长兼斯德哥尔摩大学东亚考古教授。

从此，安特生正式改行，由世界知名的地质学家变为世界著名的考古学家。瑞典东方博物馆的基本收藏是安特生 20 世纪 20 年代在中国的采集品，其中最重要者是 1921 年至 1924 年间安特生在河南、甘肃和青海地区的考古发掘品。

可以说，一个人从一个国家带回一批文物并成立一个国家博物馆，估计安特生打了个头炮。而且，安特生打了这个头炮后，再也没有人打第二炮了。因为这种事情千古难遇！

附带说一下，后来瑞典东方博物馆的藏品越来越丰富了，安特生从中国带回来的东西就构不成基本藏品了。但是，不管怎么说，这个博物馆的头一脚是从中国踢出去的。

1927年初，已返回瑞典的安特生开始履行瑞典和中国政府签订的协议，也就是分为几个批次，陆续退还他在中国采集到的仰韶文物。有一则消息说，在斯德哥尔摩的码头上，安特生亲眼看着第一批仰韶时期的文物装上货船，启程前往中国。他无法知道的是，那些运回中国的仰韶文物将会遭遇怎样的波折。

安特生在华考古发掘品的研究和处理方案，是中瑞双方协商确定的。在由于日本侵华和国际国内政治经济形势的变化，原本就不十分严格（比如怎样算平分等）的协议，后来在执行中又打了折扣。1936年，即日军入侵前夕，瑞典归还中国采集品七次，1927年一次，1928年一次，1930年两次，1931年一次，1932年一次，1936最后一次送至南京。可以肯定，绝对不是全部应该归还中国的"另一半"，因为不仅7张清单上的文物数目有限，而且目前存放在东方博物馆的文物上还有不少写着P（北京）字样，这些文物原本就是准备归还中国的。

陈星灿指出，按照中国与瑞典的协议，"那些可以很快研究完毕的部分，自运出中国之日起两年内归还中国，其余则在尽可能短的时间内完成"。明明白白写的是两年，但第一批采集品归还中国，是在协议签订差不多3年之后的1927年。瑞典研究和整理仰韶文物的时间之长，出乎所有人意料。实际上，采集品运到瑞典之后，几乎所有考古研究报告都是30年代以后出版的，而马家窑报告的面世，竟然迟至1956年。这也很大程度上影响到文物的归还。

为敦促安特生尽快在《中国古生物志》上发表研究成果，并归还中国的"那一半"，1930年丁文江直接写信给时任中国研究委员会主席的瑞典王储。但是，主要考古报告之所以后来在东方博物馆馆刊发表，而不是像协议规定的那样在《中国古生物志》发表，除了整理研究的速度缓慢，主要还是战争原因。比如齐家坪发掘报告原是准备在《中国古生物志》出版的，因日本侵略告吹；1937年安特生最后一次访问中国时，还把四时定和辛店甲址的报告带到南京，印刷完毕，却因日军进攻南京，此书永远消失在炮火中。这也很难责怪安特生。

安特生当年在中国的考古采集品，就是这样通过瑞典中国委员会和中国地质调查所签订的协定运出中国的。陈星灿曾经在一篇文章中认为，丁文江和翁文灏当年签订的协议，在今天看来，可能不会被很多人所理解。但是，考虑到此前甚至当时外国探险家和考古队肆意掠夺中国文化遗产的事实，考虑到当时中国还没有确立考古这门学问，甚至还没有自己的考古学家，而安特生的考古工作又是得到中国政府批准的，这个协议就不仅是可以理解的，甚至也是当时所能签订的最理想的和对中国最为有利的务实的合作协议。

陈星灿指出，实际上，两年后在北京学术团体的激烈抗争之下为中瑞合组西北科学考察团所草签的协议，也仍然是以此为蓝本，规定将采集品平分为两份。马思中博士这样评价中国地质调查所和瑞典中国委员会签订的这个协定："这样的情形，正如我们所见，并不依赖于任何一方，而是建立在双方人士的互信基础上。在安特生一边，他对中国同事的尊重，对科学的崇尚，以及对科学和人类带来许诺的信仰，深植于他对人类正义以及与此相关的个人宗教信仰中；丁文江及其年轻共和国的同事们，身为高度敬业的专家，不仅能够分享安特生对科学的追求，又是恪尽职守的爱国者，同时还对中国当时的历史处境有清醒的认识。他们坚持把采集品平分为两份，不仅仅是因为他们希望把这些科学资料留在中国，藉以培养为了实现现代化而追求科学的年轻一代，也是因为追讨正义，希望抹去此前历史上的不平等。"这个评价是中肯的。可惜，由于战乱原因，那些应该归还中国的文物，并没有按照协议如数归还；而已经回到中国的那部分，却杳无音讯，查无下落，这大概是爱国而又务实的丁文江、翁文灏两位先生所未能预料到的。

据说，归还中国的七批采集品，有的在南京中国地质调查所博物馆里陈列过，安特生最后一次访华时曾亲眼目睹。尽管他认为"从技术上说，斯德哥尔摩东方博物馆以赏心悦目的展览方式展览瑞典的一半之文物比这里好得多"。这倒是句大实话。他并不赞成"满足于把陶罐中最优秀的作品选出来，用一种我们并不会赞成的比较拥挤的展览方式来展出"，看到这批甘肃和青海地区的精美彩陶陈列在"设计优美而又完全现代化的伟大博物馆"里，仍然感到羡慕和欣慰。

1935年，国民政府在南京珠江路942号建起了中国地质矿产陈列馆，把北平丰盛胡同地质矿产陈列馆一分为二，把其中最主要的标本随同中国地质调查所迁往南京新馆。南京新建成的地质矿产陈列馆开馆不久，1937年，抗日战争爆发。日军占领上海，随即逼近南京，国民政府实业部地质调查所和南京其他政府机关接到命令，限期三五天内紧急撤离。地质调查所全所的员工连续奋战三昼夜，在11月16日到18日把陈列馆、图书馆，还有各个研究室的重要的标本、图书和仪器，统一装箱和编号，共202箱，其中陈列馆标本占88箱。

地质矿产陈列馆的标本大多笨重，只能精选历年采集和收藏的珍贵标本带走。至于那批运往重庆的精选标本中有没有安特生退还的仰韶文物，如今找不到任何档案记录。一个间接证据是，安特生退还的仰韶文物没有出现在重庆中国各大科研机构联合举办的展览名单中。

1937年，卢沟桥事变爆发，硝烟中，年过六旬的安特生再次来到北京，准备继续在中国进行考古工作。抵达北京后，他看到城里城外尽是日本鬼子，炮声隆隆的中国已无法进行学术考察，1938年他回到瑞典，从此再也没有来过让他声名远播的中国。

1946年夏，中国地质调查所由重庆迁回南京。年轻的地质工程师刘东生记得，当时有几百箱标本从重庆运回南京，到1946年底才运完，接着他们就拆箱清理标本。在那里，他看到三四个彩陶罐子，都很完整。1952年，中华人民共和国地质部成立，李四光出任地质部部长，传奇将军何长工被毛泽东点将出任地质部副部长。地质工作异乎寻常地被急速推向中国经济建设的前台。地质部决定将全国地质陈列馆领导机构由南京迁到北京，北京馆改为总馆，南京馆成为分馆。

1958年9月，中国地质博物馆大楼落成，标本由兵马司9号迁入新馆。1959年9月，新落成的中国地质博物馆一至四层26个陈列室的布展结束。10月，地质博物馆以崭新面貌正式向观众开放，共计展出面积4500平方米，展出标本17039件。这些展览中，惟独没有安特生在中国仰韶考古发掘的文物。而此时的安特生已是 85 岁高龄的老人，他在中国的考古贡献和学术研究成果遭到中国国内学术界质疑，所以没有人能正面谈论安特生以及他所归还的仰韶文物。

1960 年，86 岁的安特生在瑞典的家中平静地告别了世界。安特生去世后第二年，仰韶村文化遗址被中国政府列为"全国重点文化保护单位"，后来，遗址又被评选为 20 世纪中国考古的百件大事之一。

2004 年 9 月，瑞典东方博物馆以安特生的考古发掘品为基础布展。为配合展览，出版了两本图录，一本是同名的汉英文双语版的《中国之前的中国》，着重介绍收藏品的来历；另一本是瑞典文版的《中国之前的中国》，着重介绍这批收藏品的价值和意义。在介绍收藏品来历的图录里，把安特生到中国发掘的经过、安特生考古的价值和意义以及此后半个世纪国际学术界对安特生本人及其学术贡献的评介等，都做了简要回顾，也涉及到安特生的发掘品及其入藏东方博物馆的经过，但是由于图录篇幅的限制，对后面这个问题没有多加讨论。

那么，瑞典返还中国的仰韶文物到哪儿去了？对这个问题，尽管仍然有人不甘心，打算找找，但是，就像那个丢失了的"北京猿人"头盖骨一样，没有人认为它们还能找得到。

谁也没有想到，这件事居然出现了一个小小转机。

中国地质博物馆坐落在北京的西四十字路口西南侧，由于那一带尽是些平房，这座不算高大的建筑物挺显眼。2001 年地质博物馆开始大修，地下库房的标本被临时搬走，直到大修结束才重新迁回库房。

2005 年夏天的一个午后，中国地质博物馆保管部主任冯向阳博士带人清理库房的岩石标本时，发现了 3 个标本箱，这些木箱没有任何标志，而且箱子较轻，和馆里那些装岩石、矿物的箱子的重量明显不一样。

偶然间，冯向阳打开一个箱子，看到旧报纸包裹着一个完整的陶罐，四周有均匀分布的太阳图案。他猛然想起，以前在别的材料上见过半坡村彩陶盆，上面好像也有彩色太阳。他预感这个陶罐价值非凡，于是打开了第二箱和第三箱，同样是陶器。

随后，冯向阳又有新发现。当他把外面的包装纸全部拿走以后，在箱子底下还发现包装比较好的一些碎片，而且上面写有 Y·S 字样的标记。

显然，这些标记不是地质博物馆馆藏标本的登记方式。

这些奇怪的编号是什么意思？冯向阳向中国地质博物馆馆长程利伟汇报，程利伟觉得蹊跷，仔细观察这些陶器和陶器碎片，除了有些陶器上标有 Y·S 记号，还有的陶器碎片上写着 K 字打头的编号和带有方框的 P 字标志。眼前的这些字母编号让人迷惑不解，毫无疑问，这绝对不是中国地质博物馆使用的编号系统。

程利伟想起了几年前的一件事："大约 2002 年，博物馆收到了瑞典驻华大使馆的函，邀请我们去参加一个招待会，当时我因为有别的事情很忙去不了，就临时委派了一位副馆长去参加，这位馆长回来以后告诉我，说瑞典方面正在中国寻找当年遗失的仰韶文物。"当时程利伟想了想，认为中国地质博物馆没有发现收藏仰韶文物的记录，所以就让人给瑞典大使馆回复。就在这时，保管部的冯向阳再次来到馆长办公室报告说，他们发现一块陶片上有用毛笔写的"仰韶村"字样。根据统计，库房中发现的陶器和陶器碎片共计 29 件。此时，程利伟突然意识到，博物馆发现的这批古代陶器会不会就是瑞典方面正在寻找的那批仰韶文物呢？

那么，瑞典为什么积极寻找这批中国考古文物的下落？程利伟思前想后，决定登门去向博物馆的老前辈、年已九旬的研究员胡承志求教。胡承志被尊称为"博物馆里的活化石"。这位老人曾经在博物馆保管组工作，但他也不记得自己是否见过这些陶罐或陶片，不过他接下来的话让所有人都吃了一惊：这 3 个箱子里装着的，应该是安特生按照协议归还中国的仰韶文物中的极小的一部分。

就在这时，中国社会科学院考古研究所的李新伟博士应邀鉴定地质博物馆的仰韶文物。李新伟毕业于河南大学，后来回忆说："地质博物馆发现的这批文物，应该说有非常重要的学术价值，根据我们发现的一些档案材料看，瑞典方确实分几批返回了一些文物，但是现在地质博物馆发现的这些珍贵文物，是我目前看到的唯一一批跟安特生在仰韶、甘肃、青海地区工作有关的材料。"

李新伟猜测，安特生归还的仰韶文物有可能分别保存在一些学术机构，也许在南京博物院，也许在台湾的中央研究院。2006 年春，中国地质博物馆工作人员前往南京开始查找。他们在中国第二档案馆找到了南京地质矿产陈列馆1948年开馆时印制的《参观指南》。在上面清楚地写着在第一层展厅陈列中有史前仰韶时期的陶器。

中国地质博物馆的工作人员随即前往南京地质矿产陈列馆了解情况。但是，南京地质矿产陈列馆的工作人员告诉来访者说，他们从来没见过安特生退还的仰韶陶器，也没有任何档案记录。

据南京地质矿产陈列馆推断：既然刘东生1946年在南京拆箱清理标本时看到了陶罐，1948年在南京地质矿产陈列馆展出的《参观指南》里也标明有仰韶文物，就可以肯定，在中国地质博物馆库房里发现的彩色陶罐就是1946年刘东生在南京看到的彩色陶罐。

让人不解的是，为什么时隔半个多世纪，小部分仰韶文物突然现身于北京的中国地质博物馆？它们是何时从南京运到北京的？这些陶罐和陶器碎片是瑞典东方博物馆要查找的仰韶文物吗？为什么直到2002年才提出查找安特生当年归还仰韶文物的下落？那些在中国地质博物馆地下库房发现的陶罐与陶片上的编号究竟是怎么回事？

中国地质博物馆副馆长曹希平和瑞典东方博物馆取得了联系。2006年5月，曹希平随《探索·发现》摄制组前往瑞典，希望能在安特生的故乡找到更多的线索和仰韶文物失踪的最终答案。接待者是博物馆的研究部主任埃娃女士。在这座博物馆的主展厅，浩浩荡荡的仰韶文物给人的视觉造成强烈的冲击。埃娃把曹希平等带到展厅转角处，他们发现展柜中有件陶片的编号用字母K打头，并带有方框P的标志。中国地质博物馆发现的仰韶文物上同样也有这种带K字打头的编号和方框P的标记。埃娃女士说：最近我们在重新整理库房的过程中，发现了一批标有字母P的标本，当时安特生对所有这些标本都做了标记，分别标上字母P和S，标有字母P的标本按计划应返回中国。S是瑞典斯德哥尔摩的拼音字头，而P则是中国北京的英文字头。

东方博物馆对他们开放了库房。在此，他们发现了安特生在中国发掘文物的编号，都是K字开头，并用到1959年。在中国地质博物馆发现的仰韶文物上面，同样也有字母K字头的编号。曹希平认为，在瑞典文中，中国叫kina，第一个字母是K，这批文物来自中国，安特生用K字开头可能说的就是kina。

尽管解决了仰韶文物的编号之谜，但是，中国地质博物馆和瑞典东方博物馆都没有得到有关安特生退还给中国仰韶文物的最终下落。瑞典东方博物馆在发现带有字母P字头标记的仰韶文物后，立即研究。同时通过瑞典驻华使馆向中国国家文物局发出协查通报。回到北京后，中国地质博物馆副馆长曹希平和保管部主任冯向阳博士对瑞典东方博物馆提供的清单做了仔细核对，发现安特生先后七次退还给中国的仰韶文物共1389件，而中国地质博物馆在库房找到的那些仰韶文物只有一件和瑞典清单上的编号相吻合。这件文物的编号是K6371，退还时间是1932年7月4日。那么，其他的1388件文物究竟去了哪里？

2006年夏，中国地质博物馆再次发现29件仰韶陶器和陶器碎片，根据在国内外调查走访的结果分析，对这29件陶器和陶器碎片可以得出这样的判断：这些文物应该是安特生和中国地质调查所在联合考古发掘中的成果。其中，标有Y·S这组编号的14件陶器和碎片，有可能是安特生在中国考古开始阶段的编号方式，它是以"仰韶"的汉语拼音字头作为编号依据的；而用毛笔写有"仰韶村"汉文字样的一件，则一定是参与仰韶村发掘工作的中国地质调查所工作人员写上去的。字母K字打头并带有方框P的9件陶器，应该是安特生经过深思熟虑后，启用的编号系统。方框中的P则是英文北京的第一个字母，代表这些文物在瑞典研究后，应该归还给中国。而唯一的一件S的文物，应该是留在瑞典斯德哥尔摩的。不知道为什么，它也出现在这批陶器中。而有4件没有任何编码的完整陶器，则让人疑惑不解。

在仰韶村，方丰章对我讲过冯向阳在地质博物馆偶然发现仰韶文物一事。方丰章说，你要打算进一步了解情况，回北京后不妨问问冯向阳博士。我回北京后，没多久，就查询地质博物馆冯向阳的电话。这回比较顺利，地质博物馆办公室给我的是冯向阳博士的手机号码。

在电话中，我只问了冯向阳一个问题："你发现的那几个箱子，是从瑞典东方博物馆寄出来的箱子，还是在中国置换的箱子？"

其实，这是个挺蹊跷的问题。而冯向阳几乎不停顿地回答："那些装仰韶文化陶器的箱子，肯定不是从瑞典东方博物馆寄出的箱子，而是寄到中国后，被国人更换了的箱子。"

我问："你估计中间的过程是怎么回事，包装箱为什么会换了？"

冯向阳的回答仍然很快："这里的原因我就搞不清楚了。"

我数次去四川，熟悉冯向阳那种半普通话半四川话的口音，四川人称这种话为川普，即四川普通话的简称。

我和冯向阳只是在电话中简单交谈了几句。我觉得差不多了，正准备放下电话时，他突然问了一句："你怎么关心起这几个箱子了？"

我说："我准备写本书，你的这件事打算写进书里。"

"写进书里？哎呀呀呀！"冯向阳立即嚷嚷起来，"我不过在地博的库房偶然发现了几个箱子，里面有几个上古陶罐，这算个什么事嘛，小事一桩，小事一桩，根本就不值得写。"

我说："这怎么是'小事'呢，这可是件不小的事。"

"小事小事，不值一提，不值一提。"冯向阳在电话那头坚持着。

我说："作为老同志，可以明确对你这小同志说：这事一定要提。"

至此，冯向阳就不再吭气了。

放下电话后，我感到一丝轻松。冯向阳说地质博物馆仓库里看到的不是从瑞典东方博物馆寄出的，是寄到中国后更换了箱子。这么一来，就简单了。瑞典东方博物馆的确按照协议退还了仰韶文物，且不说是不是如数退回了，起码中国方面的确收到一部分，明显证明就是改了包装。所以瑞典东方博物馆的嫌疑被解除了，或者说，他们并非没有退回而谎称退回。

因此，时下中国有关部门要查询的不是瑞典东方博物馆，而是中国收到瑞典人退回的东西后，把那些东西弄到哪儿去了。有的学者猜测说，1949年，国民党政府撤退到台湾时，把瑞典人退回的仰韶文物运到台湾去了，在台湾可以找到。确有这种可能，但可能性不会太大，因为台湾方面肯定知道瑞典寄回的仰韶文物丢失，而至今也没吭气。当然，也不能排除另外一种可能性，那就是瑞典东方博物馆退回的仰韶文物并没有走远，至今仍在北京或南京的某个不被人注意的角落里呆着，只是没有被发现罢了。这种说法听起来像痴人说梦，但从冯向阳博士发现那几个箱子的过程来看，这种可能性应该是存在的。

14. 仰韶村经过三次发掘后，仅存一角旧貌

仰韶村遗址面积约 30 万平方米，前后经过 3 次发掘。

第一次是上个世纪 20 年代初安特生出面组织的那次，虽然开启了中国新石器时代考古发掘和研究的先河，但是，由于多方面原因，几乎没有找到像点儿样的东西。不管怎么说，一个洋人学者跑到一个名不见经传的中国小山村，组织的仰韶村遗址发掘形同打开一扇门，揭开了中国现代考古研究帷幕，扯下了中原文明头上的红盖头。

在考古学文化命名上，通常以首次发现的典型遗址所在的小地名作为考古学文化名称。安特生在仰韶村首次发掘后，依照考古惯例命名为"仰韶文化"。从此"仰韶文化"就叫响了，并一直使用到今天。

1951 年 6 月，仰韶村遗址的第二次考古发掘，使仰韶文化的面貌清晰展现出来。专家们认识到，仰韶村文化遗址包含着仰韶和龙山两种不同时期的文化，对仰韶文化内涵的认识深入了一大步。

夏鼐是浙江温州人，1934 年毕业于清华大学历史系，次年就读于英国伦敦大学，获埃及考古学博士学位。回国后在中央研究院历史语言研究所任研究员。抗日战争后期在甘肃调查发掘，通过对甘肃阳洼湾齐家文化墓葬的发掘，他从地层学上确认仰韶文化年代早于齐家文化，纠正了原来甘肃远古文化分期的错误。1950 年夏鼐任中国科学院考古研究所研究员，在河南省辉县发掘，从地域上和年代上扩大了对商文化的认识，而后在郑州调查，确认二里岗遗址为早于殷墟的又一处重要商代遗址。新中国刚成立，百废待兴，当务之急是医治战争创伤，恢复国民经济。在这种情况下，政府没有忘记仰韶遗址。

1951 年 6 月，朝鲜战争爆发整一年，全国人民为在朝鲜战场打败美帝而在各条战线忙碌。就在这时，夏鼐等专家学者来到仰韶村，开探沟，

发现排列稠密的墓葬9座，出土红底黑彩、深红彩的陶罐、碗、小口尖底瓶，以及龙山时期的磨光黑陶、压印方格纹灰陶、带流陶杯和绳纹灰陶鬲等。在那种形势下，取得这样的成果颇为不易。

夏鼐等专家在仰韶村第二次发掘时，发现这里并非只有仰韶文化，其实有四层文化层相迭压，自下而上是仰韶文化中期—仰韶文化晚期—龙山文化早期—龙山文化中期。有人说，安特生没有发现仰韶村存在的文化迭压，而夏鼐纠正了安特生的谬误，好像能耐比安特生还要大。其实，这么说不妥，过于苛刻。因为安特生在仰韶村发掘时，中国考古界还没有发现龙山文化，更没有总结出文化迭压规律。

上世纪50年代中期以后，黄河中游地区田野考古工作开展，挺有声势，中国学者建立起了一个新的仰韶文化体系，对仰韶文化来源的研究也有了全新认识。

1980年秋至1981年春，对仰韶村文化遗址进行了第三次考古发掘。这次发掘是被群众面临的建房问题逼出来的。寺沟是个自然村，地处仰韶遗址的东南角，那儿的群众的住房挺有特色，在别的地方不大容易遇到，即土窑和平房搭配，土窑多，平房少，大多顺着断崖走向削平壁面，凿洞成窑。窑洞分为两层，上层是住所，下层是做饭或活动的场地，雨雪天，崖头落土，院内泥泞，窑内潮湿。

随着群众生活水平逐年提高和人口的逐渐增加，渐渐富裕起来的寺沟村群众想摆脱窑洞，自家盖个独门小院儿。既然要盖院子，就得脱离原先居住的崖壁，搬到台地上居住。这么一来，就要在台地上大面积动土，而谁也不知道土里是不是埋藏着文物。

渑池县文化馆有个叫曹静波的，那时是"文物专干"，他向上级写了一份要求发掘仰韶村的报告。这可是件大事，层层上报，最终得到国务院批准，国家文物局通知河南省文物研究所派出专家，配合发掘，强调发掘清理结束后才能建房，经费由文物研究所承担。

这一次，河南省文物研究所指定赵会军为领队，他与邓昌宏率先来到了渑池县，渑池县文化馆予以配合，联合组成发掘小组，并抽调曹静波、许建刚、王永峰等参加发掘工作。

这次发掘的最初目的是为了解决当地群众住房困难问题，也算是配合基本建设的项目。发掘分为两个阶段进行，第一阶段为 1980 年 10 月至 11 月，由赵会军主持；第二阶段为 1981 年 4 月至 6 月，由丁清贤主持。

发掘前，考古工作人员在建房区域内进行了文物考古普探，得知地下文化层浅的 0.5 米，最深的 5 米，一般约 1 米。考古人员将发掘点选在文化层堆积最厚的地方，将弄清仰韶村遗址的地层堆积情况作为发掘的重点工作。在发掘过程中不时有外国友人和国内学者参观。

1980 年 10 月，发掘开始。工作人员蹲在探方里，手持小铲不停地刮削，分辨土质、土色，随时搜集实物残片，发现小件文物就及时绘图，并记录位置。在一条探沟里出土了几件具有仰韶期特征的红陶罐、红陶钵，其中一个彩陶罐是珍品。发掘面积 200 多平方米，开探沟 4 条，探方 4 个，出土陶器、石器、骨器、蚌器 613 件。

那时，赵会军是负责这次发掘的联合工作队领队，事后著有《发现仰韶》一书。他在书中说，发掘工作开始了。在台地上，民工手握铁锨一字排开，约 20 人，我们在遗址最高点上用绳子划了个 5×5 的方块。有人问，为什么要选择这个区域？我们告诉他，关于发掘区域的选择，一般是要选择遗存比较多的地方，如地表上陶片等遗物比较多或者经过钻探，可以明确地下有遗存，如墓葬等。有时，对于不太熟悉的发掘点，如第一次发掘，也会选择堆积较薄的地方，先搞清遗存性质，以免破坏重要遗迹。堆积较多的地方，往往就是地层比较厚的区域，自然地势略高，最高点可能是后期破坏较少的地方，至少是层位保留较好的区域。

在第一个探方，耕土层挖去，看到不同颜色土质分布在一个平面上。按照田野考古方法，用小铲划线，区分不同颜色的土质，发掘出形态各异的灰土坑。灰坑是干什么的？为什么灰坑内会出现那么多残陶片、石器和兽骨？灰土坑主要是装食物用，也有个别灰土坑是半地穴的房基。当这些灰坑不再使用时，人们便把垃圾填到坑里了。

"地层迭压"和"灰坑打破关系"，一般人不明白何意。它们是两个考古学的专用名词，反映的是时间上的早晚关系，属于田野考古中的基本问题，只有这样，才能把不同地层、不同灰坑中出土的文物排出早晚时代。而"炭灰"则是测定年代早晚的材料之一，对于确定仰韶遗址距今的相对年代，有着非常重要的参考价值。

这次挖掘充分使用了一种工具，这就是洛阳铲。洛阳邙山有许多古代墓葬，自明代中叶，洛阳民间就开始流传一种凹形探铲。马坡村村民李鸭子是民国间人，以盗墓为生。1923年，他到孟津赶集，看到个包子铺，卖包子的正在地上打洞，打洞工具引起李鸭子的兴趣，这东西每往地下戳一下，就能带起很多土。李鸭子意识到，这东西比平时使用的铁锨更容易探到古墓。于是比照着那个工具做了个纸样，找到一个铁匠照纸样做了实物，第一把洛阳铲就这样诞生了。

洛阳铲的工作原理和地质取样工具相似，铲身不是扁形而是半圆筒形，类似于瓦筒状。洛阳铲打制完毕，再装上富有韧性的白蜡木杆并接上特制绳索，就可以打入地下十几米，甚至几十米深处。铲子提起后，铲头内面会带出一筒土壤。这样不断向地下深钻，就可以对提取上来的不同土层的土壤结构、颜色、密度和各种包含物进行分析。如果是经过后人动过的熟土，地下就可能有墓葬或古建筑。如果包含物中发现有陶瓷、铁、铜、金、木质物，可以推断地下藏品的性质和布局。

盗墓贼凭借洛阳铲碰撞地下发出的不同声音和手的感觉，便可判断地下的情况，比如夯实墙壁和中空墓室、墓道自然大不一样。20世纪50年代，洛阳成为重点建设城市。工厂选址常遇到古墓，以机器钻探取样费时费工，工程施工人员就利用这种凹形探铲，准确探测出千余座古墓。之后这种凹形探铲推广到全国，并传到国外。

按照赵会军在书中的描写，十几天的野外工作，大家有些累了，各自忙着眼前的工作，没有说话。深秋的凉风习习地吹在身上，忽然，有个青年人喊叫："我这里有重要发现了。"工地上一下沸腾了起来。大家你推我、我拉你，争先恐后地往前挤，都想一睹这个发现。

几件具有仰韶文化特征的红陶缸、红陶钵展现在大家面前。其中一件彩陶缸非常精致，腹部饰有一周月牙纹图案。陶器只露出一半时，几个学考古的青年人喜出望外，议论纷纷。有的说，祖先把月亮形状画在陶器上了，说明那时人们对月亮就有了一定认识。有个懂点美术知识的年长者说："从整体平面上看，这个图案设计得很合理，线条流畅简练，生动地勾画出了远古先民的聪明智慧。"

共开探方4个、探沟4条，发掘文化遗址面积200平方米。发现房

144

屋基址 4 座，窖穴遗迹 41 个，出土石器、陶器和骨器等遗物 613 件。整个仰韶村遗址从东北到西南长 900 米，西北到东南宽 300 多米，总面积近 30 万平方米。通过发掘，发现这里有四层文化层相迭压，自下而上即从早到晚：仰韶文化中期—仰韶文化晚期—龙山文化早期—龙山文化中期。考古发掘人员根据两次发掘的地层文化堆积、遗迹的迭压关系，以及各文化层出土遗物的特征，将仰韶村文化遗址分为四期：

第一期文化以红陶为主，灰陶、黑陶相对少。陶器表面纹饰以线纹为主，弦纹和划纹次之。彩陶数量不多，主要以黑彩为主，红、白彩少见。纹饰有圆点、三角、月牙、花瓣、网状等。陶器有小口扁体釜、盆形灶、大口罐、深腹罐、折腹碗、器盖等，属于仰韶文化的庙底沟类型。

第二期文化中，发现的遗迹和出土的文化遗物较少。从出土的敞口平折沿浅腹盆、罐形凿状足或锥尖足的鼎、敞口浅腹圈足鬲、鼓腹罐、彩陶罐、底部呈钝角或直角的小口尖底瓶，以及钵、碗等器形推断，该期文化属于仰韶文化的西王村类型。

到第三期文化时，灰陶较多，而红陶较少，几乎没有发现彩陶。陶器表面的纹饰以横篮纹为主，其次为附加堆纹，还有划纹、弦纹、绳纹及格纹。陶器有罐形鼎、平底三足鼎、篮纹和附加堆纹的深腹罐、小口高颈尖底罐、高圈足镂孔豆、单耳罐、敞口碗等。赵会军他们认为，这种出土物属于河南龙山文化的庙底沟二期类型。

第四期文化时，陶器的造型趋于规范，火候较高，胎较薄，多为轮制。陶器纹饰以绳纹为主，篮纹和方格纹次之，还有少量的附加堆纹、弦纹、乳丁纹、凸棱纹等。陶器中鼎的数量明显减少，出现了陶鬲、深腹罐等新器型。

这次田野考古发掘再次确认了仰韶村文化遗址存在着不同时期的文化层，并发现仰韶文化和龙山文化的地层迭压关系。发展序列为：仰韶文化中期—仰韶文化晚期—河南龙山文化早期—龙山文化晚期。这些发现使人们对仰韶村文化遗址的内涵有了较科学的认识。

在仰韶文化层中，发现有圆形和椭圆形窖穴，出土有石斧、石铲、石刀、石凿、石饼、石网坠、石弹丸、石犁形器及刮削器、砍砸器等。这些石器多数是磨制，也有打制和打磨兼制的。出土的陶器以泥质红陶和夹砂红陶为主，器形有鼎、灶、釜、甑、钵、盆、碗、壶、罐、瓮、小口尖底瓶、器盖等，饰线纹、弦纹、划纹、附加粗纹。还有一定数量的彩陶，以黑彩为最多，红彩、白彩较少，绘成圆点纹、弧线纹、带状纹、直边三角纹、弧边三角纹、月牙纹、网状纹等。

这时的陶器多为手制，个别的陶器用慢轮稍稍加以修整。在龙山文化层内，发现三座圆形、一座方形房子及30多个圆锥形、椭圆形和不规则形状的窖穴，出土有石斧、石刀、石铲、石凿、石锛、石镞、石饼、石弹丸、砍砸器、刮削器、石纺轮和研磨器等。陶器以泥质和夹砂灰陶为主，也有一定数量的泥质黑陶，器形有鬲、鼎、罐、盆、缸、豆、碗、斝、杯等，均为轮制。

安特生与中国学者共同进行的第一次发掘，开创了中国新石器时代考古学的先河；第二次发掘证明这里包含有"仰韶和龙山两种混合文化"存在；第三次发掘，弄清了仰韶村遗址的文化内涵和时代早晚关系。

2012年春季，我们一行人来到仰韶村，先参观仰韶文化博物馆，而后抵达仰韶村的一部分，这里叫寺沟村。

这时，距仰韶遗址的第三次发掘已经30多年了。我们见到的寺沟村，是村民搬上台地之后重新建设起来的。据说，开始人们把这地儿叫寺沟新村，因为已建起二三十年了，不那么新了。

我们在村里转了转，一座座房子都挺像回事的，而且事先经过了完整的规划，横平竖直的，挺整齐，整个村子有模有样的。

老寺沟村早就没了。大家还是有点想法，过去的那个老寺沟村为什么没有保留下来呢？安特生当年去的可是老寺沟村呀。在新寺沟村里转悠，看看"社会主义新农村"，看看新寺沟村村民安定而祥和的生活场景，实在不是我们来仰韶村的初衷。

许建刚参加过对仰韶遗址的第三次发掘，那时他是个20多岁的小伙子，在没几个人的小联合工作队里，担任第五把手或第六把手。时下，这位当年的小萝卜头已年过五旬，在渑池县负文物之责。

许建刚情绪不错，领着我们在新寺沟村里转悠着，突然间，他就像是想起了什么，转身对我说："我带你们去看个地方。"

我问："去哪儿？看什么？"

许建刚说："到了那个地方，你们就知道了。"

他说完后，扭头就走。我们一行不再问，在后面跟着。

我们离开了新寺沟村后，从台地上往下绕行，走了几百米远，经过一段小径，来到台地的下面。

许建刚绕过一段崖壁，停下，顿时就来劲儿了，右手向前一甩，大声说："同志们呀，你们看吧，这里就是寺沟村原先的样子！"

我们一看，不由愣住了。在一处断崖前，密密匝匝地分布着窑洞和平房，四周渺无一人，静悄悄的。

不用说，这是一处被废弃了的村庄，或者说是被新寺沟村村民丢弃了的老寺沟村的一角。不管怎么叫它都行，反正它是出局了。

和许多古老的山村一样，老寺沟村即便在全盛时期，也不可能有过任何规划设计。现在就看得更加清楚了，窑洞和平房七零八落地分布着，这会儿更加衰微破败，房子绝大部分残破不堪，就像被密集炮火轰击过，有的房顶仅剩下半个，有的房子一面墙没了。但也有一两栋较新的房子，奇怪的是，门口居然挂着一把锁。

这些瓦顶的土房后面的那些随意排列的窑洞都很残旧，而且每个都有四五米高，与我们在其他地方见到的窑洞远远不同。

从外面看，上面是一扇窗户，下面是一扇门。由于天色向晚，我们当时没有进去。其实，也不用进去，就可以想象到里面是什么样的。

许建刚对我们解释说："这些窑洞是不是看着挺高？里面分上下两层，两层之间衬了一块木板，是楼上楼下的格局。别的地方很少有这种窑洞，它们简直就像原生态的窑洞'复式建筑'。"

怎么也不会想到，到了当下这种年景，在仰韶村的边缘，居然还能见到被新建仰韶村甩出去的老旧的那部分。

这种情景，我过去就见过。在那几年间，我们总是开着车在呼和浩特至乌兰察布一带转悠，内蒙古的旧村改造挺彻底，旧村子撤了，另外找个合适的地方建"社会主义新农村"，而后整个村整个村的搬迁，汽车行不多远，就见到被撤下的旧村落，一个人也没有，只有七零八落的破旧村庄，里面是一幢幢被遗弃的破旧房子，大部分烂得没样儿了。

我心里不由泛起一种怪怪的感觉，没有说话。

同行者可能感觉差不太多，都站在那儿，谁也不吭气。

　　"你们看了后有什么想法？"许建刚微笑着问。

　　许建刚这么一问，有些突然，我想了一阵子，才指着那些房子和窑洞说："对于这一片，你们没有打算彻底拆除吧？"

　　许建刚若有所思，半晌才说："拆除问题，目前还没有想过。但是，你为什么会这么问？你是怎么想的？你们有什么看法？"

　　我说："我们刚才看到了台地上的那个新寺沟村，不用说，那里已经没有一点当初的模样了，连个影儿都摸不到了。而这里是古老的仰韶村的硕果仅存。如果有谁还想看看仰韶村的旧日模样，也只能来这儿看了。我估计，当初安特生来的应该是这儿。"

　　许建刚说："我之所以带你们来看，就是想听听你们的想法。"

　　我问："安特生当年来仰韶村时，仰韶村就是这个样子吧？"

　　"这件事可怎么说呢？"许建刚不由四下里看了看，为难地挠了挠后脑勺，"安特生他们来的时候，仰韶村是什么样，老一辈的知道，而老一辈都已经不在了……那时的房子和窑洞，就应该是眼下这个样子的……可能还有点树木什么的。"

　　我说："是不是可以这么说，在安特生、步达生、师丹斯基，还有袁复礼等人眼里，仰韶村不是台地上的那个样子，而是这个样子的？"

　　许建刚说："那当然啦。是这儿的人没有搬走之前的样子。"

　　"提点建议。行吗？"我说。

　　许建刚说："你就说吧。还有，大家畅所欲言。"

　　我说："我不知道你意识到没有，如果在别的地方，这片报废的房子和窑洞，就当废墟处理了，在原地另起炉灶便是。而在仰韶村，则不能这样处理，因为这片房子和窑洞已经成为文物了。"

　　"这些是文物？"许建刚想了想，"嗯，也可以这么说。"

　　我说："举个不恰当的例子，这里如同大名鼎鼎的仰韶村的'庞贝古城'，不能轻易推倒。所以，我们要提出一个建议：今后，你们尽管去歌颂改革开放给农村带来的新变化，尽管去讴歌渑池县农村'旧貌换新颜'，但是，这里千万不要动。在仰韶村范围内，硕果仅存的老寺沟村一角务必要保护好。而且，为了防止这些窑洞和房屋的倒塌，你们要向上级申请一部分资金，给它们适当加固。"

许建刚说："我们会充分考虑这个建议。"

我说："我不知道你说的'充分考虑'是不是应景的话。对我的建议，你们完全可以不予搭理，置于脑后。但是，如果你们真的把这里推倒了，最后吃亏的是咱们仰韶村。因为游客来到仰韶村，不是来看什么欣欣向荣的社会主义新农村的，台地上的新寺沟村，他们无心看，到处是那种景观，游客们要看的是接近本来面目的真东西。"

同行的于锋说："我们也是这么想的。在渑池县，你是文物部门主管，刚才冯老师说的，也是我们想到的，且算是几名游客的建议。"

许建刚频频点头："我会向上级反映你们的建议。"

我在一侧观察着许建刚的表情，从心里感到，这位忠厚勤勉的中年人绝对不是在应付我们几个旅游者提出的想法。

可以说，对于昔日仰韶村的残山剩水，他早就动心了，而且，他和我们的想法差不多。否则，他也不会专门把我们领到这儿来。

15. 庙底沟已成为城市中的村落

我在翻阅有关仰韶文化的材料时，庙底沟三字总蹦入眼帘。这地方有何等意义呢？安特生在仰韶村没有找到完整彩陶，只捡到些陶片，而在新中国成立后，考古工作者在庙底沟有了重大发现。

话可以这么说，当初刘长山把安特生带到仰韶村，而安特生在仰韶村并没有找到多少东西，只捡到彩陶碎片，连个完整器形都没有，后来到了甘肃和青海，才有了重大发现。他在西北之行后，酝酿把彩陶为代表的文化现象以"仰韶文化"命名。此后新中国考古工作者发现庙底沟遗址，在庙底沟发现的文物仍纳入仰韶文化系列。

仰韶村在渑池县，庙底沟则在渑池县以西的陕县，仰韶村距离庙底沟并不太远。如果反过来想的话，似乎可以说，如果当初刘长山把安特生带到的是庙底沟，那就完全可以肯定，以后安特生就不会再去仰韶村了。而且，以后即便再发现仰韶村的陶片，也没人会当回事了。

仰韶村发现在前，庙底沟发现在后，造成一种现象。不妨举个不恰当的例子，某人打算找个唱戏的，转了一圈，找到个名为"仰韶"的演员，但"仰韶"已倒仓，唱不出来了。而"仰韶"演出的海报已张贴出去，怎么办？这时又找到一位，念唱做打，样样拿得起来，得了，就用这位顶着"仰韶"的名字出场吧。这位的名字就叫庙底沟。

我写本书时，每次去三门峡都是匆匆来，办完事后匆匆走。公司活动记入成本，出差在外，延长一会儿就多一会儿的费用。几个同仁有各自任务，我张不开嘴，也就没有单独去一趟庙底沟。

2014年早春时节，我们又到三门峡市。在市里行车，我看到一个地方挺怪，周围的建设都起来了，一幢连一幢的高楼，有模有样，唯独这片仍旧是老房子，灰突突的，模样一点都没变。

我随口问同车的老高："这片怎么没有动呀？"

老高是三门峡当地人，早先也是当兵的，前几年以正团职干部转业，任三门峡市政府的招商局局长。部队就是这样，早当一年兵有早当一年兵的本钱。与我相比，高局长只能算个新兵蛋子。

老高撩了一眼车窗外，随口说："这片不让动。"

同车的吴总问："不让动？为什么？"附带说说，吴总是位女同志，就像许多女老总一样，对政府的行政命令有特殊的敏感。

老高捻着太阳穴想了想："我听人说过，这个地方好像有点什么讲头，不能随便动，动了后，怕给以后的工作带来麻烦。"

我问："这个地方叫什么名？"

高局长茫然想了想，才说："叫什么来着？对了，庙底沟。"

"庙底沟？"我愣了。

老高说："对，就是叫庙底沟。"

我喊道："停车！"

车停了，我急忙下车，站在路边看了看。

"这就对了。"我对老高说，"如果没有准备充分，庙底沟万万不能随便开发，过去的教训太多了，只要一动土，转眼就成'社会主义新农村'了。过去的那些老东西，一半天儿的就都没有了。"

回到车里，我赶忙问老高，"书上说了，庙底沟离三门峡市有几公里呢，怎么现在看，庙底沟就在市区里。"

老高不由笑了，说："三门峡的建设发展很快，周围的农村和田亩都被'吃'了进来。庙底沟就成为城中村了。"

"真没想到，庙底沟进城了。"我说。

老高问："这个地方有说头吗？"

我深喘了一口气："这地方的说头大发了。"

据有关材料介绍，庙底沟位于陕州古城南，距市区约4公里，在青龙漳南岸，原陕县火车站东边比较平坦的原上，东、西两侧各被一条南北走向的沟切断，西边那条沟俗称为庙底沟，沟两旁营造窑洞；东边那条沟俗称北龙沟，沟底有条小河注入青龙涧。

庙底沟是个较老的地名，最迟在明朝年间已有。新中国成立后，

1953 年，中国科学院考古研究所河南考古调查队开始在陕县、灵宝考古调查，发现了位于原陕县城关东南的庙底沟遗址。

上世纪 50 年代后期，黄河三门峡水利枢纽工程的前期勘探工作开始。为了摸清库区范围内的文物分布情况，在蓄水前确保文化遗产安全，黄河水库考古工作队抽调各省行家，算下来拢共 80 来人，在三门峡工程局和陕县政府协助下，对庙底沟遗址展开第一次大规模发掘。经过近一年会战，在庙底沟遗址发掘面积近 5000 平方米，探挖 280 个 4 米见方的探方，发现仰韶文化时期灰坑 168 个。

东至火烧羊沟、西至庙底沟的 24 万平方米范围土地内，一处 6000 年前的原始氏族公社的村落静静地沉积在厚厚的尘埃中。中原史前文明中独一无二的仰韶文化庙底沟类型便因此而得名。

遗址的仰韶文化层上堆积早期龙山文化层，称庙底沟二期文化，它是承袭仰韶文化发展起来的，也是仰韶文化向龙山文化过渡期的文化。发掘出龙山文化早期房基一座，为圆形半穴式。底部铺层草泥土，基上铺层灰面。墙根下部涂层白灰面，墙壁光滑整齐，部分经火烧成灰白色硬面，西壁有土耸，周围烧成红色。房子四周排列有柱洞，房子中间偏北亦有一柱洞，洞周围添碎陶片和草泥土稳固木柱。房子东边有长方形窄门道。发掘窑穴 26 个，分圆形和椭圆形两种，还发现一座陶窑，有窑室、火口、火樘及火道组成，保存比较完整。出土的龙山文化早期陶器绝大多数是灰陶，主要采用泥条制成，器形有碗、盆、杯、罐、瓶、豆、鼎、灶等。以饰篮纹为主。另有少量绳纹、附加堆纹、方格纹和划纹，还有为数不多的彩绘陶器。出土的石器多为磨制，这一发现解决了仰韶文化与龙山文化的相互发展关系，在考古学上具有重要价值。

庙底沟房屋大多是半地穴式的，屋内有保存火种与取暖用的圆形火塘。他们还挖掘墓葬 156 座。出土各种石制工具和大量的彩陶，包括长达 29 厘米的石铲和口径超过半米的陶盆。发掘出来的文化遗物中以陶片为多，器形相当复杂，复原的陶器达到 690 件，至于器形有盘、碗、盆、杯、罐、盂、瓶、甑、釜、鼎等。和半坡类型彩陶多鱼纹不同的是，庙底沟出土的陶器多以黑彩绘玫瑰花瓣纹和弧边三角纹为主。两个遗址都出土有一种特殊器物，这就是小口尖底瓶。在庙底沟出土的石器中，以打制者居多，仅盘状器一项即达到两千多件，可能兼作敲砸或刮削之用。磨制石器中的斧、铲、刀以及用陶片改制的陶刀，明显属于农业生产工具。石头纺轮的出现，表明已经有了纺织工艺。

庙底沟遗址的发现，解决了仰韶文化和龙山文化的分期，更重要的是解决了仰韶文化和龙山文化之间的关系。从而证明，中华民族的祖先从远古时代起经过仰韶文化、龙山文化，直至商周。

庙底沟的房子是半地穴式，有保存火种与取暖用的圆形火塘。四周墙壁用木柱作骨架，外边敷草拌泥的墙壁。这里龙山文化的房子是半地下圆形，底部铺一层白灰作为居住面，墙壁也很光滑，是经火烧过呈灰白色的硬面，看来它可能是属于尖锥顶形的房屋。

陶器的制作基本上是泥条盘筑，也有用手捏制的。颜色主要是红色，比较典型的陶器有卷缘曲腹盆、曲腹钵、敛口瓮、夹砂罐、小口尖底瓶和陶灶等。彩陶纹饰主要有花瓣纹、豆夹纹、网纹、窄带纹等。

陶器典型器物主要有曲腹平底碗、敛口钵、小口尖底瓶、平底瓶、盆形灶、盆形瓶等。最常见平底器，其次是尖底器。多数饰黑彩，也有饰红色和黑红二色的。装饰有回旋勾连纹、垂弧纹、窄带纹、网格纹，还有少数三角纹、圆点纹等。仅发现一件陶鼎。这与渑池以东诸类遗址中多有陶鼎形成鲜明对比。与庙底沟遗址明显不同的是，这一地区常见直筒深腹陶缸，而不见泥质大口缸等。

蟾蜍为两栖动物，皮上有许多疙瘩，俗称癞蛤蟆，称蛙似乎无大错。蟾之为纹，是值得关注的庙底沟文化彩陶。庙底沟文化彩陶上见到的蟾蜍纹虽然没有一例是完整的，但大体可以复原出原来的构图。

严文明指出，蛙纹在半坡时期是绘在盆内，画法接近写实。"到庙底沟期，蛙纹一般画在盆的外壁，样子也还接近于写实。"由半坡期经庙底沟期再到马家窑期，蛙纹与鸟纹一样，"很清楚地存在着因袭相承、依次深化的脉络。开始是写实的，生动的，形象多样化的，后来都逐步走向图案化，格律化，规范化"。他研究了鸟纹与蛙纹的意义，认为"从半坡期、庙底沟期到马家窑期的鸟纹和蛙纹，以及从半山期、马厂期到齐家文化与四坝文化的拟蛙纹，半山期和马厂期的拟日纹，可能都是太阳神和月亮神的崇拜在彩陶花纹上的体现。这一对彩陶纹饰的母题之所以能够延续如此之久，本身就说明它不是偶然的现象，而是与一个民族的信仰和传统观念相联系的。"像这样来完整理解彩陶的意义，将彩陶放在大文化背景中来观察，应当是非常有见地的。

蟾在古代有特别的象征意义，它的文化性非常明确。在《淮南子》中记有这样的神话，后羿到西王母那里求来了长生不死之药，嫦娥吃了逃到月亮里去了，变作一只蟾蜍，成为月精。嫦娥奔月化为蟾蜍的神话，最早见于《楚辞·天问》，所谓"夜光何德，死则又育？厥利为何，而顾菟在腹？"闻一多在《天问释天》解"顾菟"为"蟾蜍"。在汉代画像石上，我们可以看到月中的蟾蜍图像。蟾蜍为神话中的月神，对于汉代人而言，蟾蜍仍然被看作是月亮的象征。

庙底沟文化遗址与仰韶文化形式由于时代、地域或部族的不同，有其独特的内容，因首先在庙底沟发现，所以称庙底沟类型文化。碳化测定为公元前3910年，上下浮动125年。

安志敏是山东烟台人，早年曾经担任中国社会科学院考古所的副所长，《考古》杂志主编。当年夏鼐任黄河水库考古队队长，安志敏担任副队长，具体负责发掘事宜。至于为什么要在庙底沟做大动作，安志敏有句提纲挈领的话：庙底沟的仰韶文化遗存最为丰富。

庙底沟文化彩陶对西北的影响明显，是明确的文化传播。在传播过程中，彩陶器形与纹饰没有明显变化，在青海民和县藏族聚居区和循化县撒拉族聚居区等地发现的同期遗存，甚至可以直接划入庙底沟文化系统，这是中原远古文化对周边地区影响的非常典型的例证。庙底沟文化时期中原文化的强大张力，由这一层面看，表现得非常充分。

在青海民和胡李家出土的垂弧纹和排弧纹彩陶，与陕县庙底沟和秦安大地湾所见的同类纹饰接近。民和阳洼坡发现一例与圆形组合的叶片纹。叶片较宽大，圆形中填有十字形。阳洼坡的发现非常重要，它应当是后来马家窑文化类似纹饰出现的起点。在秦安大地湾后庙底沟文化彩陶中，就可以看到这种叶片纹变化的轨迹。

一些彩陶上，原来的叶片纹与圆形组合角色互换，圆形增大变成主要单元，叶片明显变成次要单元。这个变化的结果就是马家窑文化流行的四大圆圈纹。圆圈纹加大，叶片纹扭曲后变成了圆圈之间连接的纽带。

过去许多研究者讨论过马家窑文化的来源，认为它是中原仰韶文化在甘青地区的继续和发展，其实就是庙底沟文化的继续和发展，只是这种发展已经有了相当的改变。西部文化中也见到一些双瓣式花瓣纹彩陶，民和阳洼坡和胡李家都有发现。所见双花瓣构图与庙底沟文化相似，都是以弧边三角作为衬底，以地纹方式表现。不同的是，叶片都绘得比较宽大，而且叶片中一般都绘有中分线，中分线有时多达三四条。

四瓣式花瓣纹在甘青地区也有发现。阳洼坡的一例四瓣式花瓣纹，在花瓣合围的中间绘一纵向的叶片纹，构图与中原庙底沟文化大体相同。胡李家的一例则是在花瓣合围的中间绘三条并行线，像是扩大了的横隔断。胡李家的另一例四瓣式花瓣纹最有特点，花瓣绘得非常工整，整体作倾斜状，构成一个独立单元，与中原的发现没有什么分别。花瓣单元彼此之间，用宽大的叶片纹作连接。从另一个角度看，这是叶片纹为主的二方连续图案，花瓣纹是组合中的一个元素。

专家指出，甘青地区虽然没有典型多瓣式花瓣纹发现，但有变体纹饰。在民和胡李家有类似六瓣花的花瓣纹彩陶，六瓣花以独立单元出现，单元间有垂直并行线作隔断，纹饰工整。民和阳洼坡也有这样以单独形式出现的六瓣花的花瓣纹彩陶，花瓣中间有垂直并行线将六瓣花分隔为左右三瓣。这样的花瓣纹虽然有了很大变化，而且附加有其他一些纹饰作为组合元素，但构图的风格还是体现有庙底沟文化彩陶的影响。

西部发现的史前彩陶，器形、构图到色彩都非常典型，大多属于庙底沟文化时期，或者有明显的庙底沟文化风格。器形多为深腹盆类，泥质红陶，多以黑彩绘成。类似彩陶在青海东部乃至腹心地带发现，这表明由中原到西北的彩陶文化通道在公元前4000年以前便开始形成。

新中国成立后，在仰韶大家庭中，最早发现的与仰韶文化血缘相近者，或者说仰韶文化的"长子"是陕西省的半坡遗址。

西安东郊有个村落叫半坡。村北是台地，临浐河。浐河发源于蓝田西南，流入渭河。半坡遗址是1953年春在灞桥火力发电厂施工中偶然发现的，1954年中科院考古所西安工作队进驻半坡，1954年至1957年进行大规模发掘，遗址面积约1万平方米。发现房屋遗址46座，圈栏两座，储藏物品的地窖200多个，成人墓葬174座，小孩瓮棺葬73座，烧陶窑址 6 座及大量生产工具和生活用品。展现了 6000 多年前处于母系氏族社会繁荣时期的半坡先民们的生产与生活情景。

半坡遗址出土的陶器主要是红陶，引人注目的是一个绘有黑彩的鱼纹盆。这个鱼纹盆后来成为仰韶文化的一个标志性对象。因为有彩陶出现，断定半坡属仰韶文化类型的遗址。

考古人员做出这一结论时，心里并不踏实，有两个现象引起学者的注意。从这两个现象来看，半坡遗址与仰韶文化就像远房亲戚，不大像近亲，两家不大走动，好像来往不多。为什么这样说？

一个现象是，中原人做饭普遍使用三足器，而半坡人做饭则完全不使用三足器，仅从这点看，就中断了黄河中游史前居民用鼎的传统。从这个角度去考虑问题，半坡的传统当来自关中以外其他地区，而不是河南。第二个现象是，半坡出土的陶器主要以各类绳纹作为装饰，而且它的绳纹并不直接承自后来发现的白家村文化的传统，前者主要采用斜绳纹，后者则以交错的网状绳纹为特征。

近年，我连续几次去西安，尽管书上说半坡在西安东郊，而在我们这些外地人眼中，它就在城里，附近熙熙攘攘的，没有郊区的样子。

西安半坡博物馆是中国第一座史前遗址博物馆，陈列展览面积约 4500 平方米，分出土文物陈列、遗址大厅和辅助陈列 3 部分。出土文物陈列由第一展室和第二展室组成，主要展出半坡遗址和姜寨遗址出土的原始先民使用过的生产工具、生活用具和艺术品等。

遗址大厅是就地发现、原貌保存的半坡先民居区的一部分，面积大约有 3000 平方米，包括半坡先民居住过的房屋，使用过的窖穴、陶窑、墓葬等遗址，展现了祖先开拓史前文明的艰难足迹。

房屋建筑早期是半穴式，坑壁为墙，既低矮又潮湿。到原始社会晚期，才在地面砌墙，用木柱支撑屋顶，这种直立墙体及带有倾斜的屋面，形成后来中国传统房屋建筑的基本模式，在当时可算了不起的创举。遗址中可看到长 300 多米、深约 5 米、宽约 6 米的鸿沟，是护卫村落、不受外来部落的侵犯，防止野兽突然袭击的防御工事。还能见到公共墓地，有的墓中放瓮罐，瓮罐上边盖着陶盆，陶盆中间钻有小孔，人死后尸骨放在瓮罐中，小孔的作用是让死者灵魂进出方便。

156

馆内有藏品 3 万余件，均为仰韶、龙山等史前文化类型的文物，代表性藏品有人面鱼纹盆、鹿纹盆、人头壶、人面鸟头纹瓶等。

零口遗址位于陕西临潼县零口镇村北，距西安 49 公里。被认为能够填补老官台文化和半坡文化之间空白的最丰富和最具代表性的一种新遗存。零口文化的确认，填补了白家村文化和仰韶文化间的空白，考古学者对仰韶文化的起源等长期探索而未有结果的难题有了突破。

零口村文化遗存，过去也有零星发现，限于当时的资料，一直被认为是仰韶文化半坡类型的一部分。零口遗址处在河南仰韶文化遗址和陕西半坡遗址之间，出土器物与半坡差不多，绳纹极少。

半坡传统显然来自干旱的黄土高原，这个传统让人怀疑，它可能来自甘肃、青海地区。因此，仰韶文化的正源，似乎要从关中以西地区寻找。有意思的是，三门峡位于豫西，与陕西交界。三门峡庙底沟属于仰韶系列，而半坡、零口与仰韶系列拉开了一定距离。也就是说，河南与陕西的省界，也像是两种文化的界限。

从仰韶村到半坡，再从半坡到庙底沟，3 个地点在地图上摊开，很容易看到。仰韶文化分布于河南西部到陕西东部，仰韶村与庙底沟都属于三门峡地区，确凿无疑，这一片是仰韶文化的核心地域。

刘庆柱曾任中国社会科学院考古研究所所长，研究领域主要为中国古代都城考古学、古代帝王陵墓考古学和秦汉考古学。几乎跑遍了世界做学术交流，对庙底沟遗址情有独钟。在多元一体、"满天星斗"的中华文明中，以三门峡庙底沟遗址命名的仰韶文化庙底沟类型，是"满天星斗"中最耀眼的"恒星"。它与同时期古老中国大地上的其他考古学文化相比较，不是半斤八两，而是华夏文化的母体文化或主体文化，在中华文明中占有重要地位。之所以这样说，是因为中华文明的核心文化是中原龙山文化，而中原龙山文化是从仰韶文化庙底沟类型中发展出来的。这里的"中原"涵盖豫西、晋中南和关中东部地区。三门峡地区位于中原龙山文化中心，夏文化直接承袭于中原龙山文化。简而言之，刘庆柱的结论明确：最早的"中国"，是从三门峡地区走出去的。

16. 纵然"满天星斗"，中原也是轴心区域

河南有全国面积最大的平原，豫西多山间盆地和谷地，如伊洛盆地、汝颍谷地、溱洧谷地；太行山以东有林县盆地；嵩山以东是黄河冲积平原，到处是平畴沃野。从小区域观察，分布着密密麻麻的土岗沟壑。初民多生活在靠近河流的岗丘上。这一带，第四纪黄土广泛覆盖，黄河冲积的次生黄土有利于农业发展。据气象学研究，距今 2500 至 8000 年的全新世中期，中原和华北地区的年平均气温比现在高得多，粟作农业很可能在这里起源。

河南新郑县位于黄河南岸，双泊河由北向南流过。县城北 8 公里处有个裴李岗村。20 世纪 50 年代，这儿的农民耕种时，不时挖出些石斧、石铲、石磨盘，农民不把它们当回事，常用作垒鸡舍猪圈，或随处丢弃。1956 年秋，全国第一次文物普查培训班结束后，新郑县文物普查工作开始，在文化馆王正科主持下，分工负责，分片包干。

当年冬季，有人在裴李岗村南一家窑洞院墙上发现一块红色的长约 60 厘米，宽约 30 厘米，厚约 4 厘米，像鞋底形的石头，正面有触磨痕迹。背有左右对称的 4 个短足，墙缝中还塞着一个断了两截的石棒，长约 40 厘米，直径约 5 厘米，两头粗，当中细的形体。

第二天，普查人员按照群众指点来到裴李岗村西的一块台地上，在地西头两块迭差 1 米多深的土层中看到露着点头的东西，用铁铲一点一点地刨出来一看，和昨天那件东西一模一样，只是比那个完整，还有石铲和陶片。说明这里一定是很早以前人类活动过的地方。

1957 年，省文物工作队派裴明相考察，在村西头小沟内地表层发现石铲、石斧和陶片。他和馆长王正科交换意见说："可能是重要的古文化遗存。这些东西现在在全国还没有见过，要尽快上报，做好保护。"

在所有文物中，最容易保留的应该是磨盘。铁器或铜器时间长了就锈迹斑斑。磨盘是加工的石头，搁多长时间都没事。石磨盘或被潆沱大雨冲出来，或农民犁地时从地下翻出来。有的石磨盘像块长石板，而两头呈圆弧形，像鞋底状。石磨盘用整块的砂岩石磨制而成，正面稍凹，可能是长期使用造成的。

大多石磨盘底部有 4 个圆柱状的磨盘腿，长 70 厘米左右，最长者可达 1 米，宽度一般为 20—30 厘米。与其配套使用的是石磨棒，长度一般 30—40 厘米，直径 6 厘米左右。双泊河东岸 7000 年以前曾居住过部落团体，过着刀耕火种生活。这处别具一格的原始遗址是新石器时代首屈一指的裴李岗文化。裴李岗遗址的古老居民在这块辽阔而肥沃的土地上，留下了丰富的遗迹和遗物。

1958 年春，在漯河市东郊翟庄建设发电厂时，发现许多两端均有舌状刃的石铲、扁圆石斧、石磨棒、红陶三足钵、小口双耳壶、弯月形壶耳等陶片。4 月，河南省文物工作队派王与刚等发掘该遗址，发现窖穴和一些石器与陶片，特征与仰韶文化迥然不同。当时处于大跃进时期，资料无暇整理，因此没有将其确定为一种新文化类型。

1977 年 3 月，新郑县文管会马金生从裴李岗带回石斧和小口双耳陶壶各一件，形制特殊，引起赵世纲的兴趣。查出土地点，是西河李村附近常出土石磨盘地点。3 月下旬，赵世纲、崔耕、薛文灿、马金生等再次调查裴李岗遗址，发现两个灰坑和许多陶片。当地群众捐献石铲、石斧、石磨盘、石磨棒、陶器数十件，据此肯定这是一处重要遗址。

4 月 1 日裴李岗居民送来石磨棒和石磨盘一套，赵世纲他们到达现场时，出土上述器物地点已被挖平，于是在未平整土地地方开挖 5 个探方，发现墓葬 7 座，灰坑两个，获石器和陶器等物，未发现石磨盘和磨棒。

赵世纲等在曾出土过石磨盘的地方复查，发现一座残墓，骨架左侧发现有被取走石磨盘、石磨棒遗留的痕迹。他们将原出土的磨盘、磨棒重新放置在这个痕迹上，两者吻合。墓内出土的夹砂红陶筒形罐，与其他墓中所出土同类器物相似。据此判明石磨盘、石磨棒与上述陶器属同一文化的共同体。而这种文化共同体首次发现于裴李岗文化遗址。

嗣后，他们在发掘报告中提出裴李岗遗存是独立于现在所发现的各类新石器时代文化的另一种文化，暂名裴李岗文化。根据半坡类型仰韶文化陶器演变趋势，对照裴李岗文化遗存，都在半坡类型早期范围内。

裴李岗遗存陶器全手制，没有慢轮加工痕迹，火候低，比半坡早期原始。初步认为裴李岗文化应比仰韶文化半坡类型早期早，当在距今6000年前。当时裴李岗遗址的碳–14年代测定未作，半坡类型仰韶文化的碳–14测定数据都还没有进行树轮校正。初步研究发掘材料后，印象是这处遗址的居民主要经营农业，以农业生产为主要食物来源。

1977年至1982年春，考古工作者对裴李岗进行数次较大规模发掘，出土物表明，这里早先居住着一个氏族，他们在丘陵和台地上，用耒耜、石斧、石铲耕作，种植粟类作物，用石镰收割，用石磨盘、石磨棒加工粟。还种植枣树、核桃树等。裴李岗人已不再过游牧生活，而是有固定居所。他们在丘岗临河处住单间、双开间、三开间或四开间的茅屋。男人耕田、打猎、捕鱼，女人加工粮食、饲养畜禽，还负责带孩子，用鼎之类陶器做饭，用陶纺轮和骨针等制作苎麻一类衣服。

除了生产和居家过日子外，裴李岗人有简单文化生活，例如在龟甲、骨器和石器上契刻符号，用以记事；女人的发髻梳得高，插骨笄，身上佩骨饰和绿松石。他们有公共氏族墓地，小孩死了装在瓮里安葬，成年人死了不分男女，一律头南脚北安葬。这是中原最古老的文明。

陶器以泥质红陶为主，夹砂红陶次之，泥质灰陶少见。夹砂陶的陶土属入砂粒和蚌粉，质地松软，吸水性强，造型规整。有的陶器器壁较薄，器表打磨光滑，陶器多素面。少数夹砂陶器表面饰有篦点纹、篦划纹和乳钉纹。晚期陶器上出现细绳纹。器种较少，有三足钵、小口双耳壶、椭圆形罐、勺、筒形罐等。泥质陶钵下附三个锥状足。陶壶数量次于三足钵，陶壶一般为小口、鼓腹。肩部附有半月形双耳。陶罐多为夹砂红陶，可分筒形直壁罐和篦纹陶罐。另外，椭圆形圆底钵、带把小陶勺、圈足碗、三足颤形器等都具有明显特点。

陶器的出现是裴李岗人生活转折点，更是原始工匠们手工技术发展到一定程度的象征。尽管他们的制法还是采用较原始的泥条盘筑法。这种露天烧陶的方法并不比今天云南少数民族烧陶的方法原始多少。

裴李岗墓葬遗址在遗址西部，墓葬形制为长方竖穴土坑。一般长两米、宽深约一米。大型墓排列有序，葬式多为单人仰身直肢葬，个别为两人合葬，没有葬具。随葬品一般置死者周围。陶壶多放于头部两侧，磨盘、磨棒多置于腰部，生产工具多置于骨盆附近，三足钵、陶罐等多置于下身两边。获沟北岗墓葬随葬品有的置于壁龛内。随葬品数量最多达24件。常见的随葬品有壶、罐、三足钵、磨盘、磨棒、石铲等。

随葬品有石磨盘和磨棒的，不随葬石铲、石镰、石斧等生产工具。反之亦然。裴李岗遗址发掘114座墓葬，均头南脚北，都有数量相近的随葬品，说明实行统一埋葬制度，在原始公有制度下生长了宗教意识的萌芽，墓里的生产工具和生活用具是让灵魂复而再世的象征。

农耕经济为裴李岗人生活的主要来源，改变了远古人类迁徙流动的生活方式。他们以粟为种植对象，至今地层中还遗留有不少粟的碳化颗粒。在生活资料不足的情况下，还要打猎、捕捞、采集和饲养家畜。遗留在遗址里的猪、狗、牛、鹿等动物骨骼和枣、核桃的碳化果核，是他们从事辅助性生产的见证。陶猪头塑像栩栩如生，裴李岗人就是这样天复一天、年复一年地不辍劳作，才创造了古老的历史和文化。

这是一部尚未用文字写成的生活史记。按照惯例，考古学家将这种文化命名为裴李岗文化，年代约在8000年前。也就是说，裴李岗文化在仰韶文化之前产生，比仰韶文化要早一两千年。

可与裴李岗文化比肩的有老官台文化，这个地方位于陕西华县县城西南，渭河支流西沙河东岸。1955年发现，1959年黄河水库考古工作队陕西分队试掘，文化层堆积较薄。老官台文化分布在渭河流域、关中及丹江上游，存于7000年至8000年前。

老官台出土物以陶器为主，陶质多夹砂粗红陶和细泥红陶，还有少量细泥黑陶，偶见细泥白陶。陶色不纯正，多是橘红和砖红色，有相当数量内黑外红陶和褐色陶，火候不高，陶质松脆。皆为手制，器壁薄厚不均匀，纹饰有划纹、绳纹、线纹、附加堆纹、锥刺纹。彩陶仅见三足钵口沿外的朱红色宽带纹。器形有三足罐、三足钵、杯、小口平底鼓腹瓮等。个别钵形器口沿装饰宽彩带。

甘肃秦安县位于黄土高原中部，坐落在黄河支流泾河、渭河之间，是西北传统农业地区。河谷中是大片农田，村庄的民居都建在河谷两边的台地上。千百年来，这里的人们祖祖辈辈过着平静的乡间生活，很少被外界打扰，当地人习惯把这片河谷叫大地湾。

1978 年，村民们扩建乡卫生院时意外挖出彩陶，经考古部门调查，这里是史前人类生活遗址。由于遗址面积大，这一发现竟让考古发掘工作持续 20 多年。大地湾遗址出土大批精美彩陶，年代几乎囊括了新石器时代仰韶文化的各个阶段，跨度达 3000 多年，有的考古学家把这里称为中国彩陶历史的天然博物馆。

大地湾出土的彩陶中，有许多碗和盆的口沿上只有一条暗红色的彩带，考古学界称它为宽带纹。据碳 –14 考古测定，这种彩陶的年代距今已达 8000 年之久。作为探索彩陶纹饰的重要线索，发源阶段盛行的宽带纹一定有着很深的内涵。原始先民为什么首先在陶器口沿上盛行这种装饰，然后才逐步在下部和内壁绘制各种图案呢？

如果说先民用红彩表达某种宗教意味，那么崇拜的是什么呢？早期陶器中颈部有一圈剔刺纹或划线纹，另一些陶器口沿有乳钉纹，像乳头，明显带有母系社会中对母性和生殖的崇拜。这样看来，最初的宽带纹也许是对早期口沿乳头的替代。宽带纹不仅是彩陶纹饰的起源，值得注意的是，几乎存在于彩陶发生、发展乃至消亡的全过程。在彩陶文化发展的漫长时期，文化类型在不同时期各不相同，但宽带纹却普遍存在，常与各种纹饰结合形成更深广的内涵。

东至鲁南、淮北一带的大汶口文化，西至甘肃、青海地区的马家窑文化，每个地区的纹饰风格不尽相同，但都有宽带纹。相隔遥远的地区之间怎么会如此一致呢？从时间跨度看，发掘出年代最早彩陶的大地湾位于甘肃境内的黄河流域。鲁南地区的大汶口文化与大地湾文化相差近千年。可是这里的彩陶文化依然保持着宽带纹的传统。是否意味着它与大地湾的彩陶之间存在着某种同源关系呢？

李家村遗址位于西乡县城西。上世纪 60 年代初，陕西省考古研究所发现陶窑一座，为竖穴式，窑室呈圆形，窑壁圆形。陶器手制，陶质疏松，陶色不纯，以泥质外红里黑和夹砂灰白陶为主，泥质深灰色陶次之，还有少量的泥质红陶、夹砂红陶和泥质灰陶，不见彩陶。常见的纹饰有绳纹、线纹，也有少量的附加堆纹、剔刺纹和布纹。李家村遗址具有新石器时代文化早期特征，碳–14测定年代为距今7000年左右，被认为是探索仰韶文化前身的一个比较可靠的新线索。

1972年后，对郑州大河村文化遗址进行了多次考古发掘，遗址包含仰韶文化、龙山文化、二里头文化和商代文化等4种不同时期的文化遗存。后来发现同类遗址50余处。分布范围以郑州为中心，向北跨越黄河到新乡，向西至洛阳盆地，向南延伸到南阳一带。

大河村遗址遗物丰富，具有明显文化特征。文化层厚达12米。发现仰韶文化时期房基10座，8座为多体建筑，分四间相连和两间一套等形式。面积最大的北长5.2米，宽4米，分外间和套间。这种房屋结构比半坡遗址和庙底沟遗址揭露出的半地穴式房屋有了明显进步。

大地湾遗址文化遗存丰富，有学者将这种文化类型命名为大地湾文化。又有学者因大地湾遗址含有多种文化而主张以内涵单纯的临潼白家村遗址命名为"白家村文化"。命名争论一直持续至今。

那时的先民们已种植粟类作物，并饲养猪、狗等家畜，过着定居聚落生活。生产工具以磨制为主，仍有不少打制石器。制陶工艺原始，以夹细砂红陶和褐陶为主，火候低、器类少，彩陶尚处于萌芽阶段。

河北武安县有个磁山文化遗址，1972年发现。1978年底，发掘面积达6000平方米，文化层厚一两米，窖穴深达六七米。出土陶器、石器、骨器、蚌器、动物骨骸、植物标本等。遗址发现了两座房基址，均为半地穴式房屋。在房基遗址器物中，有一烧土块沾有清晰可辨的席纹，说明在7300年前即编制苇席。发掘灰坑468个，发现88个长方形的窖穴底部堆积有粟灰，有10个窖穴的粮食堆积厚近两米以上。

出土粟标本公诸于世，引起专家重视。以往认为粟起源于埃及、印度，磁山遗址中粟出土，把黄河流域植粟的记录提前到距今7000多年前。灰坑中还发现两座坑底部有树籽堆积层，可辨认的有榛子、小叶朴和胡桃。胡桃就是核桃，以往认为核桃是汉代张骞通西域时传入的，磁山遗址胡桃的出土，证实7000多年前这一带就有种植。

磁山遗址出土的陶器多为沙质陶器，少数为泥制陶器，素面为主，有圆底钵、三足钵、钵形鼎等，其中陶盂和陶支架组成的陶器群独具特色。陶器火候低，陶质粗糙，造型简单，器形不规整，器壁较厚，以夹砂陶为主。

掺和料有石英、粗砂、细砂和云母。颜色有红、褐和灰褐3种。器表多素面，纹饰以浅细绳纹较多，还有编织纹、附加堆纹、剔刺纹等。泥质红陶胎厚，火候低，光洁度差。

1959年5月，津浦铁路复线工程进行中，在山东大汶口汶河南岸津浦铁路东侧堡头村西约100米处，挖土方的民工刨出一批陶器碎片和零碎遗物，接着又挖出完整的陶背壶一件。山东宁阳县立即把这一发现报告济南市文化局。济南市文化局即派博物馆专业人员前往调查，他们根据已暴露出的遗物断定该地为一处新石器时期文化遗址。遂马上给省里汇报，请示组织一个考古队来进行挖掘。挖掘工作由省文管处和济南市博物馆主持进行，中国科学院考古所山东队对发掘进行指导。从6月开工到8月底结束，出土物达上千件，其中有彩陶和红、灰、黑、白各类陶器数百件，令人惊叹的是发现有透雕象牙筒。

1974年兴建大汶口公路桥，5月初，13个桥墩有11个已砌出河床，此时泰山管理局的翟所淦在这里发现了大量破碎陶片，便要求建桥负责人立即停工，待把情况报告请示上级后再作处理。泰安地区文物部门派人去现场调查了工程进度和遗址的情况，向省里报告，省里很快作了批复。9月16日发掘开始，参加发掘工作的对用"大汶口"命名的文化遗址有了更深认识。第三次发掘是在1978年。大汶口遗址在山东泰安市大汶村南，大汶河东西贯穿，将遗址分为南北两片，北片在卫架庄东，为大汶口文化的代表遗址和命名地。

大汶口文化，年代为公元前4040至公元前2240年。分布于山东、江苏北部、河南东部、安徽东北部。陶器多见夹砂或泥质的红陶，早期以红陶为主，晚期发展为轮制陶器，出现了硬质白陶，纹饰常见镂孔、划纹、附加堆纹、篮纹，还有彩陶和朱绘；彩陶较少但富有特色。石器磨制精美，中期以后更出现了制作精良的玉器。此外，还发掘出了各种骨制、牙制的工具和装饰品。这里的先民从事着以种植粟为主的原始农业生产，饲养猪、狗、牛、鸡等家畜，同时渔猎经济也是其重要的生产部门。

大汶口文化的农业生产，以种植粟为主。居民饲养猪、狗等，也从事渔猎和采集。生产工具有石斧、铲、刀、镰，骨角制的锄、鱼镖、鱼钩和镞等。制陶业较发达，小型陶器开始用轮制法生产。陶器以三足器、圈足器和平底器较多，也有环底器，主要有鼎、豆、瓠形杯、壶、高柄杯和鬹等。石器、玉器、骨角牙器和进行镶嵌的手工业也很兴盛，出土的玉钺、花瓣纹象牙筒、透雕象牙梳等，制作精致。

仰韶文化发现后，文化渊源问题一直没有得到解决。20世纪50年代末以来，随着裴李岗文化、老官台和磁山遗址相继发掘，研究者认定它们与仰韶文化存在渊源关系。比如，河南新郑裴李岗考古发掘出的陶器以泥质红陶和夹砂红陶为主，有碗、罐、壶、钵、鼎等，最具代表性的有三足鼎、双耳壶等，和仰韶文化明显不同。带有四足的石磨及带锯齿刃石镰，是中原仰韶文化中没有的。

发现多了，研究者就有了更多思考余地。仰韶文化的源头既有一源观，也有多源观。研究者多将仰韶文化分布区更早的遗存列为源头，认为仰韶起源于老官台、李家村、裴李岗和磁山文化。一源说指出，仰韶或源于老官台文化或源于裴李岗文化。20世纪80年代末，"分源"认识已成主流，认为不同地区的"仰韶"有着不同的来源。

可以这样说，中国农业革命最早发生于裴李岗，这儿的居民最早进入锄耕农业，与同时期的河北武安县的磁山文化和陕西华阴县的老官台文化相比，处于领先地位，是中华民族文明起步文化。

仰韶文化半坡型上限，碳-14测年数据为距今6080年，裴李岗遗址碳-14测年数据为距今7885年。1979年在河南长葛石固遗址发现裴李岗文化遗存迭压在仰韶文化之下，1989年在洛阳南30多公里的伊川大莘一带，发现与裴李岗文化类似或更早的文化层和文物，证明裴李岗文化的时代更早一些。裴李岗文化的发现填补了中国新石器时代早期的空白，或者说，裴李岗文化是仰韶文化的前身。中国考古学界终于为仰韶文化找到了曾经哺育它的那个摇篮。

追溯仰韶大家庭的血脉嫡传，正宗还是庙底沟遗址和半坡遗址。仰韶文化研究的主要成果是确立了两个文化类型，正是这两个文化类型体现了仰韶文化的主要内涵，学术界的研究有了新起点。

仰韶文化中期以庙底沟文化类型为代表，因首先发现于河南陕县庙底沟而得名，仰韶文化庙底沟类型相当于黄帝文化，仰韶文化庙底沟类型文化遗址中所出土器物特征与黄帝时代发明使用的器物等相一致。其分布中心在河南、陕西、山西三省，范围较大。陶器以深腹曲壁的碗、盆为主，还有灶、釜、甑、罐、瓮、钵及小口尖底瓶等，不见环底钵。彩陶数量较多，颜色黑多红少，全为外彩而无内彩，纹饰主要有花瓣纹、钩叶纹、涡纹、三角涡纹、条纹、网纹和圆点纹等，亦有动物纹饰。这些纹饰交互组成，并不均匀周整，也无一定规律。磨制石器以石铲较多，骨器出土较少，种类也显得简单。

以晋、陕、豫交界地带为中心区域的庙底沟类型在所处时代（距今6000年至5300年）居于领先地位。庙底沟类型彩陶蓬勃扩张，分布范围北过长城，东临大海，南越长江，西至甘青，成为中国史前时代第一个繁盛期最具代表性的文化符号。但长期以来，因为缺乏考古学证据，对于庙底沟类型的社会结构一直没有明确认识。

庙底沟文化对周边地区文化的影响却非常大，尤其是富有特点的彩陶传播，向四方播散，对文化差异明显的南方两湖地区影响非常强烈。这种影响一直越过长江，最远到达洞庭湖以南地区。庙底沟文化彩陶的传播，不仅只是纹饰题材的传播，更重要的是包含在这些纹饰中的象征意义的认同。由彩陶向两湖地区的传播，可以看出南北文化的趋同态势，这种文化趋同是后来一统文明建立的重要基础。

庙底沟文化的影响越过大江，到达江南。长江南岸的一些遗址曾经出土过有明显庙底沟文化风格的彩陶，如枝江关庙山遗址的花瓣纹彩陶豆，器形虽不是庙底沟文化惯常见到的那种深腹盆，而是高柄的豆，说明这种彩陶是在当地制作的。还有黄冈螺蛳山遗址的旋纹彩陶罐，无论器形与纹饰都是庙底沟文化的风格。安徽肥西古埂遗址虽然地处江北，出土的花瓣纹彩陶片也带有明显的庙底沟文化色彩。这些发现虽然较为零散，但足以证明庙底沟文化彩陶的扩散力度是非常强劲的。

经过几代考古工作者的努力，仰韶文化遗址陆续被发掘出。渑池地处豫西丘陵山区，是仰韶文化的发祥地，境内有古文化遗址57处，古文物遗址26处，全国仰韶文化遗址多达5000多处，距今7000年到5000年，考古学上把这两千年通称仰韶文化时期。半坡遗址是仰韶文化的早期类型，庙底沟遗址代表着仰韶文化中晚期类型。有学者明确主张，半坡类型对应炎帝时代、庙底沟类型对应黄帝时代。

已挖掘的 5000 多处仰韶遗址，绝大部分是庙底沟类型，说明在仰韶庙底沟文化时期出现了一次大规模文化扩张。通过一系列考古挖掘，庙底沟文化传播的方向渐渐地清晰起来。经碳 –14 测定，证明安特生发现的马家窑文化是仰韶文化庙底沟类型的变种和发展。庙底沟文化彩陶传播到青海、甘肃后，逐步过渡到马家窑文化，马家窑彩陶在庙底沟彩陶的基础上发展得更加绚丽多彩。

在汉代的丝绸之路形成之前，连接西北与中原的文化通道已然形成。这个通道发挥的作用，上溯到新石器时代的仰韶时代，只不过不是像安特生所说的由西向东，而恰恰是由中原向西北地区延伸。在几代考古学家的努力下，安特生的"中国文化西来说"自然成了过眼烟云。

有一个现象让考古家着迷，那就是在中原地区仰韶文化的周边，先祖们不约而同地迸发出旺盛的创造力。经过近一个世纪考古发掘，根据不同的文化面貌命名的考古文化已有数十种。让人奇怪的是，在公元前2000 年左右时，这些文明都断裂了，有的甚至不知所终。

庙底沟文化强力扩张的过程，正是周围文明逐渐衰落并向中原汇聚的过程，黄河下游的大汶口文化、北部的红山文化，长江中游的大溪文化，这一广大的地区都发现过具有庙底沟文化风格的彩陶。

2002 年，国家十五重点项目"中华文明探源工程"启动，目的是研究华夏文明孕育过程。在公元前 2500 年前后，中国几大河流域的古文明大多改变了原有发展方向，向中原文明靠拢，说明仰韶文化在长达两千年的历史进程中，不断吸收周围诸文化的因素，又给周围文化以不同程度的影响，逐渐形成中华民族原始文化的核心部分。

那么，庙底沟文化如此扩张的原因是什么呢？多元起源的文明火种，为什么在仰韶时代会汇聚于中原，成为中华文明长盛不衰的母体？学者们似乎困顿在这个问题面前了。

陆陆续续的新发现表明，至少在陕西和河南两大区域内，传统上认识的仰韶文化不只有一个来源。学术界为这些新发现高兴时，也有些不知所措。这种多源现象令研究者迷惑不解，为仰韶文化释源的研究成了当时中国新石器考古研究的重要成果。有研究者指出，从发展序列看，裴李岗和磁山两个文化早于仰韶文化，它们的某些因素又见于仰韶文化的早期遗存中，这为仰韶文化起源研究提供了新证。虽然如此，当时对仰韶文化同以裴李岗、磁山为代表的文化遗存之间究竟是直接承袭，还是交错存在而互有影响，并不是很清楚。

在一个时间段里，研究者被扑面而来的新发现闹得有些仓惶，不能明确豫、晋、陕一带仰韶文化的起源是怎样的。不久，研究者肯定了磁山、裴李岗和老官台文化属于仰韶文化的先驱，强调仰韶文化是黄河流域的主要遗存，它继承的是早期裴李岗文化和磁山文化，下接龙山文化，起着承前启后的作用，表明中原文化基本上一脉相承。后来研究者又以"北首岭类型"为基础，提出大地湾文化命名，并且将它与裴李岗和磁山文化相提并论，都归入早期新石器文化范畴，不再作为仰韶文化看待，认为裴李岗文化、磁山文化和大地湾文化代表着中原地区3种较早的遗存，与仰韶文化的早期阶段有着密切的联系。

学术界达成的共识是：在仰韶文化分布地域内陆续发现老官台文化、磁山文化和裴李岗文化，仰韶文化直接脱胎于这3种早期新石器文化，是在这3种文化的基础上发生发展起来的。老官台等3种早期新石器文化的发现，从事实上和理论上都解决了仰韶文化的渊源问题。

20世纪末，陆续发现陕西临潼零口、山西垣曲古城东关和枣园等遗址，介于老官台和仰韶文化间确立了一种新遗存。它的相对年代虽然容易确认，但有说它是半坡最近的源头，也有说它是庙底沟的源头。这样一来，庙底沟类型的讨论又成了新热点，这就重新提出了一个旧问题：庙底沟类型的形成如果与半坡类型没有任何关系，仰韶文化体系的讨论必须得推倒重来，那么它的来源问题岂不是也要从头论起？

仰韶文化以河南西部、陕西渭河流域和山西西南的狭长地带为中心，东至河北中部，南达汉水中上游，西及甘肃洮河流域，北抵内蒙古河套地区。到2000年，全国统计的仰韶文化遗址共5213处，地理分布以华山为中心，分布省区包括陕西、河南、山西、甘肃、河北、内蒙古、湖北、青海、宁夏等；其中，陕西省2040处、甘肃省1040处、山西省1000处、河南省1000处、河北省50处、内蒙古自治区约50处、湖北省23处、宁夏回族自治区7处、青海省3处。也就是说，仰韶文化遗存以黄河中游为中心，北到长城沿线及河套地区，南达湖北的西北部，西到甘肃、青海接壤地带，东至河南东部，纵横数千里。

仰韶文化是农业部族创造的文化，迄今在全部遗址中尚未发现畜牧部族的任何迹象。仰韶时期的农业还属于刀耕火种类型的锄耕农业。用于农耕的工具主要是石斧、石锛、石铲和石镰。这些石制工具在所有仰韶文化遗址中都有发现，出土数量之多，居各种生产工具之首。至于仰韶时期的粮食作物，迄今的考古资料表明，主要是小米。

距今 7000 年至 5000 年前，仰韶文化是涌动的漫漫洪流，展现了中国由母系氏族社会过渡到父系氏族社会的社会结构、经济形态和文化成就，大致经历了早中晚 3 个历史时期：

早期（公元前 5000 年至公元前 4000 年）属于中国母系氏族制度繁荣时期的高级阶段，父系氏族制已萌芽，主要包括河南裴李岗文化、西安半坡类型、陕西渭南史家类型及区系年代相当的其他文化类型或遗存。

中期（公元前 4000 年至公元前 3500 年）属于母系氏族制度向父系氏族制度过渡的时期，主要包括庙底沟类型及区系年代相当的其他文化类型或遗存。中晚期圆形房屋骤减，方形房屋仍有大中小之分，地穴较早期为浅，地面建筑木草结构的房屋数量增多，大型排房或成片房屋已确立。

晚期（公元前 3500 年至公元前 3000 年），那时家族公社所有制已经发展起来，父系氏族制度和父权制在各地均已确立，主要包括山西夏县的西王村类型、河南荥阳的秦王寨类型、郑州郊区的大河村文化遗址等。

史前史到古代史这段连续性考古史料，只有在黄河中游河南、山西、陕西一带较完整，这个地区物质文化的变化可排成文化序列：首先是以河南裴李岗、陕西老官台等遗址为代表的较早期的新石器时代文化，其次是仰韶文化，再次是河南龙山文化，再次是山东龙山文化，再次是二里头文化，最后是殷商二里冈和殷墟期文化

仰韶文化从产生、发展到消亡，大约经历了两千多年的悠悠岁月，分布地域广，形成了复杂的文化内涵，也构成了多种既相近又有区别，既相互联系又貌似分离的文化面貌。

仰韶文化分布区域内存在不同分布范围和文化特征，及具有明晰文化发展序列的文化体系。各文化体系在发展过程中存在不同发展阶段，

各体系间具有地域性和时间差异性，彼此间具有共同因素。因而产生了对划分仰韶文化类型标准问题的不同看法，有的反映了时间性差异，有的则反映出了地域性差异，从而形成错综复杂的局面。

从裴李岗文化层与仰韶文化层的迭压关系，以及裴李岗文化被仰韶文化承袭的现象，证明仰韶文化源于裴李岗文化。仅此一点，就表明裴李岗文化在文明发展史中所占地位何等重要。

裴李岗文化与相邻的冀南磁山文化及关中地区老官台文化关系密切，这3种文化时代相近，文化内涵和文化面貌既有一定共性，又有较大差别，均拥有代表各自文化特征的器物群，既相互影响，又独立发展，北中西交相辉映，共同形成了光辉灿烂的中原远古文化。

继裴李岗文化之后的仰韶文化，像浩瀚夜空中的繁星点缀在中原。仰韶文化时期处于原始社会和不同族属文化关系发展的重要阶段，历经母系氏族社会从繁荣到解体及跨入父系氏族社会的漫长历史时期，也是中国古代文明从萌芽状态逐渐走向成熟的非常时期。

仰韶文化延续时间长，起到承前启后作用，并对周围地区产生强烈影响。从纵向看，向前源自裴李岗文化，向后又发展成为河南龙山文化；从横向看，在仰韶文化早中期，甘肃马家窑文化、四川大溪文化、山东大汶口文化、湖北屈家岭文化，均可找到仰韶文化的因素；而仰韶文化晚期，则更多吸收了东方的和南方的文化影响。

公元前3500年，黄河中下游、长江中下游和西辽河流域等主要文化区的文明化进程均呈现加速发展趋势。主要表现为：区域聚落出现明显等级分化，一些地区出现由面积超过百万平方米的大型中心性聚落、若干次级中心聚落和大量一般聚落构成的等级分明的聚落群；中心性聚落出现需要耗费大量劳力的大型公共建筑和随葬特殊用品的大型墓葬。种种证据表明，已经出现可以控制一定地区和大量人口的政治组织以及掌握了世俗和宗教权力的社会上层。在公元前3000年左右，一些文化和社会发展较快的地区开始相继进入初期文明阶段。

晋、陕、豫交界地带为中心区域的庙底沟类型在其所处的时代，居于领先地位，庙底沟类型彩陶蓬勃扩张，分布范围北过长城、东临大海、南越长江、西至甘肃和青海，成为史前时代第一个繁盛期最具代表性的文化符号。但是长期以来，因为缺乏考古学证据，对于庙底沟类型的社会结构一直没有明确认识。河南西部的灵宝地区是庙底沟类型的中心地带。目前发现的庙底沟时期大型中心性聚落多聚集于灵宝境内。

在充满生命呢喃的黄河畔，中原先祖在物竞天择的环境中学会了农耕，学会了麻织、制帛，学会了饲养，学会了焙陶，学会了结绳记数以及在陶皿上刻画生活。这是一个农业生产社会化的时代，一个手工业生产专门化的时代。在这个时代，刀耕、锄耕、犁耕推动着农业的发展，彩陶凝聚着文明的光芒，和谐融合形成最初的华夏民族。从这个意义上说，中原文明是中华文明的摇篮。

中国文明是从哪里发生的？是单中心还是多中心？是一元还是多元？曾经有过不同看法。现在看来，牛河梁、大地湾、石家河、良渚等都不在中原，中原中心论显然不大符合事实。到龙山时代黄河流域才比较突出，夏商周时代中原的中心地位才逐渐形成。即使如此，它的周围也还有其他青铜文明。因此中国古代文明起源的过程，乃是一个由多元连接成的相互作用圈逐步演变为以黄河流域和长江流域为主体、并以中原为核心的多元一体格局。这是一个具有自身活力的超稳定结构，往后中国历史的发展，无论从经济或者文化或者民族关系等层面上看，都基本上保持着这一格局，从而保证了中国文明历史延绵不断的发展，成为世界几大文明古国中唯一没有中断的一个。

中华文明是一条大河，大河由多种文化聚集，有许多文化分支，每个分支都有源头，也就有多个源头。如太湖地区的良渚文化，江汉地区的屈家岭、石家河文化等。但它们都断裂了，有的不知所终。唯有中原文明是一脉相承、脉络清晰、生生不息，流传至今的完整体系。

充分强调中国早期文明多线性、多样性时，断不可低估文明各地区间的共同性、统一性。只有存在共同和统一，各地方文化才作为中国文明的组成部分而存在。在不同历史时期，多线、多样的地方文化的发展也不平衡。在历史若干关键当口，特定地区会起特殊作用。历史学和考古学研究都表明，中华民族先人脱离原始的状态而进入文明的门槛，是在中原地区。考虑仰韶文化在中华大地上传播的基点，中华民族的文化是在大陆地理区中自成体系地多元发展而又多次复合而成的。

17. 河流与台地：仰韶人的居住环境

渑池县属于丘陵山地，北部是以东崤山为主体的山区，南部是以西崤山为主体的丘陵地区，中部是涧河盆地。境内最高处为韶山的主峰，海拔 1463 米；最低处为黄河谷地，海拔只有 198 米。主要山脉有韶山、岱嵋山、熊耳山。境内主要河流有涧河、洪阳河、涧口河等，这些河流统统属于黄河流域。黄河在县境内的流程近 60 公里。

从 2012 年的初春到盛春，两个多月内我连续两次去三门峡市，两次从三门峡市去渑池县，又从渑池县专程去仰韶村。这两次都让我产生疑惑：仰韶人既然打算踏踏实实过日子，为什么会挑选这儿？

电视中屡次播出非洲角马的大规模迁徙，一年一度，100 多万只角马从坦桑尼亚出发，浩浩荡荡地奔向肯尼亚。在马拉河畔，虽然河中有鳄鱼出没，角马还是义无反顾地跳入河中。为什么角马每年都要迁徙？答案是角马群把一地的草吃光了，就要到另一片草场。

由此说开去，远古人群与动物差不太多，也为觅食而不间断地游荡。谁也不愿居无定所，四处游荡是不得已而为之，迁徙现象频繁发生。在农业社会发育起来之前，人们通过迁徙寻找新的食物供给基地，抵抗饥饿。新石器时代后期，人们不愿意总迁徙了，便建了村落。这样固然安全些，也把人限制住了，增加了采集食物的困难。

稍大一些的群落，男女老幼加到一块儿，怎么也得有百八十号人，以至达到数百人。谁都知道肉好吃，几百号人得多少肉才够吃？野兽在山里，在树林里，有四只脚，人只有两只脚，不如野兽跑得快。好就好在人不是单纯的食肉动物，也能吃素，而且有人偏于吃素。

人们愿意在相对安逸的环境中定居，不断迁徙不是个事儿。由此产生的问题是，为什么会产生村落？简而言之，村落是农业的伴生物。

过去，河谷和山里长满了可吃的东西，吃上一阵子，可吃的食物被采光，河谷和山上都是不能吃的草，于是，不得不到很远的地方去将嫩叶背回来。解决的办法只有一个，那就是采用种植的办法。至今，很难设想当初选择种子的艰辛，可入口的东西很多，但究竟哪种东西是种植后划得来的，可作为粮食。原始人群经过多次筛选，选择了被后世称为五谷杂粮的作物，原始农业就是被这样催生出来了。

农业产生于距今1万年左右，仰韶文化那会儿农业已相对成熟。农业工具以石器为主，广泛使用木竹器、骨角器和蚌器，翻土工具稍后出现，尤以耒耜最具特色。实行撂荒耕作制，最初是生荒耕作制，继之是熟荒耕作制。耕作技术特点是刀耕火种，以后产生了与播种直接相结合的原始的耔耕作，生产技术的重点逐步由林木砍烧转移到土地加工，出现了掌握农时的原始物候历。后来产生栏圈，把野生植物和动物培养、驯化。栽培植物和家畜是这一时期农业生产的最大成就。现今的主要作物和家畜，全部是在原始农业时代栽培和驯化成功的。

仰韶人饲养的主要家畜是猪、狗和牛。最近看了个电视片，东北某地年轻人饲养野猪挣到不少钱。野猪的瘦肉率更高，但与家猪不是一个味儿。其实，上古的人们养猪，正是从驯化野猪起步的。

原始畜牧业是怎么产生的？不难想象过程：公仓食物所剩无几，充饥就只有狩猎。围猎活动场面类似后来贵族的田猎。不同的是，贵族狩猎是集体娱乐活动，而仰韶人打猎是为了活命。他们将野兽围在空地或谷地，在刀、枪、弓箭都没有的条件下用石器与野兽搏斗，这种方法需要动员大群的人。一次围猎下来，打死的食肉类野兽当场分了，食草类动物就养起来，猪、羊、牛、鸡就是这样饲养起来的。

后人千万不要对仰韶人的原始农业和饲养业抱任何奢望。初民的农业有意想不到的脆弱性，无法抵御自然灾害，无论是水灾还是旱灾，对原始农业几乎都是一风吹的毁灭。更何况那时昆虫和农作物一样繁茂生长，初民没有杀虫剂之类，害虫肆无忌惮地大面积繁殖着。至今，人们仍然惧怕蝗灾，而在那时，蝗灾是足以毁灭所有农作物的原子弹。

所有仰韶遗址都表明一个趋势，那就是仰韶人奉行两条腿走路方针，即便有原始农业和饲养业，对采集和狩猎也丝毫不敢懈怠。许多仰韶遗址中出土了石骨镞和石网坠，还有些带倒钩的鱼叉、鱼钩以及石矛。半坡发现了一种制成颗粒状麻面的陶锉，可能是鞣制皮革的工具。仰韶人干的活儿挺全乎，初民是全把式，农林牧副渔全做，反映的正是初民的生存能力极低，不得不多方面兼顾。

仰韶遗址的墓葬中，有很多是孩子的，可见早先儿童的死亡率相当高。考古中没有发现千年遗址，大体都是维持几百年就消失了，说明附近食物资源严重枯竭。几十里内的食物采集光了，而且野兽也转移山头了，人群只得挪窝了，辛苦营建起来的穴屋，挖出来的壕沟放弃了，走上迁徙之路。而这一走，不知道多少时间才能找到适宜定居的土地。沿途不得不风餐露宿，途中不知道有多少人倒下。

渑池县位于洛阳和陕县之间，如果乘车走一趟，可以明显感到，这里是中原和黄土高原的结合部，越往西地势越高。如果仰韶村以种地为生，这儿的耕作条件不好，村边尽是沟壑，或者说几乎找不到大面积的平地，分布着一道道深浅不一的沟。

仰韶村遗址位于仰韶乡境内，具体坐落在县城北 7.5 公里饮牛河西岸仰韶村南、寺沟村北的台地上，范围南北 960 米、东西 480 米，面积约 36 万平方米。文化层堆积厚 2 至 5 米。村的东西两侧各有一条深几十米的沟，沟底小溪潺潺。东为饮牛河，西为西沟，两溪在村南约 1 公里处汇合。仰韶村宛如半岛，坐落在两溪之间黄土台地上，路沟断崖露出第三纪红土和第四纪黄土。村北约 3 公里有韶山和飞山等石灰岩山丘。遗址距县城 10 公里，地势北高南低呈缓坡状，遗址东西两侧各有深沟，北依韶山，东、西、南三面环水。

在仰韶村走动，我总抬头看天，试想从飞机向下看这儿是什么样。如果从空中看，密密麻麻的沟壑组成的图案，就像大地生长着一道道的皱纹，不是中年人脸上那种浅皱纹，而是历经沧桑的老年人的那种深深的皱纹。土地被切割成一小块一小块的，种庄稼显然不合适。

仰韶村三面环水，一面靠山，两条河从村外绕过，只有一面是进出无碍的平地。我们乘车到仰韶村，途中没过河，也没爬山，绕了点远。从别的方向来就没这么方便了。别人不说，当年安特生来仰韶村，走的是近路，而近路麻烦，过河后要攀援一道不高的崖壁，才能进村。

不适于种植，进出不便，用今天的眼光审视仰韶村，我疑惑的是，远古那会儿仰韶村村民没有户口本儿，也没有哪级政府限制人口搬迁，那时地广人稀，不存在"土地流转"问题。他们为什么不搬家呢？为什么非要到崤山安家，而且村子偏偏建在台地上？

　　男人什么苦都能扛，不管在什么艰苦的地儿都能凑合着过，而在仰韶村里，早先当家的并不是男人。仰韶村是母系社会，女人说了算，女人比男人在意生活环境。只要哪位老奶奶级别的人物发个话，全村会卷起铺盖卷儿走人，向西走不多远，顶多一两天，就是洛阳一带，到那儿就见不到大山了，展眼望是一马平川的大平原，比这地儿强多了。

　　为了这事，我问渑池县文化局长方丰章："远古那时候，仰韶村的周围是不是分布着茂密的森林？"

　　方丰章摇了摇头："仰韶村附近有茂密的森林？我看不一定。"

　　我说："远古时，仰韶人既没有斧，也没有锯，石斧对稍微粗点的树就完全失效。可以肯定，那时没有人伐树，更没有人毁林开荒那些事。在这种情况下，崤山一带的林木自然茂密。我看过一个资料，远古时黄河流域有大象。既然有大象，这儿的植被应当很可观。"

　　方丰章说："河南简称豫。豫字是什么？是'我'牵着一头象。可以说，上古那会儿河南有象群。专家就这么看。西崤山一带上古应有象群。但即便大象出没，也不能说这儿的植被一定茂盛。看看电视片，非洲那些象群出没的地方，植被不一定好，可见象群对植被并不太挑剔。"

　　我说："不说象群了，眼下这个位置，就在黄河附近，抬腿就到了黄河岸边，而且气候条件相当好，植被没有不好的道理。"

　　方丰章固执地说："反正我对这儿的植被不看好。这不是我个人的看法。不久前渑池县农业技术人员化验了这一带的土质，结论是这里的土质不怎么样，即便上古时，也不会出现大兴安岭或西伯利亚那种茂密的大森林，长不出那种需要几个人才能合抱的参天大树。当然，上古时的树木应该比现在多得多，但不会是那种遮天蔽日的原始大森林，也不会有太多大树。再说，这儿的人也不需要参天大树。"

　　我说："上古没有国家概念，部族对居住点的选择范围很大，只要不侵犯到别的部族利益，爱在哪儿定居就在哪儿定居，只要不嫌远，就是北上俄罗斯或南下印支半岛也没人管。但部族选择地方定居，是慎之又慎的大事。定居地要有强烈的吸引人之处。既然如此，就仰韶村眼下的村址和周边环境，看不出什么'区位优势'，不便利之处很多。上古的时候，这儿的人为什么不挪个地方呢？"

方丰章想了想，咧嘴笑了："这个问题我就回答不上来了。"

我却不打算轻易放弃这个问题，企图琢磨出一点答案。

渑池县文化局副局长许建刚曾经领着我们到老寺沟村去过。老寺沟村在台地的下面（所在位置应该称为二级台地），寺沟新村在台地上面（应该叫一级台地），两地近在咫尺，新村在上面，旧村在下面。从居住环境而言，寺沟新村显然比老寺沟村好多了，开阔，敞亮，平平展展。这就产生了一个问题，为什么当初仰韶人不把寺沟村建在台地上面，而要建在二级台地上？这个问题并非可有可无。

回北京后，我拿着仰韶村拍摄的照片琢磨，回忆着进入老寺沟村的那条路：从新寺沟村下来，往老寺沟村走，贴着二级台地边缘，只有条不太宽的路。进去之后就可以看到，老寺沟村的房舍和窑洞前面只有几十米宽的活动空间，而后就是陡直的、深几十米的河岸……突然间，我觉得自己猜到是怎么回事了。

当年仰韶人之所以放弃一级台地的舒展空间，而把寺沟村建在憋囚的二级台地上，看来只有一个原因，这就是安全。对于缺乏防范手段的仰韶人而言，安全几乎高于一切。老寺沟村的身后是崖壁，前面是陡直的河岸，只有一条很狭窄的路可以进来。

从而可以大体揣摩出当初仰韶人建立村落的基本考虑了。他们不要求住在开阔的地方，只要安全，宁可住在二级台地。原因简单，必要时把那条路一封，就没有野兽可以进来了。从安全角度看，老寺沟村的确是好地方。这儿不仅有山有水，而且有山与水的屏障。并非偶然，这种基址条件几乎成了周边地区与仰韶文化村落的共同选择。

我看过一篇文章，是河南省博物馆副馆长杨肇清和三门峡文物局副局长张怀银写的《仰韶文化的分布与典型的河南仰韶文化时期》，文中对仰韶文化村落选址有这样一段概括："由于古代气候温和、雨水充沛、森林茂密，加之河流两岸土地平坦肥沃，便于农耕、渔猎、采集以满足生活需要，所以仰韶文化时期的村落遗址多选择在河流沿岸的二级、三级台地上，或者两河交汇处的高地上。"

在这段话中，作者概括了仰韶文化村落的选址特点。看起来，仰韶文化群落选择村址，注重的是两个要素，一个要素是河流，另一个要素是台地。贴近河流，显然是为了用水方便，还可以捉鱼捉虾；而住在台地上，图的就是个安全。从这两条来看，仰韶村结合得比较好，恐怕这也就是这片聚集地长期没有被放弃的原因。

时至今日，凡是来仰韶村参观的游客们，只要有心，只要愿意，都可以在仰韶村外围转一圈，而后冷静地想想，大概都会得出这样的印象。由此，仰韶村人实在没必要向东迁到洛阳一带的大平原去。

在仰韶时代，居住在平地的人不少，由于没有住在台地上，四周没有山地或河流屏蔽，四面通透，不安全，于是就在居住地周围挖掘壕沟。例如，半坡人的村落周围就有一道 600 多米长的壕沟。临潼姜寨的村落遗址，有 100 多座房屋，分为 5 组围成一圈，四周有壕沟环绕。

既然仰韶村人把居住区域的安全摆在如此重要的位置上，是防范什么呢？当然，主要防范的是歹人。依据常理判断，在仰韶时代，初民们绝对不清纯，所处环境也不可能是什么伊甸园。那时的人群，脱离兽性的日子不久，浑身散发着浓烈的蛮荒气息，或者说，人群中弥漫着无法无天的氛围。其实，无法无天这话放到那个时代也并不合适。那时的人们内心涌动着对"天"的恐惧，却没有"法"的踪影。仰韶村里外与现代人理解的法治社会相去十万八千里。那是一个大量涌现混账的年代，仰韶人必须时刻拿着棍棒和石块，对四野保持着警惕。

仰韶时代没有对偶婚，也就没有今天说的家庭，或者说只有大家庭，没有今天那种小家庭。每个人都知其母而不知其父。由于没有今天这种家庭，每个在山林间游荡的青年男人都没有家庭的羁绊，同时也没有道德的羁绊，压根儿没有经历过任何道德说教。或者说，在那个年代，大概有老年男人对年轻人的说教，但还没有何为"道德"的概念。人说起来是个高级动物，但是和普通动物相比，在 DNA 这一级上几乎没有什么区别。如果按照饮食习惯给人定位，人介乎于食草动物与食肉动物之间，既吃素，也吃荤；另外，人既可以群居，也不乏单独行动者。

既然有单独行动，那么有很多强壮男人就是肆无忌惮的。想想看，血性方刚的混小子们脱离了村社后，手里拿着一根防止不明袭击的大棒子，气势汹汹地行走于江湖。这种人一时性起，什么事都做得出来。而让他们一时性起的机缘又很多，饥饿、寒冷、对异性的渴求，都会让他们野性勃发。要知道，那时既没有对偶婚，也没有法律，在男性要对女性施暴时，女性会反抗，会挣扎，会撕咬，但就是没有男性强奸女性之说。

　　除了防范歹徒，仰韶村人还要防范什么？显然是野兽。六七千年前，全世界很多地方都像如今非洲的国家野生公园。河南气候温和、雨水充沛、森林茂密的崤山是猛兽出没的天堂。而猛兽所面对的人群，并不是进入非洲国家野生公园的武装人员，仰韶人没有越野吉普和自动武器，手里只有石头和棍棒。那时在人与猛兽的对峙中，猛兽占着上风，哪怕是一群人面对一只猛兽，猛兽也未必惧怕。只要人群中没有对要害部位来一下，猛兽就不会倒下。它最糟糕的结局，无非是看到实在占不到便宜了，就摇晃着巨大的身躯，懒懒散散地回到山林中去。

　　六七千年前，崤山这片山地上肯定有大把野兽。仰韶村人其实与虎豹豺狼为邻。写到这儿，我头脑里浮现出老寺沟村那块二级台地，猛兽不可能从河岸爬上去，也不可能从一级台地下来，对于抵御猛兽入侵来说，老寺沟村相对安全。据此，仰韶人没必要往大平原迁居。

　　仰韶文化是以农业为主的文化，这种文化所形成的村落，或大或小，居住的人口，往多里说有上百人，往小里说，大致只有几十人，差不多就在这个范围内浮动。比较大的村落的房屋有一定布局，周围有一条壕沟，村落外有墓地和窑场。村落内的房屋主要有圆形或方形两种，早期的房屋以圆形单间为多，后期以方形多间为多。房屋的墙壁是泥做的，有用草混在里面的，也有用木头做骨架的。墙的外部多被裹草后点燃烧过，来加强其坚固度和耐水性。

　　仰韶文化村落的选址，一般是在河流两岸经长期侵蚀而形成的台地上，或在两河汇流处较高而平坦的地方，有利于农业、畜牧，方便取水和交通。建房这道活儿，那时比较简单，先向地下挖一个圆形或方形的穴，将土堆在四周，建成之后，从远处望去就像在一个土堆上罩起个大草帽，这样的穴屋一个一个地排起来就是村落。

如果给动物大排行的话，仅就觅食本领而言，人的本事并不怎么样。人这个物种一岁才勉强行走；成年后指甲不硬，牙齿为咀嚼精美食品而设计。如今家里两口子打架，妻子急了，咬老公一口，顶多流点血，拿块创可贴一贴就没事了。人会爬树，但不可能上到高处。人不会飞，鸡急了，还能扑扇翅膀飞上房。人类的跳高纪录不过两米四几。人的撕搏能力不值一提，赤手空拳的人，除了经特殊训练者，连只公羊都对付不了，公羊用犄角可以把壮年男子顶个跟头。别看美国拳王泰森能把霍利菲尔德的耳朵咬出血，但是如若泰森上了景阳冈，也不能几拳打死一只斑斓猛虎，被老虎吃了的可能性居大。在景阳冈打虎的那位壮汉武松是个例，是小说家创作出来的，普通人没有这种行为能力。

　　人的行为能力不表现与凶猛动物单挑，而是表现出组织性，出门就成群结队，一帮人相互壮胆儿，用脑力制造工具，用工具造出武器，有了武器，不说横行于天下，起码可以在野生动物群落中飞扬跋扈。

　　不妨展开想象的翅膀：崤山上林木葱葱郁郁，飞禽翔翔，猿跃虎啸。估计仰韶人出猎前要浓墨重彩地化妆，身上脸上涂抹色彩。狩猎前的化妆来源于一个简单的推论：猎人与野兽是老邻居，彼此认识。野兽们知道老邻居的模样和能力，所以仰韶人要化妆，要改变模样，虽然还是用两条腿走路，而身上、脸上涂抹得怪怪的，像初来乍到的另外一种生命体。这样一来，豺狼虎豹就得琢磨琢磨自己能不能对付了。

　　仰韶人有自然形成的首领。在酋长带领下，有的追逐野兽，有的在用木鼓、竹管、石鼓、木鼓仿所猎物求偶声，诱骗猎物前来。强壮男子或不强壮男子追击围猎的虎、狼、猪、马、牛等动物。女人不出门打猎，带孩子，编织树皮鞋、树皮衣、鳄鱼皮之类用品，在地里干活。当然啦，还有些石匠留在村子里，制造石器、乐器之类。

　　在原始生物链里，人在不知不觉间成为主宰，却还不能随心所欲地驾驭世界。人是群居的，不过建了一幢幢能够遮风挡雨的房屋，学会了种庄稼养活自己。初民有了语言，学会了制造工具，语言交流促进了智商发育。这时，人与野兽的差距渐渐拉开了。

　　人与野兽一样，通过交配繁衍后代。相比之下，老天爷挺眷顾人类，为什么这样说呢？与野兽相比，人类没有发情期，这主要是大脑发育的结果，长期的反复的性交实践，使大脑中充满了性内容，一代代地传下去，留在大脑中的性内容变成经常起作用的性信号，而且成为一种遗传因素。只要身体没有啥大毛病，成年男性的生殖器在一年四季的任何时候都可以勃起，而后找个茬儿与春心荡漾的女人交配。

　　野兽在发情期，不用打招呼，用体魄说话，雄性伏到雌性背后完成交配。可以肯定地说，人也经历过这样一段时期，后来则不能这么随便了。不扯那些远得不着边际的年头了，估计自打七八千年前，或六七千年前，男人就不能随心所欲地与女人交配了，男人和女人在过性生活之前，必须完成一道手续。这道手续，后来被称为婚姻。

18. 仰韶人的婚姻状况：只有走婚

仰韶人的"婚姻问题"无从探究。但是，这个问题涉及到母系氏族社会的家庭结构，不能不闻不问。由于没有文化遗存，只能猜谜。但也不能像年三十晚上猜灯谜那样猜度仰韶人的家庭组成，而是要寻找相应的参照物。参照物是什么？是至今尚存的古代婚姻遗风。

说到这块了，不妨先说说仰韶村的断壁保护陈列室。

断壁，通常指断裂坍塌或部分倒塌的墙壁，属现代汉语中的白话词汇，古代该词少见。山村必有土壤断壁。仰韶村中有一段土壤断壁长年裸露，与其他村落裸露土壤断壁相比，这段土壤断壁有特色，那就是上有较明显的土壤层，显示着不同年代遗存的痕迹。

这种土壤断壁在山村中到处是，没人留心。不知什么时候起，渑池文物工作者注意到，仰韶村土壤断壁上呈现不同颜色的土层而且表现着当年的灰坑和窖穴。几千年了，它们经受着风吹日晒、雨雪风霜。

全国范围内有很多东西需要保护。大熊猫要保护，还有一种叫小熊猫的动物也要保护。小熊猫的样子与大熊猫相去甚远，乍看并不可爱。可可西里藏羚羊要保护，不能让盗猎者肆意妄为。我从电视上看到，南方有的深山，农民种的庄稼被野猪糟蹋得一塌糊涂，农民问政府，为保护庄稼，能不能上山打野猪，政府坚决不同意。因为野猪是被保护动物，糟蹋庄稼就糟蹋吧，反正糟蹋的数量有限。鸟类有一大堆是需要保护的。从秦长城到明长城都要保护，古迹要保护，老树要保护，小树也要保护。孩子们要保护，老男人与妇女也需要保护。北京西郊的首都钢铁公司搬走了，留下的那些个老高炉也要保护，据有关方面说，要开辟个什么教育基地。总之，要保护的东西数都数不过来。

直至上世纪90年代，渑池县文物局觉得不能让这段土壤断壁总是裸露着，无论如何，也得适当地保护起来。经过向上级请示，拿到一笔经费，他们就开始干活儿了。断壁保护陈列室是除了仰韶文化博物馆之外，仰韶村左近最大的房子，保护的却是最不是值钱的东西：土壤。

给带有考古剖面的土壤穿衣戴帽，包裹得就像个新郎官儿，如若没有很强的责任心，做不到这点。经过一阵忙活，县里和仰韶村合建了断壁保护陈列室。距离仰韶博物馆约莫有一里地，在新寺沟村村旁。对于这件事，我有些感触，表明这儿的人对仰韶文化真正上心了，也用心了。

那天，许建刚带着我们来到这儿。下车，进入个几百平方米的花园，穿过花园，就是仰韶村断壁保护陈列室。

从外头看，看不出房子是做什么的，也就是一长溜砖房，有百八十米长，很大的玻璃窗。进去后，站着位年轻姑娘，显然是讲解员。她本来要讲解，看到头儿领着一帮客人进来了，也就不说什么了。

许建刚进门，就习惯性地低头看看地面，只见地面上有一片一片的白灰，他抬头看了看，由于潮湿，屋顶的白灰受潮，有的没有扒住，掉了下来。他顾不上我们，赶紧对那位姑娘交代了几句，大体是说施工质量有问题，要尽快解决。而后，他才给我们讲解。

我们随便转悠着，有些茫然。吸引我们的是，在土壤剖面上，清晰地分布着几个窖穴。窖穴的典型形状是梯形，位于土壤剖面的上方，高度在三四米处。它们的颜色和周围的土壤颜色不同，明显地发浅。如果不经过讲解的话，谁也不知道它们是做什么的。

"这种形状表明这儿过去是挖出来的坑，叫窖穴。"许建刚指着土壤剖面中的一个梯形坑说，"远古村民没有像样的储藏室，在地面挖窖穴，是储藏东西的地方。就像北方人过冬时挖的菜窖。窖穴在仰韶村落中较多，早期为口大底小斜壁或直壁平底坑，口径及深度均在一米到一米半；中期除了早期那种形式外，还出现了口小底大的袋装坑，口径一般比一期的稍大，深度也稍有增加；晚期袋装坑增多，体积较大。有的坑壁经过加工，涂一层草拌泥，并以火烘烤，以防潮湿。"

同行者问："窖穴通常位于村里什么位置？能储藏什么？"

许建刚耸了耸肩："史前仰韶村的原貌已不存在，窖穴在村中位置无以确定，只能看其他仰韶文化村落。比如说陕西半坡发现的窖穴通常分布在房子之间，有圆形袋状的、圆角长方形的等。有些窖穴内发现有相当厚的谷物灰壳，说明这些窖穴是贮藏食物或用品的地方。"

在母系氏族社会，肯定会有公仓。由于原始农业，使得仰韶人有了粮食收获。可以肯定，那时没有清晰的谷物概念，凡是能够入口充饥的，都是粮食。因此，除了庄稼地里的收获之外，肯定还有可以吃的其他东西。考虑到直至上个世纪的"三年自然灾害"时期，很多中国人尚用树叶补充粮食作物的不足，在仰韶时代，肯定也会储备可食的树皮草根树叶什么的。因此，窖穴里肯定储备的就是这些。如果那时候就有了文字的话，这些东西也会被统称为"粮食"。

我冷不丁地问："是集体储藏还是家庭储藏？"

对于这个问题，许建刚显然没有任何思想准备，愣了愣，想了好大一会儿，才说："嗯，是集体储藏还是家庭储藏，这个问题问得好。可以说，问题的答案至今仍然有些模糊。你说是集体储藏吧，这些窖穴都不大，放不了多少东西。你说是家庭储藏吧……啧啧。"

我明白许建刚为什么会哑巴嘴。这的确是一个不容易回答的问题。为什么难以回答，因为涉及到原始社会的家庭以及婚姻问题。

我说："仰韶时代即便是母系氏族社会，也肯定存在婚姻，当然不是后世那种对偶婚，更不是什么一夫一妻制，估计只能是走婚。既然是走婚，就没有今天意义上的家庭，因为每个人都知其母而不知其父。因此，如果说窖穴用于家庭储藏，好像不容易说通。"

"是这么回事。"许建刚点了点头，"但我们研究过，也征求过专家的意见，即便是走婚，女性也是独立支撑门户的，还是有个家。"

对许建刚这几句话，我说不出不同意见，只是从直觉上感到，他所说的肯定对。对于六七千年前的仰韶人婚姻状况，今人所能想到的，没有别的，只有走婚。但是，即便是走婚，也得有个家，不是今人说的那种家，而是年长女性家长说了算的那种家。

仰韶文化分布地域辽阔，绵延两千年之久，发展过程中不可能一成不变。例如，淅川下王岗仰韶文化遗存揭露出的连间分套长房，以及郑州大河村仰韶文化遗存发现的套间房址等遗迹，证明了类似对偶婚家庭的出现。在一些仰韶文化遗址中还出现了夫妻合葬，这些葬俗表明，当时社会已经建立了父权制。历史发展到仰韶文化中晚期时，从郑州西山仰韶文化时期的城址，以及汝州洪山庙仰韶文化遗存中的男根崇拜图案的出现等现象，可以窥探出一些社会变化的端倪。

仰韶文化村落的家庭状况，还有一种可能性。这种可能性不大好说，只好举个例子。每个羊群中都有头羊，头羊的作用显而易见，可以把群体带上迁徙之路，找到丰美的草场。由于头羊有这种特殊作用，所以享受到的待遇比其他公羊要多。羊这种动物看着挺温顺，其实羊群中执行极蛮横的制度，那就是头羊可以和所有母羊发生性行为，其他公羊只能眼睁睁看着头羊淫虐所有母羊，在理论上打一辈子光棍儿。当然，其他公羊在发情期往往会趁着头羊打盹儿时骑到母羊的背上。这种事时有发生，但不是制度允许的，只是偷偷摸摸解馋。

如果仰韶初民跟羊群差不多的话，那么也由首领淫虐所有女人，起码处女开苞属于首领。这种可能性并非不存在，直至中世纪，欧洲有的村里的首领对所有新婚女子享有初夜权，就是例证。

仰韶时代是母系氏族社会，男人能不能肆意妄为，得两说着。典籍中对上古婚姻状况没有只言词组。今天对仰韶婚姻及家庭状况只能猜。我隐约感到，即便在仰韶时期，也不会有得到族群允许的群交。即便今天在西方国家仍有群交现象出现，但那只是无聊的已婚中年男女的解闷儿方式，并不被法律所允许，反而会受到谴责或嘲讽。仰韶时期没有郑重其事的对偶婚，那就只剩下一种可能了，这就是走婚。

人类的婚姻形式经历了极其漫长的变迁过程，从群婚到血缘家庭再到那普那路亚家庭，从对偶婚到一夫一妻制。而即便在全人类普遍实行一夫一妻制的今天，走婚也依然存在。

走婚这件事，起源于母系氏族社会时期，至今还部分地保留在丽江泸沽湖的摩梭人、红河哈尼族的叶车人以及大香格里拉鲜水河峡谷的扎坝人中。所谓走婚，是以感情为基础、夜合晨离，以性享乐为目的的婚姻家庭模式，可以随便变换性伴侣，可以同时拥有多个恋人，而且绝对没有第三者插足什么的。

泸沽湖位于宁蒗县北部永宁乡和四川盐源县左侧的万山丛中，距离宁蒗县城或丽江古城都在一二百公里左右，为四川和云南两省界湖。藏学家任新建认为，《唐书》记载的东女国，范围大致就在川、滇、藏交汇的雅砻江和大渡河的支流的大、小金川一带。"东女国"这个概念有点模模糊糊，顾名思义，第一印象就是性自由。

泸沽湖畔生活着纳西族的一个分支，叫摩梭人，保留着当今世上仅存的母系氏族社会，也保留着古代早期对偶婚特点的阿肖婚姻形态。这儿风俗独特，家家之主，皆为女性，其家庭成员血缘，均为母系血统。如家庭成员中，祖辈只有外祖母及其兄弟姐妹，母辈只有母亲、舅舅和姨母。阿肖婚的子女则称走婚父亲为阿波或阿达。

摩梭人依山傍水而居，民族学者描绘的理想家庭的理想房屋，是用圆木或方木垒墙，以木板覆顶，一般由四栋二层楼房经戒四合院，分正房、花楼、经堂、门楼。建筑结构与宗教信仰、婚姻形态和家庭组织适应。正房是家庭集中饮食、议事、祭祀及老人儿童住宿场所；屋后设夹壁，直通后院，里间储存粮食和肉食，兼作老人起居室；外间存放农具杂物，妇女在此生育以及坐月子；火塘两边铺木地板，房中有两根大柱子，左为男柱，右为女柱。举行成年礼仪时，男在左柱旁举行，女的在右柱旁举行。花楼供年轻女子居住，便于单独接交男阿夏。

摩梭人的少男、少女长到13岁，要举行成丁礼。成丁礼在农历大年初一举行，公鸡叫第一遍时，母亲把孩子叫起来洗脸梳头，女孩在13岁前扎小辫，之后开始留长辫，缠大包头。年满13岁的男孩则由舅舅给他穿上短衣，宽腿裤，扎上彩色腰带。少女到了17岁，便不睡木摞大平房火塘边，到楼上专为女儿准备的闺房住。

阿夏是摩梭语，是男子称情人的称谓。阿肖是摩梭人中有情爱关系的男女双方的互称，彼此又称"肖波"。阿肖婚姻特点是，伴侣之间不存在男娶女嫁。男女双方仍属于原有家庭。婚姻形式是男方到女方家走访、住宿，次晨回到自家。因为是由男方的"走"而实现的婚姻，所以当地人又称这种关系为走婚。走婚不注重财富、地位和门第，唯以双方情感来取舍。但在选择上较为注重家族，同时还看重对方人品、才干、外貌等。在结交阿肖中，女方的意愿受到最大限度的尊重，一般来说，阿肖关系结交的成败，往往在很大程度上取决于女方的感情。走婚是母系社会家庭的重要组成部分。成年男子走婚是传宗接代、繁衍后裔的途径，但是，有一点很明确，那就是孩子归女方。

走婚在摩梭语中叫"色色"，意为走来走去，表现出走婚是夜合晨离的婚姻关系：双方不结婚，只在晚上男子到女人家居住，白天仍在各自家中生活劳动。天下男子到处有，在性事方面女方占主要地位，女子一旦不再为男子开门，走婚关系就结束了。

在世界众多民族中虽然不乏原始状态民族，但均无走婚这一特殊风俗。走婚为什么历经沧桑之后仍然存于摩梭人中，至今是未解之谜。国内外学者作过大量调查研究，试图运用各种人类学现有理论进行分析，而得出的结论尚不足以解开这道难题。

走婚的好处是男人每晚不一定只能到固定女子家，女子也不终生守一个男人，不需忍受有虐待倾向的男子，双方可充分享受性生活带来的快乐，不会出现审美疲劳。性爱与经济关系牵连不大，男女双方财产独立，结合是自由的，两厢情愿，不会发生纠纷，家庭不干预。即使发生纠纷，双方母亲、舅舅会妥善处理。有的摩梭人成年后，男女双方感情不合，没有孩子前，更换阿夏、阿注是经常的事。但有条界线，有了孩子后，就不能轻易更换了。

摩梭人的走婚，在内地无法想象，实行自由走婚的奥秘在于母子们无后顾之忧，母系大家庭是每个人的庇护所，对于成年男子来讲，母系大家庭是赖以生活及养老送终的乐园。男子们何乐而不为呢？这就是走婚习俗能延续至今的原因之一。

当前，摩梭人被归入纳西族。其实，两个民族有不同语言、宗教和文化生活。摩梭族是母系社会，实行母系家长制，孩子跟母姓。婚姻体制意味着所有财产由母系遗传，从母亲传给最小的女儿。摩梭妇女没有丈夫，只有来来去去的走婚者，孩子由生母及生母的兄弟承担抚养长大。小孩父亲的身份就无从知晓，摩梭族语言中没有父亲这个词。

走婚在泸沽湖畔称阿注婚或阿夏婚，就是男女朋友间过没有婚姻约束的性生活，与正常婚姻关系是两码事。当地政府出于对民族习俗的尊重，不完全禁止阿注婚，但也不能完全听之任之。

虽然政府不满意走婚制度，但是，有六成摩梭人仍然以这种方式生活着。据了解，近年来，泸沽湖政府对走婚的态度有些含糊，既觉得这么做不太合适，又想作为发展旅游事业的宣传广告。据说，有些汉族小伙子想浑水摸鱼，去泸沽湖畔找阿夏，在网上询问找阿夏的技术细节。而当地计划生育委员会有些不知所措，不知道阿注婚或者阿夏婚中的子女数目怎么控制，也不知道要不要给阿注和阿夏们结扎。

在哀牢山部分哈尼族叶车人中，残存着不同形式的"不落夫家"婚俗，类似走婚。新娘举行结婚仪式后，当天或过两三天后即返回娘家，不在夫家居住。每逢农忙、节日或夫家办婚丧等事，夫家派人携带礼物接上妻子，到夫家居住数日或半月，再由夫家送回娘家。妻子留住夫家时，夫家以客人相待，只让参加一般劳动或象征性劳动。

在雅砻江支流鲜水河下游两岸河谷地带，居住着具有自己独有民俗民风、语言文化的藏族部落，称"扎坝娃"。扎坝人居住地清代属康定明正土司管辖，现分布于雅江县瓦多、木绒、普巴绒，道孚县亚卓、扎拖、红顶等地，有人口一万多。

扎坝人居住地交通闭塞，只是与奔流不息的雅砻江为邻。扎坝男子通常在十六七岁开始谈恋爱，找呷益（即恋人）。找到呷益就开始爬房子，夜晚到女方家走婚过夜，次日清晨回到母亲身边生产、生活。最初的走婚是秘密的。青年男子相中某女子，表示爱恋方式一般是抢女孩的头巾或戒指等，对方如果也相中了自己，就会含情脉脉地跑开，而在夜深人静之时打开阁楼的窗户，等待意中人到来。

扎坝的房子通常高数丈，分为数层，小伙子夜晚徒手攀爬上楼顶，如果攀爬技术不过硬，没能爬上房顶，与意中人就吹灯了。这种暮聚朝离的走婚，建立在感情基础上，不带金钱财产关系，如果遇到双方感情不和或因其他原因造成走婚关系不能维持，则以男子不再爬房子或女方拒不开窗而宣告解除，不存在财产纠纷和怨言、嫉恨。

走婚使扎坝人保留着母系时代的遗迹。扎坝人家庭里没有夫妻，以母系为主线，几世同堂的大家庭成员少则几人，多则几十人，母亲是家庭的核心。男女恋爱所生子女完全由母亲抚养，父亲没有养育儿女的责任。男子在自己的母系家庭中扮演舅舅的角色，主要帮助自己的姐妹抚养孩子。扎坝家庭里没有夫妻，家庭成员以母系一方为主线，几世同堂的大家庭成员少则几人，多则几十人，母亲是家庭核心。男女恋爱所生子女完全由母亲抚养，父亲没有养育儿女的责任。

扎坝人走婚和云南摩梭人走婚方式略有不同，扎坝男人40岁后通常选择一个女人结婚。40岁后依然没有找到女人结婚的扎坝男子会遭族人耻笑。之前，男子在母系家庭中扮演舅舅角色，以舅舅身份抚养姐姐或妹妹的孩子。

说了这么多残留的民族走婚，再看仰韶时期青年男女，在母系社会中，在没有对偶婚姻的情况下，除了走婚，别无选择。走婚成为习俗，就形成比法律更有效的秩序。走婚人像巡回似的游走于几个村落，只要带上采集的食物，随便走到哪里，都会被收留。

在网上看到一篇名为《仰韶人》的文章，谈到仰韶人的走婚，笔法平实，叙述的事却不简单，是在努力猜度老早以前的花前月下故事。网上没有显示作者姓名，本书中也就没法标注作者姓名，特此致歉。

关于仰韶人的日常生活，《仰韶人》一文中是这么说的：

草的茎头开着白的，黄的和蓝的小花儿。母亲带领她的孩子出了穴，在穴前的草地上，空气中散发着青草的香气。母亲的孩子在草丛间嬉戏，孩子中小的那个在捉蝴蝶。大的一个是个女孩。这女孩只比母亲矮一点点，这女孩站着，若有所思，望着远方。远方有高的山，宽的河，还有丝絮般的白云。她的一只手伸向自己的生殖器，抚摸着。母亲看见了女儿的动作，女儿有了发情期。

母亲生了最小的孩子后就没有了发情期。她摸了摸自己的发皱发黑的皮肤，看看干裂的手脚，她记得在很多年以前，她自己就是大女儿现在的模样。那个时候，她也有母亲，跟着母亲住在一个穴里。也是一个花季的日子。来了两个汉子。其中的一个汉子长得很高很壮，腿直直的，肩宽宽的，头发整齐地披在肩上，眼睛和嘴都像是在笑。这个汉子抱着她向河边走去。汉子摸她的乳房，抚摸她的生殖器，她一下子喜欢上了这个汉子。回到穴，当晚就住下来，过了3天，她又被带到现在这个穴。又过了几天，心爱的人与他的伙伴就上路去了远方。这一去就没有再回来，她等他，盼他，这么多年过去了，心爱的人始终没有回来，每到发情期母亲都向他走去的方向张望，希望他回来，她空盼了一年又一年，空等了一年又一年。她只能领回别一个男子到穴中来，在这块河谷，相守一个男子的母亲已经很不少了。这些人不再到河边去领回来走婚人。母亲也希望有一个可心的男子同自己相守，很多年过去了，母亲的孩子也已经有5个，母亲知道自己的生育期过去了。要不了很多年自己的孩子会长大起来,各自去过自己的日子。这个造得异常坚固的穴,陪伴了她一生。当孩子都走出去，终将倒塌。

母亲的大女儿向高山的方向走去，母亲知道她要去找一个男子。母亲深情地望着大女儿的背影。太阳快落山的时候，女儿领了一个年轻的男子回来，看上去，这男子差不多还是个孩子，腰间围了一块漂亮的毛皮。母亲感到满意。大女儿和男子拉着手进了穴。母亲发出"哆"的声音，是回家的意思。她的孩子们立刻回穴去。母亲要进穴去招待客人，她不放心孩子在外面，外面不安全。回穴以后，由二女儿去安排草床。二女儿会做好的。母亲抓了一只鸡，她要用鸡来招待大女儿的男友，这就表示了母亲的意思。她将鸡摔死，熟练地抓掉鸡毛，将鸡投进盛了水的陶锅里，就吹燃了锅下面的余火。这陶锅是一个走婚人送给她的，已经很多年了。这陶锅开裂的缝用米糊抹起来，虽然破旧只是不漏。

天黑时，有两个男子进了穴。这是母亲的工人回来了。这两个工人带回了足够两天吃的嫩叶，还有一些干果，一只小动物。对于采集男子，母亲历来都收留，只是不婚配，愿意走也随便。记得最多的时候，母亲收留过8个工人。第二天，天刚亮，大女儿跟那个年轻人双双走出家门。母亲目送两个人消失在山的后面。看样子大女儿不会回来了。但是她觉得欣慰，她有5个孩子，这样的事情还会发生4次，她将一个一个地送走她的孩子。将女孩送走也将男孩送走。

太阳快落山时，女子才随男友到穴跟前。抹草泥的穴顶一看就是个新穴。进去后，男友抱起大女儿，放到草床上。大女儿勾起男友脖子。她感到畅快极了，过了好久激情才消退。

十年过去，河谷中出现了新生的村落。河谷中出生的孩子们跑遍河边坡地。大女儿将母亲接到河谷。十年间，小女儿已长大成人，比姐姐还要漂亮。母亲看到星星点点的小屋，看到屋前屋后修整过的土地，像是来到了一片新天地，她感到满意。

在没有上古只言词组的情况下，可以说，《仰韶人》的作者猜谜猜到了极致。看得出来，文中对走婚的描述与阿注婚不相符。阿注婚的特点是房子和生活用品均由女方提供，男方两手攥空拳进入女家，除了为女人提供性愉悦外，还要为女人干庄稼活儿。男人用劳动换取相对安逸的生活，也获得了性满足。从这种关系看，阿注婚是平等交易。

在《仰韶人》一文中，那个叫做松的男人主动盖了房子，而后把少女接来，双方的财产交换关系不甚明显，男方承担的那块多了些，女方除了奉献同样充满饥渴的身子之外，就没有其他负担了，过日子的对象统统是白来的。这种描述比摩梭人走婚开化些，男女双方除了没有办理结婚证外，似乎可以嗅到一丝现代婚姻的气息。

有必要说说，无论摩梭人走婚、叶车人走婚、扎坝人走婚还是仰韶人走婚，均与今天的男女大学生同居现象风马牛不相及。前者是在没有对偶婚的情况下产生的生活方式，男女双方有对等交换关系，否则，这种婚姻习俗一天也不可能存在，而后者就难说了。

男女大学生在校外找个房子同居，是近年的普遍现象。如何解释这种现象，或许不需麻烦经济学家或者社会学家出面。如果同居的男女大学生尚有些严肃生活态度，同居也可以算试婚，各自从对方判断今后长期生活是否合适；如果双方仅由于性饥渴住到一起，那就仅仅是在玩儿，从对方身上获得性满足，末了谁也不欠谁的。在这种情况下，男大学生不可能为女大学生下地干庄稼活儿，女大学生也不会为男大学生生孩儿并哺乳之，俩人连吃饭都实行 AA 制，租房好像也实行 AA 制，做爱须采取严格的避孕措施。大学毕业后，如果对对方看不上眼了，或者是玩儿够了，则带着各自的准婚姻体验，各奔东西，另觅新欢。

目前，社会上有一种现象，那些既不想恋爱结婚，又有一定性需求的人，通过网络聊天方式，与他人相约见面，如果双方看着对方还算入眼，就寻摸个地方发生性关系，这种行为，俗称"约炮"。有一位女子在微博里写道："天若有情天亦老，人间正道是约炮。"

可以说，"约炮"比阿注婚还要原始，是人类社会的一种倒退。但这种形式或许是仰韶时代的"遗风"。在仰韶时代，尽管没有网络什么的，但是男女如果有发生性行为的需求，所谓"人间正道"，估计也是"约炮"。或者说，除了"约炮"之外，就没有其他途径了。

19. 仰韶人住什么房子，穿什么衣服

在仰韶文化博物馆中，有个模型展区，按照一比一的比例制作。我在那儿看了看，泥塑仰韶人在仿真仰韶村落中，由于受到场地条件的限制，房子与房子间显得拥挤。模型做得不错，与模型相配的仰韶人的泥塑也说得过去。氛围是那么回事，制模者也算尽到心了。

渑池县处于大平原与黄土高原结合部，多数人住在房子里，黄土高原那种窑洞也时有所见。估计仰韶村就是这种情况，大部分人住在房子里，也有少许窑洞。在仰韶时代，多数人已脱离洞穴，住进房子。

仰韶人流行以半地穴式房子。这种半地穴式的房子距离中国人并不遥远。新中国成立初期，一批解放军作战部队改编为农垦师，初入北大荒或新疆垦荒时，或石油工人刚开发大庆油田时，临时搭建半地穴式房子，房子的一半在地下，另一半在地上，简易实用，保暖好，筑墙方法是在两块固定的木板中间填入黏土，被称为"干打垒"。

半地穴房屋主要有方、圆两种形式，地穴也有深有浅，并无一定之规。这种房子多就地取材，利用坑壁作墙基或墙壁，有的四壁和屋室的中间立有一木柱支撑屋顶。为了加固柱基，立柱周围往往加上一圈夯打结实的细泥。有的泥里夹杂着碎陶片和红烧土，也有的用天然石块作柱基，木柱上架设横梁和椽子，铺上柴草，用草拌泥涂敷屋顶。有的四周没有柱子，把屋檐直接搭在墙基上。为了防潮，并使房屋经久耐用，居住面及四壁常用白灰或草拌泥涂抹，有的还用火烤。门道有的是简单的斜坡，有的还修凿了台阶，有的道延伸至屋外，架有门棚。屋内正对着门口，往往会建一个灶坑，供做饭、取暖、照明和保留火种。

郑州大河村是仰韶文化重要遗址，地面连间式建筑由大小不一的房间东西并连，分别面南和朝北各开门户。发现了一批特别的房屋基址，

反映了木骨建筑兴起、发展和衰退的过程。这些房屋主要采用木骨整塑建筑方法，先挖好房屋基础，埋好木柱、绑上横木后，再填入芦苇束和木棍做墙体，并在墙体上涂抹泥巴层，架火烘烤，最后才造屋顶。采用如此方法建造的房屋，既坚固耐用，又防潮。

从大河村的房址可以大致看出木骨发展脉络。木骨比较原始，只有木柱，墙壁不涂抹墙皮，地坪仅铺设一层防潮层。有木柱、横木和芦苇束。墙壁的内外两面抹有砂质细泥墙皮。室内有烧火台，有的烧火台还垒有挡火墙。有些房屋的室内垒有隔墙，将房子分成内、外间，地坪也经过多层铺设。木柱的间距较大，没有前期时的横木和芦苇束。大多数墙壁不再经火烧，但房屋的面积悬殊大，地坪加工讲究。室内烧火台的两个角或四个角上有两个或四个木柱作为房顶的支柱。

大河村仰韶文化遗存揭露出40多座房屋基址，形成原始村落聚居区。窖穴大多数和房屋交错地分布在居住区域内，在遗址中东部还发现了一处饲养牲畜的圈栏遗迹。

如果说大河村仰韶文化遗存能够给考古学家什么启示的话，那就是木骨整塑陶房的独特建筑风格，为中国建筑史的发展书写了重要一笔。成组房基和套间房屋的出现，为研究中国家庭和私有制的起源提供了重要依据。从房屋内的布局、形态、结构与建造的先后顺序中，可以看出单偶制家庭的联系及主次之分情况，房屋逐步增建，有长辈与晚辈之分，家长与家族成员之别。这是当时大河村落布局和婚姻状况的真实再现。从原始村落的布局，到房屋的建筑方法等，都充分体现了大河村仰韶文化遗存的时代特征和鲜明的地域性。

仰韶文化中的较大村落，中心一般留有活动场所，住房围绕着活动场所修建。房屋布局往往是在一座大房周围，修建数座小房，形成一个小群体。仰韶早期房屋的建筑形式均为半地穴，门为斜坡，并且建有门棚；中期房屋建筑形式有半地穴和地面建筑两种，房屋的布局有了较大的变化，一是不见了早期的群体房，二是出现了有序的排房。这种现象反映出氏族血缘纽带的组织形式的变化。

有学者认为，仰韶人用的大房子是主持祭祀的，三面有墙，一面敞开，大房子是后世祠堂的前身，巫在这里主持祭祀，向起源神女娲唱祖先歌。

大房四周是挨得很紧的小屋，小屋面积在 16 到 20 平方米间。仰韶人的母亲一般生育 4 个到 6 个孩子，这么多孩子还有母亲，住在小屋里不宽敞。小屋大多圆形或圆角，一周立木，抹上草泥。这样的小屋地面就是床，床上铺了干草，干草就是被褥，迎门（没有门，只有门道）屋中间向下挖，夯实，就是地面。地面的中间挖了一个灶坑。灶坑用来煮食，冬天取暖，夏天驱蚊。大房周围的这些半地下、半地上的房以外，还有两处全地上的方形的屋。方形的屋才是真正的屋。屋的内部抹得很光滑，地面上垫了一层烧过的，像是陶粉的垫层。

半坡类型聚落范围，大体南北长、东西窄。房屋除少数为方形、长方形，多数为圆形，有半地穴式和地面建造两种。房子的门道与屋室之间有两侧围起小墙的方形门槛，房子中心有灶坑，有 1 到 6 根柱子，居住面和墙壁都是用草泥土抹成。居住面为细黄色草泥土。

方形和长方形房子有 15 座，面积小的 12 至 20 平方米，中型的 30 至 60 平方米，最大的复原面积约 100 平方米。半地穴式方形房屋在原来地面上下掘深约 0.8 米，以坑壁作为墙壁，壁上涂抹黄色草泥土。屋内中心有柱，用以支撑屋顶。地面建造的方形屋墙壁用粘土夹木柱和木板而筑起，全屋有十余个柱子，成排排列。大多数圆形房屋墙壁是用密集插排小木柱编篱涂泥作成，有的经过火烤，挺坚固。

无论是单间或套房，都垒有火塘，在不少房间内，还有储藏粮食的窖穴。农业已由刀耕火种阶段转入典型的锄耕阶段，以种植粟、黍等农作物为主的旱作农业在当时经济生产中占主导地位。仅仅依靠妇女的力量，已经难以胜任，一部分男子终于放弃渔猎而投身于农业生产，渔猎采集经济已由主要手段变为补充手段。

以上有关仰韶人房屋的说法，是我从网上有关文章中摘抄的，摘抄目的只是知识性介绍，估计读者的兴趣不会大。即便现在的人们关心住房，也没有人会关心几千年前仰韶人的住房情况。

通常说，政府官员对学术问题没有多大兴趣，按说三门峡政府也这样。但当仰韶文化有新发现时，三门峡政府也会关心仰韶人住房问题。当然，政府官员的关心与考古学界关心的角度不可能一样。政府官员关心的是新发现会给发展旅游业带来些什么。

2012年春，我住在三门峡市大鹏酒店。有一天吃午饭时，遇到市委宣传部的一位领导。他隐约知道我对仰韶文化有所关注，主动打了个招呼，而后说："冯老师，我建议你们去灵宝县西坡看看。"

我问："那儿有什么值得看的吗？"

他说："几年前在灵宝西坡发现了一个黄帝时的'人民大会堂'。"

我惊异了："黄帝的'人民大会堂'？"

他赶紧解释："'人民大会堂'的说法仅仅是戏称。西坡那儿挖掘出来一个大房子基址，有专家说那儿是黄帝的'国务会议室'。"

"'国务会议室'？怎么回事？"我又问。

他说："具体是什么？我也说不清。迄今为止，就连专家也说不清那儿是干什么的，考古家叫它'特大房址'。"

听说这个事后，我很想去灵宝县的西坡遗址看看。但是，由于很快就要回北京了，没有多余的时间。西坡遗址的那个"特大房址"，我那时没有去，而且至今也没有去过。写这本书时，感到有必要说几句，让读者了解一些仰韶时代建筑，只好罗列一些资料。

灵宝市以盛产黄金著名，位于河南省最西部，再往西走不多远就进入陕西了。它的南面是秦岭山区，北为黄土原，发源于秦岭的7条河流将深厚的黄土分割成6道东西并列、南北走向的黄土原。

灵宝县在发现庙底沟遗址的陕县以西，是庙底沟的近邻，属于庙底沟类型中心地带。在这个县里，有名的旅游胜地是函谷关和黄帝铸鼎原。黄帝铸鼎原偏东，南距秦岭北坡约2.5公里、北距黄河约9公里处，有个叫做西坡的地方。夫夫河和灵湖河静静地从东西两侧流过，这片看似平静的土地下面埋藏着丰富的仰韶文化遗迹。

从公元前3500年左右开始，黄河中下游的文明化进程均呈现出加速发展趋势：区域聚落形态出现明显的等级分化，一些地区出现由面积大型聚落、若干次级中心聚落和大量一般聚落构成的等级分明的聚落群；中心性聚落出现需要耗费大量劳力的大型公共建筑和随葬特殊用品的大型墓葬。种种证据表明，已出现可以控制一定地区和大量人口的政治组织及掌握世俗和宗教权力的社会上层。

中国社会科学院考古研究所、河南省文物考古研究所、三门峡市考古所、灵宝市文管所组成的联合考古队对灵宝阳平镇西坡遗址做了多次发掘，先后发现了大型中心性聚落、特大公共性房址等遗迹。

西坡遗址发掘的重要收获是揭露出仰韶时期的房屋基址5座，房屋为长方形，采用半地穴建筑形式。在新石器时代的中期和晚期，半地穴式房屋为常见的居住房屋类型，显然受到当时房屋建造技术水准制约。房子普遍采用夯筑技术，居住面和墙壁经过了精心加工，表面规整，门道、火塘、柱洞等设施齐全。它们的面积从52至516平方米不等，差距悬殊。516平方米的超大型房子结构复杂，为半地穴式与地面式相结合，座西面东。它以近正方形的半地穴式主室为中心，四周设回廊，前墙中部处的斜坡式门道延伸至回廊外，与地面呈110度角。

在超大房子室内有带柱础石的柱洞，近门处有火塘，地基和居住面处理考究，整体布局合理。房基深2.75米，室内地面夯打后，对居住面又进行五道工序处理。第一道工序在夯层上铺一层厚3.5至4厘米的草拌泥；之上两层均为黑灰色细泥掺料礓粉和蚌壳沫；再之上是由料礓颗粒和粉末形成的白灰色料礓层，厚两三厘米；居住面是灰白色的细泥层，多数层面上涂有辰砂。壁面也经过处理，并抹有辰砂层。

辰砂即朱砂，粉末呈红色，经久不褪。"涂朱甲骨"是把朱砂磨成红色粉末涂嵌在甲骨文刻痕中以醒目，这种做法距今已有几千年。秦汉之际，这种红色颜料的应用更加广泛。1972年，长沙马王堆汉墓出土的大批彩绘印花丝织品中，有不少花纹是用朱砂绘制成的。这些朱砂颗粒研磨得又细又匀，经过两千多年，织物的色泽依然鲜艳。可见，到西汉时期，炼制和使用朱砂的技术水准是相当高超的。

西坡已发现的最大房子长24米，宽21米，加上门道外侧的门棚面积，占地面积达516平方米。该房屋工序复杂，宏大气势非一般房屋所能比拟。这座西坡遗址中的"巨无霸"分为两个部分，一部分室内的南北长度达到14.9米，东西宽13.7米，面积约到204平方米。门道的长度为8.75米，宽0.95至1米。门道两侧有13个柱洞，窄宽相间。门道前端用于支撑门棚的两个柱洞最大。大房子附近还有占地面积296平方米、室内面积240平方米的房子，两者的门道相互对应。

专家根据柱洞分布情况推测，两所房子都为四阿式建筑。加上两所大房子中间还有片空地，可能是个广场，或者说是众人举行聚会或祭祀的中心场所。可为佐证的是，大房子四周造了圈回廊。为了建造这座大房子，总共用了96根圆柱。在只有石铲的年代，砍伐这么多大树建造一座房子，无论如何都是一项巨大工程。

在黄帝时代，灵宝县位于中心统治区域，而在灵宝西坡发现史前规模最大的房间。你说这房子是做什么用的？这座特殊的建筑呈长方形，结构复杂，建造工序考究。例如地面上铺垫了若干层草拌泥之后，又特意抹了质地细腻的白色河泥，最后还用涂抹朱砂的方法加以装饰，它不是普通人的居住场所。那么，这座大房子当年是哪位大人物的呢？

5000年前，轩辕黄帝率领部族征伐四方，被部落联盟称为"共主"。无需赘言，西坡能否成为黄帝"京城"，需要大量佐证材料，仅发现了一座大房子基址，远远不够。巧就巧在，西坡遗址在黄帝铸鼎原附近。当考古专家们企图论证这幢大房子时，急切的西坡村村民先于考古家得出了言之凿凿的结论，经过百姓的嘴一传，热闹来了。有记者报道："消息瞬间传遍了小山村，村民们的脸上都洋溢着兴奋和诡秘的表情，那就是考古队找到了老祖先轩辕黄帝的宫殿，西坡就是黄帝时代的京城。"

面积达到516平方米，室内面积200多平方米的大房子，在现代社会里，够得上大型会议室。如此开阔的房子，如果仅作为居住场所，过于空旷。而且讲求公平、公正、地位均等的仰韶时代，即使是某位德高望重的首领级人物应该也不会打破传统，独自享受如此高级别待遇。

有关专家们猜测，考古发现的这5座房子，可能是部落的人们共同居住、活动场所。5座房子的大小不一，结构有差别，可能用途也不同。上古的人讲求平等，遇到事情，总是需要集体商量决定，而这种场合就需要一个开阔的场所，于是建造了这所大房子。同时，又没必要每天都开会做决定，于是大房子又可以成为人们一起活动的场所。

西坡遗址所处时代反映了国家孕育时期的史迹。这里有发育良好的黄土堆积，为旱作农业提供了良好土壤。干湿相间气候，雨量适中，还有较为发达的河网水系，为粟作农业的发展提供了良好环境。从文化遗存中发现的大量兽骨和黍类粮食碳化物等迹象分析，西坡人的原始农业已经成为人们获取食物的首要途径。

西坡遗址清理出蓄水池3个，池内有多层淤沙和碎陶片，池底有一层厚一两厘米类似料礓末形成的硬层，池壁底部不平整。从现场迹象分析，蓄水池是利用洼地修建的。同时，池壁残留大量竖向和斜向的加工痕迹，说明人们已不再单纯依赖河流，懂得利用更多水资源。

发掘过程中清理出34座墓葬，除一座墓没有二层台之外，其余均有生土二层台；出土随葬品有陶器、石器、玉器和骨器。不同质地的随葬品，出土的位置也有所差别。陶器是生活中最常见的器物，大多放在墓主人的脚部；玉器代表着身份和地位，并不是一般人能够得到的，多随葬于墓主人的头部右上方；骨器则多置于墓主人的头部。

随葬陶器制品火候较低，红色居多，有少量为褐色和黑色。主要器物有小口瓶（壶）、釜灶、钵和曲腹杯等。石器有带孔石铲和不规则的石块；骨器有簪、锥、匕等；玉器主要为带穿的玉钺。

发掘的34座墓葬中，有6座墓随葬玉器，出土的10件玉器，是黄河中游地区成批出土时代最早的玉器。玉器在墓中的摆放位置不固定，多放在墓主的右侧。从部分玉钺表面留下的切割痕迹观察，西坡玉器主要采用了线切割技术，之后，再琢磨成形，最后对玉器抛光处理。

通过对陪葬玉器特征、制作技术等分析，考古工作者认为，西坡墓地随葬的玉钺具有礼器性质，可能像在其他文化中一样，是墓主人生前身份和地位的象征。同时17号墓出土的带象牙镦的玉钺，反映了仰韶文化中期用玉制度的形成，以及与东部地区的交流关系，并从侧面体现出了这一时期黄河中游地区玉石制作技术的发展水平。这次发现为研究黄河中游地区用玉习俗的形成和演变提供了弥足珍贵的数据。

关于这个大房子的用途，我们很难用今天的眼光去思考，它只是留给后人无尽的思考和想象。

仰韶人穿什么？这个问题关系到仰韶人的颜面和保暖等，并非可有可无。棉花传入中国较晚，六七千年前棉花还没传入，仰韶人能遮身保暖的只有两种东西，一种是兽皮，一种是葛麻纺织品。

既然是纺织品，就要有纺织机，要有把织物缝合在一起的针线。北京周口店山顶洞人遗址出土了一枚磨得很细的骨针，长82毫米，尾部有穿孔，说明当时已能利用兽皮或树皮缝制服装。旧石器时代服饰的萌芽只是服饰文化的序幕。到新石器时代，先民最早利用的纺织纤维是麻、葛类纤维。麻在古代文献中一般指大麻。葛是一种蔓生植物，茎皮经过加工可织为布。麻葛织物的原料估计不是摘采的，由于需要量大，应该是种植的，如果是这样的话，就是先有农业，后有纺织业。

河南荥阳县青台村仰韶文化遗址中发现的距今5500年前的丝、麻织物。据纺织史专家研究，单茧丝截面积为36至38平方微米，截面呈三角形，丝线无捻度，是典型的桑蚕丝；从组织结构看，有平纹织物织造的纱和以两根经丝成组的绞纱组织的罗；其中的浅绛色罗是先经练染再染色的，所用染料可能是赭铁矿一类。同期遗址中出土大量纺轮，发现各种玉佩饰。这就表明，即便是在新石器时代，人也有爱美之心，也要打扮自己，特别是妇女。

湖北澧阳平原的城头山遗址为迄今发现最早的古城址，出土服装面料麻织品5件，均为平纹织物，纤维粗细和密度，粗线直径为0.5至0.7毫米，细线直径为0.2至0.3毫米，密度为9至24根／厘米。此外还出土了各式陶纺轮168件，说明当时已有独立的纺织手工业。

仰韶时期的纺织手工业，存在迹象明显。除庙底沟等地出土的陶器片上印有布纹，不少仰韶文化遗址出土有捻线的纺轮和用于缝制衣服的穿孔细针。《淮南子·氾论》中说："伯余之初作衣也，緂麻索缕手经指挂，其犹网罗。"说明最初没有纺织机，将麻纤维搓成细线，用手指编织。从出土陶片上的布纹看，最古老的布布纹粗，主要是麻纤维。这种纯手工劳动大概时间不短，后来才出现原始纺织机。

值得一提的是，在仰韶村发现了陶纺轮，中间钻圆孔，而且用火烧过后做成圆形的。这是纺线工具，就像织布用的纺轮一样。早先的人不会制作金属，擅长烧制陶器，纺轮就是陶的。这个纺轮制成圆饼的形状，没有棱角，使用时能够方便地转动。中间的小孔是用来插入木柄或骨柄的，可以捻线。当用力使纺盘转动时，就会使一堆乱麻分开、拉细，拧成麻花状。这样不断地重复，乱麻就逐渐拧成线了。

在新石器时代出土的陶器上，饰有一种八角"十"字结构的心对称纹样，中心多作方形孔或圆孔，通常被称作"八角星纹"，以长江中下游地区、黄河下游地区出土最多，而且在纺轮上反复出现。

从没有机架的原始腰织机到有架织机出现，经轴位置抬高及对经线卷放控制，使经线保持整列度及匀称张力的功能提高，经线上机长度也增加，使机造细密的长丝织物有了可能。织工两足得以参与织造，手足并用能更好地发挥纺织技巧。有必要提及，仰韶人纺织的不是棉线，因为当时棉花还没有传入中国。他们所纺织的，只能是麻线。

至于仰韶人的衣着，不可能留下任何数据，这里就简单说说胫衣这个物事吧，尽管它是春秋至秦汉的东西，毕竟比今天距离仰韶时代近得多。

所谓胫，指从膝盖到脚跟；所谓衣，是蔽体的东西。早期胫衣也叫做绔、袴，为方便排泄，没有裆，只有两个裤筒，用绳带系在腰间。也就是说，胫衣仅具长筒袜功能，裤口较肥大，没有裤腰，上端用带子系在腰部，这种裤子自然没有裆，或者说是开裆的。

汉代女性穿开裆裤，此说并非捕风捉影。事实上秦汉时不只是女性穿开裆裤，男性也一样，更有人连开裆裤也不穿。古人真的穿开裆裤上街？这是想当然。因为开裆裤是不单穿的，外面还会穿前后两片的"裳"，即围裙状服饰。虽然开裆裤外有裳罩着，这样着装仍很容易露出下体，导致"走光"。所以当时规定：不能轻易提起下裳，除非过河时，否则是失礼，属不敬。《礼记·曲礼》中所谓"劳毋袒，暑毋褰裳"，说的是夏天再热也不要把衣摆撩起，以避免暴露生殖器。

虽然如此，袴并不是不可或缺的，史书上有人无袴记载。汉代家境贫寒的人，甚至官员也有不穿裤的。由此可以推知，仰韶人肯定不穿裤子，只有原始"胫衣"之类织物遮挡和防寒。

再说说仰韶人是如何处置头发的。先民没有剪子，没有恰当办法处理头发，披头散发会造成诸多不便。早先植物繁茂，出门就得在植物中穿行，头发一旦被树枝、荆棘之类缠住，肯定不好受。在一次一次地被树枝、荆棘抓住头发造成疼痛后，先民们自然会采取相应措施。

人是哺乳动物，狮子也是哺乳动物。雄狮长了一头威风凛凛的毛，飘飘洒洒，但长到一定长度就不长了。人的头发却没有那么驯顺，如果不修剪，会不停地生长。写至此，打开网页看了看，印度有个妇女头发长达6.5米，被列为世界之最。在修剪头发的金属工具发明之前，人类对头发不停生长，近乎于束手无策，如果不用石刀之类东西把头发斩断，每个人的头发都有可能长达五六米。不管男人还是女人，只要不想终日里披头散发，只有一种简便处理办法，那就是扎辫子。

先民们通常把头发扎成两根下垂的辫子，形状就像两条蛇，从耳边沿胸部垂下。这么凑合了很长很长的时间，文字产生后，这种法式被称为"珥两蛇"。珥字有珠玉耳饰和日、月两旁光晕等意，也有贯耳之意。

如果头发的颜色发青，便被看作"珥两青蛇"；如果发黄，便被看作是"珥两黄蛇"。所谓"黄蛇"，头发的颜色不一定原本就是黄色，很可能是被当时的生存环境的泥沙泥水染黄的。

头上长出的毛，被称为发，而长在身体其他部位的"草"，则被称为毛。先民们并非整齐划一，如果不通过扎辫子并且使得辫子下垂的方式处理头发，而是扎成往上翘起的诸个小辫子，或者是将头发扎成为个头髻，这种头发造型便是"头有角"。故而，在传说中，先民有的头长一角，有的长两角，有的长九角。头上长着两个角的，与牛头相像。

《山海经·大荒北经》中提到"鬼共工臣，名曰相繇，九首。"所谓九首，并不是长了9个脑袋，而是扎着9根上翘的小辫子。

在特定情况下，如果腾不出手保护下垂的辫子，为避免被树枝荆棘缠住，先民会用嘴巴咬住辫子，还可以将辫子围绕着脖子缠几圈。古书中有先民将辫子塞进嘴里的记载，对于不清楚"蛇"原来是辫子的后人看来，书中的描写是用嘴巴咬着蛇，怪吓人的。

《大荒北经》中说："大荒之中，有山，名曰北极天柜，海水北注焉。有神，九首，人面，鸟身，名曰九凤。又有神，衔蛇，操蛇。"所谓"衔蛇，操蛇"，很难理解，衔字可理解为把辫子叼在口里，操字的意思是是把头发编成辫子拿着。

《大荒东经》："大荒之中有神，人面、大耳、兽身 珥两青蛇 名曰奢比尸。"这例算得上左右两耳边各自耷拉着一条青色辫子。

在《山海经》中，珥蛇还被称为戴蛇。《海内西经》云："昆仑南渊深三百仞。开明兽，身大，类虎而九首，皆人面，东向立昆仑上。开明西有凤凰、鸾鸟，皆戴蛇，践蛇，膺有赤蛇。"膺是什么？胸也。"膺有赤蛇"即胸部有红色的蛇，应该指从沿胸部垂下的辫子。

珥蛇也好，戴蛇也罢，以及所谓的"膺有蛇"，所说的蛇，事实上是指对头发的处理，扎成了从胸前挂下来的辫子。嘴巴咬蛇，则是将下垂的辫子含在嘴里，以免被外界的诸如树枝、荆棘等抓住。

有必要说说，在《山海经》中，有时候蛇字并不单纯指头发，而是兵器。远古没有像样兵器，人们间或使唤自然界中的凶猛动物，就像旧时强人带着恶犬出门，仰韶时代的强人出门带着蛇。

例如《海外北经》："夸父国在聂耳东其为人大，右手操青蛇，左手操黄蛇，邓林在其东而树木。"

再如《中山经》："中次十二山洞庭山之首，曰篇遇之山。又东一百五十里，曰夫夫之山。神于儿居之，其状人身而手操两蛇，常游于江渊出入有光。又东南一百二十里，曰洞庭之山，多怪神，状如人载蛇，左右手操蛇。多鸟怪。"

再如《海外西经》："巫咸国在女丑北，右手操青蛇，左手操赤蛇。西方蓐收，左耳有蛇乘两龙。"

《海外东经》："雨师妾国在其北，其人黑，两手各操一蛇 左耳有青蛇，右耳有赤蛇。"

《大荒西经》："西海之外 赤水之南 流沙之西 有人珥两青蛇，乘两龙，名曰夏后开。"

《大荒北经》："大荒之中 有山名曰成都载天。有人珥两黄蛇，把两黄蛇，名曰夸父。"这一例说的是夸父的外在形象，左右两耳边各自耷拉着一条黄色辫子，而手中又有两条黄颜色的蛇。

在《山海经》中，蛇这个字眼儿用的相当多，涉及范围广泛，并不都是说人脑袋上的蛇状发式。远古时，蛇的数量相当多。蛇是爬行动物，爬行速度不快，只要不是毒蛇，即便几米长的蟒蛇，也比豺狼虎豹容易对付，估计那时蛇肉是初民肉食的主要来源之一。

《海外东经》："黑齿国在其北，为人黑，食稻，啖蛇。"也就是说，食物来源是稻米和蛇肉。

《海内经》："南方有赣巨人，人面，长臂，黑身，有毛，反踵，见人笑亦笑，唇蔽其面，因即逃也。又有黑人，虎首，鸟足，两手持蛇，方啖之。"从描述来看，抓住蛇，剥了皮就生吃蛇肉。

20. 似乎不存在的问题：为什么需要彩陶

2012 年 4 月的一天，一大早，我们去渑池县文化局，在那儿开一个座谈会，方丰章局长请了些仰韶文化爱好者及仰韶村人参加座谈。

方局长特意请来仰韶村的村长，他 30 多岁，穿了身蓝色运动服，一看就是个老实疙瘩，在村子里尽忙别的事了，对仰韶文化不在意，说不出道道。在场的县委宣传部领导和方丰章温和地批评了他。

仰韶村村长带来两位老人，一位 84 岁，另一位 85 岁。从始至终，84 岁的那位耷拉着头，一言不发，只有 85 岁的那位一口一个"老安"地说着，却说了个七颠八倒，全然对不上号。我私下算了一下，两位老人都是在安特生来仰韶村之后出生的，对于"老安"在村做的事，只是听更老的村人说起过，耳朵上挂了点儿，不可能说出真章儿。

杨栓朝参加了座谈。他 40 岁出头，渑池南村乡人。上世纪 90 年代建小浪底水库，专家多次对南村乡班村遗址抢救性发掘，出土了一批彩陶。由此他萌生想法：能不能复制彩陶？他走访了陕西半坡、郑州大河村、山西垣曲等地，揣摩不同文化类型的彩陶造型、色彩变化。制作仰韶彩陶，工序复杂，首先选择合适土质，再配土、研细、沉淀、过滤，然后制胚、修复、晾干，进而构图、绘彩，最后装窑、烧制，需 30 多道工序。2006 年，他率领的小团队烧制出第一窑仰韶彩陶仿品。

后来，杨栓朝组织的仰韶彩陶坊开发出仰韶文化庙底沟型、大河村型、半坡型、马家窑型及马厂型上百个品种，年产十余万件，是全国最大的仰韶彩陶生产基地之一，制作的仰韶彩陶得到多家博物馆认可，瑞典东方博物馆收藏了他的曲腹盆，河南省博物院有他仿制的双连壶。我隐约听说一件事，中国社会科学院考古研究所决定在渑池县搞个仰韶陶器复制基地，以杨栓朝的作业点为基地园区。

在座谈中，杨栓朝说了自己的困惑："绘制花纹的仰韶彩陶让我着迷；仰韶文化的精髓是庙底沟类型彩陶，令我困惑。这类彩陶上的不规则圆点纹饰非常独特，仿制难度很高，无论陶工们如何用毛笔描绘，却总是与出土的彩陶上的圆点纹饰相差甚远。"

我不由问："仰韶彩陶上的不规则圆点代表着什么呢？"

杨栓朝说："彩陶上的圆点纹饰与人类指印相似，用指印蘸颜料摁在彩陶胎上。烧制后，与出土彩陶对比发现，两者圆点纹饰相似度高达98%，包括圆点中间部分颜料的厚重，边缘部分的淡薄，都在彩陶表面呈现出来，画面显得动感十足。通过对仰韶时代社会环境、生产方式以及彩陶制作工艺等方面的研究，我认为，彩陶上指印圆点的作用最初可能是一种记号，陶工在绘制陶器时将指印融入彩陶构图，成为图形有机组成，这样就形成了指印绘彩法。"

为了印证自己的观点，杨栓朝专门找到公安部门指纹专家，分析几片庙底沟出土的彩陶片上的指印，结果是具备人类指印特征，但无指纹。之后，杨栓朝解释彩陶之所以"有指印无指纹"：一是彩陶在人工压模工艺过程中指纹纹饰脱胎；二是当彩陶在烧制过程中绘制的指纹颜料因高温而熔平消失；三是先民在使用彩陶过程中自然磨损；四是彩陶距今几千年埋在地下经过长时的水浸泡、腐蚀使得指纹自然脱落。

杨栓朝的观点令我心动。在座谈会上，我问："在制造彩陶时，画个小圆点儿其实很容易，一笔就勾了。仰韶制陶工匠为什么不去画小圆点，而要把自己的指纹摁上去？"

杨栓朝说："这个问题我想过，想来想去，百思不得其解。我开始的想法是，仰韶制陶工匠干活计件，那时没有文字，制陶工匠不可能用签名表示活儿是自己干的，只好摁个手印。但是，这个想法很快就被放弃了。正如公安部门所说的，在彩陶制成品上的指印尽管具备人类指印的特征，但是没有指纹痕迹。就是现在，也可以轻易看出，那只是个乌里巴涂的红疙瘩，凭这个样子不可能用来计件。"

我想了好大一阵子，问："小杨，我不知道你想过没有，如果那些指纹不是制陶工匠摁上去的呢？"

杨栓朝说："不是制陶工匠的指纹，那又会是谁的？"

我说："比如说是定制陶器者的。"

杨栓朝说："这我就不明白了。定制陶器者为什么要这么做？比如说是仰韶村族长让工匠制作的，他把自己的指纹印上去图个什么？"

我说："关于这点，我也没想明白。但目前发现的仰韶彩陶，大部分是从墓葬中出土的，包括那些带指印的。所以它们很可能不是用来烧火做饭的，也就是说，不是居家过日子用的，而是原始宗教用品，它们既在某些场合使用，也在死后用于殉葬。可以说，它们是为了宗教礼仪使用以及殉葬而烧制的。所以，它们上面的指印完全可能是定制者的，随着亡者入土，表示对亡者的追思之类。至于这种做法在原始宗教中有什么具体含义，就不是今人所能搞明白的了。"

座谈会结束后，县委宣传部在一个酒楼请客，大伙儿都去了。

请客就得有酒，要说喝酒，河南人的酒量远不如东北人，而全国人民都说河南这地方酒文化发达，所谓酒文化，是指河南喝酒的规矩多。这次在饭桌上，或许照顾北京来的客人，没人闹腾，有限度地喝了点酒，主要是聊天。受到源远流长的古文化影响，渑池人聊天，不东扯葫芦西扯瓢，不知不觉间就转到古文化上来。

宋代词人苏轼嗜酒如命，留下首《和子由渑池怀旧》："人生到处知何似，应似飞鸿踏雪泥。泥上偶然留指爪，鸿飞那复计东西。老僧已死成新塔，坏壁无由见旧题。往日崎岖还记否，路长人困蹇驴嘶。"

苏轼有个弟弟叫苏辙，唐宋八大家之一。苏家这两位不仅是亲兄弟，而且是诗词唱和的良友、政治上荣辱与共的伙伴、精神上相互勉励的知己。后人评价这哥儿俩说：苏轼旷达，苏辙内敛；苏轼不拘小节，苏辙沉静严谨。总之，哥儿俩是一对互补的兄弟。苏辙写诗和之《怀渑池寄子瞻兄》："相携话别郑原上，共道长途怕雪泥。归骑还循大梁陌，行人已度古崤西。曾为县吏民知否？旧宿僧舍壁共题。遥想独游佳味少，无言骓马任鸣嘶。"苏辙在诗中流露出一点，兄弟二人中的一位，曾经在渑池县担任过"县吏"。当然，这种事今已无从查考。

聊完苏轼、苏辙老哥儿俩，大伙儿聊起了交杯酒。交杯酒于史有载，指婚礼上新婚夫妻互换酒杯喝酒。《东京梦华录》中说："用两盏以彩结联之，互饮一盏，谓之交杯酒。"按照孟元老记载，严格意义上的交杯酒，是用彩带把两个酒杯连接起来，新郎和新娘各饮一杯。喝交杯酒时有程序没有，有什么规定动作没有？

方丰章说："大河村出土了一把彩陶双联壶，两壶外侧各有竖耳。器身施红陶衣，再绘黑彩，一壶绘三条斜行短线，另一壶绘三条竖行短线。早在战国时，结婚时就有喝交杯酒习俗，战国楚墓中曾出土彩绘联体杯即为喝交杯酒使用的'合卺杯'。大河村出土的彩陶双联壶亦是双腹相连，成双成对，是否是原始社会新人喝交杯酒的'合卺杯'？"

渑池县招商局局长名张宗泽，白白胖胖，长了张无忧无虑的娃娃脸，像个乐呵呵的弥勒佛。河南基层干部中，中学老师出身的比例相当高。张宗泽就是教师的来路，自诩通古博今。这时，他端着一杯酒站了起来，大大乎乎地说："我让你们看看喝交杯酒的动作。"

既然喝交杯酒，就得有女士充任新娘。张宗泽看了看，说："陈馆长，你当新娘。"旋即站起一位女同志，约莫30岁，个子不矮，身材挺拔。她叫陈琳琳，是仰韶文化博物馆馆长。

张宗泽和陈琳琳各自端起酒杯，走到饭桌旁边，没有一点忸怩。

大伙儿本来以为张宗泽在制造轻松气氛，但是，看到俩人当真操作起来，就谁也不笑了。只见张宗泽右手端起酒杯，放到唇边，陈琳琳的右手从对方上抬的右臂间穿过，也端起酒杯，放到唇边。原来古代新郎、新娘喝交杯酒就是这个样，两个人斜对，呈对角线站立，胳膊勾着。张宗泽和陈琳琳相互看了一眼，各自把一杯酒一饮而尽。

饭桌上响起掌声，两位表演者一言不发，回到各自座位上。

我有些触动，渑池确有深厚的人文传统。说归说，笑归笑，而当真操作起古代礼仪，就认真了。我亲眼看到这儿的人对古文化的尊敬。

吃完饭后，我们去仰韶村，在新寺沟村里外转了转。一条柏油路穿过寺沟新村，路不宽，两辆对头车在这儿很难错车。

这条柏油路上有个路口，拐过去是条石子路。从仰韶博物馆往新寺沟村来，就向右拐；从新寺沟村向仰韶博物馆走，则反之。

陈琳琳指了指蜿蜒的石子路，说："大部分游客，特别是外国游客，来到仰韶村，参观仰韶文化博物馆后，通常会到这里转转。"

我不由扭脸向四下看了看，附近没有什么特别之处。

有人问："陈馆长，看不出这条小路有什么吸引人的地方。不说中国的那些游客了，来仰韶村参观的外国游客为什么喜欢来这儿？"

陈琳琳的回答干巴利落脆："因为这条小路附近有陶片儿。"

我的同行者们反应很快，立即向四下看去。

陈琳琳说："西方国家游客中不少是天主教徒，来之前大概听说过这条小路，是奔着陶片来的。不管怎么说，这些陶片是六七千年前的仰韶人制造的，西方国家游客在自己国家不可能见到。他们通常会拾捡起来一块，虔诚地抚摸着，就像与远古人做心灵交流。"

"我就不信老外都这么彬彬有礼，对上古彩陶片不动心。"有人直截了当问，"如果他们揣走彩陶片儿呢？"

陈琳琳不由轻叹一声："按说是不允许的。但是，如果他们这么做了，我们一般睁只眼闭只眼。不管怎么说，外国游客捡几块彩陶片儿带回国，摆在家里或给亲戚朋友看看，也是对仰韶文化的一种宣传。"

于锋问："外国游客通常怎么带走陶片？"

陈琳琳说："又能怎么样，还不是偷偷摸摸带走。"

于锋接着问："他们通常怎么偷偷摸摸地带走？"

陈琳琳扑哧笑了："我们观察过。外国游客中，最有意思的是日本游客，他们发现附近有陶片儿了，往后的动作几乎一个模式，通常围着陶片转几圈儿，而后装着蹲下系鞋带或假装有什么东西掉到地上，弯腰捡，趁人不注意就把碎陶片拾起来，迅速揣进兜里。"

于锋说："小日本儿的花活还不少。"

陈琳琳说："其实，对他们的举动，我们看得一清二楚。但是，对那些小日本儿还能说什么，随他去吧。"

同行的人一听，立刻来劲了，四处搜寻起来。

于锋干脆挑明了问："如果我们学学小日本儿呢？"

陈琳琳爽快地说："你们不用学什么小日本儿。你们来自北京，本博物馆对北京来的客人网开一面。不过，小路附近普通陶片多，我帮你们挑几块彩陶片儿，你们带回北京后，帮我们宣传宣传。"

不用说，陈琳琳的话刚落地，大伙儿立即忙活起来。

同行者在四处搜寻彩陶片，我在边上溜达。也不是无所事事，而是在想事。想什么事？当年安特生在仰韶村附近雇人挖了十几个探沟和探方，也就挖到些彩陶片，嚷嚷出去，使得仰韶村名声大振。

不大会儿工夫，同行的人在小路附近庄稼地里捡到点陶片。

陈琳琳对他们讲了些彩陶片鉴赏常识。我凑过去看了看，听了一耳朵。彩陶片大都一两寸长，有的还带有纹饰。

"有意思。"我对陈琳琳说，"既然他们不大会儿就捡了几片，表明这儿的彩陶片还不少。这是怎么回事？"

"这里的陶片的确不少，到底是怎么回事，我也不大明白。"陈琳琳左右看了看，"自从安特生他们来过后，仰韶村的牌子打响了，不断有人来捡彩陶片，大片儿没有了，小玩意儿没怎么减少。"

对此，我想不明白了。六七千年前的初民过的是什么日子呀，食不果腹，衣不蔽体，有点农业也是瓜菜代，打下的粮食肯定不够吃，还得狩猎或养家畜。穿的就别提了，即使是最漂亮的姑娘穿上最好的衣服，也是麻袋片儿缠身。在这种情况下，有个陶罐能打水，有个陶罐把食物煮熟就行了。那么，初民要彩陶干什么？打个比方说，就像乞丐，连饭都吃不饱，打扮的溜光水滑再上街要饭，肯定不对劲。

上世纪90年代初，有一种文化现象热过一阵子，它被称为"傩文化"。那时，我带着中国民族博物馆筹备组的几位同志在贵州铜仁拍摄傩文化纪录片，捎带着考察过苗族。在宣传工作中，少数民族生活场景被描绘的像世外桃源，而深入实地看看，才知道不是那么回事。

在铜仁地区，我亲眼看到过"走坡"。一天傍晚，我们一行驱车去印江县，在车上看到不少年轻人顺着公路，往一个方向走，三个一群，五个一伙的。我问司机："他们去哪儿？"司机轻叹一声："大山里没有电，更没有电视，没有任何娱乐活动，憋得慌，没有地方可去，傍晚就到那儿站站。"我问："你说的'那儿'是哪儿？"司机说："到地方你一看就知道了。"汽车到了个山坡处，车灯一照，足有数千年轻人聚集在山坡上。我赶紧下车过去，令人震惊的是，山坡上没有人说话，一个一个地，忧愁地站着。临走时，摄制组的人对他们喊："别在这儿傻站着啦，要想改善生活，就到城里打工去！"司机苦笑了一声："其实，他们也不想每天晚上到这儿走坡，但这儿的年轻人害怕山外的世界，不敢去。"我有些惊讶，

"不敢去？怕什么？"司机说想了想，说："贵州大山里的年轻人，不像外面的那些年轻人，常年就在大山里，不知道外面是怎么回事，普遍胆子小。"

在铜仁地区的深山里，我们进了苗寨。从远处看，苗寨里是一座座的吊脚楼，很有民族风情，而进了寨子，才发现吊脚楼十分简陋。

吊脚楼上下两层，上层住人，下层是牲口。一次我和房主在吊脚楼里喝茶聊天，听到下面传出响声，隔着地板缝往下看，牛在下面吃草，猪在拱食，臭味阵阵翻上来。有个取暖火盆，堆了些木炭，其余一无所有。附近镇上有商店，商店里有卖工艺品的，我相信，住在吊脚楼的苗族群众不会买这种东西。生活环境如此局促，谁还有心装饰房间。

由此说开去，仰韶文化博物馆复原的仰韶房屋模型，半地穴式房子将够直起腰，没有一点多余的空间。温饱尚远不能保证的仰韶人，怎么会装饰彩陶？仰韶人犯不上干这种傻事。

回去的路上，同车人欣赏刚捡到的彩陶片，而我仍然执拗地想着那个老问题：仰韶人要彩陶干什么？

在原始社会，人类多依山傍水而居，需要贮水、汲水、贮存和蒸煮食物的器具。从技术来讲，很早就知道土壤加水具可塑性，加上用火的经验，这些都是制作陶器的基本条件。另一个条件就是要定居。陶器不易携带，当然，陶器生产又促使定居生活逐渐巩固下来。

陶器起源是个复杂问题，流行观点有烹饪说和资源集约说。烹饪说认为：陶器发明前，人们认识到某种粘土遇水后有可塑性，晒干后有硬度，经火烤后能变硬。可用于烹饪食品，具备了发明陶器的条件。资源集约说认为：陶器产生于狩猎、采集或简单园艺社会中。社会中有试图积聚权利、财富的人，通过举行宴飨炫耀财富与威望吸引支持者。陶器当时能够代表神奇技术，也能炫耀财富，宴飨刺激了陶器需求。

也许，陶器不是有意发明的，而是不经意间产生的。不妨想想叫花鸡：把鸡腹掏空，装填香料，用泥包起来烧，味道一点没跑，相当鲜美。旧时乞丐没有锅，偷鸡后用这种办法对付，因此得名。由此想开去，原始人群抓捕飞禽，用泥包起来放到火上烧。如果包的泥是陶土，烧烤后得到灰色和红色硬壳，从此知道了陶土。最初没有烧窑，在地上堆柴草烧坯体，火力很难达到需要温度，烧出的陶器质量差，后来才鼓捣出陶窑。坯体晾干后入窑焙烧，烧成温度一般为 800 至 1000℃。

制陶先要选料。原料是含铁量高、粘性适度、可塑性强的粘土，加入石英、长石、砂石粉末、草木灰、碎陶片末。原料配制粉碎，使坯泥细腻。捏练是原料加工的最后工序，增强坯泥可塑性。手制陶器常见的是泥条盘筑。将泥坯搓捏成泥条，由底部螺旋向上盘绕，直至口沿，用手和木拍里外抹平，制成各种器型。小型陶器则可用手直接捏塑。

新石器时代陶器制作方法分为手制、模制和轮制，从早期的慢轮修整发展到快轮制陶。可以说，最早制陶没有陶轮，约在距今 7000 年后才产生慢轮，距今 5000 年前后发明并使用快轮。分为捏塑法、泥片贴筑法、泥条筑成法。捏塑法仅限于小型器物及器物附件，如耳、足与贴附在器物上成为附加堆纹的手捏泥条等。贴筑法主要流行于南方，泥条筑成法是包括甘肃在内的黄河流域的主要制陶方法。

已发现陶器中普遍参杂较大的石英砂粒，使用原始模制技术和泥片贴塑方法、捏塑成型，工艺原始、器类简单，无刻意的装饰。南方最早的陶器多环底，北方早期的陶器多平底，陶器的制作方法、器表装饰手法也有明显差异，说明陶器的起源是多元的。

新石器时代的陶窑主要有横穴式窑和竖穴式窑两种。横穴式窑由火口、火膛、火道、窑室和窑箅组成，窑室呈圆形，底上有窑箅，箅上有火孔，由火膛进入的火焰，经火道和火孔到达窑室。竖穴窑的窑室在火膛之上，火膛是口小底大的袋状坑，有多股垂直的火道通向窑室。

半坡遗址陶窑分横穴和竖穴两种，窑室直径 1 米左右。竖穴窑下面为大上小的火炉，高约 1.3 米、底径 1.9 米，周壁是青绿色硬壳。炉口有火道。横穴窑火炉是筒状，火眼十余个，窑壁厚度 5 至 18 厘米。

仰韶彩陶没有施釉。釉是涂在陶器外面堵塞气孔，并使陶器有光彩的东西。釉是玻璃质，仰韶时代还没有这东西。今天，如果你到了农民的家里，不妨注意一下农家的水缸，现在的水缸都施釉。这层釉就是今天的陶水缸与六七千年前仰韶陶器的最大区别。

仰韶文化中有个现象耐人寻味。初民建筑、农业、蓄养业都是凑合事儿，唯独制陶业发达，初民就像烧制陶器专业户，干农活、狩猎、养牲口二把刀，唯独较好地掌握了选用陶土、造型、装饰等工序。

陶器生产之初，肯定没有刻意装饰纹饰，在加工过程中手捏、片状物刮削、拍打器壁，往往留下不规则的印痕。人们逐渐将不规则印痕转变为有规则纹饰，如成排的剔刺纹、手窝纹等。早期陶器上出现的绳纹，是在木棍上缠绕绳索滚压器壁形成的纹饰，既可增强陶胎坚实度，又可美化外表。后来装饰纹饰种类越来越多，人们对陶器的装饰越来越注重。随着工艺条件逐渐具备，彩陶应运而生。

彩陶比普通陶器上了一个大档次，在打磨光滑的橙色陶坯上以天然矿物质颜料描绘，用赭石和氧化锰作呈色元素，然后入窑烧制，胎地呈现出赭红、黑、白诸色图案，形成纹样与器物造型统一。

陶器在氧化焰中烧成，质内铁大部分被氧化成高价铁而呈土红色，以红陶为主，灰陶、黑陶次之。到龙山文化时期，开始用高岭土制白陶。这个时期，人们已懂得利用烧成后期，窑内的气体特性赋予陶器各种颜色。彩陶是将天然矿物颜料绘制到陶器上，多数先在陶坯绘制，后入窑烧制，颜料发生化学变化后与陶胎融为一体，色彩不易脱落。

普通陶器演化为彩陶用了多长时间？不得而知。可知的是，远古的人们对自然界认识浅薄，不得不因循守旧，改变一种习惯很难，通常慢慢吞吞。因此，普通陶器演化为彩陶过程，比电子计算机由军用转化为民用的时间要长得多，得有个几百年，甚至更为久远，乃至上千年。

彩陶产生的技术条件有三：首要的是对天然矿物颜料的认识。彩陶颜料须在高温烧窑时不分解，如含量较高的赤铁矿具有耐高温性能。而且还要掌握矿物显色规律，也就是什么样的颜料烧制后会变成红色或为黑色。颜料经加工稀释后才能使用，粉末的粗细程度、加水稀释的浓度，都有不断熟悉、掌握性能的过程；二是陶坯表面须达到一定光洁度，颜料才能渗透到陶胎里，就要对陶土进行筛选、淘洗，拉坯成型后对器表反复打磨；三是烧陶的温度越高，颜料的附着力就越强，纹饰越牢固。

除了个别器物外，彩陶均为圆形器物，基本是由多组纹饰构成横向展开的彩绘带，少数彩绘为纵向。制作中，先将彩绘部位加以合理等分或分隔，再分组绘画纹饰。由于器形各异，等分方法不同，竖长型器物多以横向并行线从上到下将彩绘部位分隔；横宽型器物则以纵向并行线将器物由左向右等分。彩绘的图案带有二等分、三等分、四等分和多等分，都因主题图案纹饰而定。有些图案较为简单也易划分，如鱼纹盆，把圆周横向分为二等分，绘两组相同纹样的鱼；花瓣纹彩陶盆是先用垂直线将器物腹部横向二等分，之后再四等分、八等分，最后绘成八组花瓣纹图案。还有些器物的彩绘部位为单数分隔，如永靖三坪出土的被称之为"彩陶王"的彩绘瓮，以并行线将彩绘部位分为上中下三部分之后再分部绘彩。等分线或分隔线不仅可作为各部位不同图案的间隔线，又成为边框起到了一定装饰作用。

仰韶文化晚期以后，彩陶出现了大量旋动连续性图案，且极富整体性，又无法分隔，用等分法显然已不适应彩陶发展。根据此类图案的特征，首先要整体规划布局，确定定位点或定位圆，划分彩绘部位。如陇西吕家坪采集的尖底瓶需用三个涡纹的中心圆。点作为定位点，然后再以圆点为中心，向四周引出弧线，构成连续漩涡纹。

彩陶图案一般分主题纹饰及非主题纹饰。主题纹饰绘在器物醒目位置，其他纹饰或作陪衬、补空，或饰在口颈部、下腹部，起辅助装饰作用。绘彩时，先绘显要位置的主题图案，后绘边角的附属纹饰，以便整体达到完美和谐的效果。永靖三坪出土的彩陶瓮，上中下分为三格，由三部分图案构成。中腹部那格最大，主题图案位于中间位置，先绘主题旋涡纹，再于周边空白处填小同心圆，上下腹部的其他纹饰最后完成。半山类型彩陶，图案繁密精致，虽然黑彩图案占据主要空间，仍不难看出整体图案以红彩为骨干，红色线条还起着等分定位作用。黑色锯齿纹或条带、条块间隔于红色线条之中，黑红相间彼此辉映，形成完美的画面。看来半山类型彩绘程序是先用红彩勾画出主干纹饰，再绘制黑彩图案。无论何种器形、何种图案，也无论什么文化类型，绘彩时遵循一定的原则与程序，从上到下、由点到面、先主体后其他和从整体布局到局部结构，这些规律开创了后世绘画艺术的一般规则之先河。

彩陶器型基本是日常生活用品，常见的有盆、瓶、罐、瓮、釜、鼎等，器型上很难看出有其他特殊用途。常见陶器有几大类：

一是炊器，有大口或口微敛的深圆腹、平底砂质罐，小口、深圆腹、环底、三足砂质罐形鼎，大口、浅腹或折腹环底、三足盆形鼎，小口、扁圆形腹或扁折腹、环底、三足釜，敞口、深圆腹、平底、镂空甑和带有火门的平底、盆形陶灶。

二是饮食器：有泥质大口、环底或平底钵，大口、鼓腹或斜壁平底碗、大口、浅盘高柄豆，大口或直口、深腹陶盂和直口或敞口陶杯。

三是盛储器：有大口、深腹或浅腹、略鼓或折腹、平底盆，大口或敛口、深腹、平底罐，小口、深圆腹、平底瓮，小口、深腹或加双耳尖底瓶和大口或小口微敛、深腹、平底或尖底缸等。

人类最先烧制的是红陶，后来技术进步了才烧制出灰陶。从技术上讲，仰韶文化时期是有能力烧造灰陶的，但考古出土的灰陶制品却不多。新石器时代的灰陶基本上都是炊煮器，据此可以确定仰韶文化灰陶的主要器形。另外，在仰韶文化时期根据实物观测，有些仰韶文化时灰陶的色彩不是很纯，其原因是带有相当多的砂砾杂质。

白陶用氧化铁原料含量较低的类似瓷土原料精制而成，这种色彩的出现，是仰韶文化陶器色彩的进步，也是陶器烧造技术提高的标志之一。白陶在各遗址少见。即使陶土淘洗得再细，也只是白色粘土，与后来商周时代看到的白陶用料不同，因为商周时代白陶原料多高岭土。

仰韶文化陶器以夹砂红陶、泥质红陶为主，常见器物有泥质红陶敞口浅腹平底或环底的钵、盆，泥质或细砂质的小口尖底瓶，砂质红褐陶大口深腹小底瓮、罐等。多平底器，三足器和圈足器少见，不见袋足器。彩陶的彩纹多绘于泥质红陶盆、罐、钵的外壁上部，形成花纹带，内壁绘彩和通体绘彩者少见。纹样简单朴素，以红地墨彩为主，少数为红彩，动物形象较多，如蛙、鹿、鱼、羊等，以直线、曲线、折线、圆点和孤边三角等组成的几何形纹也较常见。主要原料是粘土，有的掺杂少量砂粒。仰韶陶器中，细泥彩陶具有独特造型，表面呈红色，表里磨光，还有图案，是当时最闻名的。细泥陶反映了当时制陶工艺的水平，具有一定代表性。

仰韶文化陶器色彩以红色为基调主流，但这个时期彩陶也有呈橙黄色陶器，如庙底沟下层和三里桥下层出土的葫芦瓶，颜色是橙色。这可能是为了表现葫芦经阳光暴晒后所呈现出的颜色而特意烧制出来的。这种色彩在一个遗址中有时能发现好多个，说明仰韶人烧制橙色陶器的技术相当稳定。这反映出仰韶文化时期，人们对陶器的色彩已经能够控制了，这是仰韶文化陶器的特点。

土黄色是仰韶文化陶器常见的一种，比较原始，多存在于大型和粗糙的陶器上，如小口尖底瓶基本上为土黄色。1957年陕县庙底沟出土了一件仰韶文化时期的小口尖底瓶，器形不小，有一米多长，能承重几十斤。保持了器物烧成时的原色，而原色是土黄色。

红陶是仰韶文化主色调，数量多，涉及器型广，虽说红陶是黄土直接烧出来的本色，但从仰韶文化陶器看，本色陶器不多。仰韶文化时期的红陶颜色夸张，器形大都做工精细，陶器表面光滑匀净，没有气孔和杂质，通体一色，没有色彩不匀现象。红陶还有个特点是器壁较厚，出土的很多红陶制品完好无损，而彩陶则大都破碎了。

仰韶彩陶的色彩和纹饰，涵盖了今人难以理解的内容。至于具体是做什么用的，今人不可能说清楚，就只能模模糊糊猜测。可以说，从外观看，它们很普通；而从图案看，又不大像日常饮食用具。

今天，假如你用个普通砂锅炖肉，可以肯定地说，就你用的那个砂锅，无论是造型、花色，还是在工艺水平，都比不上仰韶彩陶中的同类器皿。别看仰韶彩陶比今天的砂锅早了六七千年，但是养眼，有观赏价值，直至今日，依旧可以作为艺术品摆在客厅橱柜里。

你打开砂锅盖，看着肉块在砂锅里翻滚，或许会琢磨较深层次的含义。仰韶人生活水平低下，如果仅仅为了过日子，有个普通陶器就足以打发了，没必要使用绘有图案的彩陶。在仰韶时代，彩陶是非同一般的高档货，除了饮食起居等杂巴事体外，应该还有规格更高的用途。

那么，彩陶规格更高的用途是什么呢？我不由想起杨栓朝所说的彩陶上的指印。指印出现在彩陶上的确切含义，至今不可能说清楚。但出不了精神范围，比如说用于祭祀；再比如说用于行巫术。总之，用于对神的祈愿，用之于与上苍的交流。

21. 彩陶画儿：从《鹳鱼石斧图》到鱼纹

中国国家博物馆里陈列着一个极富特色的物件，这个物件最初被称为"鹳鱼石斧图彩陶缸"，是从河南临汝县阎村发现的。2003年，国家博物馆确定了64件不可出国展出的文物，它就是其中之一。

"鹳鱼石斧图彩陶缸"的发现者叫李建安，是个退伍兵，河南汝州纸坊乡纸南村人，1975年入伍，退役回家后，在公社文化站里当干事。1978年，河南省考古工作队在阎村发掘出一批墓葬和瓮棺葬，出土彩陶主要有白衣红褐色和红底彩陶两种。彩陶图案有方格纹、圆点纹、弧形三角纹以及弯曲的涡纹等，主要器型有陶缸、尖底瓶、红陶钵、盆等等。李建安从此知道，他所在的村庄里有上古的东西。

1979年春节期间，李建安去集市买菜时，偶然从一位老汉那里得到一个消息：苹果地里发现不少红陶片。早饭后，他赶往纸北大队阎村，从还没有挖利索的苹果树坑中捡出一部分红陶片，经拼凑，显现出1个不完整的尖底陶缸。后来他拓展挖开土坑，陆陆续续挖出红、青两种颜色、大小直径、高低不等的陶缸和尖底瓶13个，其中第12个陶缸上有鹳鱼石斧图案，其余无图案。陶缸边沿有约13厘米呈三角形的口子。他没在意，认为是车辆辗轧所致（缺口至今也没有找到）。他把13个陶器运到自家院里。家人认为放在家中晦气，要求马上送走。他用架子车把13个陶器运到公社办公室，与县文化馆联系，请求早日把这些文物妥善安置。而临汝县文化馆不在意，拖了又拖。时隔二年多，1980年春节前一天，他用自行车拖着架子车，到临汝县文化馆。时任文化馆馆长的张久益接待了他，赠送他5双线手套以资鼓励。

没过几天，也就是当年灯节的前几天，时任郑州市文联主席的张绍文回到家乡汝州，与侄子张天庆到文化馆访友。进入文化馆院子，一眼

214

看见一件陶器放在院中乒乓球台面上，上面绘有鹳、鱼、石斧的图案。张绍文当即就告诉文化馆的工作人员，说："陶器上的画太有价值了。"随后就找人拍照，又让侄子张天庆描摹，当场命名为"鹳鱼石斧图彩陶缸"。回到郑州后，张绍文分别向有关部门领导汇报，并撰写文章，称："这幅原始绘画是一件稀有的杰作。""那自然生动，趣味无穷的艺术形象，无疑应列入'神器'中去了。""可以说，截至目前为止，这幅《鹳鱼石斧图》是中国能见到的最早的一幅绘画。"

当年 10 月，河南专项调查组进驻临汝县，调查结束后，调查报告指出："阎村遗址面积约 2.5 万平方米，文化层厚约 1 至 3 米。1964 年以来不断出土瓮棺葬、白衣彩陶、石斧、石铲、骨针和大量的砂红陶片。1978 年 11 月间，当地社员挖出了 11 座瓮棺葬，还有一些瓮棺葬出土后已被砸毁。加之调查时又发现的几件，共采集到完整陶器 19 件，其中的 10 件陶缸中有彩陶缸 3 件。一件高 47 厘米、口径 32.7 厘米、底径 19.5 厘米。敞口、圆唇、深腹、平底、红砂陶质，沿下有四个对称的鼻钮，腹部一侧有一幅高 37、宽 44 厘米的彩陶画，画面约占缸体面积的二分之一，是迄今发现最大的一幅原始社会时期的彩陶画。它不仅为研究中国原始社会以及石斧的使用与安装提供了极为可贵的实物数据，而且在中国绘画史上也是一件罕见的珍品。"

这是迄今所发现的中国原始社会最大的一幅彩陶画。引起后世考古学家密切关注的正是这幅"鹳鱼石斧图"。鹳鱼石斧纹彩陶缸为夹砂红陶，敞口，圆唇，深腹，器高 47 厘米、口径 32.7 厘米、底径 19.5 厘米。器沿下有 4 个对称鼻钮，腹部一侧用深浅不同的棕色和白色绘出一幅陶画。陶画构图简单，只有一只鹳，一条鱼，还有一柄石斧。画面分两组，一组为鹳叼鱼，一组为带柄的石斧。鹳的身躯健美，长喙短尾，昂首挺胸，口衔条大鱼，旁侧立带柄的石斧。石斧捆绑在一个竖立的木棒上端。柄是加工过的木棒，木棒顶端凿孔以安装石斧，在大孔的上下两侧各凿两个小孔将木柄和石斧绑缚在一起。又在木棒的下端握手处缠上粗织品，将其末端刻成较木棒粗的方块形，以防握手操作时滑脱。石斧上的孔眼、符号和紧缠的绳都做了细致描绘。

石斧是新石器时代人们普遍使用的工具。"鹳鱼石斧图"作者让石斧立在画面右侧，斧刃朝外，石斧被赋予灵性了。那鸟羽毛灰白，嘴尖而长，双腿直立，衔了条大鱼。

有人评论说，仰韶时代的那位不知名画者，创作手法与西班牙画家毕加索有呼应之处，六七千年前的画使用夸张方法，鹳眼睛特别大，盯着游鱼，一条大鱼出现，被鹳不失时机地捕捉到，鱼拼命挣扎，鹳用力将身子后倾，保持鱼儿在摆动过程中使身体始终处于平衡的姿态。鱼儿被叼出水面，只好由捕食者摆布。鹳和鸟并没有时代区别，而石斧却像画家的落款一样，打下了新石器时代的烙印。

彩陶一般以装饰纹样为主，描绘物象极为罕见。"鹳鱼石斧图"标志着中国史前绘画艺术由纹饰向物象发展。纹饰绘画与器物密切结合，而物象绘画与器物形状基本脱节，绘画的独立性增强。作品中，鹳、鱼、石斧具绘画性。无论形象塑造还是画面构思，都不像纹饰绘画那样考虑如何与器形有机结合，仅是以陶缸腹部表面作画而已。绘画性彩陶与几何纹彩陶的分离，以至绘画与陶器的分离，是历史发展的必然结果，是人们审美观念、创作思想及绘画技巧向更高阶段演进的体现。

作者根据石斧、鹳、鱼的不同形象，用不同艺术手法表现。石斧和鱼用黑线条勾勒轮廓和起承转合刚柔互用的笔致，把表现对象的形状和神情描绘得十分生动；鹳直接用色彩涂染形体，唯有眼睛用浓重黑线勾圈，中间用黑色圆点表现。作品孕育了绘画传统艺术表现手法的两种基本形式，即勾勒和没骨，反映出人类童年绘画萌芽时期的艺术风格。

这个物件之所以稀罕，原因是它的纹饰是一幅生动的画面，而后人所看到的仰韶彩陶，纹饰绝大部分是由有规则的点和线组成的。专家们总结说，仰韶彩陶纹饰绝大部分是几何纹，写实纹饰器物的年代早于抽象纹饰的器物，所以仰韶彩陶上的纹饰图案，越是抽象的，时代就越晚；而靠近写实的作品，在年代上要早一些。

"鹳鱼石斧图"是仰韶文化早期的东西，后来就没有这种写实作品了，而是流变为抽象纹饰之类。为什么会发生这种演变？只有一个解释，或者说只能有一个解释，那就是初民对"天"的崇拜意识苏醒了。

仰韶文化遗址发现的陶器部分从生活用陶变成彩陶。这个过程是如何发生的？今人说不清楚，但可以肯定地说，过程不算短，也不会短。

打个比方，美国于 20 世纪 40 年代发明电子计算机，最初用于计算弹道，后来发凡出多种用途，几乎所有领域的科学家都离不开它，而孩子们沉迷于用它玩儿游戏。这个事实让后人感受到什么？上古对于自然界的认识模糊。仰韶时代原始宗教气氛浓烈。有必要提及，对于原始宗教，今人千万不可小视，由于它过于直观，甚至生猛，有时会贴近大自然本来法则，产生惊人的结果。这就是巫术至今仍然保持余温的原因。

早先的陶器，仅仅是烧火做饭用的素陶。在史前某一个不可能说清楚的时候，先民的感知悄悄地苏醒了，除了用各种方式压刻印纹，还在素面用泥条装饰出纹线。素陶装饰盛行了很长时间，直到能够绘制色彩。初民工匠将色彩与图案结合起来。彩陶纹饰是原始陶器泥条装饰的发展和延伸，用简洁、方便的装饰代替了原来工艺复杂的方式。

仰韶彩陶的器形以碗、钵、瓶、罐、盆为主，像居家普通用品。钵的数量最多，器形变化复杂，有平底和环底两种，平底钵大多鼓腹或腹微鼓斜收至底；环底的彩陶钵一般没有斜收至底的现象。仰韶彩陶钵器形繁多，但器形与器形之间在大方向上一致，只是细节上有些差别。

"天"的意念在仰韶彩陶中有所体现吗？有。人们在没有文字的情况下，只能用陶器上的纹饰与"天"交流。仰韶人对"天"的第一感受是什么？只能是循环，一日复一日是循环，日出日落是循环，月圆月缺也是循环，再有就是四季的循环。他们感受到，循环是上苍的规定，因此在彩陶纹饰中体现了这种循环。

按理，仰韶人最隆重的仪典是祭天，报答养育万物的天神之功，祈求来年丰收。"天"中最具代表性者是日。这种遗风波及到后来。《礼记·郊特牲》载："郊之祭也，迎长日之至也，大报天而主日。"孔颖达疏："天之诸神，莫大于日。祭诸神之时，居群神之首，故云日为尊也。""天之诸神，唯日为尊。故此祭者，日为诸神之主，故云主日也。"

仰韶文化包括不同地区、不同时代的多种类型，彩陶装饰花纹带的主题纹样各有不同。不说那些写实图案，在那些连续图案中，仰韶人追求的并非美感，而是力图表明一种循环往复的存在。

王仁湘提出，庙底沟文化彩陶构图的基本形式为二方连续形式，有八种二方连续形式，即简单二分连续图案、一般二方连续图案、复式二方连续图案，双重单元连续图案、复杂单元简单连续图案、复元单元交迭连续图案、同一单元正倒连续图案、四方连续图案等。通过分析，可以清晰看到复杂连续图案的绘制的难度。由此他得出彩陶图案创作者定是非常熟练的画工的感叹。看似简单的分析却是说明当时彩陶等陶器的制作已是进入到专门化的有力证据。这对那些不着边际的分析陶器制作专门化的选题者而言，不啻是重要启示。

在对彩陶构图的基本形式和图案元素分析基础上，王仁湘揭示了庙底沟文化彩陶图案具有对比性特征，平衡与对称的特征，节奏感与韵律感的律动特征，形状、大小、方向、结构等变化的特征，纹饰方向的特征，地纹衬托的特征等。并且对分析的各种图案元素绘制，分析绘制一种彩陶图案纹饰有什么程序，有哪些规则。在对彩陶图案元素绘制演习基础上提出：彩陶绘制，首先是确定画面的布局，包括画面大小、纹饰的等分安排，布局主要手法是用点确定纹饰的结构关系，这也是纹饰骨架；然后是绘制纹饰轮廓，最后填色。

因时间和地区不同，仰韶彩陶纹饰可分为数种类型，其中以庙底沟和半坡类型最为突出。扩展类型主要发现于临潼姜寨、宝鸡北首岭，代表器形有平底钵、真口尖底瓶、卷沿浅腹圈底（或小平底）盆等，纹样一般分布在口沿内壁和外壁上半部，图案多动物形象，多见鱼纹、鹿纹、人面纹和由鱼纹发展而来的三角纹、菱形纹、波折纹等，与捕鱼相关的渔网也被用作装饰。庙底沟类型的特点是曲腹形多见，绘制部位多数在口沿和腹部外壁，而半坡类型也绘制在器物内壁。除鸟纹、蛙纹等动物纹外，豆荚、花瓣、花蕾等植物纹以及由之演化而来的圆点、弧边三角、涡纹都是流行纹样，而且多采用二方连续方式。

几何形类纹饰分宽带、网格的直线几何纹饰，三角形、菱形、四边形等多边形与三角形几何纹饰，连弧纹、"西阴纹"、叶片纹、双瓣和三瓣花瓣纹、四瓣与多瓣花瓣纹、圆圈纹、单旋纹、双旋纹等圆弧形几何纹饰等三类。其中圆弧形几何纹饰下的连弧纹，又细分为曲线式连弧纹、一般连弧纹、地纹连弧纹、带隔断的简单连弧纹、重迭连弧纹、横式圆点多重连弧纹、纵式圆点多重连弧纹、新月式排弧纹等8种形式；"西阴纹"又分角内有无分隔线、有无圆点、角与角之间有无间隔图形等6种形式；叶片纹又分出是否加线、是否加圆点等 5 种形式；花瓣纹又分析不同花瓣纹间的组合；圆圈纹又分出单点穿圆纹、双点穿圆纹、横线穿圆纹、圆盘形纹等 4 种形式；单旋纹又分出有无旋心、旋心的细微不同等 6 种形式；双旋纹又分出 6 种形式，即标准、松散、变形式的单体双旋纹，简单组合、复杂组合、单旋与双旋同组式的组合双旋纹。

庙底沟文化彩陶的每款图案都能在彩陶图案分类系统中找到对号入座坐标。早期仰韶彩陶中弧线圆点纹上的圆点大部在弧线纹的中心下方，有的紧靠着弧线，也有的略有分离，相差距离都不远，而且都是圆点纹在弧线纹的下方。早期彩陶中，仰韶彩陶钵的器形越大，腹越鼓；仰韶彩陶上的弧线圆点纹，粗犷豪放、苍劲有力，流畅的弧度都达到了相当高的水平，甚至有的弧线会越过最下面的一周黑彩。但越过黑彩的地方不会太多。至于彩陶上的圆点纹实际上并不太圆。在一般情况下，同一器物之上圆点大小基本相同，并且越小的圆点越圆；彩陶上的纹饰由于全都是人工所绘，所以，在仰韶彩陶上没有任何相同的线条，即使同样的线条和圆点之间或多或少都有区别。

庙底沟类型彩陶中有一种别致的花瓣纹饰。花瓣纹饰可分为四瓣式和多瓣式，构图严谨，画工精致，是代表性纹饰之一。四瓣式花瓣纹为典型地纹，一般是二方连续式结构，构图左右对称。多瓣花瓣纹看起来与四瓣式花瓣纹区别明显，两者间存在联系。一般说，多瓣花瓣纹应当是由四瓣式花瓣纹变化而来，其实它也可以看作是一种四瓣式花瓣纹，多瓣式是四瓣式的一种扩展形式。彩陶上的这些花瓣纹不是花的写实形式，反映的是"花非花"，寓意深刻。

分布在陕西化山附近的庙底沟类型彩陶，大多呈现出多方连续图案，制作方法是先在器坯上安排好装饰花纹带部位，然后以圆点排列定位，再用线或是弧形三角纹将圆点联结起来，组成既均衡对称，又活跃生动的连续图案。仔细观察可以看出，它们是用阴阳纹结合的技法，来表现玫瑰花的覆瓦状花冠，以及花蕾、叶子和茎蔓。

庙底沟文化彩陶图案的分类研究，始于梁思永 1930 年的《山西西阴村史前遗址的新石器时代的陶器》一文，后经上世纪 60 年代的研究，明确庙底沟文化彩陶图案大致分为象生类与几何形两大类，在这两大类下，根据彩陶图案的特征，又分为若干种，如象生类下有鸟纹、蛙纹等，几何形类下有网纹、花瓣纹、宽带纹等。

原始宗教必然会表现出蒙昧。在我们小时候，娱乐方式特别的贫乏，男孩儿喜欢玩儿骑马打仗什么的，女孩子通常喜欢玩儿过家家什么的，几个小女孩儿带个把小男孩儿（这种小男孩儿通常是在男孩子群里受到欺负的那种弱者）一块玩儿，模仿家庭生活中的干家务、哄孩子什么的。在仰韶时代的原始宗教仪式中，可以想象到，有时就像初民集体在对苍天玩儿"过家家"。用现代人的眼光看，直白得可爱。

对大自然的奥秘，仰韶人没有探索手段，只能根据一些皮毛现象猜测，其实就是不着边际地琢磨，沉浸在对上苍的冥想中。在仰韶彩陶纹饰中，有一部分产生于对苍天的冥想。这些通过冥想所产生的纹饰，是取悦于"天"的，仰韶人以为"天"会认可这种图案。

这些纹饰随着彩陶而得以流传下来，后来的艺术家们把它们称为制陶者的什么"艺术构思"，或者说是"纯美学设计"。其实，由于前后相距了几千年，后人对初民的揣测肯定满拧。但是，不管怎么说，初民们创造的东西好看，所以至今也仍然被称为"艺术作品"。

万物有灵主导了仰韶人的意识，在这种观念支配下，仰韶时代表现出神力兼并万物倾向，事事占卜，事事问神，祭祀祖先，为酒为醴。原始宗教导致仰韶彩陶纹饰的神秘意味。纹饰作为神人关系的中介物的图像标志，具有符号意义，能够为同一社会集团的成员和本集团的祖先神以及所崇拜的诸鬼神仙灵所认同。所认同之物可以是具有图腾性质的物象也可以是人们所崇拜的动物神。

仰韶彩陶中存在大量动物、人面、鱼、鹿等图案，有些与原始宗教中的巫术有着联系，或与原始农业有关的天象图案，反映出史前居民对天文学的朦胧认识。有的采取写实手法，将光芒四射的太阳与新月摹写于图中；更多的是采取象征手法，用鸟和蛙的形象代表太阳和月亮，这是因为他们认为鸟、蛙分别是主宰日、月的精灵。

最迟在距今7000年前，鸟与蛙，就已经出现在仰韶图纹中。在早期的作品中，鸟和蛙的形貌相当写实，特别是蛙纹，缩颈大腹，有着长满圆斑的脊背。后来，鸟、蛙形象逐渐图案化和神秘化。在彩陶纹饰中，鸟和蛙的主题图案是老资格，延续了3000多年，象征太阳的飞鸟演变成金色乌鸦，象征月亮的蛙演变成三足蟾蜍。

在某些情况下，彩陶上的鸟和鱼图像有可能为氏族图腾。氏族不同，图腾崇拜的祖源也不同。氏族间的争斗和结盟，可表现为不同动物间的斗争或结合。图腾崇拜中，较多动物形象，某一原始氏族认为这种自然形象与他们本氏族有着特殊的关系，或视之为氏族祖先，或视之为氏族亲属或保护神，因此敬奉它，崇拜它。这种变异现象不仅表现出由原始先民传承而来的企图借助想象来超越现实的思维方式。

世界各民族，尤其是从事农业的民族，对日神的崇拜占据着突出的地位，中国自然也不例外。中国境内发现的新石器时代遗址，几乎都属于农业型文化遗存。无论中原、海岱、江汉、环太湖地区，还是燕山南北、辽西乃至黄河上游的甘青，都形成较为密集的农业种植带。

这些地域是古老的农业种植区，较早的农作区在距今七八千年便形成了一定的规模。在众若星辰的原始文化遗存中，出土的数量可观的农业生产工具、粮食加工工具以及炭化的谷物和稻田遗迹，便是中国悠久的农业历史和农业文化的见证。

在原始宗教体系中，大阳神崇拜属于自然崇拜范畴，是古老而又普遍的崇拜形式。先民怀着对自然的崇拜和敬畏之情，将与他们生活息息相关的自然生灵作为精神寄托和崇拜对象，并作为纹饰记载在创造的器物上。太阳崇拜与鸟灵崇拜是人类社会最早的两大崇拜，而且太阳崇拜几乎跟鸟灵崇拜融为一体。陕西华县泉护村仰韶文化遗址出土的鸟纹彩陶中，有一个形象为日与鸟组合的纹饰颇为引人注目，与部分神话故事中的情节相吻合。这一纹样是太阳崇拜的一种表现。

仰韶彩陶上，太阳图像是常见题材，日轮通常添加放射状线条，象征太阳放射光芒。以太阳纹为母题的彩陶中，郑州大河村出土的彩陶最具代表性，不但反映日晕、日拜等天文现象，而且有的彩陶钵沿器腹一周绘12个光芒四射的太阳。有类太阳纹表现抽象，几何图案化趋势明显，如不细加分析，往往归入花瓣纹或星纹类。其实，八角星纹饰不但相当古老，而且还包含着原始宗教内蕴，并和日神崇拜神话相联系。

人类社会进入农耕经济后，对太阳的崇拜达到无以复加的程度，从事狩猎和游牧业部落难以相比。太阳运行影响着四时节气的交替，而炎寒变化直接关系着农作物的生长，久雨可致涝，久晴则旱，对农作物生长不利。远古时确定季节有多种方法，如物候观察法，根据候鸟迁徙或冬眠动物的入蛰、出蛰确定季节的寒暑变化，也可根据植物萌芽、开花、结果、落叶及草的青黄枯荣确定季节。

还有观察天象，根据北斗、大火等星宿移动位置确定季节；有的根据月亮盈亏圆缺周期计算日期。常用方法是观察太阳出没时移动的位置以及日影的长短来定季节。如《史记·五帝本纪》谓黄帝善于"迎日推策""顺天地之纪""时播百谷草木"，便是指古老的记日法而言，根据每天的日出累计日子，编制历法，然后按照节气播种农作物。

在大汶口彩陶上，八角形纹饰多次出现。江苏郑县大墩子遗址出土的一件彩陶盆，器腹一周用白彩绘多个八角形图纹。大汶口遗址出土的一件彩陶豆上，沿器腹一周用白彩绘有八角形图纹，布局与纹样形状与大墩子彩陶盆毫无二致。两件器物的口沿部位，有规律地分布着几组象征太阳光芒的放封状线条。八角形纹样表现的不是花瓣，不是星象，更不是信手涂绘。相同纹饰发现于不同地区的原始文化遗存，说明这种图纹已规范化，表现的是与农业有着千丝万缕联系的太阳。

十字形符号（有学者倾向是亚的亚形态或者形态）也在仰韶彩陶上用的较多，典型的数湖南安乡大溪遗址出土的印纹白陶盘和山东大汶口文化八角星纹彩陶豆。大溪文化白陶盘的八角纹模印在陶盘底部，呈十字型，十字的四端，直线凹进为倒三角形，即每一端有两角外展，四端则有八角，中央再重复一十字。大汶口文化彩陶豆上的八角纹，为白色涂绘，中间留空，空为方形，四端八角以单独纹样环绕豆腹。

八角形纹饰对于原始先民有重要意义。它的分布范围与新石器时代玉器较发达地区有部分吻合。有专家认为是远古的九宫图：十字纹指向东、南、西、北，中间为中宫，四个隐性的角为东南、西南、西北、东北，即一幅完整的盖天图。此说虽有一定道理，但缺乏合理解释。

史前，人们确定方向主要依靠观测太阳。日出为东，日落为西；二者中央，面阳为南，负阴为北。故方向确定，先有东西南北，而后才有东南、西南、东北、西北；季节确定，先有春、夏、秋、冬四时，而后有八节；卦象确定，先有四象，而后有八卦。这些均起源于对太阳的观测。战国后堪舆、占星术士所用的式盘，上面标有四维八干，若推论起源，也不能完全否定与远古观日测日的联系。

新石器时代，无论创世神话、农业神话还是日月神话，金乌负日是流行题材之一。每天日出日落，周而复始，这个神秘的发光体为何会在空中移动？人们联想到翱翔的鸟，认为是鸟驮着太阳飞行，无论鹰、乌鸦还是燕子，一旦和太阳相联系，便成为被意念化的太阳鸟。

日鸟合一观念在不少原始部落存在。浙江余姚河姆渡遗址出土的象牙制品上刻有双鸟朝阳图像。泰安大汶口遗址出土陶背壶绘有神鸟负日图像。陕西华县泉护村遗址出土彩陶上，形象看是燕子，驮着太阳。这些图像不是平白无故产生的，而是与古老的太阳神话一脉相承。

鸟是先民绘制在彩陶上的另一主题。当考古学家终于从这件图案整齐、抽象的彩陶纹饰中解读出鸟的形象时，还是感到诧异。已看不到图案中鸟的双足和眼睛，腾空的姿态，舒展的双翅又那样传神。考古学家就彩陶纹饰从写实到抽象的演变过程作了各种推测。

就鸟纹的演变来说，如果将简单朴实又形象鲜明的写实鸟纹与抽象的鸟纹归类对比，分别从侧面鸟纹和正面鸟纹解读纹饰演变的规律，不难看出，原始先民抓住了鸟类飞翔姿态中的关键特征点，再以点、弧线或斜线巧妙组合，便提炼出了高度抽象的变形鸟纹。

然而，变形鸟纹已不再能辨认出本来形象，先民为什么要在变体鸟纹上不断发挥着想象力？飞鸟形象是否还有寓意？随着考古学的发展，人们进一步证明，以鸟为太阳形象的象征，早已存在于新石器时代的彩陶中。早期较为写实的纹饰中，常在展翅而飞的鸟纹上绘有太阳纹，就像鸟正在背负着太阳而行。随着变体鸟纹发展，渐渐出现鸟翅形纹与太阳纹相复合的花纹样式。

为什么初民会把太阳和鸟连成一气呢？不妨尝试着从先民的角度视察一下身边的环境。进入新石器时代的人们开始了稳定的农耕定居生活，但是，早先还没有总结出历法节气等有助于掌握农耕时令的规律。每天的日出日落以及寒暑交替、季节变化给了他们很多启发。而候鸟的飞翔迁徙能准确反应出时令变化，这对从事农耕的远古先民来说，无疑是农事活动的重要信号。这就很自然地使我们的祖先将鸟的活动规律和太阳联系在了一起。如此看来，彩陶纹饰中的鸟纹与太阳纹已不仅仅是单纯地为了装饰和美观，而是具备了一定的象征意义。

有必要说说"象生"这个字眼儿。象生瓷指仿制生物形态的瓷器或貌似生物形态瓷器，2006年考古人员在浙江上虞尼姑婆山窑址发现一批三国两晋时期的虎头罐、鸡头罐、牛头罐、马头罐、鹿头罐等，瓷罐上的各种动物头首的形态逼真，活灵活现，专家称前所未见。

象生瓷显然源之于仰韶文化彩陶中的象生类纹饰。仰韶文化彩陶中的象生类纹饰有鸟纹、蛙纹，还有鱼纹、眼目纹、人形纹等。将遗址中出土以前不明确其彩陶图案的彩陶残片上的局部纹饰，与各种完整鱼纹图案对比，确认许多彩陶残片属于鱼纹彩陶残片。如湖北郧县大寺遗址与枣阳雕龙碑遗址出土的一些彩陶残片属鱼纹彩陶残片。

半坡彩陶发现于西安半坡，距今7000年，半坡彩陶早期纹饰多为散点式构图，在器型上，装饰往往只占据器面的一小部分，纹样一般是自然形态的再现。半坡纹饰形象可爱，表现了人类童年时期的稚气和与自然的亲切关系。仔细体味，有人与自然融为一体的感觉，可以说是半坡人原始生活的记录。纹饰形象主要描绘了当时人们接触的动物，有奔跑的鹿、鱼纹、人面纹、蛙纹、鸟纹、猪纹以及由以上纹样两种或三种组合的纹样，也有一些单纯的纹样如折线纹、三角纹、网纹等。

庙底沟彩陶主要有盆、碗、罐等，早期和中期有葫芦形瓶。庙底沟彩陶比半坡成熟得多，点、线、面搭配得当，空间疏朗明快。曲面之间穿插活泼的点和线，使纹样节奏鲜明，韵律感很强。庙底沟彩陶图案主要是鸟纹系统和花瓣、花卉纹，半坡文化彩陶图案以鱼纹系统为主。王仁湘提出，庙底沟文化彩陶图案有个鱼纹系统，源自半坡文化鱼纹，并提出鱼纹的拆分与重组是半坡文化与庙底沟文化彩陶演变的一条主线。

郑州市大河村遗址面积40万平方米，是包含仰韶、龙山和夏商4种不同时期考古文化的大型古代聚落遗址，自1964年发现以来，已经过13次开掘，遗址中部房基相迭、窖穴密集，文化层堆积厚，四周边沿文化层堆积厚度4米左右。先民在此延续长达3300多年。

大河村仰韶文化遗存出土的彩陶纹饰主要有几何形图案、天文图案花纹、植物花纹和动物花纹。联腹壶为大河村遗存中的标志性器物，还出土具有特殊意义的太阳纹、月亮纹、日晕纹和彗星纹等彩陶，证明初民为生存需要，观察太阳、月亮和其他星体的运行、变化现象，用生动形象的原始手法描绘在日常使用的陶器上。

彩陶画面运用直线、曲线、折线、三角和圆点等基本元素符号，将主体花纹画在中心部位，辅助纹饰组成图案带，达到严谨而不呆板，多变而协调的艺术效果。在表现手法上，往往把彩绘图案画在器物不易磨损的显著部位，做到美观与使用的统一。同时，针对不同形状和用途的陶器，采用不同的构图方法描绘不同的内容，达到装饰图案与器物的造型及用途的统一，进一步增强装饰效果。在画法上，主要用黑、棕、红三色颜料，对画面熟练地运用疏密、简繁、间隔、虚实、大小等趋于完美的对比手法，达到结构严谨、题材协调、主次分明。格调中既折射出淳朴，又不失庄重大方，同时还表现出了某些生动活泼的风格。

"西阴纹"是李济在在西阴村发掘后提出的彩陶图案名称，是庙底沟文化彩陶的有特色图案。王仁湘认为，"西阴纹"的源头可能是半坡鱼纹头部内的一种图案的演化结果，断清了数十年的一个积案。

鱼纹图案为鱼的形态，脊鳍与腹鳍各一个或两个，常饰于盘内，反映器物装饰和器物的造型密切结合。典型鱼纹分布以关中为中心，西及渭河上游与西汉水，东至河南西部，南到陕南与鄂西北，北达河套一带。在这个范围内的晋中南地区和关中至河套的中介地带，目前不见典型鱼纹，但应属于典型鱼纹分布范围。简体鱼纹的分布范围，除河套一带外，与典型鱼纹的分布范围基本重合，但晋中南地区有较多的发现。

上世纪 50 年代，半坡遗址出土人面鱼纹彩陶盆，通高 16.5 厘米，口径 39.5 厘米，基调呈红色，由细泥红陶制成，口沿处绘间断黑彩带，盆内壁以黑彩绘出两组对称的人面鱼纹。人面为圆形，额头左半部涂成黑色，右半部呈黑色半弧形，可能是当时的纹面习俗。人物眼睛细长，鼻梁挺直，神态安详，嘴旁分置两个变形鱼纹，鱼头与人嘴外廓重合，配上两耳旁相对的两条小鱼，构成形象奇特的人鱼合体，表现出制作者丰富的想象力。人像头顶的尖状角形物，可能是发髻，配以鱼鳍形的装饰。此盆现藏于中国历史博物馆。

仰韶时代流行一种瓮棺葬习俗，把夭折儿童置于陶瓮中，以瓮为棺，以盆为盖，埋在房屋附近。这件陶盆上画有人面，人面两侧各有一条小鱼附于耳部。人面鱼纹彩陶盆上的人与鱼题材，可能与古代半坡人的图腾崇拜和经济生活有关，人头上奇特的装饰，大概是在进行某种宗教活动时的化妆形象。而稍作变形的鱼纹很可能代表了鱼神的形象，表达出人们以鱼为图腾的崇拜主题。

有学者根据《山海经》中有巫师"珥两蛇"说法，以为人面鱼纹表现的是巫师珥两鱼，寓意为巫师请鱼附体，进入冥界，以为夭折的儿童招魂。在先秦典籍《诗经》和《易经》中，鱼有隐喻男女相合之义。以此推之，人面鱼纹也应有祈求生殖繁衍族丁兴旺的涵义。

学术界对于人面鱼纹的研究出现了近30种说法，主要有图腾说、神话说、祖先形象说、原始信仰说、面具说、摸鱼图像说、权力象征说、太阳崇拜说、原始历法说等等，还有的认为是水草鱼虫或婴儿出生图，甚至还有外星人形象说。有人认为这反映了半坡人和鱼的密切关系和特殊感情，是半坡氏族崇奉的图腾。半坡人在河谷阶地营建聚落，生活方式与渔猎密不可分，他们喜爱鱼崇拜鱼，认为其氏族起源于鱼，故把鱼奉做自己氏族的图腾祖先加以崇拜。人与鱼组合画在一起，代表着人与鱼是不可分的，你中有我，我中有你，共生共存，能力互渗。

古籍记有人鱼互变神话，《山海经》说颛顼死后复苏化身为鱼，变形鱼纹很可能是代表人格化的独立神灵也就是鱼神。有人以《诗经》《易经》中鱼有隐喻男女相合之义推之，人面鱼纹也应有祈求生殖繁衍族丁兴旺的含义。今天的人无法知道它的真实含义，但仍然给人以强烈的印象和美的感受，使人产生对悠久历史之谜的探究渴望。

人面鱼纹彩陶盘距今7000年，是彩陶文化中特点突出、影响较大的类型，几乎成为仰韶文化的标志性对象。有的工艺品商店里卖仰韶陶器的复制品，主要卖的就是人面鱼纹彩陶盘的复制品。

鱼纹大多绘制在盆形器外壁的中上腹部，个别使用在环底钵、瓶形器及器盖上。盆形器上的鱼纹图案均规整有序，颇为固定，器物一周一般绘有两条鱼，头尾相接，头右尾左，有时两条鱼纹之间的空白处填充一条小鱼或其他花纹，既弥补了绘制过程产生的缺陷，又使整体图案显

226

得更加匀称而生动。其他器物上如王家阴洼的瓶形器、高寺头的器盖上偶见的鱼纹，虽然数量很少，却极富魅力。渭河流域的仰韶文化遗址出土了大量鱼纹彩陶，鱼纹资料构成了从早期到晚期的发展序列。根据所处的地层以及上下迭压的关系，大体掌握了鱼纹发展变化的规律，这一规律甚至可以成为考古学研究中分期断代的标尺。

大地湾鱼纹均为鱼的侧视图，惟独胸鳍的画法例外。胸鳍本在身体两侧，从侧面只能观察到一侧胸鳍，大地湾先民却改为上下对称的一对胸鳍；无论鱼纹如何变化，尾鳍画法始终不弯。从鱼鳍画法分析显而易见，仰韶先民只能描绘他们日常熟悉的鱼类形象。根据器形和纹饰的不同特点，有关专家将大地湾鱼纹划分为 5 个发展阶段：

早先有浓厚写实风格，鱼纹形象生动，尤其是椭圆形眼睛及位于眼眶偏上部的眼珠，活灵活现。稍后，鱼头变长且图案化，复杂多变的画法使得细部令人费解。再往后，鱼头变得极为简单而抽象，仅由上下相对的两条弧形纹组成，扁且长。龟鳍由斜三角纹变为直三角纹，更为规整。再再往后，鱼纹整体简化为稳定图案，胸、腹、臀鳍三者合一，与拉长的背鳍上下相对，尾鳍前部出现隔断线。鱼的上下两部分完全对称，线条变得流畅柔美。此后，鱼纹更就更为简化了，头部用一个圆点表示，鱼身简化为四条弧线，上、下鱼鳍略去不画，仅保留较为夸张、舒展的尾鳍。自仰韶中期以后，鱼纹逐渐消失。

为说明这点，不妨看看半坡彩陶。半坡出土的彩陶有尖底瓶、葫芦、长颈瓶，还有盆类、罐类，与今天盆罐相似。半坡彩陶早期纹饰，多为散点式构图，在一件器型上，装饰往往只占据器面的一小部分，纹样一般是自然形态的再现。半坡纹饰的形象可爱，表现了人类童年的天真稚气和与自然的亲切关系。仔细体味，有人与自然融为一体的感觉，可以说是生活记录。

从这个演变过程来看，"鹳鱼石斧图"是早期的东西，后来就没有这种写实作品了，流变为抽象的鱼纹之类。"鹳鱼石斧图"出自史前墓葬，人面鱼纹彩陶盘也是从史前墓葬中出土的。这就表明，迄今为止所发现的最为生动的仰韶彩陶，实际上是原始宗教中的祭品。

鱼纹有一个理所当然的来由，鱼随季节、水温、昼夜变化或沉或浮出水面，随之出现了阴阳鱼形象。仰韶彩陶除了具有大量形式各异的鸟纹和鱼纹之外，还有不少鸟纹和鱼纹同时出现的图案。如果见到鸟嘴中叨着鱼，恐怕并不稀奇，有些鸟类本来就是吃鱼为生的，先民大概只是把他们观察到的自然现象描绘到彩陶上而已。

出现这样的纹饰的确让人感到匪夷所思，难道这是祖先某种想象力在彩陶上的发挥吗？考古发现，鸟纹及变体鸟纹大多都绘于仰韶文化庙底沟类型的彩陶器上，而鱼纹则主要出现在半坡类型的彩陶器上。

有学者认为，庙底沟类型与半坡类型，在年代和地域分布上呈现出交叉关系，半坡村和庙底沟村很有可能是并存的氏族。假如鱼纹和鸟纹分别代表着两个不同部落标志的话，那么彩陶器上鱼鸟图案的关系就可能不仅是原始人对自然的描摹了。就算是鹳鸟衔鱼这样一个看似普通的场景，也因为同时绘有一个石斧，而使这件彩陶器变得非比寻常，寓意深奥。石斧的把手上绘有"X"状符号，显然不是一件实用生产工具，而是图腾象征物。学术界众说纷纭，猜测彩陶上所绘的图案，很可能是鹳鸟氏族和鱼氏族间的某种关系。

·上古的人类文明基本以河流及流域为发源地。渭河支流较多，仅与秦岭有关的支流就有70多条。这些支流两侧的阶地上多有仰韶时期居址，渭河就像条大项链，维系着如珍珠般点缀着的仰韶村落。

姜寨遗址是中国新石器时代迄今发掘最彻底的遗址，面积为5万平方米。灰坑是远古人的垃圾坑，过去人类很多活动都需要挖洞穴，比如储存东西，或取土。随着时间流逝，坑逐渐被填平，其中常埋藏遗留品，如陶器残片等。这种坑的土质发灰，所以叫灰坑。挖出来的陶片经专家鉴定，被认为是庙底沟时期和半坡四期的产物。

杨官寨位于高陵县姬家乡杨官寨村东侧泾河左岸，南距泾河约一公里，面积80余万平方米。泾渭两河在遗址东汇合形成泾渭三角洲。这是个普通村落，多少年来，村民以耕地为生。几年前，西安市建设泾渭工业园，村里的5600百亩耕地全部被征用。

2004年5月，泾渭工业园实施南面路段延伸工程，几辆大型挖土机开动。随着挖土机的那个大铲子轰地一声铲下，再抬起来，人们看到在翻起的黄土中夹带着无数碎陶片，其中有的陶片上还有艳丽色彩。

得到消息的王炜林迅速赶到现场："土不是一般的黄土，从地下翻出来的都是灰土，这意味着这个地方是个大灰坑。"王炜林最初判断这里可能是人类活动的一个遗址，或许是另一个姜寨。

陕西考古研究院随即成立杨官寨考古队，发掘面积近两万平方米，发现成排分布的半坡四期文化的房址和陶窑。房址和窑址附近出土大量陶器，仅尖底瓶可复原的就达18件。此外还出土大量陶坯残片和一件可能是用来制作陶器的工具，也就是轮盘。这些成排的房子、陶窑及储藏陶器的窖穴等遗迹，可能是当时的作坊区。

可以拼凑出一幅场景：6000年前，生活在杨官寨的人们已有简单分工，有人以制陶为生，有人耕地，有人狩猎，通过交换达成彼此需要。最强壮或有最多生产资料的会成为首领。他们中间可能已经有了分工和阶层出现。维系他们关系的除了血缘，还有某种制度。

杨官寨出土的众多陶器中，有一件疑似"天狗吞月"的图案彩陶，还有个笑眯眯的人脸覆盆状陶器。这东西肯定不是实用器具，只能说是祭祀的，但是，祭的是什么？谁也不知道。

有一件大眼睛残片，如复原，应是个圆环，眼睛和鼻子互用。这块黑色陶片不大，只有半个手掌大小，上面有只完整的大眼睛，眼睛突出眼眶。眼睛的左下侧和右下侧，各有一只较为完整的鼻子。专家分析说，从陶片边缘可以看出，陶片另外几面的部分应该是对称的，该陶器可能有三只眼睛六个鼻子，很可能是有特殊用途的礼仪性器物，带有神秘色彩，可能与当时的某种文化相关。这是以前仰韶文化遗址中没有发现的器物。杨官寨遗址发掘丰富了关中地区仰韶文化的文化序列，随着遗址的发掘，人们得知在仰韶时代的彩陶中，娱神是重要内容。

仰韶时代的陶器没有釉。这点非常重要，造成的后果是：仰韶陶器即便有彩绘，由于没有施釉，也不大可能长时间地过火。也就是说，它们除了是蒸煮器皿外，施彩另有他用。在没有施釉的情况下，如果与火接触，施彩就失去了意义。所以，仰韶彩陶不可能，也不应该仅仅是生活用品，它们是服务于原始宗教的。

22. 尖底瓶：原始生殖崇拜用具

仰韶文化博物馆在仰韶村村口，建筑格局相当怪异，在我去过的所有博物馆中，这儿独一无二。为什么这么说？读者如果有兴趣的话，到那儿看看就知道了。博物馆的正门在博物馆的最后，进门得顺着一条水泥路走到底，才能从后面进去。我估计，设计时的考虑是，参观者从后面进去，参观后从前门出来，顺势回去。

虽然我在当兵那会儿就关注过仰韶村，而且我的那帮战友们吵七八火地打算看看仰韶文化，其实，从老早那会儿直到进入仰韶文化博物馆之前，我对仰韶文化知之甚少，充其量是上学时语文老师灌的那点东西。而我上学那会儿，是半个世纪之前了，那点"水儿"早就泼洒得没影了。进门后，我有些懵，看看同行者，样子与我差不多。

进入展厅，走了没几步，迎面是一个大玻璃柜，里面摆着一个长瓶子，一头一尾，都是尖尖的，长度有二尺左右，通体经过人工修补，而且白色修补部分显眼，就像个浑身缠满绷带的重伤员。

我不由停下，四下看了看。大玻璃柜位于展厅最重要位置。根据常识，博物馆中这个位置通常是放镇馆之宝的。由于这个长瓶摆在显眼位置，样子怪异，从器形上看不出是做什么的，尤其是瓶子没有座，不能摆放在桌子上，如果平放在桌面上，会滚下来。

就在这时，县文化局一位干部过来了，举起照相机，咔嚓咔嚓就是几下。就这样，我保留着一幅我们第一次见到尖底瓶时的照片。我们几个人懵懵懂懂站在玻璃柜前，旁边是一个解说员，那是一个长得顺眉顺眼的姑娘，蓄势待发，像在准备说点什么。而我们都不知道这个两头尖的瓶子是啥玩意儿，样子显得傻呵呵的。

后来我才知道，这东西叫尖底瓶，是仰韶文化中最具代表性的器物。

尖底瓶产生在距今 6500 年前，存续时间至少有 1500 年。根据资料，上世纪 50 年代后期，黄河水库考古队在庙底沟遗址发掘出小口尖底瓶、小口平底瓶、花卉纹和鸟纹彩陶盆钵、曲腹盆、夹砂罐、釜、灶等，尤以重唇小口尖底瓶最富特征，与半坡遗址形成鲜明对比。半坡遗址的仰韶文化遗存以杯形口小口尖底瓶和鱼纹彩陶盆钵为特征。

近年来，经过大范围的查勘，考古界才知道，尖底瓶的分布范围甚广，西至甘肃、青海，东至河南腹地，南及鄂西北汉水中游，北达内蒙古中南部、晋北、冀西北。仰韶文化的典型陶器有尖底瓶、葫芦瓶、细颈瓶、大口尖底罐和锥刺纹罐等，而最具特色的是尖底瓶。

唯有尖底瓶贯穿于仰韶文化全过程，可以说是随着仰韶文化的诞生而诞生，发展而发展，演变而演变，也随着该文化被其他文化替代而绝迹。在漫长岁月里，没有哪种器物能像尖底瓶这样长盛不衰。

尖底瓶的形制，从口部特征看，分为杯口（又称圆直口）、双唇口（又称为双环口、重唇口）、喇叭口、平折唇口、斜折唇口等。从肩部特征看，可分为圆丰肩、圆折肩、圆溜肩等。从腰部特征看，可分为直筒腹、束腰腹、斜收腹等。从底部特征看，可分为尖锥底、尖平底、尖圆底等。从器身装饰特征看，可分为细绳纹、抛光、黑褐红白彩饰等。当然，还可从器身双耳之有无，双耳部位之高低再进行分类。

尖底瓶的材质通常是红陶质，器形为小直口，细颈，长圆腹，尖底，肩部或腹部有对称双系，用以穿绳。器表有多绳纹，烧结程度较好，质地坚实。有必要提及，庙底沟类型与马家窑文化遗存中发现的尖底瓶略不同。前者为双唇，小口，器身瘦长，肩腹部无系；后者为侈口，直颈，折肩，腹部有双系，以细泥橙黄陶制成。器表涂浅红色陶衣，以黑彩绘旋纹，纹饰充满动感，制作精细。

我在参观仰韶文化博物馆时，由于全然不知道尖底瓶的来头，看不出啥名堂来，也就没有怎么打听这件东西的来路，比如说它是怎么出土的，在哪里出土的，等等，回京后好生后悔。现在回想起来，它应是在当地出土的，显然没有庙底沟出土的尖底瓶那么完整，也不好看，而且浑身缠满了"绷带"，就是个子大，是个傻大个儿。

不懂有不懂的好处，那就是可以随便发问。当时的参观者不多，而我们的时间也不大紧张，可以停下来，探究探究。

我问解说员："这是个什么东西？"

解说员说："它叫尖底瓶。"

我问："尖底瓶是干什么用的？"

解说员说："打水用的。"

我问："用这种东西怎么打水？"

那姑娘指着尖底瓶讲解起来。她发音标准，吐字清楚，像在朗诵作品，抑扬起伏的："这种瓶子叫尖底瓶，是人类文明初生萌芽时的一种器具。你们看，它的橄榄状器型及瓶体直径和瓶体高度之间的比例关系，是所有卵状造型器物中视觉效果最为奇特，而且最具美感的形制，是一种完满和谐、富有寓意色彩的曲张状异态形制。请参观者们注意，尖底瓶的两侧，弦线使得器状具有饱和的视觉张力，锐角尖底及圈状瓶口，环状双耳，具有渐变、对应的视觉变化效果。"

身边的同行者小声议论："小丫头说的这些，也不知道是谁为她准备的解说稿。堆砌了不少词藻，反倒让人听不懂了。"

我觉得同行者的意见挺到位。不管怎么说，我干了多年的编辑工作，从编辑角度看，这篇解说词的文稿显得有点"拽"了，就是遣词造句过于考究，有堆砌之嫌，反倒让听者听不大明白。

同行的老侯，年岁与我差不多，以长者的口吻说："姑娘，你要清楚，站在你前面的伯伯们都是外行，你说的稍微玄奥点儿，我们就听不懂了。你不是说它是打水的吗？咱们这样好不好，你就不要说那些让我们听着吃力的话了。你就照实说，这件东西怎么打水？"

小姑娘的领会能力挺快，立即大声说："打水的时候，把尖底瓶放在河里，汲水时，由于重力的作用，瓶口自然会向下，待水灌进去一部分，瓶身会自动倒转，口部向上。这样，打水的动作就完成了。简单地说，尖底瓶实际上是利用了物理学的原理，利用重心来调节平衡，空的时候倾斜，盛水过半时就直立起来。"

老侯说："仅能盛水过半？我们听糊涂了，你说清楚些。"

看来这姑娘没听明白，抖擞精神，像背课文一般说："尖底瓶的设计令人叹为观止。它为橄榄形或纺锤形，杯状口便于进水和排气同时进行，并保持稳定，起到快速灌水作用。可以确保在贮存和运输过程中水质不受污染，又可以在倾倒瓶中液体时阻留杂质。至于外部的突起部，明显的用途是可以系绳，控制取水时的瓶口状态。双耳提环既可以系绳提瓶，又可以手指抠持携瓶，便于搬运。尖底既可以减少瓶底在水中翻转的摩擦吸拉力易于提拉，又可以将瓶体插入泥沙中平稳安置。腹部的绳纹产生摩擦力，便于携持，取拿方便。"

听出来了，小姑娘挺卖力气的，使出看家本事了。但是，她的这番解说实在不让我们服膺。倒也不是她所讲的"物理学原理"不对头，而是她所讲的那些与我们所见到的仰韶村实景对不上号。

我不知道远古那会儿仰韶村初民是不是打井了，如果没有打井的话（这种可能性居大，因为初民的水文知识有限，而且石制工具跟不上趟，没有能力打井），水源就只能来是沟崖中的饮牛河与干沟河。于仰韶村的人打水而言，这两条河所处位置并不方便，甚至挺麻烦。

仰韶村实地离饮牛河与干沟河不算远。想想看，远古那会儿，初民们抱着尖底瓶从家里出来，下去得走几十米，打水后再上来，又得爬几十米。这个过程，我简直难以想象，初民抱着个尖底瓶下到底，利用"物理学原理"打上半瓶水，再抱着爬上来……怎么想怎么别扭。

不用往深里想，即便浮皮潦草想，仰韶村初民打水的话，实在犯不上运用"物理学原理"，用俩体积大的陶器，下到河边装满水，挑上来就是了。初民肯定有扁担，只是扁担是木制的，不可能留到今天。

那天，方丰章陪着我们一起参观。在展厅里，我对他说："方局长，仅就渑池县而言，你应该是仰韶文化专家了。我说的这点没错吧？"

"哪里哪里，看你说到哪儿去了。"方丰章乐得合不拢嘴，连连摆手，大声说，"我可不是什么仰韶文化专家。其实，我上大学时学的是数学，走上工作岗位后，出于工作需要，现抓了一把仰韶文化。就我那两下子，充其量只能算个普普通通的仰韶文化爱好者。"

大伙儿乐了，纷纷说："小方，你就不用胡乱客气了，更不用自谦，你当然不是社科院考古所的那种大专家，却是当地的土专家。"

有人问："土专家，你也认为尖底瓶是用来打水的？"

方丰章连着咽了几口唾液，才说："教科书里说尖底瓶是用来打水的，在没有得到新说法之前，我们培训的解说员只能是这个口径。"

我说："我不知道你在河里挑过水没有，反正我从河里挑过水，从河里挑水是什么动作？一副扁担，一前一后地挂着俩水桶，到了河边，扁担不用下肩，腰一弯，前面那个桶从河里舀满水；身子一转，再次弯腰，后面那个桶也从河里舀满水。而后，一挺身子就走了。"

方丰章说："这活儿我干过，是这么回事。"

我说："既然你用扁担挑桶在河里打过水，就设身处地为仰韶初民想想，怎么用尖底瓶打水。用尖底瓶打水无非是：打水者把尖底瓶放到河里，而后在河边站着，等一会儿，看着河水从那个小眼里一点点流进去，而后在重力作用下翻过身来。这种尖底瓶即便翻过身来，也只能装半瓶水，而后，取水者抱着装了半瓶水的尖底瓶回家。"

方丰章说："这样打水，听着的确不大对头。"

同行的于锋嘀咕起来："开什么玩笑，用尖底瓶从河里打水，仰韶村民会做这种事？河水是流动的，如果打水的人在岸边等着河水从那个小瓶口灌进去，还没等到灌进去一半，尖底瓶就早就被冲跑了。"

我对方丰章说："土专家，听到了吧，我们尽管是纯外行，却是从常理上提出问题的。你回去后好好琢磨琢磨，找出点真知灼见，给解说员灌输些言之有据的东西。固然，尖底瓶可以用来打水，但要说远古时仰韶村初民用尖底瓶从饮牛河、干沟河打水，就要闹笑话了。"

方丰章问："你为什么会这么说？"

我说："既然教科书上说尖底瓶是用于打水的，解说员这么解说就不会有大错儿。但是，你如果说尖底瓶就是用来打水的，把这东西当成了一个不成器的汲水器皿，当成个使用极不方便，而且没法拿、没法抱的东西，恐怕就对不住仰韶人的初衷了。"

方丰章问："既然你不认为尖底瓶是汲水器，那它是做什么的？"

我当时没过脑子，却脱口而出："往原始宗教上考虑。"

方丰章问："什么？往原始宗教上考虑？"

我说："你如果不向原始宗教方向上考虑，就没有别的缝隙了。"

关于尖底瓶，当时就这么随便扯了几句，但我没有忘记这东西。

回北京后，我查资料才知道，仰韶文化博物馆那位解说员的说法并非想当然，而是言之有据，根据权威部门的规定说法而来。

教科书中说："如果将其两耳系绳放置水面，由于水的浮力和尖底瓶重心的作用，瓶上半部会自动倾倒，下半部离水面翘起；随着瓶内水的逐渐增多，瓶下半部也逐渐下沉，直至瓶盛满水而直立。这种性能是利用了重心与浮体稳定性关系的原理，具有较高的科学性。"

为了写这本书，我在网上看了些相关文章。王先胜在文章中说，近年来，尖底瓶已被编入中学历史教材，其间却沿袭了考古界、学术界多年来流行的对尖底瓶的错误理解和认识，当然，相关的教材和教学活动也对学生进行了一种错误的引导，此情况亟需引起有关部门和专家的重视，以便作出及时的调整和纠正。

2001年秋，中国基础教育领域前所未有的重大改革举措"国家基础教育课程改革"启动，有3个不同版本的新编初中历史教材正式在全国有关中学开始使用。其中北师大版、华东师大版的初中一年级历史课本（上册）或教师教学用书均涉及仰韶文化尖底瓶有关内容，用半坡类型尖底瓶为背景材料设计思维操作性课文及作业题，要求学生们仔细观察、思考其妙处，并动手设计既省力又方便的取水瓶。

国家基础教育历史课程标准研制组编写的北师大版《义务教育课程标准实验教科书·历史·七年级·上册》，第一单元教学主题是"中华文明的起源"，课文中给出4幅新石器时代陶器图，即陕西黄陵出土人形陶罐、陕西宝鸡北首岭出土半坡类型小口尖底瓶、青海大通出土马家窑文化舞蹈纹彩陶盆、陕西半坡遗址出土人面鱼纹彩陶盆各一，要求学生"通过观察彩陶的造型和图案，想象并描述彩陶的用处，并由此想象和描述先民的生活情景，培养细致的观察力和丰富的想象力"。

关于尖底瓶，教材中的提示语为："观察小口尖底瓶。想一想：这只汲水用的瓶子为什么被做成这种样子？如果你用这个瓶子去河里汲水，会出现什么现象？为什么？"关于尖底瓶，老师着力引导学生注意和理解其特别的汲水功能、在汲水时会出现的"奇妙的现象"。也就是尖底瓶入水时会自动倾倒汲水，水满则陶瓶自动扶正，通过穿系陶瓶双耳的绳子提起陶瓶，完成取水任务。

人民教育出版社网站上有半坡类型尖底瓶实物图，注明用途为汲水工具，文字介绍为："在其腹部两侧的环耳处系绳，汲水时手提绳子将瓶置于水中，因瓶腹是空的，重心在瓶的中上部，瓶就倒置于水中，注满水后，重心移到瓶的中下部，瓶口就朝上直立起来。"

中国科学院有关部门主办的中国科普博览网站上对尖底瓶的介绍是："关于物体的重心及其应用，中国约在 6000 年前新石器时代就已经有所认识。西安半坡遗址出土的盛水陶罐，其结构为红陶质地，器形为小直口、细颈、长圆腹，尖底，肩部或腹部有对称的双系，用以穿绳。器表多有绳纹。烧结程度较好，质地坚实。汲水时由于重力作用，瓶口会自然向下，待水将满时，瓶身自动倒转，口部向上。这是仰韶文化半坡类型最具代表性的器物之一。"

青少年计算机信息服务网对尖底瓶的介绍是："它是巧妙运用重心原理的一种汲水器。具体方法是在双耳上系上绳子，由于水的浮力，瓶子一接触水面就自动倾倒，灌满水后又因为重心移动而自然竖立。用它盛水还有两大特点，一是便于手提与肩背，二是口小，灌满水后从河边到居住区的路上水不容易漫出。"

《中国文物报》1999 年专版介绍过尖底瓶："汲水工具，瓶耳系绳，空瓶入水时重心变化，瓶口自然地倒向一侧，水流入瓶中达到一定水量，它就自动立起。取水者放松绳索，尖底瓶没于水中，提出后可得一满瓶水。尖底瓶综合利用重力与重心，体现了平衡原理。"

在西安，我参观过半坡遗址博物馆，博物馆的院子里有个不大不小的水池子，池中的小山上塑有汲水少女形象：腕戴陶环，身着麻布裙衫，手中提着一只半坡类型尖底瓶，作欲汲水状。

王仁湘对仰韶文化有较深研究，他将尖底瓶视为能表现出"特别的力学特征"之汲水器。说："尖底瓶的意义主要可能还不在于它是一种欹器，不在于它在汲水时表现出的特别的力学特征，而主要在于它的小口，可以保存盛水不致蒸发或荡溢，这是干旱少水地区的特有水器，它分布的范围最能说明问题。尖底瓶的起源并不清楚，虽然在零口文化中见到小口瓶，它能否演变为后来的尖底瓶，现在也还没有定论。"

看来对尖底瓶的认识已成定论。考古界、科技界、教育界，无论是专门的研究性著述或普及读物，介绍仰韶文化尖底瓶为汲水器乃至具有特别的"力学特征""重心原理"，能汲满水不会溢出。

但是实验表明，尖底瓶很难成为汲水器。1988年半坡博物馆的研究人员对馆藏的一批半坡类型尖底瓶（其中包括半坡遗址、姜寨遗址等出土的尖底瓶）进行实验，结果发现"半坡类型绝大部分尖底瓶因盛水后重心高于瓶耳而倾覆，因此不能用来自动汲水"。

1989年，半坡博物馆研究人员与北京大学力学系合作，用数值模拟方法对半坡博物馆7个样品尖底瓶仿真实验，同时还对一个石膏模型瓶做了数值模拟和实测，验证这种方法和程序的可靠性。试验人员把尖底瓶放到水上后，因上部粗重，开始时，能够自动灌水，灌到一半时，重心下移，口部又自动地翘出水面，因而无法自动把水灌满。而且双系绳提抬满瓶水时，同样会因为重心在上部而倾倒。石膏模型瓶实验及数值模拟仿真实验结果一致，即："模型瓶空提起状态为底朝上倾斜，注水适中时，瓶底朝下，注水较多时，瓶底又朝上，水倒出。"

对7个尖底瓶和一个模型瓶的研究结果表明:5个瓶具有"虚则倒斜、中则正、满而覆"性能，两个瓶有"虚则正斜、中则正、满而覆"性能，只有一个瓶具有"满而不覆"的性能。但能做到"满而不覆"的尖底瓶制作时讨了个巧，此瓶双耳位置明显比其他瓶的双耳高。

试验人员的结论是:7个陶瓶是有代表性的，基本反映了半坡类型尖底瓶的特性。数值模拟表明，多数瓶入水后会自动倾倒至水平状态而进水，但由于满而覆的性质，不能达到自动汲水的功能。半坡类型尖底瓶大部分盛半瓶水，提携穿系双耳的绳索才不致倾倒出瓶中的液体。这个事实表明，尖底瓶不可能是一种生活中实用的汲水器、盛水器。

半坡博物馆和北大的实验否定了尖底瓶为汲水器这种流行说法，却并未说明尖底瓶到底是什么器物,仰韶先民制作尖底瓶到底有啥用。那么，尖底瓶到底因何而产生，有什么用处，如何给它定性呢?

王先胜等认为尖底瓶是礼器，理由是：一是大部分尖底瓶都只能盛装半瓶或少量液体才能正常提携，证明尖底瓶的设计和制作不是从生产或生活实用的角度考虑的，盛的水或酒具有象征性、礼节性。二是尖底瓶盛装液体后不能随便置于平地，不是从生产、生活角度考虑的，使用者必须始终用手掌握，这种强制性设计暗含着尖底瓶使用状态中的严肃性，可能与宗教、礼仪相关。三是半坡类型尖底瓶是壶罐口，庙底沟类型的尖底瓶是双唇口，壶罐口是"瓶上加瓶"，即口部做成很小的壶、罐或瓶、杯形状；双唇口是"口中套口"，即将口唇部做成一小一大内外相套的样式，这些也都不是从生产或生活实用角度考虑的，恰恰与繁文缛节的礼仪需要相吻合。四是庙底沟类型及马家窑文化有较大比例的尖底瓶无耳，不仅与系绳汲水无缘，而且盛装液体后须抱在手中，这种强制性的要求也证明尖底瓶不是一般的水器，而应与礼仪相关。

关于尖底瓶用途，还有祭器、酒器、魂瓶、葬具诸种说法。苏秉琦认为"小口尖底瓶未必都是汲水器。甲骨文中的酉字有的就是尖底瓶象形。由它组成的会意字如尊、奠，其中所装的不应是日常饮用的水，甚至不是日常饮用的酒，而应是礼仪、祭祀用酒。"

据王仁湘的说法，尖底瓶分布范围大体为干旱少水地区，使用很可能主要与祭天、祈雨活动有关。尖底瓶的形制和功能强制性要求使用者只能少量盛水，与原始巫术活动、思维方式吻合。弗雷泽所谓"交感巫术"，通过神秘交感作用，以少量人间之水招引天上大量降雨，这可能是仰韶先民在缺水、干旱时节所施行的巫术活动。

仰韶墓葬中发现不少尖底瓶。墓葬中的尖底瓶代表了什么？朱兴国持魂瓶说，"尖底瓶多出土于墓葬而在居住遗址中极少出现，这点值得关注。尖底瓶取象于果核，酉字取象尖底瓶，尖底瓶和酉字的含义是由果核这种物象的象征含义所决定的。由酉字和奠字的字义可知，古人把取象于果核的尖底瓶应用于墓葬，是希望尖底瓶能够像果核那样，凝聚起旧一轮生命的魂，孕育出新一轮生命，使生命轮回不息。"

后来尖底瓶成为欹器，利用重心调节平衡，空时倾斜，盛水过半时直立，盛满就倒。《荀子》中有《宥坐》，记载孔子初观欹器情景。谓"虚则欹，中则正，满则覆"。尖底瓶空着时重心在横轴上一点，向一方倾倒；适度注水，重心移到器底，它由歪变正。继续注水，重心上移，就会翻倒。人们从这一现象中得到启发，将其置于案头，赋予其新的职能，称"宥坐之器"，取名欹器，以起劝诫作用。

上述诸说似乎都有道理，却都没有关照到新石器时代晚期情况。礼器或祭器之说看着有道理，但得在文字产生后才能做出如此文字推论；

魂瓶说拐了个弯，而仰韶人考虑问题直来直去，不会绕这样一个弯；葬具说天生不足，尽管墓葬里大量出现尖底瓶，却没有回答尖底瓶为什么要放在墓里；酒器说没意思，尖底瓶形状本来就既可盛水也可盛酒；欹器说是春秋后的事，在仰韶初民那里，不需要这类"座右铭"。

上世纪 90 年代初，我带国家民委民族博物馆筹备组的摄制组在贵州铜仁地区拍摄一部大型纪录片，目的是抢救仅存的原始宗教遗迹。那次赶着鸭子上架，居然由我这外行担任这部大型纪录片的编导。其实，我从来就没有学过一天的导演，完全不知道这个行当有何等门道，却认准了一条：西方国家的大型纪录片是用画面代替文字的影视论文，用画面展现本应用文字抒发的内容，于是就硬着头皮上阵了。

拍摄傩表演的摄影师，名为曹中南，是民族博物馆筹备组从中央气象局影像中心临时聘请的，老曹不仅眼光好，而且画面感觉好，手法娴熟。拍摄傩术，随意移动机位有作假之嫌，不能让观众信服。在有些场合，我请老曹务必保持机位不动，一跟到底。

这部片子拍摄完成后，总共编辑出 10 集，我随口定下的片名为《巫傩》，没有在电视台播出，面向社会发行。

拍摄这部大型纪录片时，我亲眼看到傩术的神奇，能完成匪夷所思的行为，或者说是今人完全不可能想象的起死回生之术。

一次表演中，一位傩师傅把一只刚从村子里买来的大公鸡按在一根木柱子上，接着掏出一根大号钉子（事后摄制组量了钉子，20 厘米长，直径在 0.5 厘米以上），抡起一把大锤子，哐哐哐几下，把钉子通过鸡头钉在柱子上。不消说，大公鸡当时就死了，挂在柱子上。随即，傩师傅递给我一把大钳子，让我把大钉子从鸡头那儿拔下来。我心里犯嘀咕，不想动手，而傩师傅为了表明演出的真实性，一定要让本片编导亲自动手，我没法了，只能照着做，而后把死公鸡扔在地上。随即，两位傩师傅蹲下，围着死去的公鸡嘟嘟囔囔念咒语，配合做出各种复杂手势。很多原始宗教相信，通过特定手势可与神灵沟通（巫舞中的群体肢体语言，很可能就是这种神灵观念的延伸）。不大会儿，奇迹发生了，那只刚被杀死的大公鸡居然猛然间睁开眼，迅速地眨巴眨巴，接着，就腾地一下站了起来。刹那间，摄制组的人全傻了，瞠目结舌的。傩师傅随即撒出一把米，那只大公鸡紧着啄米，吃得还挺欢实。摄制组的一个小伙子一把抓住那只大公鸡，我们凑过去仔细检查，在鸡头上居然找不到钉子眼儿了。这一法术是我们亲眼所见，属于用科学原理根本就无法解释的巫术，是"前科学"成果，因与本书无关，就不说了。

有必要说说我在拍摄活动中听到的几句有些点拨作用的话。一次拍摄傩戏，正式表演前有个小过场节目，一个男的一边哼哼呀呀唱着，一边拿着根棍子，追赶一个"女人"（女人不允许参加傩戏演出，傩戏中的女性角色为男扮女装），"女人"拿着个箩筐，被撵得满场乱跑。那时，铜仁地区的文化局局长老潘站在我身边，我看不懂，问老潘：这是什么意思？老潘说，粗木棍代表了男性生殖器，箩筐代表着女性生殖器，最后是粗木棍插进箩筐。我有些惊愕，说这种东西能在大庭广众之下表演？老潘反问一句，人类就是这么传宗接代的，怎么不能表演？话说到这儿，我不再说话了。老潘接着说，你们来自北京，尽可以说这是淫秽，而我们当地人却不这么看，群众自娱自乐，不会有不良教化作用。我就敢说，这里的人纯净，性犯罪比你们大城市里少得多。

我之所以插上亲眼所见的这段傩文化，目的在于说明，生殖崇拜在中国上古非常盛行，而且至今不绝，在少数民族地区仍然留有遗风。之所以会如此，是因为对于性这种事儿，初民比现代人想得开。究其原因，其实很简单，通过性生活可以怀孩子，孩子出生并长大后，男孩儿可以参加狩猎活动，女孩儿可以下地种庄稼，男孩儿和女孩儿不仅为仰韶村创造财富，而且可以再生孩儿。在仰韶人那里，不仅把性生活视为人口繁衍的唯一途径，同时视为发展生产力的一种基本手段。正是在这种心态的驱使下，他们对于性事丝毫不感到羞涩。

1973年，考古人员在青海大通挖出些碎陶片。经过拼接，复原出一件彩陶盆。盆中绘有一个一个人环绕一圈，手拉手，像在跳舞，剪纸匠人说，规整对称的图案和今天所见的剪纸中连手小人大有异曲同工之妙。据碳-14考古测定，这件彩陶作品距今有5000年。彩陶纹饰，或写实或抽象，这件是信手涂鸦还是文明萌芽呢？如果说彩陶上围成一圈类似剪纸小人的连续图案表现人们手拉着手舞蹈场面，为什么所绘之物又如此抽象，似人非人，倒像是蛙类等动物？

其实，这件彩陶上所绘的并不是什么仰韶人在跳集体舞，而是绘的一个集体活动场面，而这个集体活动是在祭神。引人注目的是，所绘小人的下身多出了一笔，而且挺明显。显然，绘图者着意突出男性生殖器。上古的祭祀仪式通常为表达某种祈愿，祈求神灵保佑氏族的繁衍生息。而生殖，无论是从原始社会的生产力发展需要，还是从人类早期的基本生理需求上来说，都是必不可少的祭祀主题。

英国人类学家弗雷泽在《金枝》一书中提出原始民族思维和行为法则的"交感巫术"。他用大量案例证明，原始部落往往拥有共同信念，尽管仪式名称和样式有所差异，却使用完全相同的"语法"。生殖崇拜不独中国有，而且在史前社会普遍发生，世界其他地方也有。

在某种意义上，人类思想是沿着为男人支配权铺路的道路发展的。随着人类开始了解事物的因果关系，男人在生育上的作用日益重要。男人决定生育，是人类的一重要革命。男人牵制女人，有什么比阴茎更有效达成目的？男人聪明地将阴茎转化成金石般坚固的物质，生命的泉源是阳具，而不是子宫。阳具以一种新的信仰形式诞生了，自新石器时代，约在1万年前，阳具便以醒目尺寸出现。在伊希斯女神的神话里，女神下令在她位于底比斯，埃及古都的神殿前竖立奥塞利斯的木制阳具。崇拜阳具最热情的国家是印度。按照其神话诠释者所坚持的，在那里发现了世界上最大的阳具，湿婆神的神圣之鞭。

仰韶彩陶的纹饰中，有一种被称为"阴纹"。乍看，似树叶，如果从阴影对比关系考察，会发现描绘的其实是女性的阴部，因此被称为"阴纹"。"阴纹"有的非常写实，有的则非常抽象，远古先民以这样直白的纹饰来表达心中的信仰，着实令今人感到不可思议。这种纹饰在甘肃出土的双耳彩陶杯和高低耳彩陶杯上都有出现。可见仰韶初民对于性事毫无羞涩感，把性事工具堂而皇之地陈列出来。

"在仰韶文明中，当陶祖成为人们崇拜的图腾，当墓葬等级分化明显，父系社会的文明显而易见地来到了中原地区。"许顺湛如是说。这种说法来自上世纪50年代，那时仰韶文化出土物不多，研究过程比较简单。至今看来，那时就能得出这样的结论，实属不易。

我总感到，初民考虑问题没那么多弯弯绕，往往就是一根筋，制作个与男性生殖器形状差不多的陶器，细长，顶上有个出水的小口，有了这个东西并祭拜这个东西，有利于繁衍后代。这就是尖底瓶的由来。

事到如今，不难想象出仰韶人的基本推论，男人生殖器是催发新生命的唯一来源。所以仰韶人通过烧窑，制造出形似男性生殖器的尖底瓶，不仅平时对着它祈祷多子多福，而且死后放入墓葬。为什么仰韶初民的墓葬里会大量出现尖底瓶？是因为有生育或再生涵义，用能够催发生命的对象的仿真物，祈愿死者的再生。

23. 三皇是祖宗崇拜的偶像

世界三大人文宗教是基督教、佛教和伊斯兰教。三大宗教宣扬的教义，用来规范人的思想和行为，或者说，宗教教义传播的内容是人类最早的思想工作。三大宗教的前身肯定是原始宗教，在萌芽阶段，都参杂有巫术之类。时至如今，基督教、佛教和伊斯兰教中，原始宗教的内容被剔除了，显得比较纯净，几乎没有杂质。

道教是中国的土特产，与基督教、佛教和伊斯兰教这三大人文宗教相比，中土道教非常实惠，但在包装上有重大欠缺。道教从中土原始巫术演化而来，不管道家经书如何包装它，它也显得神神叨叨的。

上世纪 90 年代初，我带着中国民族博物馆筹备组的工作人员在贵州铜仁的大山里拍电视片，那些表演原始巫术的傩师傅都说自己信奉道教，是道教徒。通过交谈，我了解到，在那些自称道教徒的傩师傅的心目中，巫术与道教之间并没有什么界限，其实就是一码事。

道教作为纯国产的宗教，精神层面内容不多，直接服务于现实社会。用宗教语言说，叫"入世"，明着告诉道徒，道教绝不超然物外，是为小众服务的，所谓的小众，就是那些怀抱神仙理想的人。

在道观里，开宗明义，鼓励道徒修炼，鼓动口号是羽化登仙什么的，鼓励人们为了长生不老，或者日后当神仙，过神仙日子而去修炼。用不着推敲也可以看出，道教不可能有高精神境界，过于追求实际效果，而常人很难达到所说的那种效果，断难大面积普及。但是，道教提倡的修炼方法在今天仍然有很大市场。不用说，这就是气功。

道教的基本理论支柱是老子在函谷关写的《道德经》。函谷关位于灵宝市北，因关口在峡谷中，深险如函而得名。它东至崤山，西至潼津，通名函谷，紧邻黄河，在历史上，函谷关不仅是个军事重地，而且是中原腹地与西北地区文化、经济交流的重要地点。

这天，老子骑着青牛来了，函谷关的关令叫尹喜，把老子留下，好生招待，老子在这儿写了《道德经》。函谷关至今保留着一间屋子，被认为是老子写《道德经》之处。经过两千多年风雨，很难说《道德经》是在这间屋子里写的，但可以肯定，《道德经》是在这个兵营里写的。

函谷关所在的灵宝县，是中国第二大黄金基地，我在灵宝市参观了提纯黄金的企业。工作人员递给我一块纯金，是好几个"9"的，我抱了起来，重得不行。临走前，我和厂里负责人聊了几句，结论是灵宝县一带的黄金储量开得差不多了，无论如何，也该给子孙后代留点了。

函谷关立着一尊几十米高的金身老子像，据说贴金用了三四十斤金子。参观时，我对工作人员说："何必费这道功夫，用石头本色，也就是青色，该多好。"当然，我是白说，因为金身像早就完工了。

老子，姓李名耳，字伯阳，春秋思想家，《史记》记载老子是楚国苦县厉乡曲仁里（河南鹿邑）人，曾任守藏史，著《道德经》，是道家经典著作，他的学说后来被庄周发展。道家后人将老子视为宗师，与儒家孔子相比拟。史载，孔子曾经向老子请教关于礼的问题。

《道德经》中，力图用道说明宇宙万物演变，提出"道生一，一生二，二生三，三生万物"，认为道是"夫莫之命而长自然"的，以及"人法地，地法天，天法道，道法自然"。道可以解释为客观规律，同时又有"独立不改，周行而不殆"的永恒绝对的本体意义。"反者道之动"，一切事物都有正反两面的对立，意识到对立面的转化。耐人寻味的是，后来唯物、唯心两派都吸收了这一学说，影响渗透到中国社会意识形态的各方面。战国初，庄子继承和发展了老子思想，老子思想被后来学者不断丰富完善，汉初形成道家学派。东汉后随着道教形成，老子被奉为道教教祖，《道德经》被奉为道教的主要经典之一。

部分道教徒只是拿《道德经》说事儿，在道教沿革历史中，普通道教徒未必会认真看老子的这部伟大著作。在函谷关老子塑像前转悠时，我就是这么想的。老子撰写的《道德经》反映的是一种世界观，而不是指导道教徒行为的准则。如果为道教溯本求源的话，能够清楚看到的源头，其实是中国原始多神教。可以说，原始多神教为日后产生的道教定下基调，那就是着重解决人的生命成长过程中的现实问题。

原始多神教打哪儿来？只能追溯到初民对"天"的敬畏。仰韶时代，初民如果遭遇地震，致使穴屋倒塌，不知怎么回事，会认为哪点做得不妥而惹怒了"天"，便会自我反省。再有，如果下大雨，苗泡在水里，首领便想法请求"天"的宽恕。怎样请求"天"开恩？能做的无非聚集到村旁空地上，敲打梆子跳舞。巫舞进行时，传来阵阵猪叫声。活猪装进竹筐，年轻人抬着，巫跟在后面祈祷。人们将猪投进河中。首领站在河边高台上，梆子声停了，喊声停了，至此完成了对'天'的许愿。

仰韶时代，主持这套手续的人被称为巫。或许，巫师不仅仅是酋长的配角。直至当今世界，在有的国家，宗教势力甚至能够左右国家发展方向，从而不难想象，在仰韶时代巫处于什么样的地位。

巫师是干什么的？是沟通"天"与人间联系的联络员，也是祖先与人间沟通的联络员。如果拿二者相比，后面这种联络似乎更有可操作性，因为"天"太虚幻，以仰韶人的思维层次还不能对"天"作出更多猜测，只能把一大堆自己弄不明白的事情，统统归结到祖先那里。在这种情况下，祖先是仰韶人寄托苦闷、倾诉愿望的大箱子。

人文宗教与原始宗教的主要区别之一是，人文宗教只崇拜唯一的大神。拿世界三大人文宗教来说，基督教崇拜上帝，佛教崇拜佛祖，伊斯兰教崇拜安拉。而原始多神教崇拜的神就多了，崇拜体系相当庞杂。遇到山，有山神；遇到河，有河神；城里或者村镇里有个城隍，也就是土地爷；回到家里，还得供奉厨房里的灶王爷。

仰韶人肯定信奉蒙昧的原始宗教。仰韶人供奉什么？尊崇什么？仰韶人不知道鬼神，或者说，还来不及走上这条道。不信鬼神信什么？他们有事求助祖先帮忙，崇拜对象直截了当，就是祖先。

祖先崇拜的关键环节相当清晰，那就是：部落中的所有人都是祖先的后代，或者说没有祖先，他们就不能降临人世。如果拿"天"与祖先相比，后者实在多了，起码曾真实存在过，距离要近得多。

仰韶村落形成后，巫的祭祀活动随之开始，一个村落就是一个巫中心。每次祭祀活动，巫将祖先的名字颂扬一遍。因年代久远，一千年，二千年，三千年。因为多次分支，三次，五次，十次，二十次。巫的颂词太长了，无奈之下，不得不删除一些名字。有的学者甚至认为，仰韶时代的巫，相当于荷马史诗中的那位荷马先生。

祖先崇拜容易变形，没有文字时，巫几代延续下来，就是记性最好，而且掌握一定专用符号系统的也会说乱，于是就往前找那些基本的、不可能说乱套的祖先。就这样找来找去，找到并建立了祖宗系统。

这个祖宗系统不仅万无一失，而且肯定不会出差错，因为是历数仰韶人走过的道路，而在想象中选定的祖先。那就是：是谁发明了随时点火的方式，并且把这种方式教给了后人，使得后世子孙能够吃到煮熟的食品；是谁把种地方式教给了后人，使得后人掌握了基本农业工具，打下了能够填补肚子的农作物；是谁最早找到草药，能够用各种草药治病疗伤；当老天爷暴怒，使得整个生存环境发生了重大危机时，是谁修补了苍天，留给后人一个相对安宁的环境；还有，是谁留下了画符，使得后人提前预知将要发生的事情。

可以肯定地说，仰韶人围绕这个基本思路建立祖先崇拜系统。这个系统最初的名字叫什么，当代人不可能寻觅到。不仅当代人不知道，就是古人也无从查考。因此文字产生后，只能用一个威严字眼儿来为先人的祖先崇拜体系命名，而这个字眼儿就是个皇字。

在甲骨文中没有发现皇字。周朝的毛公鼎和颂鼎上出现了皇字，但是写法与现在写法不一样。它的上部像甲骨文的日字，日字的上面有三竖，下部是一个土字。从字形看，像太阳照耀大地。周鼎文中的皇字，下面是土字，而不是王字。用皇字表示君主是战国末期的事。后来秦始皇统一六合，中国第一次完成了统一，实行车同轨，书同文，就把皇字下面的土字变成了王字。这方面的证据在浙江会稽山秦朝的石刻，那里的皇字，就是上面是个白字，下面是个王字。

战国时，思想家围绕尧、舜等人物之外，造出三皇。究竟是哪三皇，后世各有说辞，主要蔓延出6种：

《史记》中的记载是：天皇、地皇、泰皇。

三国时的《三五历记》中的记载是：天皇、地皇、人皇。

曹魏宋均的《春秋纬运斗枢》中记载是：伏羲、神农、女娲。

东汉《白虎通》中记载是：伏羲、神农、祝融。

蜀汉谯周认为是：燧人、伏羲、神农。

西汉孔安国认为是：伏羲、神农、黄帝。

以上6种说法，泾渭分明，前面两种说法中都不是具体人，没有名字，只用个皇字一以贯之。到三国时，伏羲、神农、女娲这三位似神似人者代替了皇字系列。

天地没有开辟前，宇宙像是个大鸡蛋，一团混沌。有个叫做盘古的巨人在"大鸡蛋"中酣睡约1.8万年后醒来，凭着神力把天地开辟出来。他的左眼变成太阳，右眼变成了月亮；头发和胡须变成夜空的星星；身体变成东、西、南、北四极和三山五岳；血液变成江河；牙齿、骨骼和骨髓变成矿藏；皮肤和汗毛成了草木；汗水变成雨露；精灵魂魄变成人类。梁任昉撰《述异记》称，盘古的身体化为天地各物。

中国历史文献丰富，而神话资料贫乏，创世神话尤甚。古代中国的创世神话中，较完整的只能举出盘古开天故事。盘古创世故事始见三国时整理的《三五历纪》，国内外不少学者认为来自印度，非中国固有。中国学者中较早提出此说并做了论证的当推吕思勉，他于1939年写《盘古考》。姑勿论盘古是华人还是洋人，晚出却是不争的事实。在传世先秦两汉典籍中的确找不出像盘古开天那样完整的创世神话，而只能举出羲和生日月、女娲造人补天等三言两语的记载。它们充其量只能说是创世神话的残余片断，完整文本仍告阙如。

女娲又称女娲氏，人首蛇身，伏羲的妹妹或妻子，主要功绩为抟土造人及炼石补天。有个叫华胥氏的姑娘到雷泽玩，看到个巨大脚印，便好奇地踩了一下，于是有了身孕，怀孕12年后生下个蛇身人头的儿子，取名伏羲。伏羲有个蛇身人首的妹妹，叫女娲，他们一起创造人类。该传说最早见于今盘古山（河南省驻马店市泌阳县）一带。

上古的人们居无定所，如果不想露天睡觉的话，只能钻山洞，自然饱受禽兽蛇虺荼毒。有位圣人发现在树上建筑房屋，既可挡风遮雨，又能躲避禽兽，尔后被称有巢氏。有巢氏不是高高在上的神，而是平民英雄，代表着人类从原始山洞居住到建造房屋阶段。有巢氏率领子民在哪里筑巢为室？在史籍缝隙中，后人只能捕捉一点关于他的流光碎影。

关于燧人氏，我看了看网页，网页上的规范说明是：燧人氏（生卒年不详），风姓，又称燧人、尊称燧皇，位列三皇之首。燧，明国（今河南商丘）人，生于商丘，为华胥氏之夫、伏羲与女娲的父亲。1万年以前的旧石器时代，燧人氏在今河南商丘一带钻木取火，成为华夏人工取火的发明者，教人熟食，结束了远古人类茹毛饮血的历史，开创了华夏文明，被奉为"火祖"。《尚书·大传》云："燧人为燧皇，伏羲为羲皇，神农为农皇也。燧人以火纪，火，太阳也，日也。阳尊，故托燧皇于天。"网页上还说，燧人氏死后葬于商丘古城西南3里处的燧皇陵。

附带说一说，商丘那儿有个火神台，虽然是火字打头的，却与燧人氏无关。传说五帝之一的唐尧封他哥哥阏伯管理火种，同时观察火星运行。太岁星如在卯时出现，叫"单阏"，在甲午出现叫"阏逢"。卯时是早晨，甲年是年干之首。久而久之，观察火星与太岁之间的关系、位置的火正契被称为阏伯。契死后，人们在他观察火星的高地上葬之，后人称之为阏伯台或火神台。此台经史学家论证，是中国最早的天文台。

燧人氏被认为是钻木取火的发明者，所以列位三皇。其实，这种说法并不令人服膺。从常理判断，钻木取火不应有具体发明者。就像你每天吃早饭，一碗稀粥加两根油条，外带咸菜和煮鸡蛋。很难说熬稀粥是谁发明的，炸油条是谁发明的，腌咸菜是谁发明的，煮鸡蛋又是谁发明的。这些事都是在生活中演化的，不可能产生某个发明人。

美国拍摄的野外生存电视片中，有一个瘦瘦巴巴的男子出场了，穿了一身极为普通的衣服，什么打火工具也没有带，在野地里随手抓挠一小堆干草，找了两块石头，敲打敲打，用身体挡住风，不大会儿，居然引燃了干草，而后赶紧往小火堆添加几根干枯的树枝。不大会儿，篝火燃烧起来。这个美国人显然是训练有素的野外生存行家，经过特种兵训练。他轻而易举做到的事，别人未必做得到。

那么，这位美国特种兵如果到了仰韶时代，会不会成为燧人氏呢？我看未必。在母系氏族社会，不说女人生孩子那些事，从分工来看，女人主要干地里的庄稼活儿，包括在家里饲养牲口、家禽。男人的活计是狩猎。由于只身对付不了猛兽，狩猎行动往往是集体行为，一大伙人成群结队地上山。在仰韶时代，除了有家室的男人之外，奔走于四野，游游荡荡的男人应该很多，他们中的大部分人有野外生存经验。

仰韶人打到了野兽，固然大部分要运回村里，而有的猎获物就在山岭里烧烤着吃了。从而，可以肯定地说，远古猎户大都有在野外引燃篝火的本事。尽管现在都说"钻木取火"，而科学实验表明，仅仅依靠"钻木"，很难让木头燃烧起来，看样子还得有相应工具。

当下所说的火镰，由三个部分组成，火石、火绒和钢条。火石来自河滩，也有从山里直接开采的，成份和现代打火石一样。火绒是艾蒿的嫩叶（一种菊科多年生灌木状草本植物，在春夏之末将其叶片采摘凉干或阴干后用手揉成絮状待用）。因艾叶能抗菌、防霉、防虫、镇咳祛痰，民间自古就有"端午采艾，悬户驱邪"的习俗。祖先把它作为易燃火绒是自然选择。比较麻烦的是钢条打造成的弯镰形状。它是火镰的主件。

古代有茹毛饮血的说法，那么，仰韶人算不算茹毛饮血的野蛮人呢？他们尽管生活在六七千年前，但是，生活在村落中，而且会烧制彩陶。彩陶应该是那个时代的高科技产品，能够制造彩陶，代表了仰韶人的修养，包括鉴赏力等。从彩陶纹饰看，仰韶人不是野蛮人。就像你遇到一个会计算机编程的小伙子，你不会判断他小学还没有毕业。

如果当真有个燧人氏，那么是什么时候的人呢？《韩非子·五蠹》载："上古之世，人民少而禽兽众，人民不胜禽兽虫蛇。有圣人作，构木为巢以避，而民说（悦）之，使王天下，号曰有巢氏。民食果蓏、蚌蛤，腥臊恶臭，而伤害腹胃，民多疾病。有圣人作，钻燧取火，以化腥臊，而民说之，使王天下，号之曰燧人氏。"学者们认为，韩非子所说的那个"上古之世"，距今不过六七千年，并不十分遥远。

在已发现的上古遗址中，资格最老的是裴李岗和大地湾两处。有的专家说得挺邪乎，认为大地湾遗址的标志是5000年前的宫殿，6000年前的彩雕，7000年前的防火理念，8000年前的原始部落。有一段木骨墙壁用胶泥涂上，就是用来防火的。大地湾遗址中420平方米的宫室地面，发掘出时光洁如新，硬度可与水泥地面相比；宫殿大厅还有直径两米的半地穴灶，是用来烤火和烧烤食物的。

浙江浦江上山遗址出土的标本发现1万年前的稻壳。经浙江文物考古研究所测定，有野生稻，也有栽培稻，表明长江下游地区是世界稻作农业的最早起源地之一，同时表明上山人已将稻米当重要食物了。

即便在远古，初民们也不能嘎嘣嘎嘣地咀嚼生米粒，必须煮熟了才能吃。1万年前稻米的发现，证明燧人氏这种角色不可能在六七千年前产生。早在燧人氏之前，初民就已广泛地使用火了。可以说，在仰韶初民那里，燧人氏仅是个表示敬意的符号，初民向这个符号跪拜叩首，表明的是对"天"的诚意，或者说感谢老天爷把火赐予人间。

上古时，五谷和杂草长在一起，药物和百花开在一起，哪些粮食可以吃，哪些草药可以治病，谁也分不清。黎民百姓靠打猎过日子，天上的飞禽越打越少，地下的走兽越打越稀，只好饿肚子。所谓"五氏"是有巢氏、燧人氏、伏羲氏、女娲氏、神农氏。五氏的氏字，原意也是神。神农氏是五氏的最后一位，肚皮透明，可以看见各种植物在肚子里的反应，因此亲尝百草，发现药材，辨别药物作用，教会人们医治疾病；发明了木耒、木耜，教人种植五谷、豢养家畜。

《帝王世纪》云："神农氏在位百二十年，凡八世：帝承、帝临、帝明、帝直、帝来、帝哀、帝榆罔。"实际上，神农氏应该是新石器时期一个延长时间很长的部落氏族。《竹书纪年》载："炎帝神农氏，其初国伊，继国者，合称，又曰伊耆氏。"伊川古有伊侯国之称，安阳殷墟甲骨文卜辞中有"中牧于伊侯"的记载。所谓伊侯国，早就被埋没在历史的尘埃之中了，但也给后人留下点蛛丝马迹，即神农氏诞生在伊。就是这点蛛丝马迹，流露出一点微弱信息，即神农氏就像实有其人。

不用说，神农氏的功绩被严重夸大了。当今，有一位大名鼎鼎的袁隆平教授，是毛泽东时代培养的水稻育种专家，为中国人的吃饭问题做出一定贡献。他经常下田间地头，衣着朴实，保持着那个时代的清风，赢得大家的尊重。尽管近来袁教授在推广转基因问题上出了些麻烦，但他的经历告诉人们，老百姓天生感激能解决吃饭问题的能人。

在上古，无论是叫神农还是尊称神农氏，肯定不存在这样的一个具体的人。神农氏这一称号，只是从采集活动到农业社会过渡的标志性符号。初民向这个符号跪拜叩首，表明的是对"天"的诚意，或者说，是"天"把治病草药和填肚子的粮食赐予人间。

东汉时期，《白虎通》中出现了一个生疏的名字，那就是祝融。有关三皇的说法中，祝融仅出现过一次，排位在伏羲和神农之后。三皇中的这一位是打哪儿来的？在史书中，有关祝融的记载相当混乱，反正与火有一定关系，比较典型的说法是，他本是黄帝后世帝喾手下的一名火官，有些作为就是了，并没有特殊的过人之处。

1988年，湖北荆门包山二号楚墓出土竹简有记载：楚人祖先是老童、祝融。《礼记》和《吕氏春秋》均载：炎帝是南方和夏季的帝，祝融是南方和夏季的神。炎帝令祝融派遣神降入人间，奠日、月、星。看样子，祝融似乎不应加入三皇行列，不具备资格。三皇系列中需要一名与火打交道的代表，因为远古生活与火切切相关，火官无论如何也要体面些，结果到稍后的谯周那里，祝融被燧人氏取代。

谯周是巴西郡人，诸葛亮治蜀时捞了一官半职，领益州牧，后任光禄大夫。炎兴元年魏军攻蜀，兵临城下，谯周劝蜀主刘禅降魏，以免成都百姓受戮，于是刘禅出降，为结束三国分争走出重要一步。谯周因此受魏封为阳城亭侯，著有《五经论》等著作。《三国志》的作者陈寿就是谯周的学生。关于三皇，谯周的说法是燧人、伏羲、神农，是三个具体人，而不是《史记》所说的天皇、地皇、泰皇，既没有《白虎通》中所说的祝融，也没有《春秋纬运斗枢》中列举的女娲。

在三皇中，有女性一席之地。这一席之地留给了女娲。女娲给后人留下最深印象的是天漏了，她去补天。所谓天漏了，不都是胡扯，根据现代人的解释，其实说的是大洪水造成的地貌变迁。

距今500多万年前，黄河从兰州向东，经渭源鸟鼠山，呈一字状，沿渭河流域东流。渭河是黄河古河道，降雨溢注河流。渭河地堑雏形，发源地隶属中祁连地质褶皱带，为黄土高原低山丘陵地貌；南部边缘属北秦岭加里东褶皱带西延段，为中低山积石山地貌。1万多年前，地壳继续上升，河谷再度下切，河流多形成峡谷，两岸出现冲洪积扇阶地，渭河形成时段性河流，干旱少雨，流量减少，连续降雨、大暴雨河流上涨，形成渭河与黄河、长江不同的故有特点。黄河、长江源有很多天然内流湖泊和4000米以上高原冰川，地下潜水和冰融供济，源头就有充足的流量。而渭河却相反，主要靠多支流汇集，支流地下水少，靠天上降水补济。气候演变，导致河水变迁。渭河流水变迁演变，主要是全新世以来，季风气候快速转型，土地资源与土壤退化的标志。在这个时间段内，蓝

251

田地区在大湖边上，半坡人的祖先则栖息在丹江源头的丹山。大湖逐渐淤积成了今天的八百里秦川。

在陕西，骊山的女娲遗迹甚多，称骊山老母。骊山有人祖庙。在临潼、蓝田一带，对女娲的崇拜更甚，甚至有补天补地节。太行山有女娲山、皇母山的古称；晋东南、晋南地区有娲皇洞、补天台、娲皇庙等多处遗迹；洪洞县赵城镇东五里的侯村，女娲陵尚存；在壶口瀑布发现了距今万年的女娲岩画。淮阳县有太昊伏羲陵庙，以伏羲陵庙为中心，周围数县流传着伏羲兄妹再造人类的神话。伏羲庙又叫人祖庙，女娲叫人祖奶，伏羲叫人祖爷。女娲神话流传的三个省，即陕西，河南，山西，是仰韶人的密集地区。

女娲补天只是这位女强人业余时间做的事，她的主业是生育，只是与今天计划生育委员会干的事完全不同，计生委鼓励结扎，不让老百姓多生孩子，而女娲的工作则恰恰相反，是鼓励夫妻们多生孩子。

也就是说，女娲补天时，是以强悍面目出现的，而到民间，又恢复了女性本来的温柔。仰韶文化的早期遗址姜寨遗址出土了彩陶盆，盆壁画有蛙纹写实图画。尽管那时还没有文字，但是有语言，有发音，一种说法是，它被认为是取蛙与娲的谐音，喻生育。这不完全是懵懵懂懂的猜测，在陕西，生的孩子被称为娃，与蛙、娲同音。

三皇系列中，最难缠的是伏羲氏。燧人氏发明钻木取火，老百姓通过祭拜燧人氏感谢上苍；女娲补天是对自然的祈祷，"天"从来就没被戳出个窟窿，不需女娲在大气层中下功夫；神农氏同样不是具体人，因为农业和医疗事业都不是哪个具体人所能"发明"出来的。

伏羲就大不一样了，这位神人一专多能，曾经造网罟、作书契、制杵臼，他根据天地万物变化及天地间阴阳变化之理，创造八卦，以八种简单却寓义深刻的符号概括天地之间的万事万物。

在神话传说的帝王世系中，伏羲氏被奉为"三皇之首""百王之先"，地位相当的显赫。然而，自古及今，关于伏羲氏的名号、时代、地望、族系等问题，争讼不已，湮漫不清。关于伏羲的名号，古籍中有许多写法，除了伏羲这个叫法外，还有伏戏、伏牺、包牺、宓犠、炮牺、庖牺、虙羲等等。但伏羲氏是后来用的比较多的。

值得注意的是，相对于黄帝等中华民族的始祖人物，伏羲氏在古代典籍中出现得较晚。在战国中期以前的《论语》《墨子》《左传》《国语》《孟子》等典籍中，对于伏羲就未置一词。既便是记载神话人物、古帝王甚多的《山海经》中，仍未有伏羲一席之地。

在传世文献中，伏羲的记载出现在战国中晚期后。仅凭这点，就足以表明，即便在上古神话传说中，亦无伏羲，他是春秋战国时构想出来的人物，或者说是虚拟的史前人物的模范版本。

伏羲氏第一次出场亮相，是在《庄子》中。庄子"著书十余万言，大抵率寓言也"。庄子所言伏羲，亦虚亦实，亦神亦人，大都托名设譬，未可当信史。专家统计了一下，《庄子》中关于伏羲的记载共5处，两处出于内篇，3处出于外篇。内篇与外篇，伏羲的排位有所不同。在内篇中，庄子将伏羲列在禹、舜之后。《庄子·大宗师》中提到的"伏戏氏"，尚未从神话脱形为人祖。况且《庄子》外篇，学术界历来认为是战国末或秦汉时期庄子后学所增益，并非出于庄子之手。

伏羲氏源于神话，形象在许多文献中被描绘为人首蛇身，《昭明文选》中说："伏羲鳞身，女娲蛇躯"。既然身上有鳞甲，而且身躯是蛇的样子，就啥也别说了。即便神话，也常是人世的投影，而伏羲氏和女娲的神话，纯粹驰骋于想象中，与人间全然不贴谱。

司马迁在著《史记》时，从黄帝记起，并不为伏羲作传，提到的伏羲，仅仅出现过两处，而且司马迁都注明不过是引前人所言，并不是自己说的。

在自序中，司马迁说："余闻之先人曰'伏羲至纯厚作《易》八卦'。"司马迁治史严谨，由于当时对伏羲的传说中语多谶误，难以辨识，虽不否认但记之存疑。而东汉班固的《汉书》，突破了《史记》的界限，将上古帝王从黄帝推至伏羲，至此，伏羲开始登上官定的正史。

燧人氏、女娲氏、神农氏的行为偏重于操作层面，如钻木取火、搬动石头补天、制造耒和耜或采集草药，都是动手的活儿。与几位实干家相比，伏羲干的是动脑筋的事，像个动手能力强的大知识分子，甚至是是位思想家。《易经·系辞》载："古者包牺氏之王天下也，仰则观象于天，俯则观法于地，观鸟兽之文与地之宜，近取诸身，远取诸物，于是始作八卦。"制作八卦，只能是思想家所为。

北魏的郦道元在《水经注·渭水》载："故渎东经成纪县，故帝太皞庖牺所生之处也。"伏羲的发祥地是成纪。《汉书地理志》载，成纪县属汉天水郡，始建于汉武帝元鼎三年（公元前114年）。未建县前，于秦于汉，均属陇西郡。这里处于大陇山西北坡下的葫芦河下游河谷地带，又处于从关中越过大陇山山口通往河西走廊到西域的大道。现隶属今洪洞县卦底村。司马贞说：伏羲氏"母曰华胥，履大人迹于雷泽而生庖羲于成纪。"在上古神话传说中，女主角如果不是巫婆的话，就铁定是美女。有一位美女生活在华胥氏之国。一天这姑娘来到叫雷泽的地方，偶然看到一个巨大脚印，出于好奇心，便上去踩了一脚，结果这位姑娘居然怀孕了。其实，脚印是雷神留下的。不久华胥生下一个人首蛇身的儿子，取名伏羲。这个传说对后世产生了相当大的影响。

伏羲和女娲被奉为中华民族的祖先，传说上古时代，洪荒遍野，万户灭绝，只有伏羲和女娲兄妹俩居住在昆仑山上。为繁衍后代，缔造人类，两人产生了结为夫妻的念头。但女娲又有点害羞，兄妹怎么可以结为夫妇呢？不过左思右想，要保存人类的宗脉相传，找不到别的办法。于是两人各自升起一堆篝火，对天祷告："如果老天认为我们的结合是合理的话，那就请让这两堆火合在一块。"话音刚落，两堆篝火所冒出的青烟已合成一堆。女娲还有顾忌，说，不妨各拣块石头，从山顶一起往下滚去，如若两块石头也能结合在一起，才是真正的天意。说也奇怪，两块石头在坡上翻滚，到山下竟撞在一块，发出轰天巨响，融为一体了。于是两人结为夫妻。有意思的是，二人成亲后，生下来的竟是个肉包，伏羲气坏了，用石头把肉包砸了个稀巴烂，没想到砸开的肉渣却纷纷变成人，于是人就开始繁衍了。

和世界上的许多古老民族一样，汉族传说时代的历史历经久远的口耳相传后，再由后世文人记载在古籍中。在汉族的创世神话中，流传甚广的伏羲和女娲的传说，反映传说时代华夏先民的始祖夫妇，在创世纪之时孕育后代、开启黄土地上农耕文明的历史踪迹。

汉文古籍中关于伏羲和女娲的记述，多经历长期口耳相传后再由后世文人加工载录，内容上存在不少怪谲难解处，还有些有明显虚构、梦幻和错谬的地方。但这些古代华夏的创世纪神话和传说，绝非全都是荒诞和虚幻的。事实上，正是在这些上古的神话和传说中，蕴含着华夏先民对自己创世纪历史的深邃认识和浅近质朴的表述。

在汉族早期的神话传说中，神完全不同于人。神与人分界而居，生活在天庭，却能下到人间，人不能上达天庭。在神话传说中，众神是在一个名叫都广山的地方上天下地的。这就是《淮南子·墜形训》所记的："昆仑之邱，或上倍之，是谓凉风之山。登之而不死……或上倍之，乃维上天，登之乃神，是谓太帝之居。"

伏羲介乎于神和人之间，《海内经》说："南海之内，黑水、青水之间，有木名曰建木，大暤爰过。"建木是众神登天专用的，"建木在都广，众帝所自上下。日中无景，呼而无响，盖天地之中也。""大暤爰过"说的是伏羲像神一样攀缘建木、往返于天地与神人之间。正是由于伏羲能攀缘上下，所以是"绝地天通"时代，与神有区别的人。

过去人们把伏羲氏作为画卦创始人，先秦过去后，《易经》已有模样了，伏羲氏早先画卦到这时被淘汰出局，另外给他派了个活儿，即繁殖人口。在这种说法中，伏羲氏的作用类似于今天的精子库。

伏羲真正火爆起来是汉代。考古中发现大量汉墓壁画、画像砖石和民间流传的洪水过后伏羲、女娲兄妹婚配再造人类的故事，均是伏羲创世神话遗存。山东武梁祠有画像砖，即是《伏羲女娲图》，画像砖石中伏羲、女娲人首蛇身连体交尾图中，伏羲手捧太阳或日规，女娲手则捧月亮或月矩。手持日月是主宰宇宙的象征，手持规矩则是创造的象征。

氏族崇拜是春秋时人们的认识，是春秋的学者回溯了初民的历史。春秋时，学者将五花八门的崇拜中，关乎祖先崇拜的内容总结出来，叫做"氏"。伏羲、女娲、神农等等，都是关于祖先起源的崇拜。学者们使用了氏字，这就跟今天使用神字是一样的。

对"氏"的总结是追索往事，是很革命的思想。道家学者努力寻找始族踪迹。春秋时距始族崇拜时代已3000多年，一切口口相传都结束了，或繁或简地记载在文字中，于是他们便在文字中寻找"氏"。

"氏"的现象引起学者注意，有名望的氏族便穿成"串"，就像北京人爱吃的冰糖葫芦一样，下面是其中两个"串"。

一个"串"来自《庄子》，其中说：昔者，容成氏，大庭氏，伯皇氏，中央氏，栗陆氏，骊畜氏，轩辕氏，赫胥氏，尊卢氏，祝融氏，伏羲氏，神农氏。当是时也，民结绳而用之，甘其食，美其服，乐其俗，安其居，邻国相望，鸡犬之声相闻，老死不相往来。在这个"串"中，轩辕黄帝排位第8，伏羲氏排位第12，显然不是按照时间排序的，因为伏羲氏的活动时间不可能在黄帝之后，伏羲氏所代表的仰韶人的活动年代，怎么也得比黄帝的活动时间早个一两千年。

另一个"串"出现晚，《太平御览》是宋太宗命李昉等臣子所辑，距今不过一千年出头，可贵的是《太平御览》引用的书籍浩博，达到1690种，大都是当前不传之书。《太平御览·引遁甲开山图》：柏杨氏，栗陆氏，骊畜氏，轩辕氏，赫胥氏，祝容氏，混沌氏，吴英氏，有巢氏，葛天氏，阴康氏，朱襄氏，无怀氏。凡十五代，皆庖羲氏之号。自无怀氏以上，经史不载，莫知都之所在。

至今，无法判断"串"所说的那些出自于哪本书，但是观点相当醒目，认为远古那些不见于史书记载的历史，都是从伏羲氏开始的。这样一来，就把伏羲氏的位置大大向前推了一截。由于这个"串"是专门写给宋朝皇帝看的，用政权史观解释，特别注明"莫知都之所在。"

楚帛书，通常也叫楚缯书或楚绢书，是解放前在湖南长沙东南郊子弹库战国楚墓盗掘出土。出土不久落入在长沙雅礼中学任教的美国人考克斯（即柯强）之手，几度易手，现存纽约大都会博物馆。由于是盗掘，出土和流出时间众说纷纭。据商承祚说，盗掘时间为1942年9月。

楚帛书的中心是书写方向互相颠倒的两段文字，四周是作旋转状排列的12段边文，其中每三段居于一方，四方交角用青、赤、白、黑四木相隔，每段各附有一种神怪图形。另外帛书抄写者还用一种朱色填实的方框作为划分章次的标记。全篇共900百多字，考释论著甚多，但各家注释则有差异，特别强调"敬天顺时"，上天的神被描绘成具有施德降罚本领的命运主宰。楚帛书是目前出土最早的古代帛书，也是先秦时湖南地方文献，反映了北方思想文化在湖南的流行和传播。

《楚帛书甲篇》是完整的创世神话文本，经董楚平解读的释文，大意是：天地尚处于混沌状态时，伏羲娶女娲，生了四个儿子，后来成为代表四时的四神。四神开辟大地，是因为他们懂得阴阳参化法则的缘故。由禹与契来管理大地制定历法使星辰升落有序，山陵畅通，并使山陵与江海之间阴阳通气。当时未有日月，由四神轮流代表四时。四神的老大叫青干，老二叫朱四单，老三叫白大然，老四叫墨干。一千数百年以后帝俊生出日月。从此九州岛太平山陵安靖。四神还造了天盖使它旋转并用五色木的精华加固天盖。炎帝派祝融以四神奠定三天四极。人们都敬事九天求得太平不敢蔑视天神。帝俊于是制定日月的运转规则。后来共工氏制定十干、闰月，制定更为准确的历法，一日夜分为宵、朝、昼、夕。

长沙子弹库战国《楚帛书甲篇》是后世能见到的先秦时期唯一完整的创世神话，与现代中国各民族流传的创世神话相比，保留着更多史前神话的旧痕和原始思维的特点。它是能见到的最早的关于伏羲的出土文献，证明在战国的中晚期已有关于伏羲的传说；再有，它带有楚文化的地域特征，证明伏羲神话主要产生和流传于楚国一带。

如同燧人氏、女娲、神农氏一样，在古代画像中，绘者按照仙风道骨意念设计伏羲氏形象，散发披肩，身披鹿皮，一派远古风范。远古时，人们以石器加工兽皮，再以骨针等工具进行缝制，用以御寒。由于伏羲是蛇身人首，有学者指出：伏羲出生于蛇系氏族，并且以蛇为尊，身上穿树叶或鹿皮，形如蛇之鳞身或花纹，这正是蛇系氏的族徽或图腾标志。

伏羲又称太昊。徙治陈仓，定都于陈宛丘（今河南淮阳）。《左传·昭公十七年》称："陈，太昊之墟也"。这话是伏羲氏陵墓的最早记载。话得两说着，不能确定太昊就是伏羲氏。《左传·昭公十七年》中说："太昊氏以龙纪，故为龙师而龙名。"孔颖达疏："太昊，名官。春官为青龙氏，夏官为赤龙氏，秋官为白龙氏，冬官为黑龙氏，中官为黄龙氏"。可见太昊是个符号，是龙图腾的表述。由于《世本·帝系篇》中称"太昊伏羲氏"，有人认为太昊伏羲氏是伏羲氏的尊称。

河南淮阳建有太昊陵。《陈州府志》载：太昊在春秋时已有陵，汉以前有祠。唐太宗李世民于贞观四年（630）颁诏"禁民刍牧"。五代周世宗显德禁民樵采耕犁。宋太祖赵匡胤置守陵户，诏示三年一祭，宋代诏立陵庙，置守陵户五，春秋祀以太牢，御书祝版；开宝年间增守陵户二，以朱襄、昊英配祀。此后，陵与庙祀.日见崇隆并有御祭。元朝，祀事不修，庙貌渐毁，至元末已荡然无存。明洪武三年（1370），明太祖朱元璋访求帝王陵寝，太昊陵首列第一。入清，乾隆十年（1745）发帑银八千两，大为修葺。至此，内外城垣，规模宏大，殿宇巍峨，金碧辉煌，定成格局。新中国诞生后，成立了羲陵保管委员会。

就这么着，出于对古文化的尊重，也出于开发旅游的实际需要，伏羲氏以及有关的那些虚无缥缈的事迹，得以继续流传，直至今日。

24. 孕妇崇拜与葫芦崇拜

1931 年发生"九一八"事变，侵华日军占领东三省。1932 年冬，日军从辽宁朝阳出发，在赤峰打败孙殿英指挥的国军部队，随后攻占承德，从而引发长城抗战。辽宁朝阳属于关外，河北承德属于关内，日军当然无从知道，他们从关外向关内渗透的一路，恰恰穿越了中国一种史前文化的分布区域，这种史前文化被称为"红山文化"。

红山文化遗存发现于 1921 年。1935 年对赤峰红山后遗址发掘。按说发掘的年头不算短，但直至新中国成立后才提出"红山文化"的命名。70 年代末在辽西大规模调查，发现近千处遗址，并对辽宁喀左东山嘴、建平牛河梁遗址群开展发掘，使红山文化研究进入新阶段。

牛河梁遗址，是新石器时代红山文化祭祀建筑和积石冢群相结合的遗址，位于辽宁建平县和凌源市交界处牛河梁北山，年代为公元前 3600 年至公元前 3000 年。1983 年，考古专家们在牛河梁清理发掘时，发现了一个馒头状的红烧陶物。经过挖掘，发现竟有一座女神庙，数处积石大冢群及面积约为 4 万平方米的类似城堡或方形广场的石砌围墙遗址，还有女神头像、玉佩饰、石饰和供祭祀用的具有红山文化特征的陶器。

遗址以"女神庙"为中心，"女神庙"背依山丘，顶部有一处大型山台遗迹；积石冢间有座石砌圆形三层阶祭坛。"女神庙"由北、南两组建筑物构成的半地穴式木骨泥墙建筑，南北总长 23 米多，部分墙面有彩色图案壁画。已发现的女神庙由一个多室和一个单室两组建筑物构成。多室部分南北长 18 米多，东西宽 7 米左右；单室部分南北长两米多，东西宽 6 米多，为土木结构，墙壁以原木为骨架，经过结扎禾草秸秆、敷泥和表面压光处理，然后在上边彩绘以赭红色相间、黄白色交错的三角几何纹、勾连纹图案。女神庙内堆满了女神、动物塑像。有资料显示，这仅发掘了遗址的一小部分，就出土了人物塑像的头、肩、乳房、手等残块和玉猪龙、大鸟雕像数十件。人像残块至少分属五六个不同的人像个体，均为女性形象，形体有大有小，或与真人相当，或大于真人若干倍，有的一只耳朵就有 12 厘米长，塑像的表面还涂以朱色。

女神可能为生育神和地母神。已发现积石冢 20 多座，平面为方形、长方形或圆形，周边石台基内侧放着作祭器用的黑彩红陶无底筒形器。冢内往往以大型墓为主墓，周围附葬多座小墓。墓内随葬品多玉器，有猪龙形玉雕、钩云形玉佩、玉璧和玉龟等，种类和数量随墓的大小而异，也有些墓空无一物。一般认为，牛河梁规模宏大的祭祀场所是原始社会晚期，社会共同体举行大型宗教祭祀活动之地，积石冢反映了社会成员的等级分化，显示出原始公社走向解体的迹象。

红山文化分布范围为：北界越过西拉木伦河，有向内蒙古草原深入趋势；东界越过医巫闾山，到辽河西岸；南界东段可达渤海沿岸，西段越燕山山脉到华北平原；西界可确定在河北张家口地区桑干河上游。从地域行政划分讲，内蒙古赤峰和辽宁朝阳两市区域内最为集中。

有个出土的女神头像，个头与真人差不多。面部为朱红色，两颧突起，圆额头，扁鼻梁，尖下巴，是典型的蒙古利亚人种，与现代华北人的脸型比较接近。女神的眼珠用两个晶莹碧绿的圆玉球镶嵌而成，显得双目炯炯。联系到中亚曾经有在人头骨涂泥成像的崇拜形式，牛河梁女神像有可能是以现实中的人物为依据塑造出来的。这就不单是艺术造型了，可作为研究古代中华人种学和民族史的标本，使后世第一次看到用黄土模拟真人塑造的 5000 年前祖先的形象。

古籍记载中，女娲的一大功劳是"抟黄土做人"。牛河梁女神带有肢骨塑件，与古籍记载相似。据此有专家推测，辽河流域牛河梁女神庙可能就是当时的原始古国对女娲的一种崇拜。当然，这只是猜测。

上世纪 70 年代末，牛河梁遗址出土一批陶塑女像，引人瞩目的是两件女性特征明显的裸体孕妇塑像：身体肥硕圆润，左臂曲于胸前，小腹圆鼓，臀部肥大凸起，有明显阴部记号，下肢略弯曲，头、右臂及足均残。其中一件通体打磨光滑，似有彩绘，残高 5.8 厘米。

它代表了古人怎样的神灵观念？有学者认为塑造这种孕妇陶俑应该

与古人祈求生育有关。学者们根据孕妇陶俑的体形特征，即腹部隆起、臀部肥大、女阴明显，而认为是生殖的象征，表达了古人对孕育、生产新生命的崇拜以及祈求多生多育的愿望。

老早老早以前，女人的生育能力就被视为一种神圣力量，古人没法子理解这种神圣力量的来源，而是受"万物有灵"观念的影响，认为是神灵赐予的。在神灵崇拜的过程中，逐渐产生了生育女神，认为是由这个受到人们感激和赞美的女神去管理那神圣的力量。

在古人朴素的原始宗教信仰中，这个女神自然就会被塑造为具备女性生殖时所体现出来的特征。古人正是通过塑造孕妇陶俑这种女神的方式，塑造出泥巴模型，对着模型膜拜，以祈求多生多育。

红山文化处于什么时期？正处在母系氏族时期。有的学者认为，塑造孕妇陶俑与祖先崇拜有相当大的关系。红山文化已进入新石器时代，除了采集和狩猎，原始农业和制陶业也已出现，氏族居所相对稳定，生产力仍然低下。人们为了获取必须的生活数据和生存空间，既要同自然界展开斗争，也要与其他氏族进行残酷斗争，这就必须依靠部落的联合力量和集体行动来弥补个体自卫能力的不足。

此时人类自身的再生产是发展生产力的关键，人口众多的部落在生存斗争中占有优势。女性是人类生产的唯一载体，所以在社会生活中占主导地位。在氏族外婚姻条件下，子女只知其母而不识其父，血缘只能依从母亲。多子女母亲受到子孙爱戴，死后受到部落尊崇。

先民在与自然界的斗争中，由于生产力低下，以及瘟疫和自然灾害的侵袭，处于软弱地位，加之他们对生殖机制不理解，而敬奉女神，以此来缓解自然法则对人类生存的限制，求得氏族的繁荣与平安。

这种现象世代相传，代代加码，以至于逐渐将祖先神格化，而敬重顶礼成为女神。这些塑像多为孕妇或者高产妇女的形象，既表现了女性崇拜，也是早期母系氏族社会的真实反映。

除了把孕妇陶俑和祈求生育、祖先崇拜联系起来，还有学者认为孕妇陶俑与土地神崇拜有关。与红山文化女神像同类的雕塑在国外早有发现，尤其是在旧石器遗址中，她们作为丰产巫术的工具而存在，而她们之所以能使丰产巫术得到实现，首先就是因为塑造她们的目的主要是与土地的接触为主的。

她们的腿被省略了，这种简化很明显具有某种特殊功用，就是便于这些雕像和地面接触，可以直接把她们插入土中。这样，雕像主与看似与之没有任何联系的土地发生了关系。这种接触是绝对必要的，因为在这套丰产巫术仪式中，女性雕像要通过与土地的联系，感染其不断结出丰盛果实的能力，从而获得生殖能力；同时人又通过与雕像的接触而使自己获得生殖能力。

在红山文化遗址的女神庙前发现了灰坑，里面有经过加工的动物骨头，显然不是普通垃圾坑，而体现了一种祭祀方式。这种祭祀方式与古人祭祀土地神的方式一样，古人对土地神的祭祀是直接把祭品埋入土中。祭祀女神的几个灰坑应该就是红山文化先民以女神为表征的祭祀土地神的活动的遗迹。土地神在当时被认为是万物的创造者，又是祖先物，万物由它所出，而农产品是红山先民最主要的经济来源，对大地母神的崇敬必然是他们的精神选择。还有的学者认为塑造孕妇陶俑与母系社会母权制有关，妇女在氏族社会中居于支配地位，从而塑造女性陶俑就不足为奇了，体现了妇女在当时所处的社会地位。

有一种说法是，红山先民塑造孕妇陶俑本身没蕴含什么观念，只是朴素审美情趣的客观反映。妇女在怀孕期间，面对即将迎来的新生命，内心有一种自豪感和极大的幸福感，身心处于愉悦状态，母性表露无疑，因此看上去比平时更富有感染力。红山先民在朴素的审美观念支配下，以灵巧的双手雕塑了沉浸于孕期幸福生活的妇女，可能就是一种客观的记录，并没有我们后人所猜想的种种复杂内涵。

这种说法简单了。红山文化距今数千年了，那时文字还没有产生，人们没办法用文字表达想法，只能用泥塑形体表现内心涌动着的愿望。红山文化孕妇陶俑的显著特征是什么？是没有头颅和小腿以至脚丫。不能不说没有想法了，是力求表达什么。表达什么？

红山文化背后的原始宗教中，在意的只是那个怀着孩子的肚子，别的东西无所谓，头颅和脚丫都可省略，其实，泥塑中加个脑袋瓜或加个脚丫不难，多捏几下就出来了。因此可以理解为作者有意省略，省略的目的在于突出那个怀有新生命的肚子。

红山文化分布在西辽河流域，可能稍稍晚于中原仰韶文化，与仰韶文化相交汇，产生多元文化，形成极具特色的陶器装饰艺术和制玉工艺。

红山文化的彩陶多为泥质，以红陶黑彩常见，花纹丰富，造型生动朴实。玉器制作为磨制加工而成，表面光滑，晶莹明亮，极具神韵。红山文化的玉器已出土近百件，出土自内蒙古赤峰红山的大型碧玉 C 型龙，周身卷曲，吻部高昂，毛发飘举，极富动感。

当红山文化流行对孕妇肚子膜拜时，中原以至大西南流行的是葫芦崇拜。葫芦是植物，特征是多籽，由于葫芦具有多籽、中空特征，容易使人产生生育联想。由于这样的原因，古人便在葫芦这个物像中寄寓了关于人类起源或氏族繁荣的信仰。

在伏羲、女娲的神话故事中，人类生命的种子是通过葫芦保存下来的。在西南地区洪水神话中，洪水泛滥的原因大多是人类得罪了天神或雷神。洪水之前必有大旱，洪水之后只剩兄妹二人，他们成婚繁衍人类。在洪水中，避水的工具大多数为葫芦。葫芦作为一种避水工具，成为许多民族的图腾。瑶族神话《伏羲与女娲》中说，道人张天师得罪了雷公，雷公发大水淹没人类，伏羲与女娲躲进葫芦才得以活下来。基于这些原因，我们可以认为伏羲、女娲就是葫芦的化身。

衍生人类与拯救人类的葫芦神话传说是中国神话中影响最为深远、涉及民族最多、文化积淀历史最长、流布面积最广的一个。究其原因，要从人类繁衍的生命意识中考察：其一，葫芦的外形与女人喂婴时膨胀的乳房相似；其二，葫芦外形与女人的生殖器（外阴）相似；其三，葫芦外形与快要临盆分娩的孕妇体型相似；其四，葫芦多籽，易于繁殖，枝蔓铺地或攀援，在所有可食植物中伸展得最长。

在原始先民的思维中，葫芦象征着子嗣繁衍昌盛，继世绵长于千秋万世。葫芦神话传说是图腾历史文化长期积淀的产物。洪水神话的流布几乎是全球性的，它隐约、曲折地反映了人类童年的痛苦记忆。葫芦神话即有母系制社会的掠影（无父），又有氏族社会族内婚制的痕迹。

葫芦崇拜作为一种传统文化现象，至今流布于西南和陕西地区，彝、苗、水、仡佬等族，仍有将葫芦绘成龙头或木瓢，挂于门楣以震慑鬼蜮的傩俗。贵州的苗、布依等族，流行祭瓢神傩俗。瓢神是用木镂刻成的长柄虎神面具。姑娘们经常祭祀它，以预测自己的婚姻和未来命运，并祈求庇护。陕西农民在社火活动中,用木刻绘成长柄面具,称为马勺面具,以此装扮各种神灵和历史人物、传说人物。一向严肃、神秘的葫芦崇拜，现已逐渐融入了游艺、娱乐等民俗活动之中。

如果说人类的胚胎是人类起源的人种，孕妇就是孕育人种，延续人类的温床。这就是中国远古孕妇崇拜产生的根本原因，也是在中国大地上各民族中间广为流传的葫芦造人传说的源泉。

葫芦是在世界各地有古老历史的植物，和远古人类生活密切相关。罗桂环在《葫芦考略》一文指出："在中国黄河流域，河南新郑裴李岗距今七八千年的新石器遗址中，曾出土远古葫芦皮。在长江流域，距今约7000年的浙江河姆渡文化遗址中也曾发现过小葫芦的种子。另外，湖北江陵阴湘城的大溪文化的文化遗址，以及长江下游的罗家角、崧泽、水田畈等新石器遗址里也发现过葫芦。这种事实表明，我们的先人很可能当时就用葫芦制作器物。因为在一般的情况下，只有用作器物的老葫芦皮方可能长久保存，而食用的嫩果是不可能留存至今的。"

与葫芦生存的历史相伴的是，民间保留并流传着大量的"葫芦造人传说"和"葫芦挽救人类说"。简单地说，前者就是说葫芦中的种子便是人种，这些种子在葫芦的腹中长大并成为男人和女人。而后者则是说在大洪水到来之前，兄妹俩钻进葫芦保全了性命，洪水退却以后，兄妹成婚延续了人类。总之，无论在中国的远古还是在延续至今的民间传说中，葫芦都是和人类的起源密切相关的。

近人对伏羲以至人类起源最权威考论是前辈学者闻一多。他在《伏羲考》中提出三点结论性意见：第一，伏羲、女娲为人首蛇身，是荒古时代图腾的遗迹。伏羲氏族是蛇部落或龙部落，从伏羲、女娲人首蛇身（或龙身）外表形象的神话看，不但是褒之二龙及散见于古籍中的蛟龙、腾蛇、两头蛇等传说的共同来源，同时也是那人首蛇身的伏羲、女娲，和他们的化身——延维或委蛇的来源。第二，伏羲、女娲是葫芦的化身，或仿民间故事的术语说是对葫芦精。他主要用民间传说与民俗实例证明观点，并概括说："至于为什么以始祖为葫芦的化身，我想是因为瓜类多籽，是子孙繁殖的最妙象征，故取以相比拟。"第三，伏羲、女娲是兄妹关系，在特殊情况下结为夫妻，使人类不断滋生繁衍。

闻一多从传世文献中搜集了大量的龙蛇记载，加上当时已发现的汉代画像砖石，证明伏羲为龙图腾。他采集了近50则西南少数民族关于伏羲、女娲在洪水过后，兄妹婚配再造人类的故事和民俗数据，并加以语音训诂，力图说明，伏羲是南方苗蛮各族的祖先神。此文在以后半个多世纪中被广泛征引已为不易之论。

闻一多在《伏羲考》中说，伏羲氏本名可能是"匏析氏"。陶器发明前，先民寻找合适取水用具，可能尝试用各种瓜皮取水，一代又一代尝试过程中，认识到葫芦最适合用做取水用具，逐渐形成制瓢技术。这就是"匏析成瓢"。伏羲氏本名另一个可能是"匏系氏"，就是把葫芦系在腰间增强浮力以便涉水渡河的意思。《鹖冠子·学问》称："中河失船，一壶千金。"后人注释说："壶，瓠也。佩之可以济涉，南人谓之腰舟。"闻一多指出，盘瓠、伏羲乃一声之转"明系出于同源"。

闻一多从古代音韵学角度论证葫芦的古代发声就是伏羲和女娲，因为女娲、伏羲是远古史传说中第一对夫妻（或兄妹），所以就是中国人的始祖，故而葫芦（在有些民族的民间传说中为南瓜或鼓）就是中国人的始祖。他还从女娲、伏羲和葫芦的关系上探讨："女娲本是葫芦的化身，故相传女娲作笙。"笙起源很早，是中国最古老的簧管乐器。

有必要提及，许宏认为闻一多的论证非常牵强。一、即使伏羲、女娲在古代的发音就是葫芦，那么与作为植物的葫芦有什么关系？二、即使女娲用葫芦创造了乐器笙簧，葫芦和女娲造人有什么关系？三、伏羲以木德王是五行说和皇权结合的汉代才有的理论，和葫芦、和中国人的起源又有什么关系？远古人类的起源说一定是早于五行学说的。

有的神话传说中是这么说的：河边和山坡上，到处都生长着葫芦，这东西长着长长的蔓，不怕草多，可以在任何土地上生长。嫩葫芦十分味美，缺点是不耐贮藏，成熟以后硬化，不能吃，只是当作渡河工具。老首领想啊想啊，一下子想到了葫芦。如果住地的山崖陡坡都长出葫芦来，一定是很好的食物。他想仔细了，以防止像上一次种植那样失败。他带领人到长葫芦多的河谷去采集葫芦籽，第二年夏天，开始长出鲜嫩的葫芦来。因为种得多，从夏吃到秋，葫芦成熟了采收回来，不管随便放到什么地方，三年也不腐烂。年复一年，葫芦籽越收越多，葫芦真是个好东西。暖期来了，繁茂的植被复苏，食物日渐丰富。不知过了多少个年月，也不知哪支始族开始对葫芦的拜祭，叫伏羲。在伏羲时代，大到山水，小到花草、石块、小动物，千种百种的自然物受到拜祭。拜祭伏羲实在不算什么，只是因为葫芦食物使得始族人度过了饥饿的岁月，受到长期拜祭。后来，伏羲便成了族的标志，凡是拜祭伏羲的，便是始族，凡是不拜祭伏羲的就不是一个始族。

由于长期拜祭，伏羲被赋予更多意义，有人甚至将伏羲当作伏羲女神，有人将伏羲当作首领神，有人将伏羲当作生育神，有人将伏羲当作山神、水神。始族巫在主持一位女首领的葬礼仪式上唱道："我们的首领啊，你没有死。我们的祖伏羲将派你到洛水去主持祭祀，我们的祖伏羲将赠送你一个名字叫做宓妃。"。于是，伏羲多了一个叫做宓妃的女儿。再后来，宣讲巫在伏羲的祭祀辞里增加了一段情节，说，伏羲有个女儿叫宓妃，宓妃溺死在水中，做了洛神。

葫芦，有的地方叫庖瓜，所以伏羲又叫庖羲。学者尊称伏羲为伏羲氏。在古汉语中，氏是高位尊称。氏，帝，王，代表了不同时代的被崇拜者。崇拜伏羲的人们有自然崇拜，拜山，拜水，拜石头，甚至对龟、蛇、飞鸟都企图以崇拜方式讨好，他们实现了对祖先的崇拜，达到了氏崇拜。伏羲崇拜就是这样地走进了仰韶人的意识中。

在原始神话中，创世前的混沌体被形象地表述为葫芦。从混沌到世界的创生过程被形象地叙述为葫芦从中央剖开，亦即所谓天地剖判阴阳分离。《诗经·绵》中有"绵绵瓜瓞，民之初生，自土沮漆"句，这是古文献所见把人之由来追溯到葫芦瓜的最早一例。

对瓞的解释是小瓜。瓜瓞绵绵的涵义为瓜始生时常小，但其蔓不绝，会逐渐长大，绵延滋生。传统的《绵绵瓜瓞》图式有两类，一类是瓜连藤蔓枝叶，另一类还加上蝴蝶图案，取蝶与瓞同音。瓜，古时写作壶，古代中国人认为，人的经历蕴含在"壶"中，"破壶"（人从瓜出）、"悬壶"（医药济民）、"壶天"（魂归壶天）。

联系到内蒙古狼山大坝沟岩画太阳孕妇图，联系到遍及黄河两岸的女娲遗迹，联系到流传在中国整个中、东部的各种各样的女娲传说，足以证实，远古中国存在着对女性生殖的崇拜，而这种崇拜的偶像正是孕妇，她们的杰出代表人物就是女娲。女娲是远古社会强大生殖力的象征符号，而葫芦只是孕妇的一个隐喻。据学者杨利慧研究女娲在民间几千年的流传中，由于粘连与复合、地方化、世俗化和宗教化，已经成为一个女神，正如红山的孕妇陶俑被称之东方女神一样。

人们崇拜孕妇，是因为所有人都是从孕妇肚子里出生的。孕妇是生殖的标志，而孕妇的葫芦形身材正是葫芦成为隐喻的原因。葫芦的外表曾经是远古最美的形状。《山海经·大荒西经》"有神十人，名曰女娲之肠，化为神，处栗广之野，横道而处。"意味着在远古时期，人们的一种生育观：孕妇的肠子变成了人。这是把孕妇分娩时的胎盘误认为孕妇的肠子，因为当时的人们有目共睹，人确实是孕妇的肠子（胎盘）变成的。而在"娲之肠化为神"之前，女娲就是个孕妇。因为女娲的生殖能力特别强，使得女娲成为中华民族的始祖母。

人们崇拜孕妇，还因为孕妇的神秘感。在远古人类还没有意识到男性在生育繁衍中所起的作用之前，女人是"无性繁殖"的。她们突然肚子大了起来，一段时间以后，会生下一个肉球，取出这个肉球中的孩子，其余部分（胎盘）就是这个女人的肠子。女娲就是这样一连串地生下了10个孩子，所以名噪远古史。

《世本·作篇》有几个字是"女娲作笙。"专家据此大胆解读，这里的"笙"字，其实就是生育的"生"。许宏这样认为：《世本》的整理者在民间采风时，将"女娲作生"，自作聪明地理解成为"女娲作笙"了。其实，女娲在远古是生育神和媒神，周代王室的已婚女子每年都要向这为媒神祈祷，求她赐给子女以延续皇家血脉。

到目前为止，没有任何先秦文献资料和考古证据能够证明闻一多关于女娲是用葫芦作笙的，女娲和葫芦毫无关系。唯一的联系就是女娲作为孕妇也曾经有过的葫芦形身材。至于伏羲，则纯粹是男权社会以后强加给女娲的一个"领导者"，目的是树立男性的历史主导地位。

远古初民对女性生育的认识从无到有，由表及里，逐渐深入。从女性怀孕分娩，到认识到交媾可能起了作用，到认清只有一次交媾"有效"，从而确定孩子的父亲是谁，这个认识过程贯穿于母系社会。男人们认识到"这个孩子是我的"是中国远古史上私有制的革命性里程碑。这点和"这个饭碗是我的""这支梭镖是我的"有着本质不同。

对孕妇的崇拜应产生于母系社会，产生于女性怀孕生子的神秘。它终结于父系社会，终结于私有制对女人和子女的私人占有。至少在女娲影响所及的一带，人类对怀孕分娩的认识有了一个突破。

从女娲无性繁殖到每个和女娲交媾的男人只决定一个孩子的降生，认识进化的脉络清晰。对孕妇的崇拜，产生于女娲肠化为人的母系社会。女性突然怀孕（鼓腹），由于不知道原因，总将怀孕的原因归结于一个身体以外的神，比如，简狄怀孕的原因是一枚玄鸟蛋，姜原怀孕的原因是一个大脚趾印。这类感神而孕的事例在远古数不胜数。

没有孕妇就没有人类，这个基本事实是孕妇崇拜的起源。由于不知其父，孩子只能随母亲；由于不知道男人在生育中起的作用，男人的地位就像工蜂一样低下。红山文化的孕妇陶俑应该产生于这一时期。尽管红山文化被考古专家定位于新石器时期，但红山文化的牛河梁时期仍应该处于远古的母系社会，就因为它仍然存在着孕妇崇拜。

上古时代的那位女娲，在传说中一直是人格与神格并存。《楚辞·天问》中说："传言女娲人头蛇身，一日七十化。"《淮南子·说林》中进一步重申了这个认识，"黄帝生阴阳，上骈生耳目，桑林生臂手，此女娲所以七十化也。"对于这七十化的"化"字，解释甚众。东汉许慎在《说文》中就解释为化育："娲，上古神圣女，化万物者也。"

一天内可化为七十物，关键在化字，单人旁加个匕字。"凡匕之属皆从匕"。找"匕之属"的字，旁证化字古义，这个字可以选择从牛从匕的牝字，牝的意思是母牛。甲骨文中这个偏旁也可以是别的动物，反正是雌性动物。从中可以看到，"匕"作为意符是用来区别动物性别的。

《老子·六章》"玄牝之门，是谓天地根"，玄牝之门即指女性生殖器官。甲骨文的字义狭窄，意思都很具体。这就是许慎在解释化字所说的"凡匕之属皆从匕"。显而易见，化字的原始意义是用来表示一个成熟的女人的。这就是所说的那个被废止的意思。化的古音从匕应该读若匕，或者读若牝。在上古时，从甲骨文开始就经常把名词用作动词，化用如动词的时候，意思应该是交媾，也就是交尾。女娲和伏羲交尾是东汉画像砖最为常见的题材。在这里七十是一种泛指。闻一多在《七十二》里对七十和七十二的泛指作了详细的论证。

在上古时代，人们普遍的疑惑是：谁是这孩子的爹？这个问题在漫长时期内并没有得到解决。《春秋公羊传》里说上古"圣人皆无父，感天而生"。其实上古时不仅普通人不知父为谁，就连圣人亦无父。所以"黄帝生阴阳，上骈生耳目，桑林生臂手，此女娲所以七十化也"。

字面解释是：性别由黄帝决定，眼睛由上骈决定，手臂由桑林决定。上骈和桑林是传说中神的名字，《淮南子·说林训》："上骈生耳目，桑林生臂手，此女娲所以七十化也。"女娲和这二位神都交媾过。

把孩子出生和此前发生过的交媾行为联系起来，说明远在黄帝时代，人们已经认识到，男女交媾可以生孩子，这就比认为"圣人皆无父"，在认知上有了质的飞跃。只是在群交时代，人们并不知道，在参与群交的男人中，只有一个男人喷射出的精液才有效。

远古时，女人生孩子应该是不避男性的，就像母牛在众目睽睽之下生小牛犊子一样。正由于此，大家都熟知女性生产过程。那时人们把胎盘理解为肠子的一部分，都亲眼看到女性"肠子"变成新生儿，所以有"肠化为人"的说法。在这里，化字就是出生的意思。

在女娲那时候，人类不知道什么叫避孕，也不知道什么叫打胎，性生活之后，就有可能怀孕，怀孕了就得生。在女人们频繁的性交、怀孕、分娩过程中，人类生育观得以前进了一大步，渐渐地认识到男人在女人怀孕中所起的作用。当时的认识幼稚，初民们认为是所有和女人发生交媾的男人，共同决定了一个孩子的诞生，却不知道女娲"一日七十化"中，只有一次是有效的。所以，他们认为"黄帝生阴阳，上骈生耳目，桑林生臂手"，从而组合成了一个新生命。

陈旧的观念终究被彻底颠覆了。人们总算闹明白了，女人之所以会怀孕，并不是神的功劳，而是男人的功劳，男人忙活了若干万年，也终于明白了，夜晚趴在女人身上耸动，并不是单纯图舒服，喷射出来的液体不是在做无用功，而是在播撒种子。

这个认识实在是人类的一次大革命。男人翻身了，丈夫们走上了历史前台，父系社会也就开始了。孩子私有了，女人也私有了，真正的私有制才得以最终完成。与此同时，孕妇的葫芦形身材不再神秘，伴随着对孕妇的神秘感的消除，远古的孕妇崇拜也逐渐地走向式微。

25. 龙: 不仅仅是拼凑的杂拌儿

近年, 我们经常从北京驱车前往内蒙古, 最顺当的路线是过居庸关, 途经张家口, 向西北行驶, 没多远就进入大青山。我不知道地理上对蒙古高原与华北平原是怎么划界的, 二者的分界线似乎是大青山。乌兰察布市的集宁是大青山重镇, 把着从中原进入内蒙古的通道。

从张家口到集宁, 大青山呈东西方向, 山地南北地貌不对称, 北部平缓, 与蒙古高原间没有明显的分界线, 南坡以正断面与土默川平原截然分开。上述地貌特点使大青山成为南北两种自然景观的天然屏障。

汽车通过大青山挺顺畅, 没有隧道, 也没有盘山路, 只顺着高低起伏的公路行驶。我粗糙判断, 在 12 世纪初, 成吉思汗统领的蒙古大军就是通过这条路进军中原的, 大青山的阻隔不值一提。不仅如此, 眼下从北京通往呼和浩特的高速公路可能是根据当年蒙古大军行军路线制定的。至明朝, 蒙古瓦剌大军通过这条大路进来, 途经张家口, 闯过居庸关后, 就直接威胁到北京, 接着就会考虑挺近中原。

何谓中原? 中原主要指黄河中下游的河南加山西南部, 河南是中华文明最重要的发源地, 4000 多年前为九州岛中心之豫州, 且有中州之称。中国历史上绝大部分时间的政治、经济和文化中心都在黄河流域中原地区, 逐鹿中原, 方可鼎立天下。除了南北朝, 统治者皆认为, 把中原纳入版图的王朝才是正统的王朝。

中原有一望无际的平原, 适于发展农业。中原北面是太行山以至再往北的大青山, 大草原适于发展畜牧业, 寒冷而干燥; 中原南边是长江, 虽然长江流域是好地方, 但越往南越潮湿闷热; 中原东边接近海洋, 仰韶时代肯定没有海洋渔业, 大海只是不可逾越的阻隔; 中原的西边是黄土高原, 漫漫黄土中, 可取的地方不多。看了中原的东南西北, 就可以理解周边部族为什么会力求在中原谋得一席之地了。

　　估计在仰韶时代晚期，周边部落就不可阻止地向中原涌来。没有其他解释，是地理条件和气候条件逼出来的，中原平坦、暖和，易于耕种。涌向中原，是自上古以来就持续上演的大戏。夏朝，周边部族涌向中原的脚步就已启动。商朝，东夷（大致分布在山东中部与苏北）已侵扰中原，但东夷没能成事。商朝末年，西北黄土高原的周人打进来，灭掉华夏族建立的商朝，建立周朝。此后，这种大戏隔些年就会上演一次。

　　在仰韶时代，周边部族肯定会从各个方向涌向中原。北面冷，北方人要找个暖和地方，进入农耕社会，整个部落迁徙南下。中原辽阔，人口并不少，外来人口与中原土著肯定会有摩擦。在这种摩擦中，不会出现第三方的和事佬，对那时人的涵养不要抱过大期望，与土著几句话不合就会打起来。这是远古战争的起因。

　　这种战争是一窝蜂，相当原始，连个战术运用都没有。说两个部落间发生战争，都是高抬的说法，作战方式更像是张家庄与李家庄间的械斗；甚至连械斗都不如，械斗中还有抢菜刀的，而仰韶时代的械斗，对立双方拿着木棍和石头块打打杀杀，连铁器的影子都没有。

　　不能总打仗，打得没完没了。外来人口与中原土著打上一阵，打完后，就各自生活在彼此相距不太远的地方，以至逐渐融合。这种融合的外在产物，则是建立共同标志，而这个标志物就是龙。

　　图腾文化是人类历史中最古老，也是最神奇的文化，产生于原始社会。图腾一词源于印第安人的 totem，本意为"它的亲属""它的标记"。美洲原始人认为本氏族源于某种特定物种，在多数情况下，被认为与某种动物有亲缘关系，图腾信仰便与祖先崇拜发生关系。许多图腾神话中，认为自己的祖先就来源于某种动物或者是某种植物，或与某种动物或植物发生过亲缘关系，某种动物或者植物便成了这个民族的祖先。每个氏族都起源于一个图腾，并以该图腾为保护神、徽号和象征。在同一图腾内禁止通婚，有一定祭祀和禁忌。图腾是氏族时代的产物，随着氏族的分化，图腾也有所变化。

　　图腾崇拜与其说是对某种动物或者植物的崇拜，还不如说是对自己的祖先的崇拜。这样说或许更准确。图腾与氏族的亲缘关系，常常会通过氏族起源神话以及相应的称呼体现出来。例如鄂伦春族称公熊为"雅亚"，意为祖父；称母熊为"太帖"，意为祖母。据《魏书·高车传》中的说法，匈奴单于生了两个女儿，姿容均甚美，单于产生了错觉，曰：吾有此女安可配人，将以与天。乃筑高台，置二女于其上，曰：请天自迎之。经三年，复一年，乃有一老狼，昼夜守台嗥呼。其小女曰：吾父使我处此，欲以与天，而今狼来，或神物天使之然。下为狼妻，而产子。后遂繁衍成国，故其人好引声长歌，又似狼嗥。

　　一般地说，对图腾要敬重，禁止伤害。但有时却有相反情况。有的部落猎取图腾兽吃，甚至以图腾为牺牲。原始人也会为自己找些托词，之所以猎吃图腾，是因为图腾太完美了，吃了它，它的智慧、它的力量、它的勇气会转移到自己身上来。吃图腾与吃别的东西不同，要举行隆重仪式，请求祖先不要怪罪。鄂温克人猎得熊，只能说它睡着了，吃肉前要一起发出乌鸦般的叫声，说明是乌鸦吃了肉，不能怪罪鄂温克人。且不能吃心、脑、肺、食道等部位，因为这些都是灵魂的居所。吃后，对遗骸要进行风葬，用树条捆好，然后放在木架上，与葬人基本相同。

　　总的说来，以图腾作为牺牲来祭祖，是以图腾兽为沟通人与祖先神灵的一种媒介。原始人相信，自己的灵魂与图腾的灵魂是平等的，只是躯壳不同，死，只是灵魂脱离躯体换了一个家，而在阴间的家里，自己族类与图腾族类的灵魂居住在同一个地方。

　　这种图腾现象在中国也有发生。如《史记》中有"天命玄鸟,降而生商"的说法，根据专家解释，玄鸟便成为商族图腾。中国上古和近代各民族中流传感生神话，有些与远古图腾信仰有关。最早的图腾是动物，这点不用怀疑。在动物图腾中,最早的可能是哺乳动物，因为哺乳动物的外形、生理特征和行为与人较接近，较容易被认为是同类。至于其他非哺乳动物图腾，可能是万物有灵观念产生后出现的。

　　说到这儿了，有必要更正一种说法。多年来，龙是图腾的说法流布很广。实际上，龙很难说是一种图腾。龙是中国古代各部族、各民族共同崇奉的图腾神，因此它不会在很少崇奉或无人崇奉的图腾的基础上产生，它只能在许多世族部落崇奉的图腾的基础上形成。

　　闻一多在《伏羲考》中说：龙是"只存在于图腾中而不存在于生物

界中的一种虚拟的生物，因为它是由许多不同的图腾糅合成的一种综合体”；是“蛇图腾兼并与同化了许多弱小单位的结果”。

龙图腾之说 20 世纪 40 年代起步，至今流衍。20 世纪 80 年代，学者开始质疑龙图腾说，并出现一些否定性观点。图腾制体现的是人类与自然界间的关系，图腾物是自然界中实有物体，而龙作为一种图腾同时又不存在于自然界中，难以令人接受。

迄今为止，考古界、史学界均无可信资料证明在历史上曾有过一个强大的以蛇为图腾的氏族部落，至于兼并与融合其他以马、狗、鱼、鸟、鹿为图腾的氏族部落的说法，更是出于臆想。

另外，将中国古文物上出现的动物造型或纹饰视作图腾的表现形式，也是错误的。因为考古学中的某一类型文化与社会学中某一氏族部落是两个完全不同的概念。从时空范围上讲，前者比后者大得多。因此，某一类型文化中的某种纹饰与某一氏族的图腾划等号的可能性微乎其微。还有学者从图腾文化的基本特征提出悖论，如图腾是氏族群体成员崇敬的对象，是不得损伤、杀害和食用的，而在中国的古代典籍和神话传说中，不乏贬龙、辱龙、斗龙、斩龙以及食龙的载述。

图腾说来自于西方学者，中国远古氏族部落是否也像澳洲土著、北美土著那样，有过图腾崇拜时期？按学界的普遍观点，图腾文化发生于旧石器时代的中期，繁荣于旧石器时代晚期，进入新石器时代便已经趋于衰落，步入阶级社会，就只剩下残余在延续。

按考古学提供的实物数据，龙的起源当是新石器时代开始后的事。这就产生了问题：图腾崇拜已走向衰落，龙却起源了。将方兴未艾的龙归划于一个趋于衰落的崇拜现象，有悖于事物发展的基本逻辑。

另一个问题是，图腾概念有原有的为学界所基本公认的内涵和外延，这样的图腾是严格意义上的图腾。增其内涵、扩其外延之后的图腾，就不是严格意义上的图腾了。严格意义上的图腾是自然界中存在的实物，而龙不符合条件，是自然界里没有的神物，因此，要说龙为图腾的话，就只能将龙划归到广义图腾的框框里。问题是，狭义图腾和广义图腾时不时地会发生冲突。比如，按照狭义图腾要求，图腾物是不得被侮辱被杀害的，而广义图腾物龙却屡屡被惩罚被斩杀。这个问题如何解释？如果要在狭义图腾和广义图腾之间做出选择的话，众多学者倒是更倾向于狭义图腾，因为图腾就是图腾，应该尊重原初的内涵和外延，如果太广义了，也就没有什么图腾了。

野猪是北方狩猎民的崇拜物，满族尊为大神，说它身比山高，鬃毛如林，沟谷都是它的獠牙开出来的，是部落守护神。把牛视为远古创世神兽的有纳西族。纳西族记述海中巨卵孵出的神牛，角顶破天，蹄踏破地，造成天摇地动，纳西族人始祖开天七兄弟和开地七姊妹将它杀死，用牛头祭天，牛皮祭地，肉祭泥土，骨祭石头，肋祭山岳，血祭江河，肺祭太阳，肝祭月亮，肠祭道路，尾祭树木，毛祭花草。于是便有了晴朗明亮的天空日月，有了万物生长的清静世界。从此，牛才作为神圣物用来做祭圣物，用来做祭祀天地山川的牺牲供品。对马的崇拜流传于北方游牧民与游猎民。保安族流传雪白神马神话，清代文献中多有祭马神仪和修建马神庙记述。达斡尔族人称神马为温古，不准女人骑，可随处走，不准驱赶，可在田中随意吃秧苗。

世间本没有龙。大自然中与龙唯一长得较相像的动物，或许仅有鳄鱼。但鳄鱼不会飞，更不可能腾云驾雾。那么，古人所说的那个可以上天入地的龙是打哪儿来的？显然是想象出来的，或者说是拼凑出来的。龙的雏形"在新石器时代晚期已萌芽。古人对龙有种种解释，有说螣蛇没有脚而能飞；有鳞的叫蛟龙，有角的叫虬龙，无角的叫螭龙，有翅膀的叫应龙。不管怎么称呼，基础的东西似乎是鳄鱼。

远古时，人的手段其实极其有限，经常受到猛兽的攻击，所以就用猛兽来做图腾，求神灵保佑。因为沼泽多，鳄鱼经常伤害人，所以用鳄鱼做图腾的部落最多。有的学者认为，扬子鳄是龙最早的原形，观察它的牙齿和身上的样子，和绘画中的龙很相像。

扬子鳄也称鼍，是中国特有的一种鳄鱼，俗称猪婆龙，是体型最细小的鳄鱼品种之一，通常称短吻鳄。野生种群数量稀少，被列为国家重点保护野生动物 I 级名录之一，主要分布在长江中下游地区及太湖。成年扬子鳄体长很少超两米，一般只有 1.5 米。体重三四十公斤。扬子鳄分为头、颈、躯干、四肢和尾。全身皮肤革质化，覆盖着革制甲片，腹部甲片较高。背部呈暗褐色或墨黄色，腹部为灰色，尾部长而侧扁，有灰黑或灰黄相间带状纹。它的尾巴是自卫和攻击敌人的武器，在水中还起到推动身体前进的作用。四肢较短而有力，它的一对前肢和一对后肢有明显的区别：前肢有五指，指间无蹼；后肢有四趾，趾间有蹼。这些结构特点适于它既可在水中也可在陆地生活。

有人认为龙的原始形象源于湾鳄，但湾鳄未得到考古发现证实。史料中没有湾鳄记录。黄河流域有鼍即扬子鳄的考古发现，河南安阳侯家庄殷商墓葬中发现木身鳄皮鼓，鼓皮是扬子鳄皮。鼍皮蒙鼓是古老传统，《诗经·大雅·灵台》："鼍鼓逢逢"，鼍鼓是扬子鳄皮鼓。《山海经·大东经》和《初学记》《御览》等引《帝王世纪》也有类似记载："东海中有流波山有兽"，"状如牛，苍身无角，能走，出入水中则风雨，光如日月，其音如雷，名曰夔。黄帝杀之，以其皮为鼓，声闻五百里。"从记载看，夔或夔龙，甚至骐麟，都可能由扬子鳄形象演变而来。

远古时，扬子鳄就已进入人们的生活。在大汶口墓葬中和安阳殷墟中都曾发现过鳄腹部骨板。王因遗址文化层为四层，三至四层发现扬子鳄遗骸，地层年代距今 6000 多年。至少有 20 头个体，有头、牙、皮肤上的骨板与其他水生动物的遗骸混杂弃置灰坑中。鳄骨板深黑，被火烧过。显然是六千多年前的王因人熟食后弃置。

写至此，随意打开网页看了看，北京有一所美食学校，居然专门教学生怎么做鳄鱼肉。例如有道菜叫淮杞鳄鱼汤，原料是鳄鱼肉、淮山、枸杞、北杏、陈皮、红枣。上古那会儿，人们的口味没这么刁钻，但也好吃这口。有利条件是，上古那会儿的鳄鱼比时下要多得多。

在上古那会儿，没有科学，更没有分类科学。那时的人为了表达某种愿望，无论是飞禽还是走兽，把毫不相干的东西堆在一起，不能不说是习惯的做法。而龙这个东西，就是这么拼凑出来的。

《论衡》中说："龙之像，马首蛇尾。"还有的说龙的形状是鹿的角，牛的耳朵，驼的头，兔的眼，蛇的颈，蜃的腹，鱼的鳞，虎的脚掌，鹰的爪子。宋代画家董羽认为，龙集于九种动物的特征："角似鹿，头似牛，嘴似驴，眼似虾，耳似象，鳞似鱼，须似人，腹似蛇，足似凤。"《尔雅翼》云：龙者鳞虫之长。王符言其形有九似：头似牛，角似鹿，眼似虾，耳似象，项似蛇，腹似蛇，鳞似鱼，爪似凤，掌似虎，是也。其背有八十一鳞，具九九阳数。其声如戛铜盘。口旁有须髯，颌下有明珠，喉下有逆鳞。头上有博山，又名尺木，龙无尺木不能升天。呵气成云，既能变水，又能变火。另一说是："嘴像马、眼像蟹、须像羊、角像鹿、耳像牛、鬃像狮、鳞像鲤、身像蛇、爪像鹰"。

古人为什么会组成出这样一种东西呢？后代根据古人的说法所描绘的龙，或者说在今天的社火中被人们举着到处跑的布袋龙，在自然界并不存在。它之所以在远古的中国出现，并承传不息，是因为它是远古时代诸多部落结盟的产物，是联合的象征。各个部落联合之后，把各部落的动物图腾摘取出一部分，凑起来，成为联合部落的共同标志。

当注意的是，这里所说的仅是标志物，而不是什么图腾。原因其实很简单，按照印第安人所设计的图腾的本意，图腾是在自然界中实有其物的东西，即便某个部落是以小老鼠为图腾，那可怜的小耗子也是在自然界中真实存在的，与部落的祖先有过某种联系。不可能想象，某个部落会用一种想象中的东西作为整个部落的图腾。

龙之所以会被作为一种标志，与远古人们的习惯行为方式有关。在远古，人们由于对大自然的认识太肤浅了，习惯是把想象的东西往一个人或一个对象上堆积，相当于拼出一盘杂拌儿。

《山海经》载，共工素来与火神祝融不合，因水火不相容而发生惊天动地的大战。在传说中，共工是火爆性子急脾气，怒而触不周之山，造成"天柱折，地维绝"。而相对比较靠谱的说法是，共工是尧手下的臣子，在舜时犯了事，被流放。即便今天最大马力的推土机，都不可能推倒一座山。远古的这种想当然的设计，还是在拼杂拌儿。

在《山海经》中，各小国民众都像不同动物拼凑的，汉代画像石中，伏羲与女娲两口子的形体也是拼的，上半身是人，下半身都是蛇身，人类的这对父母手持吉祥物，蛇尾交合，幸福地相依相偎。

山西襄汾的陶寺遗址属于龙山文化晚期，从公元前2600年到公元前2200年，早于夏代。遗址有城，面积是中原地区龙山文化城址里最大的。还有大量墓葬，大墓出土了礼器，礼器中的磬和后来的类似，三角形，挂起来可以奏乐；还有鼓，用陶土烧成圆筒形，上面用鳄鱼皮覆盖，可敲击；还有陶制礼器，比如一种很大的陶盘，里面画着盘旋的龙，这和后来的商周青铜礼器，在构造、艺术上一脉相承。中国社会科学院古代文明研究中心就用这个龙纹作标志，它是文明的一种象征。

古时候，黄河约在河南濮阳以西30公里处向北流，到现在天津的附近入海。六七千年前，黄河流域的中下游气候温暖湿润，不仅有雷泽及黄河等广阔的水域，还有许多现已消失的河、湖。据《禹贡》及《水经注》等文献记载：那时的河流还有如济水、濮水、沮水等；湖泊还有巨野泽、菏泽、孟猪泽、大陆泽等，在古雷泽和今濮阳西水坡一带形成河湖交错地区，成了扬子鳄生长繁殖的乐园。如果不是该地区的气候变得干旱和水域大面积减少，也许扬子鳄还不致像现在这样只有少数分布在长江中下游的狭小地区内而濒于危境了。

据传颛顼曾以濮阳为都。因位于濮水（黄河与济水支流，后因黄河泛滥淤没）之阳而得名。1986年，境内出土的石磨盘、石磨棒、三足陶等裴李岗文化典型器物证明，七八千年前，这里已有人类活动。

1987年，濮阳市为解决工业和城市居民用水，在县城西南处建引黄供水调节池。5月开挖调节地工程中发现，遗址的西、南两面是始建于五代后梁时的古城墙。报经文化部批准后，同年6月开始发掘。

该遗址文化层，自上而下是宋、五代、唐、晋、汉及黄河淤积层，东周、商文化层、龙山文化层和仰韶文化层。仰韶文化层分为三层。发掘清理了众多遗迹，像灰坑、窖穴、房基、窑址、沟、成人墓葬、儿童瓮棺葬、东周阵亡士卒排葬坑及大量的陶、骨、石、蚌器等遗物。

古墓墓主身长1.84米，骨骼粗壮，为壮年男性，头南足北。这具高大躯干高出北京山顶洞人10厘米、山东大汶口人12厘米、河姆渡和半坡人14厘米。从骨骼保存状况看，墓主似为正常死亡。令人称奇的是，这座特殊墓葬中没有发现随葬器物，却在墓主骨架旁摆放着三组蚌塑图案。蚌是生活在淡水中的软体动物，属贝类，常见的有两大类，一类喜欢生活在河水里，叫珠蚌；另一类喜欢生活在池沼里，叫池蚌。

用蚌壳摆塑的图案，在历次考古发掘中，并不多见。用贝壳摆塑的图案到底是什么？有人认为像古代的青龙、白虎，骨架右侧的蚌壳龙，昂首、曲颈，弓身，前爪扒，后爪蹬，状似腾飞；而人骨架左侧的虎图案，头朝北，背朝东，头微低，双目圆睁，张口露齿，虎尾下垂，四肢交替，如行走状，形似下山之猛虎。

比较一下蚌塑龙与扬子鳄形象：蚌龙的吻部长而前突，张开大口，显出长舌，头顶平而无角，但颈部有鬣，无疑是扬子鳄形象。再看龙爪，其前肢为四趾，后肢为五趾，可见蚌龙的塑造者所想象中的动物是具体的，已观察到想象中的龙的前、后肢的趾数不同。扬子鳄前、后肢趾数也不等，前肢为五趾，后肢为四趾。就是说蚌龙的塑造者将其前后趾数弄反了，这是如何造成的尚待研究。

值得注意的是，蚌龙颈上有一堆蚌壳，这不是偶然将多余的蚌壳任意弃置于此，而是用之表示它颈上高耸的鬣毛。蚌龙颈部高耸的鬣毛是怎么来的呢？这是古人想象中将扬子鳄与马综合的结果。扬子鳄或鼍的头部特别是吻部，像马头的吻部，古人称"龙而形象马"的鼍为"龙马"，蚌龙颈部的鬣也由马颈鬣衍生而来，这可能是古人首先在鼍身上加的想象的部件，也是鼍与马的第一次综合，走上了由扬子鳄演变成所谓"龙"的第一步。所以在较古老的文献中都是将龙、马并称。

虎图案的西部和北部，还有两处蚌壳。虎图案北部的蚌壳，形状为三角形，像是人为摆放的。而虎图案西面的蚌壳较散乱，没有一定形状，里面还杂有石片，可能是摆塑虎图案后剩下来的。为什么摆完前面的图案后还在这里摆个三角形？这个三角形代表了什么？

墓南端20米处，考古人员又发现了另一组蚌塑图案。其中的两个图案好像与墓主人身侧的龙、虎类似，并且蝉联为一体，虎向北，龙向南。奇怪的是，在虎背上还卧着一只动物。后方是一只鸟，鸟与龙头之间则是蚌壳塑造的蜘蛛，蜘蛛前方放置一件磨制精细的石斧。

考古人员在距第二组遗迹20米以南发现了另一组蚌塑图案，包括龙、虎、鸟图像以及散乱的蚌壳。其中，蚌虎居北，蚌龙居南，作奔走状。奇怪的是，蚌龙身上还有一个人的形象，似与远古时代人乘龙的传说相吻合。人们希望龙具备风雨雷电的力量，像鱼一样在水中游弋，像鸟一样可以在天空飞翔。龙在神话中成为了众鳞虫之长、四灵（龙、凤、麒麟、龟）之首，能够上天入地、兴风作雨。

传世甲骨文中已有龙字。从结构来看，龙为兽首蛇身状，头顶表示刀状器的辛字符号。辛在甲骨文中有被驱使之意，因而龙字表示被驱使的力量，只是驱使它的是"天"。甲骨文的龙字传达给后人这样些信息：供天驱使；发出隆隆之声；形象是闪电，头像兽，躯像蛇，隐身在云团中；工具是云团；功能是接受天的旨意播洒雨水。

清理完第三组蚌塑图案，考古人员发现：三组遗迹居然处于南北一条直线上，间距基本相等，都为20米。最南端的31号墓，距离第三组蚌塑图案也是20米。这样奇怪的布局，难道仅是巧合？专家认为，这个形象看起来像北斗，如果将蚌塑三角形代表斗魁，东侧横置的胫骨代表斗杓，那么斗魁指向龙首，斗柄指向虎首，与北斗星象位置吻合。

濮阳位于黄河流域，这个纬度观测到的北斗位于恒显圈。由于岁差的缘故，数千年前，位置较今日更接近北天极，终年可见。古人没有计时设备，当他们发现北斗的运动规律时，便以运动规律计时。从理论上讲，地球自转，斗柄会围绕北天极做周日旋转，可给古人指示夜间时间的早晚；地球公转，斗柄会围绕北天极做周年旋转，古人可根据斗柄的指向确定寒暑季候的变化。最早的时间系统即因此而建立。

北斗只有在夜晚才能看到，掌握时令变化，仅依靠北斗不行。古人观察白天出现的太阳，发现日影变化也有规律：日影在一天中会不断地改变方向，如果观察每天正午时刻的日影，一年中又会不断地改变长度。古人很快掌握了日影变化规律，创制了新计时方法，就是立表测影。原始表叫髀，是一根直立于平地上的杆子，杆子的投影随着一天中时间变化而游移。《周髀算经》载："周髀，长八尺。髀者，股也。髀者，表也。"表明髀字的本义既是人的腿骨，也是测量日影的工具。

商代一尺为现在15.8至17厘米，汉代一尺为现在23厘米，八尺恰好等长于人的身长。那么，为什么要等长于身，利用人体测影呢？古人通过观察自身影子变化而掌握计时方法，所以把人体本身作为最早的测影工具。《史记·夏本纪》中也有"大禹治水以身为度"的记载。

甲骨文中的昃字像太阳西斜俯映的人影。按此观点观照古墓中的北斗以人骨表现斗柄方法，体现的是圭表测影与北斗建时两种计时法。西水坡的3处遗迹准确分布于一条南北子午在线，表明以立表测影与观候星象为基础而建构的授时系统在仰韶时代已相当完善。

古代社会以农业为本，天文历法成为古代部落统治的根本大法。帝王改朝换代，王者易姓受命，往往修订立法，以更好地指导农业生产。传说中的颛顼"绝地通天"，就是对天文历法的体制进行调整。中国传统的历法是阴阳合历，至迟在春秋战国时已使用这种历法。

20世纪80年代初，学者相继发现远古时行用过十月太阳历和火历。他们曾在四川大凉山、云南小凉山彝族地区考察，证明十月太阳历的存在。一些学者认为《夏小正》就是十月太阳历，而十月太阳历的创制大约是从伏羲时代至夏代这段时期内形成的。这种历法一旦创立，便在夏羌族中牢固地扎下了根，并沿用到今天。可以说，它是世界历法史上创制时间最早的历法之一，也是使用时间最长久的一部历法。

按照考古家的分析，墓中呈现的四位"神人"，不仅代表了司分司至之意，而且作为天帝的佐臣，还有佐助天帝接纳升入天界的灵魂的职能。根据在于，四位神人为四方之神，其实就是掌管四方和四时的四巫。四巫可陟降天地，这在甲骨文、金文和楚帛书中，都有清楚的记述。所以，人祖的灵魂升天时，也必须由他们相辅而护送。

在第二组蚌塑龙虎图中，虎背上卧鹿，龙头上塑一蜘蛛，龙虎连身，虎形仅尾部没塑出来，龙形只塑了龙头及颈部，龙首像被老虎拖在屁股后头一样。龙首前面有一堆略圆的蚌壳，有人释为龙珠，龙珠在龙口前方，立意与墓地龙形一样，表示的仍是龙心、龙珠被吐出。

第三组龙虎图倒是龙腾虎奔形象，龙形干瘦、僵直，尾巴下卷，头颈后扭，似不服管教，作挣扎状，虎形健壮有力，作四蹄狂奔式。

墓主东侧的蚌壳摆塑龙，形象接近秦汉后的龙。使用的蚌壳经精心挑选，主要为尖长形蚌和椭圆形蚌，采用不同的造型和表现手法：尖蚌用来表现龙的爪、牙、舌、目、尾等，圆蚌用于填充龙的肢体。握龙的形体特征、神态和动势，娴熟地运用蚌壳的长短、大小、侧正、顺逆等表现其肢体结构和空间布局。以上种种现象说明，当时人们对龙的认识已臻于成熟，被誉为"中华第一龙"当之无愧。

许顺湛是山西芮城县人，曾担河南省博物院研究员，河南省博物馆馆长、名誉馆长，河南省考古学会副会长等职。他认为濮阳蚌塑龙以鳄鱼为原型，头上还长着角，与秦汉以后的龙比较接近，它们之间似乎有传承关系，应该把西水坡龙称为后代龙的鼻祖。

濮阳西水坡是"中华第一龙"发现地。之所以在濮阳发现，说起来似乎不奇怪，这里是上古五帝之一的颛顼建都地。《帝王世纪》载：高阳氏颛顼是黄帝的孙子、昌意的儿子，姓姬。他母亲是蜀山氏的女儿，在若水边生颛顼。《左传·昭公十七年》载：濮阳即古帝丘，曾是颛顼的都城，城内还有颛顼墓。这在其他史书典籍里记载明确。当地还有颛顼传说，如濮阳县城南18里的瑕丘，传说为颛顼避暑胜地；县城东南的高阳城，传为颛顼高阳氏都于此而得名，现村名为高城村。

《山海经》《国语·楚语》称颛顼是黄帝子昌意的后裔，居帝丘（河南濮阳县），号高阳氏。《史记》载："黄帝崩，葬桥山。其孙昌意之子高阳立，是为颛顼帝也"。相传昌意是黄帝与嫘祖的次子，封于若水，娶蜀山氏之女昌仆为妻，生颛顼。颛顼即位后建都高阳（今河北高阳县）。颛顼是黄帝的孙子，九黎族首领。被黄帝征服的九黎族，到颛顼时仍奉巫教，杂拜鬼神。颛顼禁绝巫教，令顺从黄帝族教化。自颛顼到禹，传说中苗族、黎族与黄帝族不断冲突。

颛顼即位后的第一件事是定四时，然后驯养家畜禽兽，教化万民，制定礼仪。颛顼帝在位时，有点像汉高祖征服天下后，他的后人形成"文景之治"的盛世。司马迁用这样一句话来概括颛顼统治盛况："日月所照，莫不砥属"。这句话既指颛顼帝统治时的天下之大，又说明了颛顼帝巡游了天下，说明颛顼帝是一位难得的、体察民情的仁慈君主。他北到过幽陵（北京），南到过交趾（今越南），东到过蟠木（一说指日本），西到过流沙（新疆），广袤无垠的华夏大地他都巡察过。

《史记》称：颛顼"洪渊以有谋，疏通而知事，载时以象天"，颛顼以辰星为主观测天象而治历，"察日辰之会，以治辰星之位"，观测一年中二十四宿的关系，确定太阳的周天行度，将四时分别列为仲春春分，仲夏夏至，仲秋秋分，仲冬冬至，从而形成中国最早具有科学性的古老历法《颛顼历》。《颛顼历》第一次明确地把以物候观测为重点，转移到以天象观测为重点，科学安排出一年的节气，人类也从此进入了治历明时的新阶段，颛顼也被尊为"历法之宗"。

当先人摆脱原始狩猎采集经济进入农业文明时，观测天象计时，为农业生产提供帮助成为重要工作。表面看，观测天象是天文活动，其实，在远古具有强烈政治意义。生产的丰收和歉收会决定整个氏族的命运，所以天文知识在是最先进知识，能够观察天象的人也是最了不起的人。"知地者智，知天者圣"，一旦掌握了观测知识，他便可以实现对氏族的统治，王权的雏形也因此形成。

《国语·楚语》称：颛顼的初期，"民神杂糅，不可方物；无人伴享，家为巫史"。出现了人人祭神，家家有巫，巫术横行局面。再加上"九黎乱德"，致使社会动荡不安。于是，颛顼"命重黎绝地天通"，"命南王重司天以属神，火正黎司地以属民"，快刀斩乱麻，使群巫不能再有升天祸地的机会，缓解了巫术、占卜和祭神泛滥成灾所引发的社会矛盾，规范了祭祀的内容、规格和标准。因此祭祀作为统治者的治国方略，是颛顼一手策划并确定的。《史记》这样评价颛顼："静渊以有谋……依鬼神以制义，治气以教化，洁诚以祭祀。"

关于颛顼的葬处，史料上有多种提法，相差不大。《帝王世纪》载："颛顼冢葬东郡顿丘城南广阳里，大冢者是也"。说明了颛顼墓的确地位置。《皇览》载："帝喾冢在东郡濮阳顿丘城南台阴野中者也"，不但说明了帝喾陵墓的确切位置，而且具体到"阴野中者也"。

颛顼与帝喾陵墓相近，二者间关系非同异常。《内黄县志》载：内黄古属东郡濮阳，金大定七年划归滑州（今河南滑县）。因境内有高阳氏、高辛氏两位先帝的陵墓，古时有以帝陵为名的惯例，故在 1940 年新置高陵县。1949 年撤高陵县，将颛顼帝喾陵重新划入内黄。据史料记载和考古发现，颛顼和帝喾陵寝历史悠久。当然，后世见到的都是重新修缮的。《海外北经》："务隅山，帝颛顼葬于阳，九嫔葬于阴。"务隅山即鲋岭。颛顼、帝喾功昭四海，两陵并峙。

帝喾是黄帝的曾孙，颛顼的侄子，因在辛地开基，故号高辛氏。帝喾继承叔父颛顼称帝，建都亳殷。河南内黄县境内的颛顼帝喾陵，很早以前就被称为高王庙。先建陵，后立庙，宋朝祭祀颛顼、帝喾被列为定制。明洪武三年，太祖朱元璋派人寻访历代帝王陵寝，在全国查帝王陵 79 处。经过筛选，确定有代表性的 37 处帝王陵列是皇家祭祀，并在应天（今南京）立帝王庙供皇家祭祀，其中有高阳氏颛顼、高辛氏帝喾。在北京历代帝王庙中，颛顼、帝喾的神位列五帝序列，体现了帝王入祀道循"中华统绪，不绝如线"。这话是乾隆皇帝说的。

考古调查得知，濮阳县东南 25 里的五星乡高城村东北为颛顼都城遗址，面积约 100 万平方米，周围分布着铁丘遗址、马庄遗址、蒯聩台遗址、戚城遗址、程庄遗址、小海通遗址、后岗上遗址、台上遗址、李家庄遗址、后高庄遗址、西水坡遗址、湾子遗址、三里店遗址、咸城遗址、西子岸遗址、高庄遗址和文寨遗址等数十处史前文化遗址。反映了颛顼时代，河济大平原的中心地带部族林立。

据碳 –14 测定的年代，西水坡遗址大墓年代距今约 6500 年，处于仰韶文化早期略晚，相当于传说中的黄帝时代。颛顼被认为是黄帝孙子辈的，与黄帝所处的时代相同，加之古文献中颛顼部族的活动范围也主要是今天的濮阳地区，因此，大墓的主人有可能是颛顼。

不说龙与颛顼若有若无的关系了。从较深的层面看，龙尽管只是虚拟的动物，却包含着中国古人对于精神层面的追求，或者说是对文明的追求。为何这样说？解释起来，是个不小的问题。

古人认为龙为天上的星象，即东宫苍龙。此说最早在东汉许慎编撰的《说文解字》中已初见端倪。许慎解龙为"春分而登天,秋分而潜渊"。在这里，已将龙与星象、历法联系起来了。

人类思维发展规律是由形象到抽象。很难想象，远古人类在没有龙的具体形象概念之前就能在天上的星象中首先出现龙的形象。更难想象，在天空四宫星象中三宫：西宫之白虎，南宫之朱雀，北宫之玄武（龟、蛇）都有真实的动物作为其想象的基础，独东宫苍龙无真实动物可本。

古人当然知道，龙的形象是各种动物拼凑的，即便如此，也愿意把龙作为自然界运行的符号。如李鼎祚在《易经集解》引沈麟士曰："称龙者，假像也，天地之气有升降，君子之道有行藏，龙之为物，能飞能潜，故借龙比君子之德也"。看看，龙是人的德行的象征。

德行属于文明的范畴。说到这儿，不妨比较一下中外不同的文明观念。在英文中，文明（Civilization）一词来源于拉丁文（Civis），意思是城市居民。这就是说，文明的前提条件是出现城市，城市是文明的发源地，一般指社会发展史上继野蛮时代之后的更高阶段。

文明的本质含义为人民生活于城市和社会集团中的能力。引申之后为先进的社会和文化发展状态，以及到达这一状态的过程，涉及领域广泛，包括民族意识、技术水准、礼仪规范、宗教思想、风俗习惯以及科学知识的发展等。

文化和文明是不同概念，二者有区别。不说中文如何界定二者区别，只看英文界定。简单地说，英文中的文化（culture）是属于石器时代范畴的概念，用于专指石器时代特别是新石器时代包括金石并用时代的原始部落人类遗迹，而"文明"（civilization）是属于青铜时代范畴的概念，专指人类进入青铜时代以后的国家阶段。

通过文化（culture）和文明"（civilization）的词源，可看出两者的区别。文化（culture）的词根是 cult-，原始意义是耕作，表明文化的本义属于与农耕相联系的原始部落时代；文明（civilization）的词根是 civ-，原始意义是市民，这也同样表明，文明这个概念的本义是属于与伴随着市民的出现而同时产生的城市及工商业相联系的青铜时代的范畴的。城市（city）就是从词根 civ- 的变体 cit" 演绎而来。

看了"Civilization"来由，事情就清楚了。古代英国人所说的 Civilization，究其底里，是城里人打量乡下人的那种发自骨子的优越感。自古，英国人等级观念重，不难想象，"Civilization"们傲视乡巴佬时那副目空一切的样子。换句话说，"Civilization"也是使用金属工具的人打量石器使用者的感觉。即便至今全世界都在学英语，英语似乎不当冒犯，而以上说法从英语词根上分析所得，显得英国人有点势力眼儿，而词汇的流变就是这个样儿。

文化是一系列共有的理想、价值观和行为准则，使个人行为能力为集体所接受的共同标准。在原始社会中，人类形成第一次分工，产生了农业民族和畜牧民族。早期文化在农业民族中产生，因为畜牧民族逐水草而居，不容易产生大规模聚居，对文字没有迫切需要；农业民族容易形成大部落。最早的国家和奴隶制都产生于农业民族。有了国家和奴隶制才能产生大批聚集的有闲阶级，他们发明了文字，促使形成脑力劳动和体力劳动的人类第二次分工，从而产生狭义文化。

从原本意义上，中国和欧美国家对文明一词的理解不一样。我总纳闷儿，为什么有中国学者硬要把中国自古承传的对于文明的理解硬塞到外国人规定的文明范畴内。这种做法，如果不是硬着头皮"与国际接轨"的话，就是在问题的基点上就出现了偏差。

中国约在前1万年进入新石器时代。由于地域辽阔，各地的自然地理环境有很大相同，文化面貌有很大区别：旱地农业经济文化区包括黄河中下游、辽河和海河流域等地，是粟、黍等旱作农业起源地。水田农业经济文化区为长江中下游。至于岭南地区，农业一直不发达，渔猎采集经济占有重要地位，可划为亚区。狩猎采集经济文化区，包括长城以北的东北大部、内蒙古及新疆和青藏高原等地，除个别地方外，基本上没有农业，细石器特别发达而很少磨制石器，陶器也不甚发达。

中国最早的文明发轫于旱地农业经济文化区，追究汉语中的文明一词的出处，见之于《易·干》所载："见龙在田，天下文明。"干卦是《易经》第一卦，反映出中国人对文明的独到理解和解释。

龙是想象出来的浑身长满鳞甲、能呼风唤雨的动物，农耕要的是风调雨顺，所以龙伴随着农业经济的诞生而形成。"见龙在田"是对远古农业经济诞生的描述。"天下文明"则是部落走向联盟，战争停止后出现的场景。自然界本没有龙，龙由部落联盟后堆砌图腾而组成，是虚构的图腾，因此龙在干卦系词中出现，指的是部落间停止厮杀后的状态。田既是耕地，也可表示为农业经济产物，是农耕文化的载体。孔颖达是这样阐释这句话的："天下文明者，阳气在田，始生万物"。

《易·贲》说："刚柔交错，天文也；文明以止，人文也。观乎天文，以察时变；观乎人文，以化成天下。""文明以止"就是以礼乐教化人，而非用武力折服人，由此产生中国文化的伦理道德原则。这里首次提出"人文"，也就是人类社会的各种文化现象，而观察人类社会的各种文化现象的目的，还是要解决平定天下的诸方面问题。

《易经》以如此精要的语言，从物质与精神这两个方面准确揭示出了文明的含义，而文明产生的大前提是天下要平定。这样，我们窥视到了《易经》产生的背景，那是一个诸多部落逐渐统一的年代。

至于文明本身的含义，也可谓文德辉耀。此说见之于《书·舜典》："浚哲文明，温恭允塞。"孔颖达疏曰："经天纬地曰文，照临四方曰明。"也可说是文治教化、文教昌明等。当然，这就不是单纯的手段问题了，而是一个状态问题。

在对文明的理解上，中外有不小的距离。英语民族以城里人看乡下人的心境理解何谓文明，而中国古人重视的是文明产生的环境，也就是"天下"能不能产生催发文明的条件。据此，可以说，在对文明的理解上，中国古人比英语民族的古人更透彻，亦更本质。

26. 黄帝铸鼎原，那儿居然有座蚩尤山

河南与陕西挨着。河南的西头有个陕县，按照陕县群众的说法，陕西的意思就是在陕县的西边。陕西与河南间或有些疙疙瘩瘩，陕西人称河南人"河南蛋"。这称呼是怎么来的？一种说法是，当年河南花园口决堤，黄河水倒灌，河南人挑着担子逃生，进入陕西后，陕西人看见说河南口音逃难的，就称"河南担"，不知什么时候，就叫成鸡蛋的蛋了。河南人倒没有给陕西人起外号，有的陕西人自称"老陕"。

仰韶文化的发生地点，主要在河南与陕西，陕西的代表性遗址是半坡遗址，河南的代表性遗址是庙底沟遗址。仰韶文化晚期出现了黄帝和炎帝，如果论起籍贯，黄帝是个"河南担"，而炎帝是个"老陕"。

战国以来的文献记载，河南新郑为有熊之墟。远古时，具茨山（河南新郑西南）姬水河一带住着少典部落，称有熊氏。《汉书·地理志》载："河南郡有大隗山，盖压禹、密、新三县也。"北魏时，郦道元在《水经注》中说：大隗即具茨山也。部落首领名叫少典，系无怀氏所生，善于射猎，经常出入深山密林。一次少典进山打猎，坐在树下休息，不知不觉睡着了，朦胧中觉得有什么东西轻轻推手臂，睁眼一看，原来是只熊站在面前。大熊见少典醒来，卧伏在少典身边，少典骑上了熊背，进入了一个峡谷，看到一头巨兽。从峡谷里走出一群熊，巨兽扑杀两只熊。少典领悟大熊求他消灭巨兽之意，拉弓将巨兽射死。少典成了熊的救命恩人，可以任意役使熊。少典部落改名为熊部落。《史记·五帝本记》载：黄帝者，少典之子，姓公孙，名轩辕。上古的熊字是"上今下酉"，为帝王之意。有熊是族中有帝王之意。后来孔丘写《春秋》篡改了，《帝王世系》不传。秦朝建立后，李斯统一文字为小篆，从此便成了动物的熊字了。从秦汉以后，再没有人知道熊字的真正含义了。

黄帝本姓公孙，生长于姬水（古姬水在河南新郑），故改姓姬。居轩辕之丘（在新郑市轩辕丘），故号轩辕氏。少典之子。以土德王，土色黄，故称黄帝。《易·系辞下》："神农氏没，黄帝、尧、舜氏作，通其变，使民不倦。"孔颖达疏："黄帝，有熊氏少典之子，姬姓也。"《史记·五帝本纪》："黄帝者，少典之子，姓公孙，名曰轩辕。生而神灵，弱而能言，幼而徇齐，长而敦敏，成而聪明。"司马贞索隐："有土德之瑞，土色黄，故称黄帝，犹神农火德王而称炎帝然也。"黄帝即位据说是公元前 2697 年，即位时 20 岁，据此推算黄帝出生于公元前 2717 年，其生卒年份，在传说中为公元前 2717 至公元前 2599 年。

再看炎帝，相传其母母名为女登，一日游华阳，被神龙绕身，感应而孕，生下炎帝。传说炎帝人身牛首，头上有角。炎帝生于烈山石室，长于姜水，有圣德，以火德王，故号炎帝。炎帝姓姜，姜姓部落共有九代炎帝，神农生帝魁，魁生帝承，承生帝明，明生帝直，直生帝牦，牦生帝哀，哀生帝克，克生帝榆罔，传位 530 年。炎帝的故里所在，目前尚有争议，一说是宝鸡市渭滨区的清姜河，一说是今宝鸡市岐山县的岐水。后来定都在陈地，也就是河南淮阳。

黄帝与炎帝都是华夏民族始祖。《国语·晋语》载："昔少典娶于有蟜氏，生黄帝、炎帝。黄帝以姬水成，炎帝以姜水成。成而异德，故黄帝为姬，炎帝为姜。二帝用师以相济也，异德之故也。"这是最早记载炎帝、黄帝诞生地史料。后来两个部落争夺领地，黄帝打败了炎帝，两个部落渐渐融合成华夏族，华夏族在汉朝以后称为汉人。

黄帝被称为人文始祖，这个头衔即便是后人加的，也比联合部落大酋长的分量重得多。人文形态的正规化，从黄帝这儿开头。也可以换种说法，新石器时代晚期的那些事，到黄帝这儿就打了结，浑浑噩噩的日子就此结束，华夏民族和中华大地往后就进入半国家形态了。

不知是怎么回事，对于华夏始祖炎帝与黄帝，《山海经》给予了不平等待遇。对于炎帝，《山海经》中只是寥寥几句，而且所说与炎帝本身无关。而对黄帝，《山海经》中提的却不少。

《山海经》的《大荒西经》和《海内经》中载有黄帝谱系："黄帝妻嫘祖，生昌意。昌意降处若水，生韩流。韩流擢首、谨耳、人面、豕喙、麟身、渠股、豚止，取淖子曰阿女，生帝颛顼。颛顼生老童，老童生重乃黎。帝令重献上天，令黎邛下地。下地是生噎，处于西极，以行日月星辰之行次。"显然，这个谱系具有传奇色彩，具有神谱性质，但是与《大戴礼记·帝系篇》《史记·五帝本纪》《帝王世纪》基本相同，表明黄帝实有其人，否则不会在各种书中持相同说法。

《西山经》："又西北四百二十里曰峚山。其上多丹木，员叶而赤茎，黄华而赤实，其味如饴，食之不饥。丹水出焉，西流注于稷泽。其中多白玉，是有玉膏。其源沸沸汤汤，黄帝是食是飨。是生玄玉。玉膏所出，以灌丹木。丹木五岁，五色乃清，五味乃馨。黄帝乃取峚山之玉荣，而投之钟山之阳。瑾瑜之玉为良，坚粟精密，浊泽光。五色发作，以和柔刚。天地鬼神，是食是飨；君子服之，以御不祥。自峚山至于钟山四百六十里，其间尽泽也。是多奇鸟、怪兽、奇鱼，皆异物焉。"

《大荒东经》："东海之渚中有神，人面鸟身，珥两黄蛇，践两黄蛇，名曰禺虢。黄帝生禺虢，禺虢生禺京。禺京处北海，禺虢处东海，是惟海神。"虢是虢的误写。《大荒东经》原文为禺虢，应为号（号虎）的一种异体字。禺号是《大荒北经》儋耳国的祖先。

《大荒东经》："东海中有流波山，入海七千里。其上有兽，其状如牛，苍身而无角一足，出入水则必风雨，其光如日月，其声如雷，其名曰夔。黄帝得之，以其皮为鼓，橛以雷兽之骨，声闻五百里，以威天下。"

文中所说的这位夔有角（梳辫子之意）。后来，夔称得上是有书可寻的最早的音乐家，活动时期在公元前 2179 年左右，相当于传说中黄帝和尧舜禹时代后期。《尚书》载，舜帝让夔掌管乐舞，夔敲起石磬，大家扮成百兽边歌边舞。夔编导了当时最高水平的乐舞《箫韶》。

《大荒西经》："西北海之外，赤水西，有（先）（天）民之国，食谷，使四鸟。有北狄之国。黄帝之孙曰始均，始均生北狄。有芒山。有桂山。有榣山，其上有人，号曰太子长琴。颛顼生老童，老童生祝融，祝融生太子长琴，是处榣山始作乐风。"

《大荒北经》："有昆之山者，有共工之台，射者不敢北乡。有人衣青衣，名曰黄帝女（魃）。蚩尤请风伯、雨师，纵大风雨。黄帝乃下天女曰（魃），雨止，遂杀蚩尤。（魃）不得复上，所居不雨。叔均言之帝，后置之赤水之北。叔均乃为田祖。"

《大荒北经》："大荒之中有山，名曰融父山，顺水入焉。有人名曰犬戎。黄帝生苗龙，苗龙生融吾，融吾生弄明，弄明生白犬，白犬有牝牡，是为犬戎，肉食。有赤兽，马状，无首，名曰戎宣王尸。"

《海内经》："有木，青叶紫茎，玄华黄实，名曰建木。百仞无枝，（上）有九枸，下有九枸，其实如麻，其叶如芒，大皞爰过，黄帝所为。有窫窳，龙首，是食人。有（青）兽，人面，名曰猩猩。黄帝生骆明，骆明生白马，白马是为鲧。帝俊生禺号，禺号生淫梁，淫梁生番禺，是始为舟。番禺生奚仲，奚仲生吉光，吉光是始以木为车，少皞生般，般是始为弓矢。"骆明是什么？是黄帝部落联盟迁徙离开豫中时，分离出来并继续在豫中地区生活的子辈部落联盟组织名称。

黄帝历来被打入三皇五帝的包里的，相比之下，炎帝则没有这么高的待遇。那么，三皇五帝的说法打哪儿来的？来自《周礼》。《周礼》是通过官制表达治国方案的著作，面世之初被藏入秘府。直到汉成帝时刘向、刘歆父子校理秘府所藏文献才发现，并加以著录。书中有句话，为"掌三皇五帝之书"。这句简简单单的话是"三皇五帝"提法的出处。从中不难看出，三皇五帝的说法不仅出台很晚，而且是个庞杂概念，通常是指夏朝以前的传说中的帝王，但其中有的是神话人物，有的则是部落联盟首领，或者说是数个部落联合后公推的第一把手。

三皇是谁，五帝又是谁，存在多种说法。所有说法中，黄帝有很大机动性，来回蹦，有时列位三皇，有时列位五帝。无论史书记载还是神话传说，都认为三皇的年代早于五帝。大致三皇时代在5000年至7000年前，五帝时代距夏朝不远，在4000多年前，顶多5000年。

《尚书》是中国现存最早史书，是上古档和部分追述上古事迹著作汇编。据传原百篇，秦焚书后，西汉初存28篇。《尚书》这么老的书，对三皇五帝仅仅打了个擦边球，第一篇是《尧典》，而尧是黄帝后的人物。偌大个中国，没有尧以前的记载，后人说"《尚书》独载尧以来。"据说尧是上古贤明君主，姓伊、起初封于陶，后迁徙到唐，也就是今天山西临汾一带，所以称陶唐氏。当然，这类说法仅是传说。

说到史前事，《尚书》仅从尧起步，就像个半拉子工程，让读者不过瘾。读者听着靠谱的说法，出自于司马迁编撰的《史记》。

司马迁的父亲司马谈官太史令，陕西阳夏人。太史令的工作是管理皇家图书和收集史料，研究天文历法。司马谈死后，司马迁承袭父职，有条件看国家档案。汉武帝太初元年，司马迁开始编写《史记》。天汉二年，李陵率兵随李广利出击匈奴，结果兵败投降。汉武帝向司马迁询问对李陵的看法，司马迁是做学问的，没心眼儿，也不考虑到汉武帝问这话的真实意图，于是说了几句公道话，大意是：李陵之所以投降，是寡不敌众，没有救兵，责任不全在李陵身上。汉武帝认为，司马迁有意替李陵开脱，贬责自己的爱姬李夫人的哥哥李广利，于是把司马迁关进大牢，还处以腐刑。三年后司马迁被赦出狱，大约在征和二年完成《史记》的编撰工作。司马迁死后许多年，他的外孙杨恽才将姥爷的巨著公诸于世。

神话不是历史真实，是由于古代生产力低下，人们无法解释诸多现象，借助想象把自然拟人化。各民族有各民族的神话。神话对民族的凝聚力，对世界文明的发生与发展产生过巨大的助推作用。

司马迁毕竟是两千年之前的人，并不是具有现代知识的史学家。他相信契的母亲简狄见玄鸟堕其卵，取而吞之，因孕生契，周后稷之母姜原出野，见巨人迹，心悦践之，居期生子，以为不祥，弃之隘巷，牛马不践，弃之冰上，飞鸟以翼覆荐之之类的神话故事。他将这种神话写入《史记》，无可厚非，不要苛求古人。

《史记》中掺杂了少量神话故事，客观上有积极意义。一方面，使后人了解古人的思想方法、精神面貌；另一方面，也为后人保留下来一批文化财富。至于历史传说，那是在文字发明以前，人们对重要人物和事件以口授的形式，世代相传的史料。在这些史料中，有真实的，也有失真的，也可能是假的。为了给这些传说史料更大的可靠性，司马迁有几次实地采访，浮沅湘、窥九嶷，调查了舜南巡的传说；登庐山，上会稽，探禹穴，考察大禹治水史料。由此看来，他对传说史料相当严谨。

尽管没有确凿证据，司马迁仍将上古传说历史写进《史记》，这么做不仅正确，而且比古希腊那位游吟诗人荷马睿智得多。不然，中国的古代史只能从公元前481年共和开始。感谢司马迁较全面记录了中华民族的文明史，否则，公元前481年以前的中国，将是一片不可知的洪荒。

汉武帝时，司马迁接替父亲司马谈任太史令。作为史官，他有机会阅读到石室金匮之书和诸多先秦典籍。毫无疑问，对先秦史，他比起后人有绝对发言权。《史记》是他参考了《春秋》《国语》《世本》《战国策》和各诸侯国史料及实地采访的基础上尽毕生精力完成的，史学价值早被历代史家公认。两千多年后，没必要以今人思维方式曲意苛求。

世界上有种议论，认为中国上古时代缺少神与史诗。愚公移山、精卫填海之类神话故事与希腊神话相比，未免逊色。《诗经》不过是各地的民歌选集，自然赶不上人家一唱几个月的壮丽史诗。

就史籍而言，事实的确如此。但若把眼光转向民间，到少数民族地区，特别是南方少数民族中去搜求，有可能发现，保存在民间，停留在口头上的神话与史诗十分丰富。过去不为人知，是由于正史不收，得不到承认之故，本来应该是宠儿的力作，竟然成了弃儿。

许多民族都有神话传说，有的会记入民族史书中。神话与历史有不解之缘，在《史记》中，司马迁涉及的神话很多，重要的有两类：一类是反映民族起源和发展的原始神话，如《五帝本纪》《殷本纪》《周本纪》和《秦本纪》等有关部分；一类是反映人事与天命关系的帝王天命，如《高祖本纪》和《赵世家》中的神话材料。这两类中，前者早已引起人们注意，后者常被忽略，甚至认为没有价值。这是因为《高祖本纪》和《赵世家》中的神话由于违背经验和常理的"不雅驯"而为史学家不取，又由于与真人真事密切相关的"真实性"特征而为神话学家所摒弃，由此在历史学和神话学两个学科之间的缝隙中形成了盲区。

或许是由于盲区过于狭小，两千年来未能引起注意。事实上，后者同样值得珍惜。司马迁写《高祖本纪》和《赵世家》的目的是记录史实，其中包括大量真实历史材料。但从它所包括的神话材料以及由此而形成的思想观念、整体框架看，却与帝王天命神话一脉相承。这些神话，从史学的角度看也许纯属赘疣，从神话学角度看，却有重要价值，《高祖本纪》和《赵世家》中的神话标志着帝王天命神话的终结，并开始向宗教转化。这个神话发展史上里程碑式的变化。

《史记》是纪传体通史，130篇，主体是本纪和列传，记载了上至黄帝，下至汉武帝太初年间（公元前122年）的事，共讲了3000多年的历史。开篇《五帝本纪》起于三皇五帝的五帝之首即黄帝。《史记》中说黄帝定都有熊，活动区域是中原，也就是河南一带。

《尚书》从尧起笔，《史记》从黄帝起笔；与《尚书》相比，《史记》的记载长了一块。尧以后的历史，经孔子修订；尧以前的历史未经修订，有关黄帝的记载混乱。

司马迁说："百家言黄帝，其文不雅驯，荐绅先生难言之。"为了让黄帝的事迹达到"雅驯"标准，司马迁下了大功夫，他说自己的采访经历，在没有像样交通工具的情况下，相当惊人："余尝西至空桐，北过涿鹿，东渐于海，南浮江淮矣，至长老皆各往往称黄帝、尧、舜之处，风教固殊焉，总之不离古文者近是。予观春秋、国语，其发明五帝德、帝系姓章矣，顾弟弗深考，其所表见皆不虚。书缺有间矣，其轶乃时时见于他说。非好学深思，心知其意，固难为浅见寡闻道也。"司马迁为了真实反映黄帝，做了大量采访工作，把采集到民间传说与历史记载相对照，看看有哪些不同的或缺损的内容，然后加工整理。

司马迁提出选编《史记》的原则是"择其言尤雅者"。这个雅字的分量很重，一是语言要雅，二是思想要雅，符合儒家道德规范。这个原则从孔子时确立，孔子选编著作的基本规范是"不语怪力乱神"，把古文记载中所有带有神话色彩的东西去掉，通过筛选，使古文记载在风格上由写意变成写实，在内容上由多样性变成单一性，把符合统治者规范和要求的东西留下来，不符合的去掉，为巩固统治、统一思想而服务。

司马迁认为《山海经》记载的黄帝"不雅驯"。儒家历史观的基本观点是认为，从黄帝至夏、商、周，"万世一系"，三代皆源于黄帝一人。儒家以黄帝为人文初祖，由此引申出大汉族主义和中原王朝正统论，视其他民族为异族。又由此引申出炎帝压根儿不是人文初祖，以及将走背字的蚩尤、共工、少昊、鹳兜、鲧视为"不从帝命"的"乱者"。他们的删削，在客观上篡改了历史的本来面貌。

司马迁既然打算建立一元论史观，就不得不为黄帝编造家谱，使得本属不同族群的古圣先王定位为黄帝子孙。有学者认为，《史记》与《大戴礼记·帝系篇》造的黄帝家谱不能自圆其说。例如皆以尧及禹为黄帝四世孙，舜为八世孙。结果舜娶尧的女儿，是娶自己的曾祖姑，舜让位给禹是让给自己的四世祖。要把分属于各个不同地区不同族群的知名人物都编排为一个人的子孙，列出世系表，难以办到。即使能办到，也与历史事实无干，不过是文字游戏而已。

世界上任何一个民族，在建立王朝之前，都有一段文明发展史与民族形成史。《史记》开篇第一句是"黄帝者，少典之子"。此黄帝是"抚万民"者，和司马迁生存时代的汉武是同样是"抚万民"的天子。既然如此，黄帝在位之前的中华文明发展史被砍掉了，中华民族的童年时代也被砍掉了，丰富多彩的传说在《史记》中找不到了。世界上任何一个民族，都有为时甚久的母系制社会史，史书从已经进入父系制社会的黄帝写起，前此的母系制社会史也被一刀砍掉。

司马迁撰写的《史记》，名气实在太大，在不知不觉间左右着此后的历史理论。根据《史记》中定下来的调子，在中华民族的大舞台上，第一位出场的主角就是黄帝，尽管他只是联合部落的大酋长，远远没有登上皇帝的位置，却被描绘为垂手拱衣而天下治的大皇帝。司马迁以及后来者，不仅把文治武功统统记在黄帝的账上，而且把几乎所有发明创造也都集中到了黄帝一个人身上。

据《史记》的说法，黄帝那时，社会从渔猎、采集时代跨入铜石并用时代。黄帝的发明创造非常多，包括衣、食、住、行、农、工、矿、商、货币、文字、图画、弓箭、音乐、婚姻、丧葬等。当然，黄帝本人不是发明家，在传说中，这些发明创造多数在黄帝时完成。在中国传统口碑史中，事情往往堆到一位英雄头上，让英雄为一大堆事顶雷，承担全部责任。不知不觉间，黄帝的身份经历了变化，从传说中的历史人物到历史中的传说人物，再到符号化的象征性人物。在口传中，黄帝被赋予神形，经历由人到神的演化，成了一个相当空虚的文化符号。

黄帝的出生地在哪儿？史书中说的比较清楚。据《竹书纪年》："黄帝轩辕氏，元年帝即位，居有熊。"《史记》说："（黄帝）有熊国君，少典之子也。皇甫谧曰：有熊，今河南新郑是也。"晋代皇甫谧《帝王世纪》说："受国于有熊，居轩辕之丘，故因以为名，又以为号。有熊今河南新郑是也。"北魏郦道元《水经注》说："或言新郑县，故有熊氏之墟，黄帝之所都也。"《大明一统志》说："轩辕丘在新郑县境，古有熊氏之国，轩辕黄帝生于此故名。"清乾隆年间轩辕故里碑刻说："古传郑邑为轩辕氏旧墟，行在北有轩辕丘遗址，乃当年故址。"

1931年版的《中国古今地名大辞典》中说："有熊，黄帝之都，即今河南新郑县。"《辞源》中黄帝条的释文是，黄帝生于轩辕之丘，故曰轩辕氏，国于有熊，故亦曰有熊氏。所说的"有熊"，地域并不局限于河南新郑，至少新密、郑州和荥阳等地，均可称为在有熊国的辖境内。在有熊国所辖的区域内（即秦王寨类型分布区），有的文化遗址应属于有熊国文化，当时的氏族部落应属于有熊国组成部分。

新郑位于河南中部。至于轩辕丘在新郑哪一带，史籍中不曾明确。新郑县城北关曾立有石碑一通，上刻"轩辕故里"4字。碑立处原有轩辕庙一座，为祭奠轩辕之所。而现如今，新郑县政府在原碑所立处，重新立起一通高大的"轩辕故里"标志碑，修复了轩辕黄帝庙。不少海内外的炎黄子孙来这里寻根问祖，拜谒轩辕黄帝。

具茨山在新郑县西南，主峰为风后岭。据民间传说，当年黄帝为求贤臣以治国安邦，在东海边上找到了风后、力牧二将。后来，风后、力牧帮助黄帝战胜了蚩尤，平定天下，黄帝便把一座山封给了风后，山名由此而来。风后岭海拔1166米，是伏牛山的最东崖，岭峰及其周围有与轩辕黄帝有关的遗址和神话传说，南崖至今留有明代摩崖题记"南崖轩辕宫"。现在可以看到的遗址有：黄帝祠、黄帝拜华盖童子处、轩辕庙、三老宫等等。可见起码在明朝之前，就认定这儿是黄帝的故里。

黄帝祠位于风后岭南坡，四山环绕，背靠风后，和轩辕庙、一宫、二宫、三宫形成一条直线。传说黄帝带领群臣于三月三登鸿堤受神芝图，拜华盖童子。时至今日，每到农历三月三，附近的人还要到此朝拜祖先，久而久之形成三月三古刹大会。旧时黄帝祠有三进院落，三殿六配房，占地100多亩。山门外建有戏楼，祠庙建筑依山就势。

始祖山古称具茨山，位于新郑市区西南15公里的辛店镇。旅游手册上是这样介绍具茨山的："始祖山一峰突起，陡峭险峻，气势磅礴，向西望去，层峦迭嶂，气象万千，极目东眺，云海茫茫，风景如画！春暖花开时，万物复苏，漫山遍野开满杏花、桃花；盛夏时节，浓荫蔽日，响泉飞瀑，鸟语花香，清爽宜人；金秋时节，天高云淡，红叶遍山；隆冬来临，石壁嶙峋,山瘦水细,雪天过后,登高远望,一片银装素裹,别有一番风情雅致！位于山腰处的玉女池和黑龙潭,清澈见底,流水潺潺,穿谷跌崖,声似铜铃。姬水河恰似玉带缠绕着她蜿蜒东去。每当天气晴朗,始祖山便披上一层薄薄的轻纱,如烟如梦,即古时被称为新郑八大景之一的'大隗晴岚'。"

在始祖山那儿,有黄帝活动遗址20余处,旧有的包括轩辕庙、轩辕宫、黄帝祠、嫘祖洞、屯兵洞、观兽台等景点。每年农历三月三,有大批海内外的炎黄子孙来始祖山朝圣拜祖。前几年,我们一行专程去新郑县,赶了一次农历三月三。那次天公不作美,下雨了。我们从郑州驱车前往,接近新郑县城时,路边排列着不少中小学生,都穿着蓝色塑料雨衣,手持鲜花,喊着欢迎口号。到了会场,每人发了一件蓝色塑料雨衣,在雨中站着。我向附近看了看,来了不少台湾同胞。

在新郑参加黄帝祭拜,已是是多年前的事情了,2012年春,我抵达三门峡市后想起这事,并考虑仰韶文化与黄帝是什么关系？我咨询过方丰章。不管怎么说,他与中国社会科学院考古所保持着密切联系。我在渑池县碰到弄不明白的事情了,只能向这位土专家讨教。

方丰章平时不大吭气儿,而回答这个问题却干巴利落脆,直截了当地说:"黄帝和仰韶文化,二者之间没有联系。"

我说:"你怎么能说得这么肯定？漫长的仰韶文化时期过去后,现存史籍文本中就没有别的名字,随即出现的就是黄帝。据常识判断,仰韶时期和黄帝时期挨着,能说二者之间没有联系？"

方丰章想了想,口气明显软了,"如果一定要找出联系的话,只能说黄帝时代的事,统统发生于仰韶文化的晚期。"

我觉得,如果黄帝是5000年前的人,正处于仰韶时代晚期。如果这位人文始祖有所作为的话,也是由于承袭了仰韶文化。或者说,正是由于把仰韶文化发扬光大,天下才得以进入黄帝时代。

黄帝是"马上皇帝",因此留下了这样的话:"天下有不顺者,黄帝从而征之,平者去之"。黄帝一生的大部分时间是在打仗中度过,用战争统一了中原各部落,形成了相对稳定的局面。

儒家反对战争,宣扬效法尧舜,因为尧舜禅让,用和平过度而不是战争解决政权更体问题,所以追述历史从尧舜开始,《尚书》的第一篇是

《尧典》。司马迁认为这不符历史发展规律，突破儒家仁让思想的樊篱，以黄帝为中国文明史的开端，显示了不平凡的史识。司马迁对黄帝的战争持赞成立场。西周解体以后，中国古代历史进入了春秋战国时期，社会经历了几百年动乱，到秦朝走向大一统。可是秦王朝穷兵黩武，二世而亡。所以古人总结历史经验，认为战争犹水火，兵为凶器，不可不用，而又不可不慎用。司马迁在《司马迁自序》中说："非兵不强，非德不昌。黄帝、汤、武以兴，桀、纣二世以崩，可不慎欤？"

在司马迁看来，黄帝虽然打了不少仗，却不是穷兵黩武者，而是有一定的道德约束，是后世用兵典范，因此写《史记》，起笔于黄帝。司马迁认为，后世五帝以及夏商周诸侯都归本于黄帝，因此从黄帝到舜、禹同姓，立不同国号，为彰明各自光明德业。黄帝号有熊，颛顼号高阳，帝喾号高辛，尧号为陶唐，舜号为有虞。禹号为夏后，而另分出氏，姓姒氏。契为商始祖，姓子氏。弃为周始祖，姓姬氏。

黄帝的妻子叫嫘祖，也很有名。《史记·五帝本纪》载："黄帝居轩辕之丘，而娶于西陵之女，是为嫘祖。嫘祖为黄帝正妃，生两子，其后皆有天下。其一曰玄嚣，是为青阳，青阳降居江水。其二曰昌意，降居若水。"在神话传说中，把嫘祖说成养蚕缫丝方法的创造者。北周以后被祀为"先蚕"（蚕神）。唐代韬略家、《长短经》作者、大诗人李白的老师赵蕤所题唐《嫘祖圣地》碑文称："嫘祖首创种桑养蚕之法，抽丝编绢之术，谏净黄帝，旨定农桑，法制衣裳，兴嫁娶，尚礼仪，架宫室，奠国基，统一中原，弼政之功，殁世不忘。是以尊为先蚕。"不管怎么说，文化素质相对较高的唐人，挺把嫘祖当回事。

有个与嫘祖有关的问题是，司马迁说嫘祖是"西陵之女"，那么西陵在哪儿？《战国策·秦策四》："顷襄王二十年，秦白起拔楚西陵，或拔鄢、郢、夷陵，烧先王之墓。"这是有关西陵的最早记载。其后，《史记·楚世家》有类似记述：楚顷襄王"十九年，秦伐楚，楚军败，割上庸、汉北地予秦。二十年，秦将白起拔我西陵。"上述二史说楚有西陵，西陵在楚国何处？清同治年间《宜昌府志》说今湖北宜昌西北处有西陵山。据此，谭其骧《中国历史地图集》将西陵绘制在宜昌市西北。

嫘祖与黄帝的结合，大抵并不是一场简单婚姻，中原地区的黄帝部落原本不知蚕桑，嫘祖把南方的养蚕缫丝技术带到中原，而这个时间，大抵也就是中原文明出现蚕桑的时间。从西陵国学到养蚕缫丝技术，从炎帝那里学到耕作技术，黄帝部落逐渐强大起来。

此时蚩尤在作乱，炎帝派兵讨伐，在河北"涿鹿之阿"被打得落花流水。蚩尤是九黎首领。九黎分布地域和炎帝部落差不多，在姜河（渭水流域）。炎帝神农氏传到帝榆罔这一代，国势逐渐衰弱，原来臣服的部落纷起争夺，其中最强悍好斗的，就是九黎族。九黎族的文化并不落后，据说最早的铜器就是他们使用的。这时在新石器时期，其他部落的武器是些石器和木器。九黎族有不少部落，大抵这些部落的酋长，都有叫蚩尤的习惯，因为传说就是说蚩尤有兄弟 81 人。这些蚩尤爱穿些奇特衣服，或者在身上文招摇的花纹。他们的话外人还能听懂，于是就说他们"兽身人语"；他们战斗时不但使用铜兵器，还用铜块铜片包在头上，有了简单的头盔，于是又有"铜头铁额"之说。

《盐铁论》云："大夫曰：轩辕战涿鹿，杀两曎、蚩尤而为帝。"在蚩尤部落活动过的地方留下了聚居点、冢、祀祠等遗迹记载，追溯这些遗迹，可以看出蚩尤部落的活动地区。《水经注·卷十三》涿水条记："涿水出涿鹿山，世谓之张公泉，东北流经涿鹿县故城南。《魏土地记》称，"涿鹿城东南六里有蚩尤城。泉水渊而不流，霖雨并侧流注阪泉。"又引〈晋太康地理记〉曰："阪泉亦地名也。泉水东北流，与蚩尤泉会，水出蚩尤城，城无东面。"故涿鹿在今河北涿鹿县。涿水待考。蚩尤泉在今涿鹿县境内，而阪泉在今北京市延庆县。

古籍中提及蚩尤最多的是蚩尤与以黄帝为首的部落联盟展开的激战，情况有三说：一说见《史记·五帝本纪》，黄帝在阪泉之战中战胜炎帝后，蚩尤作乱，黄帝又在涿鹿之战中击败蚩尤；一说见于《逸周书·尝麦篇》，蚩尤驱逐赤帝（炎帝），赤帝求诉于黄帝，二帝连手杀蚩尤于中冀；一说见于《山海经·大荒北经》，即蚩尤作兵攻伐黄帝，黄帝令应龙迎战，双方在冀州之野大战，蚩尤兵败被杀。

各说略有差异，但蚩尤曾与黄帝交战，却无疑。战争起因是炎帝打不过蚩尤，只得向黄帝求救。黄帝下决心要诛灭蚩尤。据说阪泉和涿鹿两地，是主战场。这两处都在今河北省境内。黄帝有一种厉害武器，就是弓箭，弓和箭都是木制的。黄帝在涿鹿跟蚩尤一决胜负。

黄帝打了多年仗，据钱穆说，最早的兵书是黄帝完成的。钱穆是现代史学家、国学大师，还是吴越国太祖武肃王钱镠之后，治学严谨。钱穆说这话，未必有什么根据，但即便跟着感觉走，也是洞察历史后的切实感觉。经过一番血战，黄帝在涿鹿大败蚩尤，结束了战争，这也是中国百姓日夜盼望的结果。据说蚩尤还想逃，黄帝就用大鼓，敲得他不能动弹，蚩尤后来被杀于中冀（河北保定），而且肢解了尸身。

蚩尤战败，依附部落鸟兽散。黄帝把战俘分别处理：降服的迁到"邹屠之地"，即山东一带；凶恶的流放到"有北之乡"，也就是北方寒冷之地；听话的重用，用他们观测天文，以利农时。黄帝胜利后一统中原地区，成为华夏正统。儒家典籍对蚩尤多有恶评，尽管未必公允。

以武力夺取天下，接下来是治理。黄帝治，嫘祖也治，像现在说的"男主外，女主内"。黄帝在政务、文治、疆域、刑罚等方面治，身边有一群兢兢业业的老臣，如大填、封钜、岐伯、太山稽、常先、太鸿等；当时还出现了专门指导农事的官，黄帝命人焚烧山林，驱逐出林中猛兽，开辟农田。各方国渐渐有了固定农田。刑罚方面主要有五种肉刑，"大辟"是斩首，"劓"是割鼻子，"刖"是断足，"宫"是去生殖器，"黥"是在脸上刻字。天下初定，这些刑罚大抵必要。

嫘祖充当贤内助角色，常对子民说：农桑才是根本。她带领妇女上山剥树皮，织麻网，还把男人猎获的各种野兽的皮毛剥下来。各部落的大小首领都穿上了衣服和鞋，戴上了帽子，告别了"茹毛饮血"时代。

在三门峡，我在大鹏酒店下榻。酒店饭厅门口挂了些三门峡的风景名胜照片，其中有一幅名为黄帝铸鼎原，从照片上看不出名堂，就是座大门，两边是门房。乍看没什么，只是古香古色而已。

在河南，说什么东西古香古色，与在北京说同一个词感觉不同。在北京说古香古色，要不指琉璃厂那种样式的装饰氛围，要不指故宫博物院堂皇的宫室建筑。在河南说古香古色,指的是古代才能出现的那种古朴，既没有琉璃瓦，更没有雕梁画栋，只有普通脊瓦，白灰涂墙；房屋形制与北京或其他地区不一样，有一种苍凉的上古气氛。这种古香古色更有哑巴头儿，更有味道，就像把人带入了另外一种意境。

一天早饭后，三门峡市委宣传部的新闻科科长聂建英来了，他大约30岁，身板健壮，长得圆头虎脑，精气神儿不错。他特意带来一部车，开宗明义，带我们去看黄帝铸鼎原，而且即刻出发。

出了三门峡市，汽车一路往西。聂建英健谈，一路上不停嘴地介绍铸鼎原的情况。那天下雨了，一路上雨蒙蒙的。车从高速路下来，上了国道，又从国道拐进一条小路，逐渐接近荆山。

聂建英介绍说，在荆山旁，有三座并列的山峰，分别为蚩尤山、黄帝陵和夸父山。此外，山间有龙须沟、桃林、三圣村、五帝村、乔营村、桑园村、娄底村等，每个名字后面都有一段传说。当然，正如小聂所强调的，传说未可作信史，只是听听挺有意思。

黄帝铸鼎原这个地方，名字挺多，又叫黄帝陵，或者黄帝庙、轩辕台什么的，居于蚩尤山和夸父山之中，顶部平坦，似座方形城堡。在黄帝陵脚下，车停了，那儿有县委宣传部的几位同志在等候。

与灵宝县县委宣传部的人在一起的，有灵宝县的一位岁数不小的文史专家，看样子与我的年龄差不多，待人接物很客气。后来才知道，他叫宁建民，是灵宝县文物管理所的副所长。

我们一行人上到铸鼎原，那儿有座黄帝陵。在宽阔的门前，我们站下来看了看，原来我在大鹏酒店看到的照片，就是这儿。

进入黄帝陵，迎面是个鼎，个儿大，看样子不是青铜鼎，灵宝县政府没有制造青铜鼎的经费，像铁的，甚至是水泥的。

在中国史前，鼎是创制最早的器皿，创始于裴李岗文化，距今已有8000多年。早先那会儿，鼎是陶的，用黏土掺细砂提成坯，晾干后入窑烧制，称陶鼎。陶鼎上腹呈罐形或盆形，下有三条圆锥状足。三足易折断。在距今4000至5000年前，创制出与陶灶圈相配套的无足炊器，即陶釜。后来演化为多种炊器，并成为后世锅的来源。后来由炊器演变为祭祀神器。再往后，则成为象征政权的重器。

司马迁在《史记·封禅书》中说："黄帝采首山铜，铸鼎于荆山下"。鼎铸成，一条龙从天上垂下胡须迎接黄帝。黄帝骑上龙背，臣子和嫔妃们也想一块上天，跟随者居然有70多人。龙载着黄帝等飞起来。剩下的人抓住龙须不放。这么多人，龙须哪承受得了，嘎嘣一声，龙须断了，这些人纷纷摔到地上。黄帝一不留神，将自己最喜爱的弓掉了。地上的百姓仰头观望，龙越飞越高，渐渐没到云彩里……这种说法不是灵宝县的什么民间故事，而是《史记·孝武本纪》中郑重其事记载的。不管怎么说，这种说法使得铸鼎原的名字渐渐流行起来。

《史记·封禅书》的说法引起后世史家的高度怀疑。根据这一说法，黄帝时代就懂得冶金术了。不要说迄今未发现黄帝时代的铸铜，甚至夏代仍未见铜鼎出土。但是，相传黄帝铸鼎的荆山至今仍用其名，位在铸鼎原之南。荆山之下的荆山村仍存，是后来人以山为名。

那么，黄帝时代的工匠们采铜的"首山"在哪里？反正在黄帝铸鼎原一带没有。1985年，文物工作者在从古籍中有记载的黄帝老家具茨山（后称始祖山）发现了一处古代矿洞遗址。洞高6米，宽5米，进深大约17米。洞内发现了用于开采矿石的砍砸器、敲砸器等工具，以及品位较高的铜矿石，还有早期用烧炸法采铜时遗留的烧结矿石块。这些东西，似乎与铸鼎原当地的传说相吻合。

商代遗址出土铜鼎，例如郑州商城发现近1米高的大方鼎，殷墟（商晚期）则发现了司母戊鼎，铸造技术臻于完美。从司母戊鼎可反推，大约在夏代就能够铸造青铜鼎了，否则商代不可能出现那么成熟的东西。

陶器与铜器的过渡是，早期有铜器仿陶，商代又有陶器仿铜。通过铜鼎烹肉祭祀神灵，使人作通天地神灵的主体，即人可通神，神可佑人，使天地融为一体。至于"鼎既成，有龙垂胡髯下迎黄帝"上天，是西汉时期道教所谓"得道升仙"的思想反映，同具体的铸鼎无关。

鼎被赋予神圣色彩，起源于禹铸九鼎的传说。传说夏禹曾收九牧之金铸九鼎于荆山之下，以象征九州岛，并在上面镌刻魑魅魍魉图形，让人们警惕，防止被伤害。商代前后期首都所发现的大型方鼎，都是同期青铜器之最，应为王室宝器。所谓"鼎宜见于祖祢，藏于帝廷"，表明只有王室才有权拥有和使用。久而久之，宝鼎成了国家政权的象征。至迟在春秋时代，就有了这样神圣的含义。当时，宝鼎成为镇国利器，一个国家失去宝鼎，即等于国家灭亡，而为敌者，也是着力抢夺对方宝鼎等国家重器。自此，鼎就从一般的炊器而发展为传国重器。

在这种背景下，发生了《周本纪》所记楚庄王伐陆浑时陈兵周郊（洛阳）派人问九鼎事。"问九鼎"轻重，是诸侯国楚向周天子挑战，企图夺取周室江山的尝试。"九鼎"明白无疑成为国家政权象征。古代社会中，铜鼎是等级差别的标志之一。周代就有"天子九鼎，诸侯七，卿大夫五，元士三"等用鼎差别。这种等级差别在周代墓葬考古中已得到证实。可见，铜鼎已成为上古社会文明的重要标志之一。

从春秋晚期到战国间，周天子势微，用鼎多寡为标志的等级差别有所减弱，而鼎仍是朝廷祭器之一。不仅限于铜鼎，还随冶铁技术的发展而出现了铁鼎。随着社会发展，鼎类祭器的应用不再局限于贵族阶层，逐渐流行于社会，并进入寺庙及民间重大的祭祀活动中。鼎还演化成供奉神灵和祖先的"香炉"，后世的"宣德炉"（铜鼎）则最为有名。这种文化习俗，流传至今，成为中华独特的传统文化重要内容之一。

不说后来那些事了。但说黄帝陵所见。从这里残留的一长方、一圆形两个夯土台基址及残存的红、黄、褐、灰、白五色土来看，应是古人祭祀的地方。民间传说中，黄帝就在黄帝陵祭祀天地、祈求丰收。

去黄帝铸鼎原之前，我就担心一个问题，这就是铸鼎原这个地方是明清以来的汉人知识分子附会的。自清初以来，反清复明思潮汹汹，为了标榜汉人的正宗，抵制满洲人定鼎中原，汉人知识分子制造了一些宣扬黄帝的地方。而到了实地一看，发现我的担心是多余的。

黄帝陵主殿中有一通唐贞元十七年（801）的《轩辕黄帝铸鼎原碑铭并序》石碑，圆额、垂龙雕塑，通高5米，碑序73字，铭64字，记述立碑原因及黄帝在铸鼎原铸鼎得道、施仁故事。黄帝铸鼎原是历代人们祭天、祭地、祭祖的朝拜圣地。石碑至今已有1000多年，唐朝贞元年间，应该还没有为发展旅游而造假古董的事。所以黄帝在铸鼎原铸鼎的事，最低限度在唐朝前被人们充分认可。重要的是，唐人深受儒家思想的影响，比较认真，考证个什么事，一般不会胡来。

《史记·五帝本纪》称："黄帝崩，葬桥山"。《索隐》引《地理志》说："桥山在上郡阳周县"。《汉书·地理志》载上郡阳周县有"桥山在南，有黄帝冢"。阳周即陕西子长县，黄陵县以北偏东三四百里。除此之外，《汉书·地理志》上郡肤施县下还记载其地"有黄帝祠四所"。肤施即今日的陕西榆林，在子长县北面。榆林、子长一带有黄帝冢墓，还有祭祀黄帝的祠堂，黄帝和部族似乎曾经在陕北一带活动。

灵宝县的所谓黄帝陵是个土堆，文物专家宁建民说，这个土堆是黄帝衣冠冢，据说里面放了双黄帝穿过的鞋子。我希望历史的真实是这样的，可是哪敢轻信，围着黄帝衣冠冢绕了一圈，就离开了。

尽管没有记载，但专家的部分说法应当是真实的。至于黄帝曾在这儿铸鼎，黄帝在这儿升天，黄帝的一双鞋埋进了衣冠冢，这些说法不可能找到依据。但这一带的确是黄帝活动过的地方。

铸鼎原附近的西坡遗址有516平方米的硕大房屋，不管什么原始宗教仪式都用不了这么大的地方，应该是个集会场合。如果与附近的铸鼎原结合起来考虑，它就是黄帝召集"全会"的会议室。

许顺湛在《追溯铸鼎原的辉煌》一文中指出：铸鼎原聚落群有87个部落1309个氏族，26万多人口，居住在100多平方公里内，具有共同的文化、习俗和信仰。在这个庞大的聚落团中，出现了"金字塔"形的聚落结构，出现了有明显等级差别的权贵者房址，出现了礼器，同时还有凝聚87个部落的祭坛。这样的社会状况，必须有国家一级的政权机构，才能驾驭87个部落、1300多个氏族、26万多人的社会。这时的社会，从考古学的角度属于五帝时代的黄帝时期。

那天，我们在铸鼎原呆的时间并不长。出门后，薄雨仍在下着，极目远眺，附近山峦在雨幕中若隐若现。在这里，黄帝传说故事妇孺皆知。比如说，黄帝陵西侧的那座夸父山，就有承传既久的传说故事。

相传远古时荒山上住着个巨人，名夸父，手拿长约十二丈的桃木拐游走各地。一天，他异想天开，要和太阳赛跑。他看到太阳出山时慢慢腾腾的，坐在原地不动。太阳升到头顶时才甩开大步追赶。他一路翻山越岭，跨河涉泽，直追到寓谷。寓谷也叫虞渊，是太阳休息的地方。他看到太阳即将落地，便奋力赶上去。没到太阳身边，就被烤得口干舌燥，转身跑到黄河、渭河喝水。黄河、渭河的水喝干了，还不解渴，只好返身去北方大泽喝水，未到达就渴死在秦岭脚下。他的尸体变成一座山，人们叫它夸父山；他的桃木拐杖化作绵延120里的大桃林，后来就叫桃林塞。夸父山西有条大沟，即为太阳落下的丈阳沟。夸父山下还有夸父营村，村中的两条小河交汇处，形成一片不规则圆形而又坚硬的似夯土的红色细淤泥沉积，被当地称为夸父墓。

令人惊异的是，在黄帝铸鼎原的东侧有一座山，这座山居然叫做蚩尤山。为什么会叫这个名字？根据当地老百姓的说法，远古时代，黄河中下游地区遭遇严重干旱，连续三年，滴水未降，土地龟裂，庄稼干枯。住在那里的蚩尤部族为了生计而远迁灵宝。这里的原住民心眼儿好，允许蚩尤族久居，于是，这座本没有名字的山被称蚩尤山。显然，当地的这种传说回避了严重的"政治问题"。其实，蚩尤与黄帝是一对铁定的冤家，势不两立。而以蚩尤命名的山居然就在黄帝衣冠冢旁边，这是怎么回事？不用说，在古代，这是严重犯忌的。

听说蚩尤山这个地名后，不由令人联想到前述的那个濮阳西坡的古墓。史学界有另一种说法是，蚩尤也是西坡大墓墓主的可能人选。原因是古墓里摆放星宿北斗图案随葬，显示了上古对天象的认识。《管子·五行篇》中说黄帝部族是从蚩尤那里学的"天道"。也就是说，蚩尤是天象问题的权威，只有在他的墓葬里才会有那些内容。

墓主死亡问题，专家认为是正常死亡。也有专家提出墓主为非正常死亡，身首异处，左右臂各断作三截，左手齐腕斩断不存，胸椎和胸骨被砍断也已不存，脚趾被截。在这具骨架的胸骨、胸椎、胸肋、腰椎上，可以看到切割斩断痕迹。除胸腔残存的两段胸肋外，其他胸肋已不存，显然经过开膛破腹，下葬时才把分离的两段拼在一起。

在上古传说中，蚩尤被黄帝擒杀后遭肢解。据多部文献记载，具有帝王级别的传说人物中，只有蚩尤死后被肢解。不管那个大墓的主人到底为谁，他死后所享受的礼遇都是如此不同寻常。

蚩尤是否在被杀后遭肢解，由残部葬于濮阳西水坡，是考古界不可能解决的问题。今人所见的是黄帝铸鼎原旁居然有座蚩尤山，黄帝骑龙升天处，旁边有以老冤家蚩尤命名的山峦。这种事无论对黄帝的后人还是蚩尤的后人，都难以想象。至于为什么会出现如此奇怪的事，肯定有个很大的原因。至于原因是什么，就不是今天所能破解的了。

27.《易经》：筮数的来历及其他

上世纪 80 年代中期，我在人才杂志社工作，那时采访过北京航空学院的一位工程师，此人姓张名延生，对《易经》有独到理解，掐算方法主要是梅花易数，与气功结合，结果常令人傻眼。事后，刘小川写了篇关于张延生的通讯，名为《现代巫师》，在人才杂志上发表，这是新中国成立后在中央级报刊上发表的第一篇鼓吹研易者的文章。

不消说，这篇文章引起了较大反响。但是，在中央级刊物上发表这种文章，肯定担有一定风险。那时，人才杂志社的上级单位是工人日报社，报社主要领导人问我："你怎么同意编发这样的稿子？"我反问了一句："编发这种稿子有什么不妥吗？"他说不出啥来，没辙了，咂吧咂吧嘴。在报社主要领导人"啧啧有声"后，事情就算过去了。

打那之后，我也拿起《易经》，琢磨过一阵儿，而后陆续写了几本有关《易经》的书，包括《易侠》《易儒》《预言大师》《实用易经预测方法》等，上世纪 80 年代末到 90 年代初，分别在华夏出版社和春风文艺出版社出版。尽管我是浅尝辄止，反响还算马马虎虎。

不管怎么说，我不是干这个的，更不会算卦，只是说说对《易经》的感悟，写完这批书后，我就把《易经》放下了。不久前，我在网上看到一种说法，说我"不玩儿"《易经》了"。看到这种说法，我心里怪怪的，说不出是个啥滋味儿。《易经》的主要功能不是算卦，而是一种宇宙观，只要笃信这种宇宙观，就不存在玩儿不玩儿的问题。

至此，想起不久前张延生对我说的一个试验设想。那时张老师已年过七旬，不似当年那条彪形大汉了，谈事时，带着一种回味心态，显得淡漠。他的嘴角挂着浅浅的笑纹，说："前几年我设计了一个试验，只是没工夫，也没精力完成。这个试验是通过断卦，排出某个时间段，在某路口出现的汽车的颜色。你如果有兴趣的话，我告诉你试验路数，你不妨组织几部摄像机，扛到现场验证一下。在哪个时刻，哪个路段通过的汽车，是蓝色车身、白色车身、黑色车身，还是什么颜色的车身，保准与卦象上显示的一模一样。真的，由于世间万物的运行规律性强，表现出来也就简单，起码比我们想的要简单得多。"

这个试验我没有做，同样没工夫，没精力。但是我知道，设计这个试验，熔铸了张延生多年的心血，清澈而简明。我以为，他设计这个试验的目的是要表明，普遍规律对世间万物运行的制约比研易者设想的要严谨。正是由于这种严谨，才会有严格制约，严格制约之下的运行过程才会简单。也正是由于这种简单，运行结果才是可以预测的。

考察仰韶文化时，勾起我的一些想法，企图探讨《易经》与仰韶文化间的关系，二者都是数千年前的，贴得较近。但是，很快就发现很难在二者间建立联系，仰韶文化是文字产生前的，而《易经》是文字作品。即便如此，我也打算试探着扯扯二者的联系。不管怎么说，《易经》产生于仰韶文化之后，不可能不受到仰韶文化的影响。

仰韶文化没有留下文字，后人当然不可能揣摩出仰韶时代的人们用以想事的方法。即便如此，后人仍然可以猜测仰韶人的普遍精神状态，那就是蒙昧，也只能是蒙昧。但不管仰韶人蒙昧到何种程度，也可以感受到一种东西，那就是他们在"天"的操纵下生活。

那么，"天"是什么？直观地说，是人们抬头仰望面对着的无边无垠的蔚蓝色苍穹。而在仰韶时代，可以认定，"天"是个代名词，代表能掌控万物循环运行的能量，或者说，就是老子后来概括的那个"道"，"道"这个字眼也可以叫做上帝。上帝这个词有些拟人化，如果不拟人化的话，"道"就意味着天地万物必须遵循的普遍规律。

从这儿，谈谈仰韶人对《易经》的产生可能做了些什么工作。我以为，仰韶人在彩陶上勾勾画画，仿佛在力图表明一种宇宙观。或者说，仰韶人也不知道这个宇宙观应该如何表述，只是用勾勾画画表明对这种宇宙观的崇敬，以及模模糊糊的揣测。

有必要强调，功利需要是史前人类的基本需要，无论如何，活得好点儿，日子过得太平点儿，都是第一位的。史前人类的全部活动，统统具有不同程度的实用目的，别的事情都要为之让路。由此说开去，在仰韶时代，人们的一切活动都围绕着生存需要而展开。今人把仰韶彩陶纹饰称为"艺术作品"，而在仰韶时代，人们并不知道艺术为何物，在彩陶上绘制的那些东西，只是在寄托功利愿望。

在陶器上作画，是仰韶人力图与"天"建立某种交流方式，以取悦于"天"。后来初民就不满足仅仅取悦"天"了，而是萌生了一个伟大的认识，那就是既然人与万物是在"天"的统驭下生活的，那就前瞻在"天"的统驭下，下一步有可能发生什么事，这么做就是预测。

多年来，西方国家评论中国问题时，趋于一致的说法是认为中国人缺乏宗教观念。其实，西方评论家对于中国的批评过于浅薄，缺乏对中国人文的深层理解。不妨想想，宗教源于什么？源于对"天"的畏惧。中国人的宗教观念之所以不是那么强，在于从仰韶时代起，初民就不仅仅取悦"天"，而且深入琢磨"天"对世间的种种规定。崇信"天"对人世的各个方面有所规定，是初民的主要思维特征。当初民对于"天"对世间万物的规定逐步弄明白后，对于"天"的神秘感也就不那么强烈了。随即，宗教观念也就不那么强烈了。这是一个必然过程。

"天"规定了仰韶人在有序环境中生存，这个环境的基本特色就是循环，包括春夏秋冬有序的循环，花草树木有序的萌生、萌芽、生长和衰老。故此，直至今日，也可以肯定地说，在仰韶时代存在着一种正确信仰，那就是探索到唯一神明的存在，以及其理性所及，把对"天"的崇敬提高到相当高的位置，澄澈如寒潭。

我坚信，这个普遍规律不仅存在，而且无时无刻地制约着人以及天地万物的活动。中国初民对普遍规律的琢磨被总结出来，到文字产生后，用文字这东西打了一个包，就是一本名为《易经》的书。《易经》是一本什么样的书？就是力图告诉人们如何遵循这一普遍规律的书，而且总结出行之有效的公式，用公式告诉每个人，在什么时候，某个人会处于什么状态。运用公式的过程就是算卦。那么，什么是算卦？用个时下比较容易理解，而且挺好听的词儿，就是预测。附带说说，《易经》其实是一部推测非线性因果的书。线性没啥好说的，各方面的规定看得比较明白，对于非线性的事物才有推测的必要。

《易经》是打哪儿来的？或者说前身是什么？久远的仰韶时代的积累已然不可能说清了，至今找到最远的起点是河洛文化。从地域看，河洛文化起源于豫西，而仰韶文化的发现地也在豫西，但河洛文化与仰韶文化不是同一时代的，只是在地域上是邻居。

河洛文化是华夏文化的源头。《易·系辞上》说："河出图，洛出书，圣人则之。"伏羲根据这种图书画成八卦，后来周文王依据伏羲八卦研究成文王八卦和六十四卦，并分别写了卦辞，这便是《易经》的来源。到宋代，朱熹在易学著作《易经本义》中，第一次把河图、洛书单列出来，并将图置于卷首。后世学者认为朱熹之河图、洛书源出于宋代道士陈抟，朱熹不过是演绎陈抟之说而成。

在中国，"相传"两字有时管事，可以为说不清道不明的事情找依托。一则"相传"是：远古时，洛阳孟津县境内黄河支流出现一头马身龙鳞的兽，背上斑点左三八、右四九、中五十、后一六，如龙似马，叫"龙马"。伏羲氏乘桴去孟津观看，从龙马背上的斑点受到启发，发明八卦。后人在雷河村旁建龙马负图寺，附近留有马庄（桩）、八卦台等遗迹。孔颖达是冀州衡水人，被称为"盛世鸿儒"。他引用《尚书·握河纪》说："龙而形象马，故云马图，是龙马负图而出。伏羲氏有天下，龙马负图出于河，遂法之画八卦。"不消说，这种说法显然简单了。八卦不可能是某位贤者琢磨的结果，而只能是集体创作，某个班子不过是把众人的观察和揣摩总结出了公式。

既然要预测，就要有公式。为了总结出公式，初民就开始模拟"天"了。怎么模拟？就要先看看"天"是怎么回事。初民对"天"的第一个揣测是，"天"是讲究平衡的。看看天与地之间，这里涝了，那里旱了；这里冷了，那里热了；这里刮风了，那里下雨了；这种动物吃肉，那种动物吃草和树叶儿；这一家子病病歪歪的，而那一家子活得好好的……都是此消彼长，也就是说，天地万物处于平衡状态。或者说，尽管此间与彼间不同，而最后四面八方是平衡的。

根据天地万物的平衡，初民总结的第一个产物是河图洛书。所谓洛书，是从1到9，分别排列在9个位置，口诀是："戴九履一，左三右七，二四为肩，六八为足，五居中央，正龟背之象也。"5作为9个自然数序列的中间，偶数2、4、6、8为阴，为地之道，处于四隅方位（也称四维，东北、东南、西南、西北四个方位）；奇数1、3、7、9为阳，为天之道，处于四正方位（正东、正西、正南、正北）。

4 9 2
3 5 7
8 1 6

洛书是怎么总结出来的？不得而知。初民或者是用小石子，或者是用树枝子堆出来，反正不管横的、竖的、斜的，怎么数和都是15。

洛书图案采用黑白点的数量排列，在此基础上，后演化出九宫八门图，简称九宫图。九宫图排列分布遵循严格数学算法和数字序列规律，看起来简单9个数字，隐藏秩序却变化无穷。其中4组等差数列：（4、5、6）（3、5、7）、（2、5、8）、（1、5、9），均以5为中心逆时针旋转，各组数列的公差分别为1、2、3、4，形成自然序列。如果将四隅的偶数整体顺时针旋转进入四正位置，奇数与偶数之差等于5。这些规律一般中小学生都可以发现，并不足为奇。九宫图更为神奇的是：除了横行、竖行和对角线各数字之和等于15以外，无论哪行列或者对角线的数字做正向和逆向循环组合形成三组数字相加都相等。以第一行的（4、9、2）、第二行的（3、5、7）和第三行的（8、1、6）加以举例说明。

把三个数两两循环组合，形成三个两位数相加时，数值和依然相等。

正向循环 49+92+24=35+57+73=81+16+68=165

逆向循环 29+94+42=75+53+37=61+18+86=165

当把这三个数三三循环组合，形成三个三位数相加时，数值和依然相等。具体操作如下：

正向循环：492+924+249=357+573+735=816+168+681=1665

逆向循环：294+942+429=753+537+375=618+186+861=1665

把三个数四四循环组合，形成三个四位数相加，数值和依然相等。

正向循环：2924+9249+2492=3573+5735+7357=8168+1681+6816=16665

逆向循环：2942+9429+4294=7537+5375+3753=6186+1861+8618=16665

继续循环组合下去，形成五位、六位、百位、千位数……上述求和相等的规律依然成立。令人惊奇的是，除了每组循环相加得到的数值之和全部相等以外，都是 5 的整数倍，而且将其除以 15 分别等于 1、11、111、1111……，数值 1 的位数恰好等于循环组合数字的位数。

在今人看来，以上所说的那些不过是数字游戏，而在古人那里，这个数字游戏发凡出来一堆概念，概括地说：河图洛书中的白点代表天数，黑点代表地数。"天数五，地数五，五位相得而各有合，天数二十有五，地数三十。凡天地之数五十有五。"这是说，天数是 5 个，地数也是 5 个。天数为 1、3、5、7、9，和为 25。地数 2、4、6、8、10，和为 30。天数之和 25，加上地数之和 30，就是"天地之数五十有五"。

初民很实际，也够有本事的，认为所有数字都离不开环境，河图中的数字代表时令和方位，将数字与阴阳天地结合起来，奇数代表天，为阳。偶数代表地，为阴。所谓五行，即金木水火土。河图中，天一地六位于北方，象征冬天，五行为水。天七地二位于南方，象征夏天，五行为火。天三地八位于东方，象征春天，五行为木。天九地四位于西方，象征秋天，五行为金。天五地十位于中央，象征"土王四季"。

伏羲八卦只是世间万物运行规律的初步公式，仰韶文化结束后，人们在继续推演。约在夏商之际，在八卦基础上总结出了反映世间万物运行规律的高级公式，这就是六十四卦。

卦由爻组成。卦的基本元素就两个，一个是阳爻，一个是阴爻。远古时，操作什么都简单，阳爻是用树枝在土地上划一道，形状是条直棍；阴爻是用树枝子在地上划两道，形状是两根短直棍，中间有缺口。阳爻是什么？是男性生殖器的象征，阴爻是什么？是女性生殖器的象征。

自上古起，初民就把阴阳交互作用看作宇宙万物运动的基本法则，男女交合只是阴阳交合中的一种。初民对于男性生殖器或女性生殖器并不回避。不仅如此，无论男女都尊重生殖器官，奉若神灵，认为人类的延续，或者说部族的兴旺发达，指靠的就是这东西。

在初民看来，既然男女交媾才能生孩子，就是阳爻作用于阴爻，人类才得以延续，那么世间万物也就是这么回事。因此阳爻与阴爻的相互作用是世间万物中最基本的东西，从阴阳交互作用中，就可以推演出世间万物的运动轨迹。而对这种轨迹在某个时辰状态的推定，就是算卦。

《易经》分为两部分，一部分是六十四卦和三百八十四爻及相应卦辞，这部分来源很早；另一部分是《易传》，是儒家学者对这部占筮用书所各种解释，共 10 篇，大抵是战国末期或秦汉之际所作。

都说《易经》产生于殷周。实际上，《易经》只是在殷周之际成书，而在前面有漫长的酝酿过程。《易经》的前身是《连山》，《连山》的前身是《归藏》，《归藏》的前身是什么？今天已无从考察。可以肯定地说，在《归藏》的前面还有东西，甚至能追溯到仰韶时代。

《归藏》是传说的古易，与《连山》《易经》统称三易。相传为黄帝所著，传统上认为是商代《易经》(魏晋后失传)。《商易》以坤为首卦，故名归藏。《周礼·春官》曰："太卜掌三易之法，一曰连山，二曰归藏，三曰易经。其经卦皆八，其别皆六十有四。"意思是说《连山》《归藏》《易经》是三种不同的占筮方法，但都是由八个经卦重迭出的六十四个别卦组成的。相传黄帝作《归藏易》，有四千三百言。宋代家铉翁称："归藏之书作于黄帝，而六十甲子与先天六十四卦并行者，乃中天归藏易也。"1993年在湖北江陵王家台 15 号秦墓中出土了《归藏》，称为王家台秦简归藏，重启研究《归藏》的热潮。有人认为秦简《易占》不仅是《归藏》，更准确一点，应当是《归藏》易中的《郑母经》。

《易经》起源于阴阳观。《易传》说："易与天地准，故能弥纶天地之道。"所谓八卦，其实是参加运算的八项参数，也就是阳爻和阴爻组成的八个元，组成总结世间万物运行规律的公式。八卦不过是一些长线和短线组成的占卜符号。那么，是谁发明了这些符号？《易经·系辞下》载："古者包牺氏之王天下也，仰则观象于天，俯则观法于地，观鸟兽之文，与地之宜，近取诸身，远取诸物，于是始作八卦，以通神明之德，以类万物之情。作结绳而为网罟，以佃以渔，盖取诸离。"真实情况肯定不是这么回事，总结八卦的不是某智者，只能是延绵数代的那些动脑筋的人。古人无从追溯繁杂的思索过程，用名为"伏羲氏"的符号替代；后人也就不那么啰嗦了，也采用了伏羲氏符号。

八卦以爻为基本构成单位，三爻成一卦，共有八卦，分别是乾、坤、巽、兑、艮、离、坎、震。伏羲八卦叫先天八卦，区别于后天八卦。为什么叫先天八卦？据说是因为伏羲八卦所解释的是宇宙万物没有形成前的现象，此即所谓先天。而后来周文王弄出来的八卦解释的是宇宙万物形成之后的运动和变化规律，所以叫后天八卦。

易占这件事风行了数千年，总结出的方法有多种，而最古老，且最早见之于文字的，当属《易经》中记载的揲筮法。揲筮法就是行筮时用蓍草演卦的过程，是《系辞》里记载的筮法："大衍之数五十，其用四十有九，分而为二以象两，卦一以象三，揲之以四，以象四时，归奇于扐以象闰，五岁再闰，故再扐而后卦。天数五，地数五，五位相得而各有合。天数二十有五，地数三十，凡天地之数五十有五，此所以成变化而行鬼神也。"

按照后人的解释，占卦之前，先要沐浴斋戒什么的，以表示占卦者对"天"的虔诚。然后，请出事先准备好的 50 根蓍草，向神灵说明占卜的事由，不能有丝毫隐瞒，不能诓骗，否则就是不诚，不诚则不灵验。命筮祈祷完毕，将 50 根蓍草拿起，去一不用，经分二、挂一、揲四、归奇四营十八变后得出卦象，然后用卦爻辞判定吉凶。

最初的步骤是从 50 根蓍草中抽出一根，放在一旁不用。然后任意地把剩余的 49 根蓍草一分为二，分成两堆，左边的一堆象征天，右边的一堆象征地。此即《系辞传上》中所说的，"分而为二以象两"，"两"就是两仪，即阴阳、天地。

然后是"挂一"，即从任意一堆里抽出一根来，挂在左手无名指和小指之间，以象征人。"挂一以象三"，三就是三才。然后是"揲四"，揲，用手成束地分数蓍草之意，把第二步分开的其中一堆蓍草，4 根 4 根地分数出来，分到最后剩下的蓍草，须等于或小于 4，把剩下的蓍草夹于左手无名指和中指之间；另一堆同样也是 4 根 4 根地分数出来，最后剩下的也是等于或小于 4，把此剩下的蓍草夹于左手中指和食指之间。为什么要 4 根 4 根地分？这个四代表春夏秋冬四时。此即《系辞》说的"揲之以四，以象四时"。

然后是"归奇"，是把两堆剩下少于或等于 4 的夹在手指的蓍草合到一起，放在一旁，这代表闰月。此即《系辞》说的"归奇于扐以象闰"，"奇"就是余数，"扐"音勒，意指夹在手指之间。"五岁再闰"，五年有两次闰。"故再扐而后挂"，所以再来一次。

上述的"分二""挂一""揲四""归奇"4个步骤，在《系辞》中称为"四营"，即四次经营之意，一个"四营"只能称为"一变"，还不能起一根爻，还要以同样的步骤再算两遍，然后再进行一次"四营"的步骤。第二遍当然不是用49根蓍草，而是用第一遍最后剩下的多的那堆蓍草，就是4根4根分数出来再合起来的那一堆蓍草，同样要经过"分二""挂一""揲四""归奇"等4个步骤再演算一遍。

第二遍后再来第三遍，把第二遍归奇后剩下的多的那一堆蓍草，就是四根四根分数出来再合起来的那堆蓍草，同样要经过"分二""挂一""揲四""归奇"等4个步骤再演算一遍。这样共演算了3遍，每一遍都要经过"四营"，3遍共12步，就得出一个爻。

经过3遍演算也就是3个"四营"后，清点最后剩下多的这堆蓍草，结果只能是4个数（36、32、28、24）中的一个，不可能有第五个数。把这个数除以4，就得出了9、8、7、6中的一个。每次肯定只能得出一个数，按照这个数可确定一根爻。9是阳爻，叫老阳或太阳，是要变的；7也是阳爻，是少阳，不变；8是阴爻，是少阴，不变；6也是阴爻，叫太阴，也是要变的。《易经》讲变，所以取了它的变量，因此以9和6这两个数来代表它的阳爻和阴爻。

用同样的方法可依次得到二爻、三爻、四爻、五爻、六爻，要这么演算18遍才能得出一个完整的卦。每三变得出一根爻，起个卦要经过十八变，就是《系辞》中说的"十有八变而成卦"。

得到一个完整卦后，如何用它预测吉凶？《易经》认为万事万物处于运动变化中，因为有变化，所以会产生吉凶祸福的事。《易经》占卜就是要预测这种变化趋势，及会产生什么样的结果，即吉凶祸福，从而给预测者提供趋吉避凶的方法。所以，《易经》重视的是变爻，变爻就是9与6代表的老阳与老阴。老阳与老阴是表示阴气与阳气发展到极点，根据阴极阳生、阳极阴生法则，即将发生阴阳转化，这时会发生吉凶祸福的事。8与7两个数代表少阳与少阴，所谓的少阳与少阴，是表示阴气与阳气这两种东西尚未充盈，暂时还不会发生阴阳的相互转化，仍保持在平静的状态，不会发生吉凶祸福的事，所以不用去管它。所以，《易经》

占筮的原则是占变爻，而不占不变爻。

这种揲蓍方法是怎么来的？为什么初民相信用 49 根蓍草按规定的程序一摆弄就能推算出刚出生的子女的命运、用猎收获以至战争胜负等形形色色的大小问题呢？这是个很大的问题。我倒倾向于认为，揲筮法是在模拟历法，"象四时""象闰""五岁再闰"等清楚地表明了这点。而历法又反映的是天与地之间的相对运动状态。

我写过点有关《易经》的书，从始至终，我最为感兴趣的是揲筮法中的数字是怎么来的，何为大衍之数？为什么规定为五十？为什么用 49 根揲蓍行筮？谁规定用 49 根？为什么从中抽出一根放在左手无名指与小指之间？为什么数时要 4 根一组？为什么非三遍成一爻……

到处是疑点，涉及到的每个数字、每道程序都不明来路。中国古代文人有笃信经典的习惯，既然经典中是这么说的，就没人追究来由了，只是将此法奉为正宗易法。对于后人来说，事情就更简单了，仅因见之于《易经》原文才值得信。但是，我倒有心究一究，看看是怎么回事。

揲蓍法一刻也离不开数，但很难说凡是用了数字的方法就是数学。"数"要成其为"学"，现代科学有明确规定：其一，命题都要用严密逻辑和辨证思维推导出来，不容许任何假设及推导的每步有些微遗漏，几千年间已使数学内容异常庞大，然而至今还没发现它们之间的自相矛盾，就是严密推理所至。其二，高度抽象，把表面看来不相联系的事物统一起来，找出内在联系。其三，与应用紧密联系，数字研究的对象是自然界中各种事物及其运动形式抽象化了的方面——量及其关系，"量"贯穿于一切领域，任一科学部门如不借助于数学方法，便不能确切地刻画出事物的变化状态。其四，必不可少的"硬性条件"，因为数学要通过数、线、形等特殊的抽象形式表现，而它们在现实中又不存在，所以只能当一门学科发展到一定阶段。对现实对象方面有了一定认识，科学抽象达到一定程度，才可能运用数学方法。

不用说，从这几方面的规定来看，筮法中的数字应用，只能是一笔糊涂账。它从未经过严密逻辑推导，也不可能经过符合现在科学规范的验证。尽管上古曾用它表示宇宙生发过程，但拿蓍草比比划划，在左手和右手之间来回倒腾，显然不能为其他领域所借鉴。至于什么"硬性条件"，就更谈不上了，从事渔猎的初民恐怕还不尝消受今人所说的"科学抽象"。从种种情况来看，筮数这块与我们通常所说的数学体系不搭界，倒像是联系原始巫术与准宗教现象的那根脐带。

但是，也别忙着把筮数一棍子打趴下。对现代人来说，再没有比现代科学知识那点"水儿"来嘲讽古人的愚更容易的事了。大量事实说明，由于先天潜能的充分开发，中国先民很是有自己的一套能耐。如果生拿近代科学的尺度去套他们的思路，很可能方凿圆枘。

必须看到，我们面对的基本事实是，筮数流传了几千年！历史上，纯属胡诌瞎扯的"学说"一天也呆不住。古人很实惠，知道啥东西有用，能带来好处，这种连动物都有的初级本能便是识别真伪的筛。从殷商到近代，筮数一直在或大或小的范围内流行，既非宗教，亦非命理，只是一种预测吉凶的依据。仅凭它在历史上的实效，就不能贸然把它一脚踢出科学殿堂，而是应认真考虑一下它是否有个潜科学的核。

筮数是筮法的内囊。搞清筮数来源是搞清揲筮法来由的关键所在。古代经典中有尚未被现代科学认识的大学问、大机窍、大名堂。因此筮数来源问题并非可有可无，不把这些数字的线头理清，人们会当真以为历代贤者是在对一个乱糟糟的大麻线圈叩首呢。这个问题好像不大容易解，我在翻资料时，或许在无意间管窥到些许微光。

《周髀》是中国的最古老的数学著作，之所以姓周，并不是源于周代之意，主要是因为这本书是计算"周天度数"的。中国数术自产生之日就是与天文历法结合在一起的，如同孪生兄妹。同时，由于数术用以计算日月星辰运行，必然包括对宇宙的探索，所以上古算书又往往和哲学问题捆在一起。《周髀》就是一部集数术、天文、历法、宇宙观于一身的书。不妨把我的一点感悟写出来，以就教于方家。

《周髀》传抄过程中，有后人窜入的文字，所以总有人对它的成书年代置疑。例如，有人说它的问世比《九章算术》还要晚。这个问题并非三言五语所能说清，只是它的开头所谈勾股定理部分被公认为最古老的部分，写于周代，也就是说，成稿于《系辞》中所载的揲筮法之前。

《周髀》开头部分有一段周公（文王第四子，追随周武王伐商而闻名于世）与商高的对话。据当下工具书，"商高，约公元前11世纪，周朝

315

数学家"，就这几句话。现把周公和商高的对话照引如下：

昔者，周公问于商变曰："窃闻乎大夫善数也，请问古者包牺立周天历度，夫天不可阶而升，地不可得尺寸而度，请问数安从出？"

商高曰："数之法出于圆方，圆出于方，方处于矩，矩处于九九八十一。故折矩以为勾广三，股修四，往隅五。既方其外，半之一矩，环而共盘，得解三四五，两矩共长二十有五，是谓积矩。故禹之所以治天下者，此数之所生也。"

周公曰："大哉言数，请问用矩之道。"

商高曰："平矩以正绳，偃矩以望高，覆矩以测深，卧矩以知远，不矩以为圆，合矩以为方。方属地，圆属天，天圆地方，方数为典。以方为圆，笠以写天，天青黑，地赤黄。天数之为笠也，青黑为表，丹黄为里，以象天地之位，是故知天者智，知地者圣，智出于勾，勾出于矩。夫矩之数，其裁制万物，唯所为耳。"

周公曰："善哉。"

周公和商高说了些什么？说的是一种特殊直角三角形，在这种特殊直角三角形中，两条直角边的平方之和等于斜边的平方。这是几何学中中最有名的定理，称为勾股定理。在西方，流传最广的证明载于欧几里得的《几何原本》，据说是古希腊数学家毕达哥拉斯所作，故称。

因《周髀》中的这段对话，中国人又将勾股定理称为商高定理。商高所说的，并非对勾股定理的一般证明，仅证明了其中基本的整数特例，即"勾广三，股修四，径隅五"，而且是把这组数与天圆地方的起因搅在一起谈的。所谈远不是个几何问题，从中发微出了宇宙观。

从《周髀》中可看到，商高言之旦旦回答周公旦的，是伏羲氏的方法。这就把勾三股四弦五的由来追溯到远古渔猎经济生活中。伏羲氏是神话传说人物。当注意的是，《易经》中说的八卦也是同一位伏羲氏所制的，也就是说，在中国远古，勾三股四弦五与八卦有着同一来源。这么一来，就不易因为伏羲氏是神话传说人物而马虎对待了，应认真看看有同一来源的八卦和勾三股四弦五有什么内在联系。

《易经》中说，八卦的一个重要来源是"仰观天象"，以伏羲氏这个符号为代表的远古初民，在观察天象和制定历法的过程中总结出八卦。

圭是测日影的器具，初民把圭表作为与老天爷打交道的基本工具。通过圭表观察日影的过程中，如何演化出了八卦，已是个说不清楚的事情，但是，圭字与卦字有密不可分的联系。

据《辞源》圭字条，圭字系"卦的古字。古人卜筮，必画地识爻，其下之翼，象地，其上之十，一纵一横，象画之形。土上又作土。象画内卦又画外卦。"这是说的卦与圭，而圭正是个直角三角形，圭表及其在地上的投影分别为勾为股，阳光从圭的顶端到影的顶端的距离正为弦。由此可见，《周髀》中所提到的"勾股测望"，即通过圭而生的对直角三角形的性质的认识，是仰观天象到八卦产生的中间桥梁。

揲筮的目的在于排卦。认识到卦与直角三角形的关系非同小可时，便可以看看《周髀》中那段谈直角三角形的对话与筮数间的关系了。

先看"大衍之数五十"。衍字是推演之意，同演。"大衍"是大范围推演之意。易学史上那个以扫象著名的王弼说，大衍之数之所以定为50，是因为"天地之数所赖者五十也。"连天地之数都是从50中推出来的，可见50这个数是块基石，是演绎出其他筮数的基础数字。

那么，50为什么被定为大衍之数呢？历代解释多有不确，例如说是洛书数字45和河图数字55的平均数等。要回答这个问题，有必要回到《周髀》。《周髀》正是把天与地都归纳到直角三角形，也就是"矩"中。商高说的"环矩以为圆，合矩以为方，方属地，圆属天，天圆地方"，把直角三角形旋转起来就可以得到圆，合起来就是方，上古所说的"天圆地方"的宇宙，追到根上是直角三角形，其变化也可以通过直角三角形来表现。勾股定理既是先民认识天地变化的工具，那么"大衍之数"当源于此，或者说导源于其中基本的整数解。

清代有个厉害的易学家，叫江永，他在《河洛精蕴》一书中列举了自古对"大衍之数五十"来由的近十种猜测，其中一种说法是"勾三其积九，股四其积十六，弦五其积二十五，合之五十。""大衍之数函勾、股、弦三面积。"有道理没有呢？我说是言中了！

商高阐发的天地可用勾股定理表现的说法，反映了殷商时期士人的最高认识水准，而其中的勾三股四弦五，最基本的，又是三个连续自然数的一组勾股弦数，不能不说是天地与人所掌握的探讨天地手段之间的最均、最完美的对应，甚至说是一种"神示"。这样，我们可以得到如下关系："勾广三"之积加"股修四"之积加"径隅五"之积，等于河图之数 55 与洛书之数 45 的平均值，此即是"大衍之数五十"。

再看看"其四十有九"。古人为什么要用 49 根蓍草演卦，宋朝以前就有人作过解释。轮到朱熹发表见解时，他对这个不回答不行的尖锐问题无以回避，便干脆用几句空泛的话敷衍过去，"上用四十九，盖皆出于理势之自然，而非人之知力所能损益也。"朱大儒不愧是宋明理学的开山人，把自己回答不了的问题，一股脑地推到玄之又玄的"理势"头上去了。其实，用不着这般躲闪，稍动脑筋就不难发现，在上引的商高的那段话中，已明确回答了"其用四十有九"的问题。

商高有点无功受禄，引的推导勾三股四弦五的方法不是他发明的，因为周公是问的伏羲氏的方法，他回答的也是伏羲氏的方法。这点且按下，让我们用现代语言看看商高转述周公的羲皇证明勾三股四弦五的方法：把 3 个单位宽、4 个单位长的长方形沿对角线切开。用这条对角线边画一个正方形，再用几个同外面那个直角三角形全等的直角三角形把这个正方形围起来，形成一个方盘形（环而共盘）。这样，外面那 4 个宽为 3、长为 4 的直角三角形，总面积则为 24。然后从方盘形的总面积 49 减去这 24，得正方形面积为 25。这种方法称为"积矩"。正方形的面积等于边长自乘，所以这个正方形的边长为 25 开方，即是 5，这个 5 正是勾三股四的直角三角形的弦长。

赵爽生活于公元 3 世纪初，研究过张衡的天文数学著作和刘洪的《乾象历》，而且深入研究了《周髀算经》，详细注释其中一段 530 余字的"勾股圆方图"（后称赵爽弦图），记述了勾股定理的理论证明，将勾股定理表述为："勾股各自乘，并之，为弦实。开方除之，即弦。"证明方法叙述为："按弦图，又可以勾股相乘为朱实二，倍之为朱实四，以勾股之差自相乘为中黄实，加差实，亦成弦实。"

当留心的倒不是赵爽的证明方法是否高明，而是在"弦图"中表明了 50 与 49 的关系，证明勾三股四弦五是勾股定理中基本的整数结构，这样三条边组成稳定体系。但不完全是数学问题，按商高所说，大禹用来治理天下的方法，便系"此数所生也"。为了说清楚，下面是带有单位的"赵爽弦图"，横竖都是7个格，全图49格。

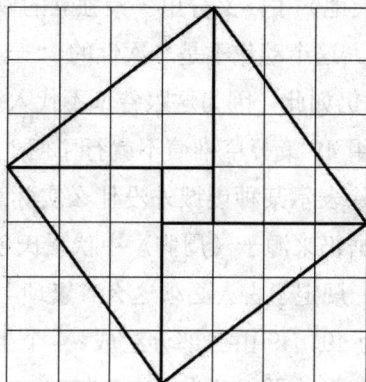

"大衍之数五十"导源于勾三股四弦五，具体说来，导源于伏羲氏证明勾三股四弦五的《弦图》。中国古人讲究"体用"，认为任一事物都有本体和能表现本体以使本体得以应用的两个方面。体用是中国古代哲学的一对重要范畴。"大衍之数五十"是推演天地关系的数字本体，它是如何被体现出来的呢？是在一个面积为49的正方图形中被推导出来的。或者说50在49中得到最简捷、最清晰的证明。按照先民的思维方式，此即"大衍之数五十"为体，面积49的《弦图》为用。

具体到揲筮法，"大衍之数五十"这个本体不进入实际运算，"其用四十有九"，49根蓍草才是"用"。历代有错觉，以为拿50根蓍草，行筮时去掉一根。古人没必要多此一举。这是两句话，规定的是两件事。"大衍之数五十"是从天地关系上确定的"大衍"的总数，并没说先拿50根蓍草。其用四十九是确定的"用"的数量，这才是行筮时所用的蓍草数量。它来源于伏羲氏的《弦图》，而非50减1。

对 50 和 49 的探讨带总论性质。下面看具体的行筮步骤：第一步，将 49 策蓍草任意分为两部分，即所谓："分而为二以象两"，太极被分解了天地两部分。第二步"卦一以象三"，是指信手将 49 策蓍草分开后，然后从左边那簇策取出一策放在左手的四、五指间。这个动作叫"卦一"。蓍草已被分为左右（天地）了，又分出一策独立的以象人。天、地、人，此为三才，即"象云"。这个动作不是一次性的，"一变"时如此，"二变"时亦如此，"三变"时仍如此。因为这跟蓍草不代入推演，有人会说，何必"卦一"呢，直接用 48 策蓍草推演不就行了吗？的确，大面上一看，搞这套是繁琐哲学，除表示某种虔诚外没什么实际意义。但古人这么规定不是没根据的，根据仍来源于《周髀》中伏羲氏创下的那张《弦图》。或者说，这张《弦图》规定了古人必须这么"繁琐"。

《弦图》的面积为 49。49 由三部分组成：4 个半矩形的面积各为 6，积为 24；4 个直角三角形的面积各为 6，积为 24；在图的中央，有一个面积为 1 的正方形，既不属半矩形，也不属直角三角形，它被半矩形与直角三角形圈于图的正中央，完全是独立的。在易学的"三才"观中，人是居于天地中央的，这个 1 个单位的中央方形在《弦图》中就是"人"的象征。在《弦图》中，中央的"人"既不属天又不属地，只是处于天地流转之中。但是图的一部分，是天地间的一个独立实体。

《弦图》本来就"三才"俱备，并没把这块"人"这块挖下来。所以本于《弦图》而立的筮法，在实施时必须先拿出 49 根蓍草，与《弦图》的面积 49 吻合。而在推演时，再把"人"这策"卦一"，以与图上"人"不占直角三角形与半矩形的面积吻合。

按照上古已有之的"三才"说，筮法的基础是推演天地流转对居于中央的"人"的感应，从而预测人可能的行动及后果。在这种预测体制中，"人"是核心，天地俱围绕"人"这个核心运动。但人在天地面前是被动的，或者说是被感应的对象，而不能去感应天地。因此，在筮法中，蓍草推演既要把"人"包容进来，同时又不把"人"代入推演过程。《弦图》从面积划分上表明了这一规定，而筮法则用"卦一以象之"体现了《弦图》的这一规定。

"揲之以四，以象四时"，是指四策一组分数蓍草。通过前文论述可以看出，这个步骤同样来源于《弦图》。分数蓍草时为什么不两策一组，不三策一组，而非四策一组，是为了象征春夏秋冬四季。四策一组怎么就能象征四时流转呢？《弦图》被分为4大块，每大块由一个直角三角形和一个半矩形组成，4个直角三角形表明顺时针的旋转趋势，与河图的旋转方向一致。当不计中央那块"人"的面积1时（筮法中的体现是"卦一"），4块的面积各是12。而12是个不寻常的数字，是太岁纪年留给我们祖先的基本纪时数字，十二次、十二月、十二辰、十二地支等俱由这个十二来。在《弦图》中，中央"人"不能体现出时间，时间是通过"人"周围的天地运动体现出来的。所以《弦图》中得四时由四个12组成，共48。落实到筮法中，则是用右左右手4策一组分数48策蓍草。这就叫"以象四时"。

至此可解释，为什么筮法中规定三变而成一爻。筮法的基本程序似乎将蓍草四策一组，左右手进行"一变"、"二变"、"三变"而成一爻。4乘以3等于12。而《弦图》每一大块为12。"四营而成易"，筮法中的12再乘4为48，而《弦图》4大块的面积为48。

看来揲筮法系古法站得住脚。如果给易的产生初期勾勒个框架，大致是这样的：先是原始巫术。原始巫术分出了两权，准宗教现象那一权不谈。再一权是由巫术而调动出的先天潜能使初民感悟出了河图与洛书。河洛是个底子，在这个基础上"仰观天象，俯察物形"，"远取诸物，近取诸身"，经过反复修订而产生八卦。八卦"类万物之情"，由这个基点抵达"万物之情"则需要桥梁。以筮数位内囊的揲筮法恐是早期桥梁之一。揲筮法的筮数不是唯一的，从卦的卦数中还可以衍生出其他古法与古筮数，只是年代久远。现有的已湮没了。

关于筮数的来由，就谈这么多。由此产生的一个问题是，由"勾三股四弦五"及从《弦图》中推导出来的筮数，是什么时候的事？

对于这个问题，周公和商高在对话中大而化之地推到伏羲氏头上。所谓伏羲氏，是包容上古那些大睿大智事物的符号，并不是具体人。而且一般说，伏羲氏稍晚于仰韶时代，或者说出现于仰韶时代晚期。联系到本书所述内容，筮数的来由能够追溯到仰韶时代吗？现代考古成果表明：能。或者说，易占的那些参数，在仰韶时代即已初露端倪。

1985 年，在安徽含山县铜闸镇凌家滩村发现一处仰韶文化遗址，碳 -14 测定，距今 5300 年至 5600 年，是长江下游巢湖流域迄今发现的面积最大、保存最完整的新石器时代聚落遗址。

考古发掘揭露史前祭坛一座，面积约 600 平方米，由大小不一的石块、鹅卵石和粘土搅拌铺设。祭坛南端大墓出土了一批玉制礼器，值得注意的是出土通体精磨的玉龟一件，由背甲和腹甲组成，背、腹甲之间夹有一长方形玉片，玉片中央刻有两个同心圆，大圆圈套小圆圈。小圆内分布一规整八角形纹样，大圆内以直线平分八等份，每份内各分布一圭形标记；大圆之外有 4 个圭形标记，分别指向玉片四角。

研究者指出，玉片图形与太阳有直接或间接关系，八角是太阳辐射出的光芒。在天文学上，大圆往往代表宇宙、天球和季节的变化，含山玉片大圆所分刻出八个方位，可视作与季节有关的图形。玉片图形中的四方和八方，又与四象和八卦的概念相合，在季节上相当于农历的四时八节，并进一步推断当时已产生了原始的太阳历。

古代天文学中的所谓四象，既表示空间四大区星象，又象征东西南北四个方向和春夏秋冬四时季节，即东宫苍龙，代表春季；西宫白虎，代表秋季；南宫朱雀，代表夏季；北宫玄武，代表冬季。太阳在黄道上运行一周为一年，即太阳在恒星之间运行的轨迹。

所谓星宿，意指太阳在运行明止歇暂宿之处，一年中某个节气的确定，取决于太阳在黄道上的具体位置，这就是观日授时。玉片上大圆外四个圭形标记，在空间上表示四维，在时间上则表示四时。大圆内等距离排列的八个圭形标记，应分别表示二分、二至以及立春、立夏、立秋、立冬八个最重要的节气。从某种意义上说，凌家滩发现的玉龟和刻纹玉片，可能是最原始的天文仪器。

凌家滩遗址出土玉龟和玉版有可能为《归藏》找到些依据。玉版出土时夹在玉龟的背甲、腹甲中，符合"元龟衔符"之类神话传说。玉版正面为长方形（反面略内凹），中部刻一圆，圆内刻方形八角星纹。小圆及八角星纹是太阳闪光的图案，是东夷人太阳崇拜的反映。小圆之外刻一大圆，此圆及玉版的方形，象征天圆地方。《大戴礼记》云："天道曰圆，地道曰方，方曰幽而圆曰明。"看来"天圆地方"的宇宙观由来已久，直到汉代才被浑天说代替。此玉版象征天圆内有小圆及方形八角的太阳符号，符合《大戴礼记》"圆曰明"记载。至于与圆相对、代表大地的玉版外侧的方形，则相比之下就属于"方曰幽"了。

《周髀算经》说："数之法出于圆方"。玉版在"天圆地方"宇宙观的支配下，体现了人们思想认识水平能达到的数与理。玉版的核心小圆与大圆之间，以直线平分八等份，每等份内都刻着由两块璋形图案所组成的圭形纹饰，从而将内外圆之间划分为八个等份。外圆又向玉版四角之间，伸出4个圭形（由两个璋形组成）纹饰。在玉版四周边沿，两短边分别钻个孔，一长边钻个孔，另一长边分别从两头对钻孔（共四孔）。这些数代表了一定含义。圆圈内与四边垂直的圭形纹饰，代表四方，再加上另四个圭形纹饰的指向代表八方。大圆外指向玉版四角的圭形纹饰，则代表了四维或四隅的指向。《淮南子·天文训》："曰东至，日出东南维，入西南维；至春秋分，日出东中入西中；夏至，出东北维，入西北维。"至于玉版四边的钻孔：一长边四孔的，代表大地之四极。《楚辞·离骚》："览相观于四极兮，周流乎天余乃下。"四极指四方极远之地，也指大地四方之极。两短边各五孔者，表示东南西北中五方。《礼记·王制》："五方之民，言语不通，嗜欲不同"。五方即是此意。另一条长边的九孔，指九天或九野，指天的中央和八方。如，屈原《离骚》："指九天以为正兮，夫唯灵修之故也。""九天"即此义。据《吕氏春秋·有始》载，具体指"中央的钧天，东方的苍天，东北的变天，北方的玄天，西北的幽天，西方的颢（昊天），西南的朱天，南方的炎天，东南的阳天"。《淮南子·天文训》、《广雅·释天》都有同样的记载。

5300年前的凌家滩人不大可能知道天分九野名称，但八方加上中央称九天或九野还是知道的。这样解释凌家滩玉版所含的数与理比较直观，与当时凌家滩人原始的宇宙观合拍，都直接包含在"天圆地方"的概念内，与凌家滩人原始认识水平一致。凌家滩玉版所含九五之数，与后世河图、洛书及九宫八卦图最基本数理暗合。

《淮南子·天文训》记载天有九柱支撑，地有四维拴系观念，此时是否已形成，玉版中的四孔和九孔之数是否已寓有此意，不敢妄测。玉版在当时是测量时节，从而指导农业生产的用具。这里说的时节，也是带有初始性的。人们观察天文，测算时节，首先是从观察太阳出山时的不同位置开始的。如《淮南子·天文训》所述，日出东北方为夏，正东方为春秋，东南方为冬。前述大汶口文化的标志性陶文，就是当时人们观察太阳，测算出春秋二分的记录。

古人认为山离天近，愿意在山上祭祀上天。凌家滩墓地位于聚落区的最高点，还被人为用砂石垫高，与祭山从而祭天的太湖山处于相对方位，故此祭地从而祭祖无疑。后世帝王的封禅，如秦皇汉武封泰山以祭天，禅梁父以祭地（梁父为泰山下的小山），就是东夷人山岳崇拜发展的结果。不过后世帝王祭天，早已将其祖先一道配享了。

从河南舞阳贾湖的龟铃、骨笛，到安徽含山凌家滩的玉龟、玉版，史前之数恍兮忽兮、窈兮冥兮地表现了先民对阴阳宇宙之道的探求与认识。凌家滩玉版钻孔所见数的图式与河图、洛书相类而有别，是目前所见上古数字点图最远的一脉。史前龟铃外形天圆地方，内藏数目物品或即天、地、人三才之说始源之一。凌家滩玉版纹饰所见方圆八极、天下有中的意识，凌家滩玉版对数字5的强调，或与河洛之数以5居中相关，反映着原始阴阳宇宙论思想间的关系。

《易经》的一个重要整理者是人尖子周文王，他是在羑里完成这步工作的。羑里在河南汤阴县，那里有座商朝建起的牢房。至今汤阴人提到羑里依旧挺自豪，说汤阴这地方不仅是岳飞的故乡，而且有中国历史上第一座国家监狱。《史记·殷本纪》中说："纣囚西伯（周文王）羑里。"所谓文王拘而演易经，即是说周文王是在羑里的国家监狱中编撰了《易经》六十四卦。当然，周文王脑瓜再好使，也不可能在短暂的羁押期完成六十四卦。即便有这回事，他也不过是把前人的东西做了些归纳。或者说六十四卦是过去就有的，不过在他这儿打了个包。

从河洛文化到《易经》的演变，古人虽然做了很多研究，具体过程至今也不清不楚。仰韶文化对河洛文化的催生作用，至今是不可能说清楚的问题。但流变的中间过程说不清楚，不等于演变不存在。可以估计的是，仰韶文化应该是河洛文化的母体。

为什么这么说？根据就是传说中的伏羲氏推演八卦。伏羲氏演八卦明明是传说，居然拿来立论？伏羲氏固然是传说人物，或者说，不过是个代号，但是推演八卦这件事不是传说，而是必然发生过的过程。

为什么这么说？原因在于仰韶时代的蒙昧。蒙昧状况，在今人看来，显然非常糟糕，而冷静下来考虑，又能哑巴出别样滋味。或者说，没有科学文化有没有科学文化的好处。

从仰韶时代起，初民就信奉万物运行被"天"所制约，按照"天"的规定运行。人自认为能够随心所欲，其实不过是孙猴儿，不管怎么蹦，也逃不出如来佛的手心，或者说，只能在基本规律的规定中生活。

仰韶时代没有科学，当然更不会有分类科学。没有分类科学固然是坏事，但同时也是好事，其中最大的好处是什么？是没有分类科学中的那个"类"的羁绊，那时的人们考虑问题，推求因果，没有"类"的局限，海阔天空，从今人看来不搭界的事中推求因果。这种方法的哲学基础是万物一体，把世间万物装入一个统一体，整体打包，考虑其中每一动之间的联系。人们逐渐找到此一动与彼一动的关联，而表明这种关联的公式，就是卦。由于有了卦，人们可以推知未曾发生的事情。

既然事物运行可以被推算出来，所以求神拜佛意思就不大了，所以中国文化中没有鬼神的位置，宗教在中国也就很难火起来。

且不说易学界如何研易，当注意的是，后来宗教界也注意到了洛书，并且把从洛书中推导出的一个神秘数字承接过去。换一种说法，那就是宗教创始人也不知道这个数字是怎么回事，只觉得它神奇，于是见诸于宗教经典，并在教义中得到广泛运用。这个数字就是7。

请注意，洛书右边中间那个数字是7，顺时针数，6加1是7，8减1是7，3加4是7，9减2是7。就是说，洛书是被7所环绕的。

7是神秘数字，何以这么说？1除以7等于0.142857的循环小数，2除以7等于0.285714的循环小数，3除以7等于0.428571的循环小数，4除以7等于0.571428的循环小数，5除以7等于0.714285的循环小数，6除以7等于0.857142的循环小数。总之，任何数除7，如果除不尽的话，就只能是1、4、2、8、5、7这6个数次排着队循环。

7这个数字，不仅被中国古代贤人注意到了，而且在多门宗教的发凡过程中，被创始人注意到是一个神秘而不可思议的数字。于是，7这个自然数不仅出现在儒家经典中，而且出现在中外宗教经典中。

儒家推崇七经，立七庙供奉七代祖先，提倡七种祭祀，把日月和五行政治化，称为七政。《周礼·天官·小宰》将治国归纳为7件大事：祭祀、朝觐、会同、宾客、军旅、田役和丧荒。《文心雕龙·宗经》说："于是《易》张十翼，《书》标七观。"五刑加上鞭刑和流放，共为七刑。西汉有七科谪戍之法，即对7种违法行为者实行遣送到边地担任守卫任务之处罚。在先秦两汉时期，7这个数字就是牵动政治的绳系。

7也是佛学的重要数字。佛教称毗婆尸、释加牟尼等为"七佛如来"，称地、水、风、火、空、见、识为"七大"，"七大"被认为是宇宙一切时空事物的7种基本要素。佛寺建塔以7层为最多，故有"救人一命胜造七级浮屠"之语。佛教徒修行方式有"打七"，即举行"禅七"，专心参究，以7天为一周期，或70天为结冬（冬季3个月坐禅）的行事。人死后7天，要请和尚诵经念佛，代死者忏悔，故又叫"忏七"。

道教用7描述道义道规。宋真宗时张君房撰成《云笈七签》，云笈是道家藏书器之名称，南朝陶弘景所著《真灵位业图》，将神仙分为7个层次。道教崇拜北斗七星，戴七星冠，执七星剑，炼丹时讲究回火炼7次，叫七返灵砂或七返还丹，据说服此灵丹之后，可以起死回生，还魂还魄。晋代葛洪在《抱补子·地真》中提出人有三魂七魄，说人在弥留之际一直到亡命后一些日子，魂魄一个个分别离去。故对水陆暴死者要停七七四十九天，并设坛诵经，以超度死者亡魂，对正常死亡者要每七天祭祀一次，直到七七四十九天止。

7在基督教里代表什么？7是完全数目，4加3而成，4代表世人，3代表神。人和神连起来，就是完全。7表明完全，在圣经中有多例。圣经中第一个7，是神在第七日安息，完全的安息。诺亚入方舟后，神尚留七日恩典。亚伦及儿子当穿圣衣七日，并洁净七日，完全的圣洁。人若犯罪，祭司当七次为他蘸血，七次洒血在圣所的幔前，完全的洗净。亚伦和儿子拿答七天住在会幕里，完全的同住。赎罪节的血要七次洒在施恩座前，完全的救赎。无酵节要七日献火祭，完全的奉献。住棚节要七日守节，完全的荣耀。地在第七年不可耕种，完全的安息。攻打耶利哥城时，七个祭司吹七支号，围城七日而城崩陷，完全的得胜。所罗门建殿七年，守节七日，完全的敬拜。乃缦七次洗于约旦河，完全的信赖。

约伯有七个儿子，完全的福气。约伯的朋友七天七夜为约伯悲伤静坐，完全的悲哀。他们后来当用七只公牛，七只公羊，献为燔祭，完全的悔罪。主耶稣基督在十字架上说了七句话，完全恩慈的表显。七个执事治理供给的事，完全的服劳。旧约表神如何（暂时）对待世人，就用以色列人的七个节期；新约表明天国隐秘时代的光景，就用七个比喻；启示录豫言教会各代情形，用七封书信。启示录中有许多7，是一本"7"的书，有七异象，神的座前有七灵，七个金灯台，七个灯；羔羊有七角、七眼、七印；七天使吹七号；兽七头，头上七冠；七碗泄尽神最终的七灾；七座山代表七个王。全书用7字约56处，论神如何在最终时代中对待人，所以7数是时代的完全数，意即暂时完全数。

可以说，对宗教传播予以重大打击的是北宋的易学家邵雍，他居住在洛阳，谥号康节（洛阳至今保存邵康节故居）。他创先天学，以为万物皆由太极演化而成，着《观物篇》《先天图》《伊川击壤集》《皇极经世》等。《梅花易数》相传为邵雍所创，以易学中的数学为基础，结合易学中的象学占卜，相传邵雍运用每卦必中，屡试不爽。梅花易数依先天八卦数理，即乾一，兑二，离三，震四，巽五，坎六，艮七，坤八，随时随地皆可起卦，取卦方式多种多样。如果是体卦克用卦，那么所占诸事往往吉利，如果是用卦来克制体卦，往往所占诸事凶险。体卦生用卦，常常有耗损的忧虑和祸患，用卦生体卦，常常会有进益的喜庆，如果是体卦和用卦比和，则是百事顺意、心想事成。

中国人自古推崇化繁为简。梅花易数起卦相当的简单，凡是算命的，还没两句话，算命先生就起卦了，从天上飘来一片云到死了一只鸡；从张家生了个胖小子到隔壁的狗叫了三五声；从东山上滚下来块大石头到西边飞过来两只鸟；从一个年轻男子崴了脚，到山腰上开了一片花……凡此种种，都可立即起卦，而且往往张嘴就来，推及出毫不相干的事物的走势。我曾经亲眼见过推演梅花易数的高人当场实践，结果是，高人起卦后，每每必中，而中间过程是现代科学无法解释的。

按照分类科学，凡事当由各个学科分门别类研究，这样才能对每种现象研究精细，认识清楚。但与此同时，也可以说，分类科学的每个门类，最后得出的结论都是见木不见林的，事物的总体面貌不可能被认识清楚。

在没有分类科学的时代，也没有门类设置的藩篱，张家长李家短和日月星辰的变化可以装进一个筐里，研究彼此间的对应关系。被今天的人们看着毫不搭界的事，被纳入由此及彼的研究。

西方认识到这个层面上，晚了数千年。何以为证？蝴蝶。

蝴蝶效应是指在一个动力系统中，初始条件下微小的变化能带动整个系统的长期的巨大的连锁反应。这是一种混沌现象。1963年，美国气象学家爱德华·洛兰兹在论文中分析了这个效应："一个气象学家提及，如果这个理论被证明正确，一个海鸥扇动翅膀足以永远改变天气变化。"在以后的演讲和论文中，他对这个效应最常见的阐述是："一个蝴蝶在巴西轻拍翅膀，可以导致一个月后得克萨斯州的一场龙卷风。"这句话的来源是由于这位气象学家制作了一个计算机程序，可以模拟气候的变化，并用图像来表示。最后他发现，图像是混沌的，而且十分像一只蝴蝶张开的双翅，因而他形象地将这一图形以"蝴蝶扇动翅膀"的方式阐释，于是便有了上述说法。

往后，蝴蝶效应常用于天气、股票市场等在一定时段难于预测的较复杂系统。此效应说明，事物发展的结果对初始条件具有极为敏感的依赖性，初始条件的极小偏差，将会引起的结果有极大差异。蝴蝶效应在社会学界用来说明：一个坏的微小机制，如果不加以及时地引导、调节，会给社会带来非常大的危害，戏称"龙卷风"或"风暴"；一个好的微小的机制，只要正确指引，经过一段时间努力，将会产生轰动效应。蝴蝶效应在混沌学中也常出现，又被称作非线性。对于蝴蝶效应，欧美人有些洋洋自得，认为是西方科学见微知著的代表作。

所谓蝴蝶效应，不过是中国古人玩儿剩下的玩意儿，为何这么说？因为中国人自古就是这么做的。"蝴蝶"相当于梅花易数中的随机因素，所谓"得克萨斯州龙卷风"相当于推卦结果。自古，中国高明的术士如果看到蝴蝶扇动翅膀，实时起卦，不仅也会推出得克萨斯州龙卷风那类事情，而且会推演出更多事物。显然，事物蝴蝶效应是将世界作为一个统一体来研究的，而万物一体正是易卦的出发点和落脚点。

长期以来，一部分古人总是盯着《易经》中最实用的那个部分，从而发凡出了命相之学，以供术士们算卦，街头算卦先生用卦象算卦，挣俩钱儿，混碗饭吃；宫廷里的御用术士则根据封建统治者的需要，用算卦来预测政治行为的结果，或者军事行动的趋势。在这种情况下，如果说《易经》是一本教人算卦的书，话不能说不对。但是，如果认准了《易经》仅是部卦书，又是在糟蹋真正的好东西，是挂一漏万。

初民之所以寻求预测方法，以致后人编出《易经》，初衷不是满足算卦先生的工作需要。那么，目的何在？实在是阐述对事物运行规律的认识，用前科学的眼光诠释着博大精深的宇宙观。不妨说句我的个人感悟，那就是用前科学手段总结出来的易经理论，有的地方比现代科学产生后，现代人对世界运行规则的认识更阔达，亦更本质。

28.《山海经》：为什么用帝喾取代帝俊

就文明发展逻辑而言，中国必定有过独立而完整的神话传说体系。

汉族先民不乏总结能力，完全可以相信，在老早老早以前，在中国这块土地上，传说断然不会少，而且初始面目是细腻而生动的。不幸的是，这些口口相传的故事，后来加入了大量神话内容。

神话传说这种提法，可以分两层意思，既是神话，也是传说。或者说，原本仅是传说，但是，在远古那会儿，有很多事情是说不清道不明的，后世子孙只得用想象填补前人留下的空白。而想象出来的东西难免玄乎其玄，既然玄乎其玄，就只能是神话了。

说不清道不明的究竟是什么？只能是对自然的揣测，这种揣测可以用一句话概括，那就是天地万物的来由。人们用想象填补着空白，加入很多神话成色。神话与传说相互混杂，形成了神话传说。

仰韶人既然生活在天地之间，就必然探究世界起源。想起来有些可怜，上古那会儿探究世界起源，哪里有手段呀，只能绞尽脑汁琢磨。

他们的第一步只能是构想，而且也只能是构想。这点今天容易理解，就像盖房子前先要设计。在初民那里，起源尚未搞明白的世界，只能以神话形式存在；或者说神话思维是思维发展的必经阶段，随着思维发展而消失在哲学和历史之中。初民先追询宇宙是如何起源的，这是初民不可能搞明白的问题，接着他们想象出创世神，再把这个创世神想象为自己祖先。伏羲形象的产生，即是这样一个将神话传说哲学化、观念化，又将这一传说和观念历史化的过程。

从全球范围来看，比较完整的神化体系有希腊罗马神话、印度神话、北欧神话、埃及神话、玛雅神话、犹太教—基督教神话、伊斯兰教神话、波斯神话等等。观览全球早期神话，无论苏美尔/阿卡德神话、埃及神话、印伊神话、希腊/罗马神话，都有显著的体系性，具备完善的神谱，神祇的神格与造型清晰可辨，主神与次神之间层级分明，事迹保持完整的戏剧性结构，并跟历史叙事迥然有异。更为重要的是，几乎所有神话都有初始原典作实体证据，而不只是后世的文献追述。

与西方风行一时的玩意儿相比，树大根深的汉民族才真正会讲故事。想想看，《西游记》中把唐玄奘取经故事写得多生动。书是明代作品，距今几百年。由此上溯，汉族上古神话原本是清晰而灵动的，但后人听到的却是那么枯燥无味，而且干巴巴的。为什么会成了这样？

睿智学者的答案是：这是一场双向精神运动的产物：一方面春秋战国诸侯消灭古籍、秦始皇焚书坑儒和项羽火烧咸阳，凶险事变导致上古神话逐级瓦解，形成洗劫一空的作案现场；而另一方面，战国和两汉的文人孜孜不倦地寻找那些残留的碎片，挪用、捡拾、拼贴、填充、重释和新撰，勾勒出朱大可所说的"第二代神话"的模糊轮廓。

学者们注意到了中外神话间存在的巨大差异，于是提出了一个尖锐的问题：谁制造了汉人神话的浩劫？史学家将先秦文化毁损归咎于秦始皇的焚书坑儒，后来又算上项羽焚烧咸阳的那笔旧账。这些罪行可以解释汉儒重编经书的动机，却无法消除另一个谜团，那就是：为什么早在暴秦之前的战国时代，尚未经过秦帝国的烈焰洗礼，上古中国的宗教神话、历史事件、典章制度等文字记录，就已提前灰飞烟灭，仅剩下一些暧昧不清的口头传说，镶嵌于诸子的言语缝隙之中？

早期中国神话的破碎源之于春秋战国，而非后世儒生指认的什么秦始皇那会儿。《孟子》中记录了战国时卫国太宰北宫锜跟孟子的对话。北宫锜求教周朝爵禄如何排列的问题，孟子答道：我也不知详情，因为各国诸侯讨厌这些旧典，认为会妨碍自己的作为，把它们全都毁了。正是这番出人意料的对白，揭出了翦灭上古文化的罪魁祸首。

顾颉刚在《汉代学术史略》中揭露了一种现象，那就是春秋和战国时期的四分五裂的贵族阶层为扩张权力、疆土、人口和财帛，推行各种"革命"举措，却苦于孔子之类的守旧派人士反对，因而焚毁上古传下来的重要典章，以免被拿来当作反对改革"新政"的武器。在焚毁的文献，除了孟子提及的周王室的爵禄制度外，还应包括整个诸夏、商、周三代的仪典、法规、神话、诗歌和历史。

焚毁典籍的恶劣传统并非只有孟子的孤证。《韩非子》宣称，商鞅曾建议秦孝公"燔诗书而明法令"，而韩非子本人对这种焚书之举大加赞叹，声言"明主之国，无书简之文，以法为教"，意思是明智国王统治的国家，只要以苛法为基准，须清除掉所有的历史文献。先秦时代的这种焚书原则，显然已被各国统治者所普遍运用，成为消除意识形态异端、架设专制权力的基本策略。韩非子的教诲，更是直接被李斯等人奉为圭臬，为嬴政的焚书坑儒提供学理依据。

朱大可说：跟历史上众多文化毁灭运动相比，这场运动具有重要的指征：集体作案，策划者和参与者都难以指认，以致后人无法进行文化追究，这种结果为后世的反文化运动提供了仿效样板；高度低调和隐秘，几乎不被言说，以致在顾颉刚之前，无人意识到它的发生，更由于秦始皇焚书和项羽火烧咸阳成为视觉焦点，这场犯罪运动遭到进一步遮蔽。它从历史中隐身，如同所要消灭的事物。毫无疑问，这是文化毁灭运动企图抹除文化记忆，却导致战国民众跟宗教与历史的断裂，并为民族国家的自我认知，制造了难以逾越的屏障。

这场"文化革命"具有罕见的彻底性，以致后世无法借助遗址发掘召回那些典籍。近百年以来的文献考古发现，如少量简牍和帛书之类，多为战国中晚期遗存，而鲜有西周及春秋之物，即便是大规模建设引发的文物出土狂潮，也未能提供任何新的革命性发现。

既然第一代中国神话早已死亡，那么世人面对的是怎样的货色？毫无疑问，是在战国和秦汉时代重新打造的替代品，混合着早期传说、异域神话和民间想象的碎片。在宗教典籍遭湮灭后，新一代只能面对庞大的精神废墟，从民间找寻新资源，并以挪用、借鉴和移植外部神话方式，藉此完成精神救赎。经过几代文人的拼图游戏，可怜的碎片终于成为上古意识形态的脆弱徽记。

汉儒们热衷血缘世系叙事，曾掀起篡经运动，导致上古神话再度受伤，双向运动虽然有过两个相反向度，最终结局只有一个，那就是加速中国神话的湮灭进程。不管怎么说，在今天看来，"第二代神话"尽管支离破碎，却仍然充溢着明快的童年气息，仍不失为文化瑰宝。重要的是，"第二代神话"和"第一代神话"一样，沿用了相同的神名音素标记。这种识别标记维系了两代神话的有限连续性。与此同时，在一个民族觉醒的年代，新神话所提供的素材足以支撑中国人的价值信念，以重构民族血缘叙事的基本母题。鉴于上古宗教体系的瓦解和缺席，第二代神话只能长期保持碎片化的容貌，难以形成神话的内在叙事结构。

诚如朱大可所说，上古神话有着截然不同的父本，据此呈现出驳杂、破碎、重迭、自相矛盾、风格多样的面貌，始终未得到有效梳理。《山海经》似乎是唯一的例外。它采用折扇式的空间叙事，将碎片重新拼绘，然后不断地折迭与打开，形成奇怪的语词褶皱，将空间改造成彼此迭加的褶皱，犹如一把被仔细收起的折扇。然而，《山海经》的折扇叙事只是蓄意制造的错觉而已，它制造了褶皱假像，仿佛地理空间被压缩了，最终可以在填字游戏中重展壮丽的世界地图，实际上却是永久的褶皱，根本无法被展开。因为它不是完整的扇面，而只是经过悉心粘合的地理碎片而已。褶皱化拼图是失去神话的痛苦征兆。碎片制造了"谜语效应"，语焉不详的零碎字词在跟历史叙事混杂后，语义及指向变得更加模糊。在战国和两汉的原野上，到处飞扬着从神话树上飘落的枯叶，仿佛是来历不明的生物遗骸。

《山海经》是先秦古籍，传世版 18 卷，其中包括《山经》5 篇、《海外经》4 篇、《海内经》4 篇、《大荒经》5 篇，字数 32650 字，与如今一部中篇小说差不多。内容主要是民间传说的地理知识，包括山川、道里、民族、物产、药物、祭祀、巫医。保存了包括夸父追日、女娲补天、精卫填海、大禹治水等不少脍炙人口的远古神话传说和寓言故事。《山海经》具有非凡的文献价值，是富于神话传说的最古地理书。

《山海经》的原创作者、成书经过、面世年代等等，历来众说纷纭，莫衷一是，代表性的说法有两种：

一种观点认为，《山海经》的原创时代，最早可推至大禹之世，即大致可以追溯到公元前 21 世纪，也就是中国社会正处于原始部落联盟解体，奴隶制社会兴起的时代。持这种观点的论者，虽然在某些细节方面亦有不同论例，但较为统一的观点是，《山海经》的原创为古图，产生于大禹之世。先有图后有文，文为图的解说和补充。因此第一作者当属《山海经》

的原始图作者。可惜的是，在长期辗转流传过程中，不见原图创作者的姓名，图亦已亡佚不存。

另一种观点认为：《山海经》的母本的创作与面世年代当在战国与秦汉之际。当代史学家吕子方称："屈原宗庙里壁画故事的脚本就是《山海经》，而且主要是《大荒经》，这不仅因为《天问》的内容多取材自《山海经》，更重要的是，他看了描《山海经》的壁画故事才写出了这篇著名的作品来。"这里不仅阐明了《山海经》图所记述的故事与战国时期楚国先王庙壁画上的故事有关，将他们视为几乎是同一个时代的作品；还提出屈原《天问》的创作灵感来自于《山海经》故事的激发。《山海经》原图有一部分为大幅图画或雕刻，与创始于西汉、盛行于东汉的汉画像石类似，至于经文，则是专为这些古图而作的叙述与补充之文。

在上述的两种说法中，似乎第一种说法更站得住脚，符合事情本来面目。缘由是《山海经》行文的那种庞杂，那种漫无头绪，那种天真漫烂，那种童稚式的好奇，就像小孩儿听大人说故事，大人说啥信啥。

上古没有文字，传播故事只能用图记录，由此形成《山海经》的母本，也就是图画本。至于文字产生后以至文字运用相对成熟后，人们才能把口口相传的图画本用文字表现出来，那已是春秋之后的事了。

《山海经》编撰成书，大概先有《山经》，后有《海经》，《山海经》合称，起于西汉之前。《山海经》是由图发展而来的，毕沅说："禹铸鼎象物，其文有国名，有山川，有神灵奇怪之所寄，是鼎所图也，鼎亡于秦，故其先时人犹能说其图，以着于册。"如《山海经》据图所作，则"鼎亡于秦"则不可能成书于战国后。禹铸九鼎之说见于《左传》鲁宣公三年的楚子问鼎，所以有人附会《山海经》为禹、益所作。

郭璞有《山海经图赞》，认为《山海经》是《山海图》的文字解说。《海外经》《海内经》有秦汉时增入的部分，如长沙、象郡、诸暨、零陵、桂阳等地名都不是秦汉前定的；《大荒经》以下5篇，还有郭璞注此书时把桑钦《水经》增入部分。《山海经》中有些事迹是后人的，只能说是后人在文字整理过程中，把唐虞后的事情加了进去。但即便加进一定容量的新内容，也并不表明这本书是唐虞之后的，《山海经》依然是老书，只不过是老书在新时期的修订本。

《山海经》中记述的许多地名至今已不可考,除了地名本身的变迁外,也与《山海经》作者对地理事物的描述模糊不清并带有神话传说色彩有关。虽然《山海经》最后成书约在战国,但书中不少篇章成书早得多,基本记述的是周朝以前或更早至原始部落时代,限于当时的生产力、交通技术水准等因素,人们对大范围地理事物的认识多半不能亲自考察,只能道听途说,有的则完全凭想象,加上当时的人对神灵崇拜的迷信色彩很浓,书中记述的内容在今天看来就难免荒诞不经了。

　　《山海经》一书中记述的一部分地名直至今天仍然在沿用,而且位置基本准确,这就给后人确定记述的大致地理范围提供了线索,而并不是完全无解或想怎么解释就怎么解释。现存《山海经》18篇作者不一,记述又多是相同内容,难免有重复甚至抄袭的,而这些重复的内容也为后人进行相互印证提供了便利。因此,只要看《山海经》原文,就能确定书所记述的基本地理范围以中原地区为中心,主要记述中国范围内的地理事物和状况,在此基础上也涉及周边地理情况。

　　《山海经》不是个人完成的,是大禹和助手们的集体创作。他们采集破碎意象,按东南西北及山河方位加以重组。但这本书没交好运,被认为是"荒诞不经"之书。连将上古史推至炎黄的司马迁都说:"至《禹本纪》《山海经》所有怪物,余不敢言之也。"约百年后,刘向、刘歆父子奉命校勘整理经传诸子诗赋,才将此书公之于众。

　　《山海经》不只是世界的碎片化叙事,更展示出上古人类观察世界的方式,好奇、天真、对异象和奇迹深信不疑。但是,这只是被美化了的想象性场景。经过历次大规模焚书,先秦神话早已灰飞烟灭,只有这部奇书被西汉儒生意外发现,在增删和篡改之后,超越自身命运而重返人间,成为唯一能跟儒家典籍并置的"异端邪说"。

　　时间的尘土覆盖了人类的记忆,以致后人无法重返那个天真明澈的时代,所能做的唯一事,就是打开这个满载不明事物的箱笼,越过稀疏的语义,去寻找神话与神启的线索。

　　《山海经》中有个举足轻重的人物,或者说是第一号天神,名叫帝俊。徐旭生说:"帝俊这个人物在《山海经》里可以说是第一显赫的了。"金荣权在《帝俊及其神系考略》一文指出:"帝俊在中国古代神话中是一个谜一般的神性人物，他的事迹既不为正史所载，也不为诸子所传，只见于《山海经》之中，尤其集中反映在《大荒》《海内》两经之中。究其神系渊源与脉略，显不属于炎帝世系，也不隶属于黄帝世系，是与炎、黄两大神系并存的第三神系。"

下面是《山海经》中关于帝俊的主要记载：

《大荒南经》："羲和者，帝俊之妻，生十日。"《大荒西经》："有女子方浴月，帝俊妻常羲，生月十有二，此始浴之。"《大荒南经》："有人三身，帝俊妻娥皇，生此三身之国，姚姓，黍食，使四鸟。"《海内经》："帝俊生禺号，禺号生淫梁，淫梁生番禺，是始为舟。番禺生奚仲，奚仲生吉光，吉光是始以木为车。""帝俊生晏龙，晏龙是为琴瑟。帝俊有子八人，是始为歌舞。""帝俊生三身，三身生义均，义均是始为巧倕，是始作下民百巧。"《大荒东经》："有中容之国，帝俊生中容，中容人食兽、木实，使四鸟：豹、虎、熊、罴。""有白民之国，帝俊生帝鸿，帝鸿生白民，白民销姓，黍食，使四鸟：虎、豹、熊、罴。""有司幽之国，帝俊生晏龙，晏龙生司幽，司幽生思士，不妻，思女，不夫。食黍，食兽，是使四鸟。"

帝俊在上古是日月之父，崇奉者当有崇拜太阳或崇拜月亮的氏族集团。帝俊和五彩鸟交朋友，祠坛由五彩鸟管理。北方荒野有座帝俊的竹林，斩下一节竹，剖开可做船。帝俊是发明世家，车、歌舞、琴瑟、百巧、种植，从劳作到歌舞，可见帝俊部族文明之先进。

帝俊后代子孙在东、南、西、北各方建起国家，虽然这些国家不过是些氏族集团，但可断定为帝俊神系的有10个：中容、白民、司幽、黑齿、三身、季厘、西周、儋耳、牛黎九国，加上殷商。其中儋耳、牛黎两国虽未明言为俊所"生"，但是禺号虎生儋耳，儋耳生牛黎，而帝俊生禺号虎，可断定儋耳、牛黎均为俊的子孙国。在这些国家中，除中容与季厘二国"食兽"之外，其他都注明了"食黍"或"黍食"，表明它们已步入农业社会。且中容、白民、司幽、黑齿、三身诸国均"使四鸟"，这"四鸟"便是虎、豹、熊、罴。因上古鸟、兽同为动物，故虽是兽，但仍名之曰鸟。用现在的话来说，在帝俊的势力范围内，有10个听他调度的部落，而且发展程度都还不错。

"四鸟"喻意何在？当是近血缘氏族成员所结成的支系氏族的称号。这些氏族同源，内部结构一致，每个氏族划分成以动物命名的四个支系。

相同的氏族组织方式能说明源于同一祖先。信仰如此相同，如食黍；组织结构如此相近，如使四鸟。哪怕散居在天地四方，也没有发生大的改变，可见帝俊家族延续之长，联系之紧密。

帝俊有个妻子叫羲和，《大荒南经》云："羲和者，帝俊之妻，生十日。"羲和生了十个太阳，简直无法想象。郭璞，山西闻喜人，建平太守郭瑗子，精天文、历算、卜筮，两晋有名的方士，注为："言生十子，各以日名名之，故言生十日。"袁珂注："羲和生十日者，天上之日十也。古神话盖以天、地、日、月、星辰均神所创造，故言生日生月。"

以上的两种说法都不对。"生"这个字眼儿有多重意思，不都指生育，有时也指鼓捣，也就是今天说的做什么。北京人把不老实的做法称为"生事"，而生事一词并非北京俚语，而是由来已久。《公羊传·桓公二十八年》："生事也，何云？生犹造也。"据此，"生十日"应解为"造天干十"，即自甲至癸。《周礼秋官·序官》："萶蔟氏十日。"郑玄注："日谓从甲至癸。"羲和占日，制订十天干，发明一年十个月的太阳历。

帝俊的另一个妻子叫常羲，与羲和相比，看样子是侧室。这位侧室生了十二个月亮。月亮这个天体怎么会从女人肚子里钻出来？如上所说，这一说法是指占月，伴随着崇拜月，观测月，制订十二地支，总结出以月亮圆缺为依据的太阴历。太阳运行周期即一个春夏秋冬的轮回长三百六十五天多一点，而月亮从出现新月到完全看不到只有二十九天，月的概念与月亮联在一起。太阳历的这些划分单位称作月，是借用太阴历观念，《尧典》说一年三百六十六日，加闰月正四时，表明尧时已使用阴阳合历。后人时常提起的嫦娥奔月，就是从常羲占月演变出来的神话。

《大荒南经》说："有人三身，帝俊妻娥皇，生此三身之国，姚姓，黍食，使四鸟。""有人三身"颇费解，不是说长了一个脑袋三条身子。其实，三身国的居民也是普通人，姚姓，主要食黄米（黍）。"三身"或指修行方式，早先是怎么界定的，说不清了。后来佛学把"三身"说法接过去，修到一定份上，有三种身体，即法身、报身、应身，指一尊佛可以变化出无穷无尽的佛。如倒映水中的月影，夜晚，江河湖海以及水缸里，到处都有月亮的倒影，而天上只有一个月亮。

后人对帝俊神话的分割与重植造成上古诸神的重迭。在《山海经》中，明明白白说，帝俊的几位妻子分别叫羲和、常羲和娥皇。《史记》本来是比较严谨的，而司马迁先生写到这儿了，却有点走神，称："黄帝使羲和作占日，常羲作占月。"羲和、常羲变成黄帝手下经营历法的大臣，娥皇则变成唐尧的女儿，后来成为舜的妻子。

《山海经》保存了大量神话传说，除了夸父追日、精卫填海、羿射九日、鲧禹治水、共工怒触不周山等，还有许多是人们不熟悉的。这些神话传说在一定程度上留下了历史的影子。例如《大荒北经》中黄帝战蚩尤的记载，剔除神话色彩，可以看到一场部落间的残酷战争。

帝俊之说对上古神话传说的最大贡献之一是羿的神话。《海内经》称："帝俊赐羿彤弓素矰，以扶下国，羿是始去恤下地之百艰。"英雄神话是记录半神和原始氏族英雄的事迹的传说，古希腊神话中的赫拉克勒斯、阿尔戈英雄、阿喀琉斯等统统是英雄，在其他神话体系中活跃的都是无所不能的神，唯独在帝俊神话中，活跃的是英雄。

相传后羿是夏朝人，善射。那么，这位羿究竟是人还是神？《楚辞·天问》中说："帝降夷羿，革孽夏民。"王逸注："帝，天帝也。"既然能让天帝直接派遣，羿就应该是个神。天帝就是《海内经》的"帝俊赐羿彤弓素矰，以扶下国"。帝俊和羿关系紧密，羿是帝俊神话体系中的神性英雄，受帝俊派遣到人间创造英雄业绩。

传说"尧之时，十日并出，焦禾稼，杀草木，而民无所食"，于是"尧乃使羿……上射十日"。除了射日，羿"革孽夏民"的任务还包括杀怪物，记载在《淮南子》中：猰貐、凿齿、九婴、大风、封豨、修蛇皆为民害。尧乃使羿诛凿齿于畴华之野，杀九婴于凶水之上，缴大风于青邱之泽，上射十日，而下杀猰貐，断修蛇于洞庭，擒封豨于桑林。

羿杀的都是些恐怖的怪物，类似古希腊神话中的赫拉克勒斯。甚至连羿之死，也与赫拉克勒斯之死有相似之处：都是祸起萧墙。赫拉克勒斯是死于妻子的毒药，而羿则死于家臣逢蒙的棍子。羿的品德有两种截然不同的说法，他是除暴安良的英雄，却又荒淫无道。这说明原始社会里道德观本不明确，英雄不都是彬彬有礼的君子。希腊神话中，英雄忒修斯就曾和另一位英雄一道闯冥府去抢夺普路同的妻子波尔塞副涅。因此，羿抢夺河伯的妻子，或许不过是与之类似的神话。

帝俊这个名字不独出现于《山海经》中,《楚帛书甲篇》是完整创世神话文本,董楚平解读的释文大意:天地处于混沌时,伏羲娶女娲,生了四个儿子,后来成为代表四时的四神。四神开辟大地,是因为他们懂得阴阳参化法则的缘故。由禹与契来管理大地制定历法使星辰升落有序,山陵畅通,并使山陵与江海之间阴阳通气。当时未有日月,由四神轮流代表四时。四神的老大叫青干,老二叫朱四单,老三叫白大然,老四叫墨干。一千数百年后帝俊生出日月,从此九州岛太平山陵安靖。

　　从《楚帛书甲篇》中,可以看出,帝俊乃是主神,生出日月者,与《山海经》中的那位帝俊是同一位。由此可见,帝俊是上古时流布甚广的神。但考家很快就发现,帝俊其实有个原型,这位原型并不是什么天神,而是上古时的领袖人物,他就是黄帝的后代帝喾。

　　帝俊与上古传说帝王多有类似处,如任用羿与尧同,妻娥皇、后代为姚姓与舜同,重要的是帝俊与帝喾有惊人的迭合关系。这些迭合是后儒们在改造与分化帝俊神话时所遗留下来的消化不掉的痕迹,足以证明帝喾的真实身份,且能让我们有足够的证据恢复帝喾的本来面目。

　　其一,《帝王世纪》称帝喾出生时,"自言其名曰夋",夋字与俊字,古时同音近形。

　　其二,后稷,姬姓,黄帝玄孙,帝喾的嫡长子,母姜原,尧舜时期掌管农业之官,周朝始祖。《大荒西经》言"帝俊生后稷"。

　　其三,商代始祖契为帝喾妃简狄吞玄鸟卵而生,商人之祖为帝喾。王国维认为,夋是商代高祖中地位最显赫者。

　　其四,《大荒南经》云"帝俊生季厘。"《大荒东经》有"帝俊生中容,中容人食兽、木实,使四鸟:豹、虎、熊、罴。"《左传·文公十八年》:"高辛氏有才子八人,伯奋、仲堪、叔献、季仲、伯虎、仲熊、叔豹、季狸。"郝氏所言甚是,此正可以说明帝俊与喾本是一人,所以二人之子也同名。

　　其五,帝喾娶羲和的记载与帝俊相同。毕沅注《大荒西经》云:"《史记》云帝喾娶娵訾氏之女为正妃。《索隐》曰:案,皇甫谧曰女名常羲。"也就是说,帝喾之妻与帝俊的妻子同名。

　　帝喾之名,初见于春秋史料。《礼记·祭法》云:"殷人禘喾"。殷墟甲骨卜辞载商人的高祖为夒,据王国维考定,夒为帝喾之名,因形而成为夋。因此由夒神而分化成喾、夋二神。同见于《山海经》神话中，唯夋写作帝俊，为全书中最主要的上帝神。另外分化出帝舜一神。晋代的郭璞至近代学者多认为，舜自夋音变而出。是喾与俊、舜原由同一神夒分化出来已可论定。其后，唯有喾与舜进入了历史文献。

帝俊的原型人物是帝喾。这就带来了一个问题，在《山海经》中，作者为什么将帝喾改名为帝俊？回答这个问题，就要看看帝喾的作为，或者说看看帝喾这个人是怎么回事。

帝喾是黄帝的曾孙，有个有名的伯父，即颛顼。帝喾辅佐颛顼有功，封于高辛，号高辛氏。30岁时代颛顼为部落首领，"聪以知远，明以察微。顺天之义，知民之急。仁而威，惠而信，修身而大下服"。

帝喾的治国方略是："德莫于博爱于人，政莫高于博利于人。政莫大于信，治莫于大仁。"所以，《史记》中说他"普施利物，聪以知远，明以察微，顺天之义，知民之急，仁而威，惠而信，修身而天下服，日月所照，风雨所至，莫不服从。"当然，这些话是后人总结的。

帝喾以诚信著称。犬戎房王作乱，喾征而不胜，便文告天下，凡取房王首级得千金，封万户，赐帝女为妻。一个叫盘瓠的揭榜，这人被称为狗，其实，应该是长得有些丑陋，狗头狗脑的。尽管形象差，盘瓠以勇猛和智慧取房王首级，帝喾随即履行诺言，嫁女封邑于盘瓠。盘瓠背着新媳妇儿进入南山，后来两口子生了六男六女，而后自相配偶。当然，这种血缘婚配能产生什么恶果，就不是后人所能考虑的了。

帝喾以仁爱治理下民，生活俭朴；了解民间疾苦，祈求神灵降福万民，深受百姓爱戴。曹植是曹操之子，代表作有《洛神赋》《白马篇》《七步诗》等。南朝谢灵运有"天下才有一石，曹子建独占八斗"的评价。曹植佩服帝喾，作《帝喾赞》颂之："祖自轩辕，玄嚣之裔，生言其名。木德治世。抚宁天地，神圣灵宾，教讫四海，明并日明。"

曹植把帝喾的治理能力归结为"木德"，秦汉方士以金木水火土五行相生相胜，附会王朝命运，以木胜者为木德。《史记·封禅书》："夏得木德，青龙止于郊，草木畅茂。"亦指春天之德，谓其能化育万物。曹植的概况表明，起码在三国那时，人们认为帝喾实有其人其事。

帝尧是否为帝喾之子不可考，相较而言，所谓帝尧之兄、帝喾之子帝挚更接近帝喾的嫡系，仍袭少昊之称。至于两者的关系，《帝王世纪》称帝尧："年十五而佐帝挚，受封于唐，年二十而登帝位。"司马迁《史记》载："帝喾崩，而挚代立。帝挚立，不善，而帝放勋立，是为帝尧。"《纲目前编》说：挚荒淫无度，诸侯废之，推尧为天子。帝挚继承帝喾高辛氏，但因种种原因，势力不如帝尧，共主地位被陶唐氏取代。少昊氏随着帝挚的没落而悄然退出了历史舞台。

部落酋长们跟神祇、世俗社会和神灵之间，有某种内在的对应，神话往往是政治的曲折镜像，而政治反过来从神话中获取信息和力量，它们之间并非只是简单的镜像关系。历史学者习惯于把黄帝族简单描述为以黄帝这个世俗人物为领袖的部落或部落联盟，而从未意识到，神话属于宗教的叙事体系。如果它跟人类社会有关，那也只是信奉黄帝的族群而已，酋长并非黄帝本人。在黄帝和信奉黄帝的氏族之间，有着神学鸿沟。混淆神与人的差异而把神话历史化，是文化灾难，它不仅制造了上古历史叙事的混乱，更导致中国上古神话的湮灭。

长期以来，中国上古史家面临的境况窘迫。为何这般说？上古那会儿没有文字，口头流传的故事经代代相传，难免走样。一般说，即便代代相传的神话传说，基本框架也不会被破坏。但有一种情况例外，那就是人为修改。中国上古神话传说偏偏遇到这种状况，经过春秋战国以至两汉文人蓄意修改，与真实面貌相去甚远。

《山海经》似乎没有经过春秋战国以至两汉文人根据政治需要的修改，与上古神话传说的本来面目相去不远。这章谈了帝俊，帝俊后被帝喾顶替，而帝喾实有其人，证据之一即是历法。

黄帝的一大功绩是教人种植五谷，人得以从食草籽阶段进入食粮阶段。黄帝那时只知一年三百六十五天，不分四季，东西南北，气候不同，作物生长时间都不同。颛顼、帝喾是三皇五帝中的第二位和第三位帝王，前承炎黄，后启尧舜，奠定华夏基根。范文澜在《中国通史简编》称："汉以前人相信黄帝、颛顼、帝喾三人为华族祖先，当是事实。"

黄帝无须说，范文澜为什么推崇颛顼和帝喾？颛顼是黄帝的孙子，帝喾是黄帝的曾孙，二位都在历法上下了功夫。颛顼历是古六历的一种，为阴阳历（秦始皇一统天下后遍行），帝喾称帝后观察天象，夜观星辰，推算出晦、朔、弦、望，以此推算出立春、立秋，颁布天下，人们春种秋收，掌握农作物种植时间。《历律志》载：羲和占日，常仪占月，臾区占星。《史记》记述帝喾根据日月运行制作历法，用来推算季节朔望。

帝喾以前，虽有一年四季概念，但日出而作，日落而息，帝喾"爻策占验推算历法，穷极变化，颁告天下"《大戴礼·五帝德》说他"夜观北斗，尽观日，作历弦、望、晦、朔、迎日推策"，或"观北斗四时指向，以定节气；观天干以定周天历度。"探索天象、物候变化规律，划分四时节令，指导人们按照节令从事农畜活动，使华夏农业出现一次革命，农耕文明走进了新时代。

种种迹象表明，帝喾有其人。尽管帝喾距离仰韶时代也很遥远。但不管怎么说，通过《山海经》中的帝俊（帝喾），通过重重雾障，后人得以稍许回望一下仰韶时代的些许遗踪。

在《史记·五帝本纪》中，只言"高辛生而神灵，自言其名。"省略了俊字，这一细微变化，将帝喾从帝俊的阴影中解脱出来，达到了脱胎换骨的效果。在将帝俊脱胎时，将其后代子孙如季厘、少昊（挚）、妻子（常羲）等，也在稍加改变之后转移到帝喾的名下，从此，帝俊便消失了，帝喾则异军突起，成为五帝之一。

帝喾有4个妻子。正妃有邰氏，名姜嫄，生子弃，即是后稷，是后来周朝的始祖；次妃有娀氏，名为简狄，生子契，是后来商朝的始祖；次妃陈丰氏生子放勋。次妃娵訾氏生挚，帝喾死后，挚承帝位，禅让放勋，也就是帝尧。相传喾活了105岁（一说92岁）。

高辛镇位于河南商丘市睢阳区南，207省道和327省道在镇中交汇，这里被认为是帝喾高辛氏的生地、封地、葬地和建都地。帝喾陵即位于高辛集。现存墓地为一高丘，长200余米，宽100余米。陵前原有帝喾祠、沐浴室、更衣亭、禅门等古建筑，院中有大量碑刻。现仅存明代碑刻一通。如今那里为河南历史文化名镇。

帝喾活动时期当然远远早于《山海经》面世。那么，《山海经》中为什么会出现以帝喾事迹为蓝本的帝俊？可以认为，在仰韶时代以来的传说中，帝俊是源远流长的天神角色，王国维在《殷卜辞所见先公先王考》中提出，殷商卜辞中的高祖夋（夒）即帝俊，也是帝喾、帝舜。郭沫若及以后学者大都认可此说法，可见帝俊的资格之老。

在神话传说中，帝俊这位元老资格的天神内容空泛。打个比方，就像一位从战场上回到家乡的老兵，村人认为他在战斗中出生入死，如何了得，但细究起来，该老兵虽然经历不少战斗，却没有具体战功。帝俊面临的就是这样一种局面。按照《楚帛书甲篇》的说法，他的工作是创制历法什么的。编写《山海经》时，作者努力给帝俊天神安上些实在事，于是在不知不觉间，以帝喾为蓝本写帝俊的作为。因此，当后人追索帝俊时，觉得帝俊的事迹似曾相识，就又回到了帝喾那里。

战国以后，儒士为建立中原黄帝世系，帝俊传说事迹被其他神祇顶替，作为黄帝的后代，帝喾根红苗正，完全替代了帝俊。帝俊无法体现帝喾的事迹与传说，而这些传说与神话事迹充满生命活力，后儒便将有活力的神话分化开来，分别嫁接到黄帝、颛顼、尧、舜身上，使得他们身上或多或少都有帝俊的影子。帝俊与帝喾有惊人的迭合关系，这些迭合是后世儒生改造与分化帝俊神话时遗留下来的消化不掉的痕迹。

皇甫谧，晚年自号玄晏先生，甘肃灵台县人，生于东汉，卒于西晋。所著《帝王世纪》是专述帝王世系、年代及事迹的史书，上起三皇，下迄汉魏。内容多采自经传图纬及诸子杂书，载录了许多《史记》及两《汉书》阙而不备的史事。清宋翔凤《帝王世纪集校序》称其"分星野，考都邑，叙垦田，计户口，宣圣之成典，复内史之遗则，远追绳契，附会恒滋，揆于载笔，足资多识"，有很高史料价值。《帝王世纪》中云："帝喾高辛氏，姬姓也，其母不见。生而神异，自言其名曰俊。"

岁月虽然扰乱人的思绪，却碾不碎先人执着的记忆，时光流逝并不是帝俊神话消逝的主要原因。使帝俊神话真正分化并逐步消亡的是来自文明社会的政治的与历史化的巨大力量。为了使神话合乎政治需要，确立黄帝世系，也为了从历史角度为大一统社会找到依据，后代儒士将帝俊的名字从神谱中抹去，帝俊就这样被逐出了神坛。

战国以来，史家从未停止把神话改造成历史的努力，也从未终止清算神话和神祇的话语实践。《世本》的三皇五帝系统和《史记》的纪传系统，都是这种努力的一部分。《汉书·古今人表》则提供了另一种金字塔式的垂直架构，按世俗政治尺度，把神祇和神话人物分为上中下三个等级，其中最显赫的神祇列为"上上"之等：宓羲氏（伏羲氏）、神农氏、轩辕氏（黄帝）、金天氏（少昊）、高阳氏（颛顼）、高辛氏（帝喾、俊）、陶唐氏（尧）和夏后氏（大禹）。

《汉书·古今人表》是研究《汉书》的学者注意的篇章。有学者认为并非班固撰，而是其妹班昭之作。炎黄前的19位先帝被列为"上中仁人"，包括女娲氏、共工氏、容成氏、大廷氏（大庭氏）、柏皇氏（伯皇氏）、中央氏、栗陆氏、骊连氏、赫胥氏、尊庐氏、混沌氏（以上诸氏均首见于庄子，神格与事迹都佚落不明）、昊英氏、有巢氏、朱襄氏、葛天氏、阴康氏、亡怀氏、东扈氏和帝鸿氏等。

《山海经》的作者无疑是聪明人，但他们以地理逻辑重构神话的努力，不能令碎片转为有机整体的生命。碎片终究只是碎片，无法按神学逻辑组织起来，完成宗教所需的精神叙事。这种失控的破碎化状态令"第二代神话"沦为一种文化冗余，它们要么被彻底遗弃，要么被织进帝王世系的地图，成为汉民族历史叙事的零件。春秋战国时期，原本是利用外部原型重组神话体系的最佳契机，却因儒道墨三家的合力而被引入歧途，所有既有的神话材料，都被转换为历史血缘叙事，据此构筑全球最大的祖先崇拜体系，而非成为重组民族神话的坚硬基石。

战国和两汉期间，以司马迁为先锋，几乎所有士人都参与到这场摧毁运动之中。神话被迫提前退位，以便为历史的生长开辟道路。在历代宫廷绘本上，到处是由谎言线条组成的伪神话意象。这是饱受雅思贝斯盛赞的场景，它完全符合轴心时代理性主义的世界性原则。

帝俊不仅是天神，也和普通百姓一样，在世间有所传承。据《大荒东经》："有白民之国。帝俊生帝鸿，帝鸿生白民，白民销姓。"

所说的"白民"指什么？考家指出，"白民"应为罗泌所著《路史》中提到的帝鸿苗裔"百民"。罗泌是南宋年间大学者，著有《路史》47卷，记述自上古以来的有关历史、地理、风俗、氏族等传说和史事，取材繁博庞杂，是一部神话历史集大成之作。康熙年间，清廷曾经派江西布政使施闰章送金匾旌表其族，匾曰"史学世家"。

"帝俊生帝鸿"，几个字生出故事。雁被称为鸿，东汉许慎《说文》称："鸿渐于干"，是指的入仕途。《易·渐》说："鸿雁于飞。"用鸿命名领袖，指领袖像头雁一样带领雁群飞行，帝鸿意鸿中帝者。

《山海经》中说的这位帝鸿，争议素来较大。主流说法是，帝鸿指的是姬轩辕黄帝。这样对号入座有些生猛。罗泌在《路史》中指出："余披传记，见蛮夷之种多帝之苗矣。若巴人之出于伏羲；玄、氐、羌、九州戎之出于炎帝；诸蛮、髦氏、党项、安息之出黄帝；百民、防风、骓头、三鳄之出帝鸿；淮夷、允戎、鸠幕、群舒之出少昊；昆吾、滇濮、欧闽、珞越之出于高阳；东胡、儋人、暴舆、吐浑之出高辛；匈奴、突厥、没鹿、无余之出夏后，曰是固有矣。"罗泌各列苗裔清单，说明帝鸿仅仅是一位三苗的首领，在尧舜时代被流放。

《五帝本纪》表明：黄帝战胜九黎首领蚩尤氏后，最终号令天下。蚩尤就像后来夏桀、商纣那样的当朝王者，而黄帝则相当于商汤、周文武那样的在野者。附带说一下，三苗的后裔即是今日大西南的苗族，而苗族至今依旧承认蚩尤为自己的祖先。

《西次三经》："天山有神焉，其状如黄囊，赤如丹火，六足四翼，浑敦无面目，是识歌舞，实为帝江也。"毕沅特意注了一笔："江读如鸿。"也就是说，帝江即是帝鸿，也就是蚩尤。

毕沅是乾隆年间的状元，官至河南巡抚，后擢为湖广总督，经史小学金石地理无所不通，续司马光成书《续资治通鉴》，又有《传经表》《经典辨正》等。对这位状元郎的说法，后人不可以等闲视之。

至今，帝喾的身世较清楚，学界没有多少争论，帝喾号高辛氏，是黄帝的曾孙，玄嚣之孙，颛顼的侄子。有人说禹是"黄帝之玄孙而帝颛顼之孙也"，这种说法恐怕不确，学者们一般按照《史记》原文的传承关系，确定从黄帝到舜帝传九代。鲧是何许人？是颛顼帝的儿子。与舜同为颛顼家族，论辈份，比舜高多了。鲧与儿子禹，爷儿俩是舜帝前后的人，应与帝喾相距百八十年。但不管怎么说，帝喾是黄帝后人中干得最出色的，子孙后代为这位祖上感到荣耀。因此，作为帝喾的后人，禹和助手在作《山海经》时，用帝喾取代虚无缥缈的帝俊，合乎情理。

29. 大禹治水地点：当注意洛阳左近

本章的头里先说一条流经山西大同的河，它叫桑干河，桑干河的长度不过240公里。按说，这样一条河不会引起多少人注意。它之所以有些名气，是由于著名女作家丁玲写了一本挺有名的小说，书名为《太阳照在桑干河上》。这本书曾经引起中共中央的关注。1948年6月，刚完稿的誊抄件由胡乔木、萧三、艾思奇等传阅，他们阅后一致认定，"这是一本最早，也是最好地表现中国农村阶级斗争的书。"胡乔木向毛泽东汇报，毛泽东认为，个别地方修改一下，就可以发表了。

中国的不少中老年读者看过长篇小说《太阳照在桑干河上》，对桑干河或多或少有些印象。我也是其中之一。2015年夏，我去大同游览，向接待方提出，抽空看看桑干河。但是，汽车把我拉到河边后，我愣住了，桑干河居然是一条仅有十多米宽的河沟，而且没有多少水，河两岸烂糟糟的。司机是大同旅游局的，对我解释说："不少从北京来的老同志看到桑干河后，都是你的这种反应，惊愕、失望。没法子，河道会不断地变迁，河水越来越少，桑干河就不是你们想象的那样了。"

本章为什么上来就提桑干河？原因是这条河让我切实感受到，或出于气候原因，或出于七七八八的原因，河流是会变迁的，而且在很多种情况下，变迁速度比常人想象的要快。从这儿，接着谈谈大禹治水。

大禹治水是中国人耳熟能详的古老传说。但这个古老传说是一笔糊涂账。糊涂在哪儿呢？大禹在哪里治水？以大禹时代的生产力发展水平而言，所谓治水能治理到什么程度？这些都说不清楚。

上古那会儿，中国曾经遭遇过一场特大洪水。这场大洪水似乎是全球性的，就像那场灭绝了恐龙的全球性灾祸，波及范围很广，不仅中国古代文献中有记载，外国文献中也有类似说法。

诺亚方舟是《圣经·创世纪》中的故事，根据上帝指示而建造大船，目的是让诺亚与家人及世界上的各种陆上生物躲避一场洪水灾难，诺亚方舟花了120年才建成。在《圣经·创世纪》第七章中提到，在诺亚600岁生辰的那天，巨大水柱从地下喷射而出，天上的窗户敞开，大雨日夜不停，"过了那七天，洪水泛滥在地上。当诺亚600岁，2月17日那天，大渊的泉源裂开，天上的窗户也敞开了。四十昼夜降大雨在大地上。"诺亚和妻子乘坐方舟，在大洪水中漂流40天之后，搁浅在山上。为了探知大洪水是否退去，诺亚连续放了3次鸽子，第三次，鸽子衔回了一支橄榄枝，说明洪水已然退去。

　　这是一场世界性的大洪水，大前提是史前有一场波及全球的地壳变动，或者说是当年灭绝了恐龙的那种气象变异。从考古发掘所见的新石器晚期洪水遗迹情况看，相关的传说似乎可信。

　　尧舜时期相当于龙山文化时期，考古中发现的迹象表明，史前，中原地区曾经遭受一场特大洪水的袭击。河南登封王城岗遗址有东西排列的两座城，西城被来自西北部的山洪冲毁，城内冲沟及城墙基槽被洪水冲毁的痕迹明显。东城是被五渡河河水暴涨冲毁的。同样，太行山南麓的辉县孟庄龙山城址也在龙山文化末期至二里头时期前也存在明显被毁迹象。龙山城内的低凹地出现较厚淤积层。龙山城址的城垣当时高度在4米左右，但该墙在二里头时期东墙内侧保存高度仅为1米，西墙内侧仅0.5米高。两墙内侧都发现有夯土修补痕迹，北墙外侧也有修补的夯土，是受到洪水冲刷的结果。孟庄城垣内侧有宽6至8米的壕沟，内侧壕沟中淤积厚1.5米，有龙山文化各时期陶片的淤土。此外，南、北面护城河发掘表明，护城河与同样淤土有两三米。龙山城被毁于洪水的明显的证据是西墙中段，该墙中北部有个大缺口，原有城墙夯土全部被洪水冲走。冲沟淤土中包含龙山文化各时期陶片。西城墙这段缺口处，二里头时期的人清除了大部分淤土。孟庄遗址低洼处都是洪水淤积层，城垣坍塌，西墙中北部被洪水冲开15米以上的大缺口。

　　这场大洪水波及范围广泛，不仅发生于黄河下游，就连上游的青海地区也遭受其害。黄河上游青海民和喇家遗址地层堆积层中也发现了大洪水遗迹和沉淀物。地层关系表明，遗址先遭到地震，后有洪水，洪水形成的地层迭压在地震遗迹和地震塌毁的黄土堆积物上。这为尧舜时大洪水的猛烈性、突然性提供了考古证据。

良渚文化是分布于太湖流域的新石器文化类型，距今5300至4500年左右，出土玉器包含璧、琮、钺、璜、冠、三叉形器、镯、管、珠、坠、柱、锥、带、环等，处于中华文明门槛内外，是同期发展水平最高的古文化之一。但良渚文化后来却突然间中断，中断原因是什么？

浙江吴兴钱山漾和杭州水田畈良渚文化层和马桥文化层间有0.3米厚的淤泥或泥炭。吴江梅埝、团结村、胜墩、无锡许巷、昆山龙滩湖、正仪车站北、青浦果园村等许多遗址的良渚文化层都直接迭压着淤泥层或泥炭层，厚度一般几十厘米，最厚可达1米以上。可见良渚文化地区出现文化断层的根本原因是长期水淹。江海遗址中在良渚文化层面上大多有两三层沉积状淤土。出现这种淤土的地层，经测量同一土色基本保持在同一水平面上。尤其是许多探坑中都有灰黄色土层，其厚度保持在十分一致的10至15厘米。而无淤土的探坑中，是因良渚文化层以上的堆积均是马桥文化或马桥文化之后的堆积，显然是后来马桥文化先民的生活层局部毁坏了良渚文化层面上的淤土，并直达良渚文化层中。在江海遗址T25Ⅱ，东部南侧有马桥文化先民生活层，毁坏了良渚文化层面上的淤土，而北侧则仍然完整地保留着三层淤土。这些现象说明，良渚文化遭受到史前大洪水毁灭性的破坏，估计也是那场毁灭性洪水，造成环太湖地区大片沼泽化，迫使居民迁徙中原。

中国历史博物馆前馆长俞伟超认为："4000多年以前，中国曾经发生一次延续了若干年的特大洪水灾害应该是历史事实。当洪水泛滥时，大河、大江流域所遭灾难，必以下游为重。可以估计到，在那个时期，黄河、长江的下游尤其是长江三角洲之地，当是一片汪洋。人们只能向高处躲避或是逃奔外地，原有的发达的龙山、良渚文化的种种设施，顷刻便被摧毁，而其农耕之地更是常年淹没，再也无法以农为主了。"

既然有大洪水，就要有防洪工程。黄河流域最早的防洪工程可以追溯到《国语·周语》的记载，共工"壅防百川，堕高理库"。共工是上古神话中的水神，掌控着洪水。如果不考虑神话中的那些絮絮叨叨，共工当是氏族的名称，而且是颛顼帝时较为强大的部族，活动在河南辉县一带，发明了筑堤蓄水办法。共工的传说几乎全都与水有关。黄河泛滥威胁到部落生存，共工率领大家与洪水抗争，采取堵而不是疏的办法治水，未能根治洪水，但为后人积累了一定经验。之后，共工与颛顼争夺部落盟主，颛顼称共工治水触怒上天，共工最终失败。共工与颛顼争夺首领的故事被演绎成"怒而触不周之山"的神话。

上古传说时代，还有位与洪水相关的人物，叫鲧。鲧与共工氏就像一对苦难搭档。徐旭生说，《尚书·洪范》说鲧堙洪水，可是他怎样去堙塞，不详悉。《国语·周语》中说"有崇伯鲧称遂共工之过"，何意？是说沿用共工氏旧法，共工氏"欲壅防百川，堕高堙庳以害天下"，鲧想防治水流，把高地方铲平，把低地方填高。

不要说尧舜时的大洪水，就是今天发生的大洪水，也难以治理。1998年夏，由于厄尔尼诺现象的影响，暴雨频频，长江发生自1954年以来又一次全流域性特大洪水，东北嫩江、松花江也爆发超历史记录的特大洪水。据不完全统计，全国受灾面积3亿多亩，受灾人口两亿多人，直接经济损失两千亿元人民币。近30万名解放军官兵赶往灾区，同沿江群众日夜奋战。举国上下，地不分南北、人不分老幼，捐款捐物，支持灾区。那些日子里，电视中经常播的画面是：解放军官兵背着麻袋堵缺口，实在没法了，成千上万名官兵挽着臂膀，站在江水中。

附带说个事。那几年，我们做了一套反映20世纪全球战争的电视系列片，受到军委领导的好评，有的看过这套片子的单位产生了错觉，以为我们能和军委领导说上话。长江洪水期间，我接到卫生部一位女同志打来的电话，她情绪激动，嗓门挺大："请你们对军委领导说说，那么多战士站在江水里，一站就是一天。那些当兵的不知道，长时间热水坐浴，会使睾丸温度增高，妨碍生精；长时间的冷水浸泡，睾丸同样会出问题。时间长了，有可能绝育。"听了这话，我直挠头，想告诉她，她找错人了，我们是做纪录片的，没有能力解决这方面问题。但还没等我张嘴，她就抑制不住地哭喊起来："老天爷，30万名士兵日后要组成30万个家庭，30万个家庭有可能断子绝孙呀！"带着强烈抽泣的嚷嚷，骤然间把我的心暖热了。我对她说，尽管我们与军队上层说不上话，但我们当过兵，会想方设法反映这个问题。事后，我们也的确这么做了。

真的，无论是上古还是如今，洪水到来之际，做什么都晚了，防洪工作只能做在前面，就是修理堤防，保护住宅和农田。

远在4000多年前的那场世界性大洪水，鲧能率众用疏通方法治理吗？不能。咋办？只能堵。徐旭生说："鲧所筑的堤防不过是围绕村落像现在护庄堤一类的东西，以后就进步为城，不是像后世沿河修筑的'千里金堤'。""大禹治水的主要方法为疏导，包括两方面：其一，把散漫的水中的主流加宽加深，使水有所归；其二，沮洳的地方疏引使干，还不能使干的就开辟它为泽薮，整理它们以丰财用。"

继承古人之说，以堙塞和疏导总结鲧禹父子二人治水方法之别，在当代学人的论著中甚多。但是，也有部分学者认为，共工氏、鲧用堙塞治水方式涉及范围不是"天下"，而是保护自己的部族，等同于"以邻为壑"，保护了自己，危害了别的部族。这是共工氏、鲧犯怒天下的原因。这种说法表明，共工氏、鲧之所以下场都很糟糕，问题并不出在治水方法，而是触犯了其他部族。用现在的话来说，产生了政治问题。

史前应有大禹其人，正统的说法是：禹，姓姒，夏后氏首领，黄帝玄孙、颛顼孙（有学者认为是颛顼六世孙）。父鲧被尧封于崇，世称崇伯鲧或崇伯，母为有莘氏之女修己。约在公元前22世纪发生大洪水，鲧治水不成被处死。舜任命禹治水，禹治水有功，受舜禅让继位。禹州位于伏牛山余脉与豫东平原过渡地带，颍河自西至东横贯全境。禹在此受封夏伯，大飨诸侯于钧台。《水经注》载：河南阳翟县有夏亭城，夏禹始封于此，为夏国。《竹书纪年》载："夏禹之子夏启，即位夏邑，大享诸侯于钧台，诸侯从之。"史籍称禹州为夏邑，古钧台又名夏台。夏台故址至今尚存，位于河南禹州第一高中老校区，是夏启大宴诸侯、举行开国典礼之地。台上筑亭殿为双重檐，围24根明柱。禹州境内还有禹王锁蛟井、禹王庙、禹山等。另一说禹以阳城（古称获泽，属山西晋城市）为都，国号夏。上海博物馆藏战国楚简中有记述古史传说的《容成氏》一篇，第十七简至三十四简载大禹事迹，有些内容前所未闻，如大禹听政三年，天下大治，迎来太平盛世。禹是古代传说时代与尧舜齐名的贤圣帝王，治理滔天洪水，划定版图为九州岛。上古时，部落联盟领袖常年在野外巡狩劳作，非后世君王之安逸可比。禹这个人闲不住，到处巡游，到浙江后染病身亡，死后葬于会稽山（今浙江绍兴市以南）。

以上是相对规范的说法。所谓规范，就是剔除掉神话色彩。那么，不规范的说法是什么？《山海经·海内经》载："鲧窃帝之息壤以湮洪水，不待帝命，帝令祝融杀于羽郊，鲧复（腹）生禹。"就这几十个字，说起来是个不仅凄恻，而且有些悲壮的故事。

上古，对农业生产危害最大的就是洪水，大凡原始文明中都有洪水的神话传说。基督教文化中，洪水神话是神对人的罪行的惩罚和人类自省。汉人的洪水神话则强调人对自然的抗争，强调自我拯救。

相传尧时中原地带洪水泛滥，洪流卷走了畋田（猎取野兽的田）里的野兽，卷走桑麻田里的希望，也卷走无数条生命。所谓洪水，有可能是黄河改道造成的。那次黄河改道和周朝以后的那些比较确切的记载相比，似乎厉害得多。后人描绘"洪水滔天"，"汤汤洪水方割，荡荡怀山襄陵，浩浩滔天，下民共咨"。无疑，这是农耕民族面临的最大威胁。

在这种情况之下，尧访求治理洪水的大能人。他把手下找到身边，说："各位，如今水患当头，要把大水治住，你们看谁能来当此大任呢？"各部落首领推举鲧，尧就将治水任务委任给鲧。鲧央求天帝收回洪水，没有奏效，于是把高地土垫在低处，堵塞百川。然治水9年，洪水仍泛滥不止。他烦闷之际，神兽告诉他可以盗取"息壤"堙塞洪水。息壤是古人对大禹治理洪灾险情的称谓。息为生长之意，息壤是指能不断增长与水势相抗衡的土壤或沙石填充物。鲧盗出了息壤。这东西果然神奇，撒到何处，何处就会形成高山挡住洪水，并随水势上涨自动增高。天帝知道鲧盗息壤，派火神祝融将鲧杀死在羽郊，取回息壤，洪水再次泛滥。所说的这位祝融，一刽子手面目出场，很可能是神话融合的产物。后人认为，鲧为拯救人民而触犯天庭的大无畏精神，堪与希腊神话中将火种带向人间而冒犯宙斯的普罗米修斯相媲美。

鲧的遗体3年不烂，天帝派祝融用刀剖开鲧的肚子看个究竟。这时奇迹发生了，鲧的肚子里跳出个人，就是禹。禹长大，尧已去世，舜继位，把治水大任交给禹。大禹并不因尧处罚了父亲就嫉恨最高统治者，而是接受了任务。舜派伯益和后稷协助他的工作。禹带着尺、绳等测量工具到主要山脉、河流考察，伯益、后稷跟着他跋山涉水，风餐露宿。大禹吃在工地，睡在工地，披星戴月地干，三过家门而不入，禹在河北东部，河南东部，山东西部、南部及淮河北部考察，摸清洪水走势，制定规划，在此基础上治水。前辈没有摸清水流规律，采用"堕高堰库"筑堤截堵的笨办法，一旦洪水冲垮堤坝便前功尽弃。大禹换招，改用疏导和堰塞相结合办法，顺天地自然，高的培土，低的疏浚，成沟河，除壅塞，开山凿渠，疏通水道，历时13年把洪渊填平，河道疏通。一旦再有洪水，水由地中行，经湖泊河流汇入海洋。

史前大洪水的起因是老天连降暴雨，大小河流水势猛涨，在低洼地势，连绵不断的淫雨所造成的积水无法排泄出去，是典型的洪涝灾害。那么，这场灾祸延绵了多久呢？《墨子·三辩》引《夏书》说"禹七年水"；《荀子·富国》说"禹十年水"；《庄子·秋水》说"禹之时，十年九潦"；《淮南子·齐俗训》说"禹之时，天下大雨"，讲的都是这种性质的洪水。也就是说，大禹治水，起码忙活了十来年。

上世纪二三十年代，疑古学派认为，不能把这类传说故事当作实在的史实看待。这种说法有点道理。但疑古学派否定大禹治水的真实性甚至否定大禹的存在，就有失偏颇了。即使是疑古学派的领袖人物顾颉刚也相信，洪水传说有产生背景或某种现实依据。他认为禹治洪水与土地卑湿所造成的积水泛滥有关，在某种程度上触及了历史真相。

梳理卷帙浩繁的史书典籍，《史记》《诗经》《水经注》《山海经》《淮南子》等均对大禹治水有过具体记载。《史记·匈奴传》说："尧虽贤，兴事业不成，得禹而九州岛宁。"大禹根据山川地理情况，将中国分为九个州，就是：冀州、青州、徐州、兖州、扬州、梁州、豫州、雍州、荆州。他的治水方法是把整个山山水水当作整体治理，他先治理九州岛土地，该疏通的疏通，该平整的平整，使得大量地方变成肥沃的土地。他治理的山有岐山、荆山、雷首山、太岳山、太行山、王挝山、常山、砥柱、碣石、太华山、大别山等，就是疏通水道，使得水能顺利往下流。长江以北多数河流留下他治理的痕迹。治理的洪水远比不上女娲面临的洪水，因此不是创世神话的一部分，禹的身份也不是创世神。

司马迁作《河渠书》自述："《夏书》曰：余南登庐山，观禹疏九江，遂至于会稽太徨，上姑苏，望五湖；东窥洛内、太邱、迎河、行淮、泗、济、深、洛渠;西瞻蜀之峨山及离雄;北自龙门至于朔方。"

司马迁用东南西北的全方位记述,说明大禹时水患严重。九川之治,可以看出,当时是全面治水。尽管现今有人提出不同意见,但在并非信史的时代,如果再不信先贤的记述,后人还能相信什么? 洪水来了,有了全民治水大动员,最后的结果是夏王朝璀璨夺目地登台亮相。

墨子是大禹的忠实粉丝,说:"古者禹治天下,西为西河渔窦,以泄渠孙皇之水,北为防原泒,注后之邸,嘑池之窦,洒为底柱,凿为龙门,以利燕代胡貉与西河之民。东方漏之陆,防孟诸之泽,洒为九浍,以楗东土之水,以利冀州之民。南为江汉淮汝,东流注五湖之处,以利荆楚于越与南夷之民,此言禹之事。"《管子·轻重戊》中称:"夏人之王,外凿二十,韘十七湛,疏三江,凿五湖,道四泾之水,以商九州岛之高,以治九薮,民乃知城郭、门闾、室屋之筑,而天下化之。"《孟子·滕文公上》说:"禹疏九河,沦济漯而注诸海,决汝汉、排淮泗而注之江,然后中国可得而食也。"《庄子·天下》:"昔禹之湮洪水,决江河而通四夷九州岛也,名川三百,支川三千,小者无数。"虽不能按图索骥理解禹治理了每条河川,倘若理解大禹"尽力沟洫",就好办了。田间水利设施,自然也就无数,小沟洫的数字不胜计。

由于治水,水患得以平定。禹强化了地方和中央的联系,制定政治区划,将全国分为九州岛。"九州岛既疏,九泽既洒,诸夏艾安。"九州岛都有哪些? 文献记载不一致。《禹贡》记冀州、兖州、青州、徐州、扬州、荆州、豫州、梁州、雍州。《吕氏春秋》则没有梁州,而有幽州。《尔雅》把青州、梁州换为幽州和营州。对大禹划九州岛的说法,郭沫若、顾颉刚都持怀疑态度,认为《禹贡》成书于战国,九州岛概念是当时有大一统思想的人对诸雄疆域的托古创制。近年有学者依据考古发掘中对文化类型的分析归纳,得出的结论是:不管《禹贡》成书于什么年代,对九州岛的记载都应有夏代史实作为依据。九州岛不是上古的行政区划,不是战国时的托古创制,而是自公元前 2000 年前后就实际存在的,源远流长自然形成的人文地理区系,反映了中国新石器时代晚期的地域文化格局。这种看法,无疑较前又进了一步。

禹分全国为五服。以王畿为中心,五百里以内为甸服,甸服外五百里为侯服，侯服外五百里为绥服，绥服外五百里为要服，要服外五百里为荒服，构成以王城为中心的空间观念。禹又根据各地物产，制定了九等贡赋，孟子称"夏后氏五十而贡"。不清楚的是，《禹贡》是地方向中央进贡的制度，还是一本九州岛地理书。《史记》中有禹铸九鼎之说。据说禹铸的鼎是集九牧之铜，上刻划各地的方物，从鼎上就可知九州岛的物产。九鼎也成为传国宝器，国家象征。数千年后，中国政府送给联合国的礼物，即是一尊鼎，可见鼎在中国文化中的意义。

以前五帝的传承，基本上是松散的氏族形态。而到了禹，则传子称王，开始由部落向君主世袭转变，表明了中央王室权威的提高，有了封建社会的萌芽。正因如此，后人称禹为大禹，禹属夏后氏，夏便成了华夏民族对外的代名词。而禹所创立的以传子为标志的世袭王朝，便成了夏朝。在夏朝的基础上，历史的河流继续流淌。

捎带说说，大禹治水是个大举动，似乎与《山海经》的面世有关。《山海经》最早的作者当出于唐虞之际。也就是："昔洪水洋溢，漫衍中国，民人失据，崎岖于丘陵，巢于树木。鲧既无功，而帝尧使禹继之。禹乘四载，随山刊木，定高山大川。益与伯翳主驱禽兽，命山川，类草木，别水土。四岳佐之，以周四方，逮人际之所希至，及舟舆之所罕到。内别五方之山，外分八方之海，纪其珍宝奇物，异方之所生，水土草木禽兽昆虫麟凤之所止，祯祥之所隐，及四海之外，绝域之国，殊类之人。禹别九州岛，任土作贡，而益等类物善恶，著《山海经》。"

此处把《山海经》成书同大禹治水、开辟下民生存空间相联系，确指作者为大禹手下的益。化益也被称作伯益，或只称益，是尧舜禹时的农业专家，发明"凿井取水"和"以卦占卜岁时吉凶"。及至今日，相信这种说法的人不多。《山海经》是否为大禹时书是一回事，这部令后世文献学家难以归类的语怪之书为什么会同大禹发生联系，是另一回事。大禹时没有文字，何能有如此大部头著作出现？深究又可发现，传说中大禹的功绩确实与《山海经》内容有关系。考察《山海经》与禹时代的原因，对理解这部书有帮助。换言之，即便将《山海经》上溯于大禹或益是古人假托，仍有必要弄明这种假托的理由。

按照刘向、刘歆父子和东汉王充的说法，《山海经》的作者是大禹和伯益。但后人在《山海经》中找到发生在禹和益后的史实，因此禹益说受到质疑。在这种情况下，假说纷纷而出，如夷坚说、邹衍说、南方楚人说、巴蜀人说、早期方士说等。实际上，《山海经》的祖本应当是大禹和益并肩合作时产生的，通过《禹贡》可看出，为治水，大禹和助手们的足迹遍及东西南北，只有在这种特号旅行家手中，才能产生汇集各地风情的作品。他们的口述代代相传，文字产生后，由那些识文断字的人整理出来。至于书中有大禹时代后的内容，确如北齐那位有影响的文学家颜之推（《颜氏家训》作者）所说，是"后人羼入"的。

《史记·五帝本纪》说："唯禹之功为大，披九山，通九泽，决九河，定九州，各以其职来贡，不失厥宜。"禹似乎与9这个数字有缘。决九川是疏通九条河：黑水、弱水、黄河、漾水、长江、渭水、洛水、沇水、逆水。治九泽是治理了九个泛滥的湖泊。拓九山是开通九条大道。整治了九个阻碍河水入海的山脉（汧山、壶口山、砥柱山、太行山、西倾山、熊耳山、嶓冢山、内方山、郯山）。禹虽然不知要致富先修路的道理，但知道要治水必修路，开拓了九条大路。这些在《尚书》和《史记》中有记载。九河不再为患，九条山脉开出路，九湖筑起堤防，九州岛（冀、沇、青、徐、扬、荆、豫、梁、雍）宁泰，民可安居，诸侯可以来会盟和朝觐。

但是，大禹时代的生产力水平能够完成那么多个"9"吗？举例说，中国主要河流多东西走向，在这种情况下，人们开始开凿南北走向的运河。从吴国开凿邗沟起，此后有战国时魏国在中原开的鸿沟，三国时曹魏在华北开的白沟、平虏渠、利漕渠，吴国在江南开破岗渎。这些运河互不连贯，时兴时废，隋代统一中国后，用了20余年，利用过去开的运河和天然河流，先后开凿通济渠、永济渠，凿成和疏通以洛阳为中心，北抵河北涿郡、南达浙江余杭的运河。唐代对隋代运河有局部变更，金、元、明、清四朝均建都于北京，元朝世祖忽必烈时开凿济州河、会通河、通惠河，遂使大运河贯通南北。大运河这个活儿干了7个朝代！相比之下，大禹在治水中，干了那么多个"9"，如果论起工程量，足够开几条大运河了。因此，大禹的"9"，肯定有极大的水分。

过去研究鲧禹父子治水问题，普遍忽视了治洪的时间。一场大洪水几天会退下？《圣经》中记载的那场大洪水，不过降水40天。实际上，

355

鲧治水之际，正是大洪水来临，除了堵塞拦截，无它法可施。鲧被处以极刑，许多年过去后，禹长大成人，谈不上治理洪水了，主要的工作应该是预防洪水。换句话说，禹再有本事，治水的方法再好，也不可能在大洪水来临初期把洪水治理好。鲧就是治水方法再不行，也不会在大洪水平息之后，把洪水治理不好。这才是父子二人，一个把洪水彻底治理好了，而另一个惨遭失败的根本原因。

治水是大工程，如今有机械，有电力，都有相当难度，大禹那会儿是怎么干的？所谓大禹治水，不过是把积水排泄出去而已。而要疏导积水，唯一的办法只有开挖沟洫，所以，后来孔子说大禹"尽力乎沟洫"。大禹治水采取疏导方法，这点应该没有问题。然而，大禹疏导的是黄河吗？以当时的生产力水平，显然不可能。

早在1924年，丁文江就致函顾颉刚，论禹治水说不可信，指出"江河都是天然水道，没有丝毫人工疏导的痕迹"，"就是用现代的技术疏导长江都是不可能的"，砥柱是因"两块火成岩侵入煤系的岩石之中"，二者硬度不同，"受侵蚀的迟速不一样"而形成，"于禹何涉"？

丁文江的质疑极有道理，大禹率先民用石制耜，或许加上些软塌塌的青铜工具，在平原上挖排水沟，就很不容易了。对自己崇拜的人，史家在天性中有拔高的本性，一代一代的拔高，一代一代的相传，越拔越高，大禹开掘沟洫被夸大成开掘江河，大禹也就从人变成了神。

大禹治水的诸多疑惑不说了，说了也没用，因为远古发生的那些事，不是今人所能梳理清楚的。今人疑惑的是，大禹是在哪里治水的？

黄河的第一股水是青藏高原的雪泉，清清洌洌的雪泉沿着地势东下，像个干干净净的小姑娘，途经黄土高原，就变得脏兮兮了。黄土高原保持原生态，表面覆盖厚厚腐殖土和落叶，阻止水分对松软土壤的侵蚀，即使下雨，黄土能保持强度，不至垮塌。但随着植被遭破坏，落叶被冲跑，腐殖土也被冲跑，直接暴露在风雨侵蚀下，沟壑发育，大平原被逐渐分割为若干面积较小的"原"，进而变成沟壑纵横的破碎地形。

黄土高原面积达几十万平方公里，黄河挟沙疾行，流速减缓时，泥沙逐渐沉淀。黄河流域的特点是供水和供沙二元化：黄河兰州以上河段和伊河、洛河、沁河主要供水，而陕北、晋西地区及北洛河主要供沙。

有两条河须拎出来单独说说，一条是泾河，主要供沙；一条是渭河，主要供水。"泾渭分明"这个成语另有深意，好像中国人的老祖宗早就知道黄河流域水沙来源二元化现象了。

由于泥沙不断淤积，黄河下游有的地方河床超过地面，凭河堤挡着滚滚东来的水，这样的河道称为悬河。说起悬河，人们首先想到"三年两决口，百年一改道"。其实那只是两千多年的平均值。裹着泥沙的黄水年复一年地滚滚东来，稍微耍点儿小脾气，就能把沿岸冲个七零八落。豫东开封是北宋国都，称汴梁。12世纪是全球最大城市。此后八九百年间，这座历史名城屡屡被黄河带来的黄土掩埋，沉积层达十几层，北宋风流皇帝宋徽宗和名妓李师师的缠绵之地，早已被深埋地下。

黄河从潼关折向东流，随即进入峡谷，两岸陡峭，最近处仅为250多米。峡谷就像由西向东延展的飘带，长30余公里，两侧山峰最高海拔1372米，最低620米。岩石主要是闪长斑岩，色铁青，质地坚硬。黄河到了这儿，有个地方叫禹门口，仅听地名，就与大禹有关。相传这里是大禹治水时开凿，故称为禹门，又称龙门。

禹凿龙门之说，最早见于《墨子·兼爱中》："古者禹治天下，西为西河渔窦，以泄渠孙皇之水。北为防原泒，注后之邸，嘑池之窦，洒为底柱，凿为龙门"（山西与陕西间的黄河，古称西河）。墨子是战国时期的思想家，鲁国人，提出兼爱、非攻、尚贤等。不用说，这位慈善家绝对不是工程师，更没有去过龙门实地考察，如果到龙门实地看看，就会明白，龙门那个地方不可能用石刀石斧凿开。但是，受到墨子之说的影响，《水经注》载："龙门为禹所凿，广八十步，岩际镌迹尚存。"

地质数据显示，禹门口是地壳运动所形成，而非人力所开，不可能有什么"岩际镌迹尚存"。不管去没去过禹门口，读者都可以从照片上看到禹门口的模样，没有哪个人会相信《水经注》说的那地方居然是大禹领着人用石刀石斧凿开的。这么大的工程，比前些年修建葛洲坝工程还要艰巨，用石刀石斧的人们根本就不敢有任何胡思乱想。

黄河流经晋陕大峡谷附近，模样就逐渐发生变化了，河道渐狭，河水千回百转，进入晋陕大峡谷后，奔腾澎湃，激山为浪，人称"禹门三级浪"。黄河流经禹门口，被约束在高山峡谷之间，愈是近龙门，河床就越窄。禹门口位于河津市城西北十二公里的黄河峡峪中。古人有"龙门三激浪，平地一声雷"的赞叹，可见黄河狂涛在此声势之大，桀骜不驯。唐诗"咆哮万里涌龙门"，形象勾画出龙门三激浪的壮观景象。横冲直撞的黄河被高山峡谷挤压在河床中，溃到峡谷尽头龙门口急转弯，撞在峭壁上，飞出层层浪，掉过头反扑对岸巨石，又飞出层层浪。回撞河床中礁屿，在喧嚣后从空中落入谷底，跳出龙门。

禹门口为晋陕峡谷南端出口。两岸峭壁夹峙，形如门阙，水势汹汹，声震山野。黄河最大的流量每秒为 2.18 万立方米，最小的流量每秒为 70 立方米，一般流量为 200 至 700 立方米。最大流速每秒为 10 米，一般流速每秒 1 米。洪水时最大水深为 11 米，平时最大水深 3 至 7 米。据黄河龙门站实测，多年平均含沙量每立方水为 37.5 公斤。最大含沙量每立方水为 933 公斤。含沙量大于 166 公斤的天数，每年不超过 7 天。大于 133 公斤的天数，每年不超过 11 天。

《河津县志》载龙门八景，即：石栈连云，鸣泉漱玉，南亭夜月，北口秋风，层楼倚汉，飞阁流舟，桃浪三级，雷声一震。所谓八景，除了月亮和建筑物，说来说去，都是黄河水流经禹门口闹出的名堂。自古以来，龙门三激浪就是有名的黄河奇观。初唐骆宾王在《晚渡黄河》诗中写道："通波连马颊，进水急龙门。"唐代大诗人李白以"黄河西来决昆仑，咆哮万里触龙门"的诗句，道出了龙门的湍悍水势。

鲤鱼跳龙门的传说就源出这里。《三秦记》中载：大鱼集龙门下数千，不得上，上者为龙，下者为鱼。传说"每岁季春有黄鲤自海及诸川争来赴之，一岁之中，登龙门者不过七十二。初登龙门即有云雨随之，天火自后烧其尾，乃代为龙。"鲤鱼跃龙门本是民间传说，却被认为是大禹留下的治水经典。据说治水前龙门山与吕梁山一体相连，堵住黄河去路，将河道挤得狭窄逼仄。河鲤为急流所迫，不断跳跃，跳过去就是龙，龙御九天；跳不过也就只能还是鱼，鱼翔浅底。

如今，禹门口是另一番景象。每当暮色降临，朗月高悬，汾南和汾北平原起了一薄淡雾，城区那些灯火渐渐退到地平线的那一端，只有龙门山群山如兽。世界黑下来，从龙门山下夺路而出的黄河却奇异地亮了起来。对岸的陕西是一抹青蓝色的痕迹。黄河亮起来，承载着满满的月色银辉。龙门口紧紧束着一条黄河，两岸壁立千仞，群峰耸峙，河水迭浪翻滚，涛声震天，月光洒将下来，像有人在舞动着千万刀锋而闪射出阵阵寒光。波流涌动，浪涛震响，而矗立着的黄河铁路大桥和公路大桥却呈现出别一番静穆，像剪影一样横亘两岸。龙门大桥永远繁忙，几辆载满煤炭的大卡车颠簸着，摇晃着从大桥的那一端开过来，一列火车就隆隆开进，咣咣当当，天摇地动，一头撞进吕梁山的隧道里。

禹门的出口处，黄河东岸有块20多亩的平坦地面，建有禹庙，相传是汉代建，重修于唐元明清。禹庙屏阁楼亭，画梁雕栋，依山傍水，形势壮伟。庙中明德殿，正祀大禹塑像，衣冠庄严，冠冕堂皇，神态栩栩，其容如生。可惜此建筑在日寇侵华时期被毁坏殆尽。

既然大禹没有能力开凿禹门口，古人为什么在那儿建了一堆纪念大禹的建筑物？禹门口是天然形成的，与大禹无关，那么这地儿为什么叫禹门口？这是一个不大容易解释的问题。可能的答案只有一个，那就是禹曾经在晋陕大峡谷有所尝试，但是留下了遗憾。

在人与自然的撕搏中，山川形胜往往成为寄托思想情感的载体。人们赞美英雄，向往成功，山水常常成为记载功绩的纪念碑。错开河记载的并不是荣耀与辉煌，而是局限与过失。当地人说错开河是大禹开山治水时留下的。大禹开河本两条：一条通往禹门，一条开往陕西黄龙山的下川。当民夫往陕西开去，天上有只大鹏呼："错开河，错开河，开西不胜往东挪！"大禹善辨鸟语，令民夫改向东挪，后人遂将交岔处起名"错开河"。据《韩城市志》，错开河发源于黄龙山主脊大岭东侧之山麓，经林源、王峰乡，在桑树坪镇东、禹门口北4公里处汇入黄河。河道全长58公里，流域面积308平方公里。由于勘察失误，这条小河道完全没有捆缚狂暴肆虐的黄河。虽然故事发生的年代非常遥远，支持故事成立的凭证早已飘逝在长风中，但较之《山海经》中"息壤"治水的怪诞荒唐，后人倾向于这个故事可信。完成浩大的水利工程，有些失误，在所难免，后人充分理解这点，就称这里为禹门口，并在此纪念大禹。

说完黄河中游的禹门口，再说说黄河下游的兖州，相传那里也是大禹的主要治水地点之一。侯仰军认为，在当时的生产力水平下，大禹不可能治理黄河，所谓大禹治水，不过是把济、濮流域的洪涝排泄出去而已，大禹的活动范围不出今天的豫东·鲁西南地区。

兖州的兖字来源于兖水。兖水又称济水，发源于河南济源县王屋山。济水分黄河南和黄河北两部分，后来由于水系变化，黄河以南没有济水了。兖字古代写作沇。小篆里，三点水有时可以写成横水而放在允字上边。篆书向隶书演化时，横水变成了六，成为今天的兖字。

兖州这个地名最早出现在《禹贡》中。传说大禹治水成功后，划天下之地为九州岛，兖州即为其一。据《史记·殷本纪》，商汤说："古禹、皋陶久劳于外，其有功乎民，民乃有安。东为江，北为济，西为河，南为淮，四渎已修，万民乃有居。"表明大禹治水范围在古四渎之内。四渎，江、河、淮、济，即长江、黄河、淮河、济水。《尔雅·释水》载："江、河、淮、济为四渎，四渎者发源注海也。"按《水经注》："自河入济，自济入淮，自淮达江，水径周通。"故有四渎之名。

《禹贡》十三州中的兖州，即今天豫东、鲁西南地区。兖州以西，自今河南中部起，进入豫西山地；西北过太行山脉，入晋东南山地。这些地方都属于二级台地，不会有大面积洪涝灾害。即使夏季山洪爆发，也不过使局部地区受威胁。兖州以东是泰沂山区，也不会有大面积的洪涝灾害。至于兖州东北的黄河下游，自大陆泽以下，一片泽国，当时还是无人居住的地区，更谈不上灾害问题。只有兖州一带处在东西两个高地之间，地势低洼，降雨量丰富，最易受到洪水袭击。自古以来，菏泽一带的雨水、客水都是东流或东南流到泰沂山脉断裂带而入古泗水，或南下入淮，或东北流至大野泽，经济水、过梁山、济南一线而入海。每遇黄河发大水或天降暴雨，则沟河淤塞，造成灾害。

《禹贡》的文字不多，却多次提到菏泽境内的13个地名、水名，如大野、雷泽、菏泽、孟诸、菏水、济水、濮水、潍水、沮水、陶丘等。因此徐旭生说："洪水发生及大禹所施工的地域，主要的是兖州。"

顾颉刚认为，黄河下游是自河南浚县而北过安阳，经河北枣强、河间、文安，由昌黎、乐亭附近的碣石入海。济水由山东定陶经巨野、东平、济南，顺小清河入海。兖州在河、济两水中间，没有大山，地势低，洪水到来时，人民往高地逃避；水患平复后，又相率定居在平地上。

《禹贡》兖州条下有"桑土既蚕，是降丘宅土"。古人避水患常择高地而居。《淮南子·齐俗训》说："禹之时，天下大雨，禹令民聚土积薪，择丘陵而处之。"这种高地，山东人称为堌堆。《辞海》中并无堌堆一词，解释堌字时称为河堤。今多用作地名。如黄堌、冉堌（都在山东）。山东出版的《学习字典》加了堌堆一词，指大土堆，用于地名。在菏泽市和济宁市西、北部，分布着许多堌堆。在鲁西南方言中，堌堆就是土丘。这些土丘不易被洪水淹没，一般不淤沙，仅在菏泽地区，现存堌堆就不止 156 处。有些名为堌堆的村，显然同黄河决溢关系密切。豫东、鲁西南这一现象，反映了当时地势低洼、常有洪涝状况。堌堆原有面积、高度应大大超过通常想象，如定陶县官堌堆即文献记载中汉高祖刘邦即位坛，虽经千百年雨水和黄河决溢之洪水冲刷，淤积面增高，现仍高 8 米。平原之所以形成堌堆遗址，是因地势低洼，处于河流决溢、湖泊泛滥的侵袭和威胁之中。正是由于这种相同地理环境和共同面临着的河湖水患之害，才是这些地域普遍形成堌堆遗址的原因。亦正是由于河流得到治理，湖泊淤为平地，才是堌堆遗址废弃的前提所在。

不管当年大禹在兖州一带是怎样治水的，如今兖州的大街上有一尊大禹塑像，站在高台座上，有点像西班牙巴塞罗那哥伦布广场上的哥伦布塑像。哥伦布纪念碑 60 米高，大禹塑像没有那么高，也很显眼。

与禹门口和兖州相比，河南是大禹治水最下功夫的地方。这不是我的认识，古人就是这么看的。所说的古人，是汉朝的那位司马迁先生。

《河渠书》出自《史记》，是中国第一部水利通史，记述从禹到元封二年（公元前 109 年）黄河瓠子堵口及其后各地区倡兴水利，开渠引灌等史实，所叙河流有黄河、长江、淮河、济水、淄水、漳水等。

司马迁作《河渠书》自述载："余从负薪塞宣房，悲瓠子之诗而作河渠书。"司马迁有过治水亲身体验。以亲身经历过治水说治水，悲《瓠子》之诗，说明瓠子口是最易溃堤之处，并在《孝武本纪》与《封禅书》中曾两次提及："（汉武帝）还至氛子，自临塞决河，留二日，沉祠而去。使二卿将卒塞决河，河徙二渠，复禹之故迹焉。"能决堤，必有人工堤坝才会发生溃堤。谁修的大堤？是"复禹故迹"。正是从《史记》始，治黄成为一个定论。不管治的什么水，古代思想家们几乎无一例外地都相信，在远古时代，洪水滔天民不堪命。在一个离大禹并不太遥远的年代，先贤们如此说，也必有所据。

汉武帝是具有雄才大略的君主，曾亲自到黄河堵口工程现场视察，并写下两篇《瓠子歌》，记述了瓠子堵口工程的施工过程。元光三年（公元前132年），黄河在淮阳境内的瓠子向南决口，滔滔洪水，直灌野泽，然后又漫流经泗水入淮，泛滥十六郡，形成黄河历史上一次大改道。河决以后，汉武帝曾派人主持堵口，但因水势过大，没成。正当他考虑是否采取措施时，有人进言说，江河决口是天意，不可用人力堵塞。汉武帝就把堵口的事搁了下来。直到元封二年（公元前109年），他才下决心，让几万士卒和民夫投入施工，并在瓠子口举行祭祀河神仪式，沉白马、玉璧以表示虔诚，令随从官员自将军以下都要背柴堵塞决口。

郑州西北有个黄河风景名胜区，地处黄河中下游分界线，是黄土高原的终点，华北大平原的起点。骆驼岭北靠黄河，南侧是黄土丘陵地形，主峰有座大禹塑像，高10米，1984年建成。塑像坐西朝东，大禹戴斗笠，穿粗衣，右手持耒，左臂挥扬，像座由粗麻石砌成，镌刻"美哉禹功，神德远亦"8个字。《国语·郑语下》："高高下下，疏川导滞，钟水丰物，……合通四海"。典故源于大禹治水故事，大禹治水成功。而后带领人们开垦田地，划出"天下之中"的豫州。《左传·襄公四年》引《虞人之箴》称：使"民有寝庙，兽有茂草，各有攸处，德用不扰。"

《淮南子》载："禹治洪水，凿轘辕开，谓与涂山氏曰：'欲饷，闻鼓声乃去。'禹跳石，误中鼓，涂山氏往，见禹化为熊，惭而去。至嵩山脚下化为石，禹曰：'归我子！'石破北方而启生。"

大禹在嵩山治理洪水，在太室山与少室山间的轘辕山打开疏洪泻流通道。大禹的妻子涂山氏来到嵩山，给大禹缝衣做饭。一天大禹上工前对涂山氏说：你听见我的击鼓声，就来送饭。涂山氏准备好饭食，单等鼓声传来。大禹为凿开山间通道，变成一只熊，来往开山凿石，忙碌不停，不小心把一块石头碰落崖下，恰好击在鼓上，涂山氏听到鼓声，急忙把准备好的饭食送到轘辕山下。东张西望却不见丈夫踪影，只见一只熊在山间跳跃。她心中一惊，便向山下跑去。跑了一阵儿，跑不动了，化成一座巨石。大禹见此情景，大呼："还我孩子！"只听一声巨响，石破，一个男孩儿掉了出来。这个男孩儿就是启。

轘辕山通往轘辕关，位于河南巩义、登封、偃师交界一带，嵩山太室与少室之间。后人为纪念大禹治水有功，不仅给大禹树碑立传，也念及涂山氏。在传说中，裂开生启的那块巨石，高约10米，围长43米，称启母石。汉武帝游览嵩山时，下令此石建启母庙，立启母阙。启母阙为启母庙前的神道阙，与太室阙、少室阙并称"中岳汉三阙"。启母阙的阙身用长方形石块垒砌而成，上有长篇小篆铭文，记述了禹及父亲鲧的治水故事，字体遒劲俊逸，是汉代书法中的精品。

大禹绝对没有治黄的本事，最大能耐无非是疏通关乎全局的河流。说到大禹在河南治水，不能不提到伊河。伊河是黄河南岸支流洛河的支流，源于熊耳山南麓栾川县，流经嵩县、伊川，蜿蜒于熊耳山南麓，伏牛山北麓，穿伊阙而入洛阳，东北至洛阳的西邻偃师注入洛河，与洛水汇合成伊洛河。全长256公里，流域面积6100多平方公里。

伊河与洛河撑起河洛文化的一翼厚重，伊洛文明被西方史学家赞为"东方的两河文明"。这里东、西两山对峙，伊水从中流过，看去宛若门阙，所以被称为伊阙。北魏时匠人在伊阙开凿石窟，走走停停，进入唐朝仍在凿石窟。最迟在晚唐，杜甫已将伊阙称为龙门了。如今，龙门石窟是一处重要旅游景区。人们逛龙门石窟，伊河就在游人脚下缓缓地流过，谁能想到，这道安静的水流当年是大禹治水的所在呢。

大禹为什么要治理伊河？一篇署名"云山水客"的文章认为，大禹治理伊河，保的是淮河。危害淮河流域的洪水的确来自黄河，但并非是来自黄河干流，而是本该注入黄河支流的水。所说的支流就是伊水。如果黄河水过大，通过伊河倒灌，进而通过支流注入淮河，有可能影响淮河流域的生产生活。如果伊河不是西南—东北向最终注入黄河，而是反方向，与淮河或其南向的支流相沟通，这种可能性的确存在。正如之后黄河每次南向侵夺淮河河道，都是通过那些北—南向河流完成的。即使黄河水大到逼迫伊水倒流，那么又会出现让人费解的问题，那就是大禹应在伊水筑坝，阻止黄河水流入淮河，而并非是用人力扩大缺口，让黄河之水更顺畅的进入淮河。

淮河介于长江与黄河之间，古称淮水，与长江、黄河和济水并称为"四渎"，是中国的七大江河之一。它发源于河南南阳市桐柏山主峰太白顶

363

西北侧的河谷，干流流经河南、安徽、江苏三省，淮河干流可以分为上游、中游、下游三个部分，全长1000公里，总落差200米。洪河口以上为上游，长360公里；洪河口以下至洪泽湖出口中渡为中游，长490公里；中渡以下至三江营为下游入江水道，长150公里。

早先，伊河大部分水并没有流入洛阳盆地，也没有注入黄河。既然洛阳盆地没有伊河，如果从水量及重要性来说，伊水与洛水对洛阳盆地的贡献并没有质的差别。而河洛（黄河、洛河）之称成为了主流用法，本身就是在暗示在这片土地开始拥有文明的时候，伊河还没有在洛阳盆地存在，或者说它的流量还不足以提升到与洛水齐名的地步。

在没有流入洛阳盆地之前，伊水是否存在呢？伊水的上游河道存在时间绝对不止5000年。只不过由于洛阳盆地南侧的几道山脉连成一片，伊水在流到洛阳龙门时受阻，未能进入洛阳盆地。伊水不能按照水流的方向顺利流入黄河，势必会在山谷中蓄积，并寻找适当出路向其他地区漫流。这就造成了汝海的出现。所谓汝海，上游即河南的北汝河，自郾城以下，故道南流至西平县东今洪河，又南经上蔡县西至遂平县东会滺水（今沙河）；此下即今南汝河及新蔡以下的洪河。而伊河之水最终的流向地，正是等待已久的受害者，也就是淮河。

伊川盆地指的是伊水中游流至洛阳龙门那段河谷。过了洛阳龙门则是黄河、伊洛水共同作用成的洛阳盆地。伊河之水如果不能顺利越过洛阳龙门注入洛阳盆地的话，在伊川盆地积水成湖是必然的。

如今，伊河中段有个陆浑水库。水库所在地点是伊川盆地的最低点，通过人工筑坝拦截伊河水流，依稀能到汝海的影子。不过上古之人与今人遇到的烦恼正好相反，他们烦忧的是水太多，需要合适途径排掉，而不是如同后人那样，恨不得将每滴水都利用起来。汝海就是蓄水后的伊川盆地。问题在于伊川盆地即使蓄满了水，体量也担不起海的称号，更不至于让淮河流域为之所动。即然汝海被冠以汝字，那么势必覆盖有汝河的部分河道，否则用词精准的古人会将之命名为伊海。

研究地形图，会发现伊川盆地如果蓄满水的话，会依水势向东北及东南两个方向漫流。不过在东北方向伊水突围的机会不大，有嵩山、箕山两座山脉阻挡，河水至多会淹没两山之间的山谷，并成为汝海的一部分。

即使不看地理结构，仅从郑国能够安全地在嵩、箕两山东面享国数百年，我们也能判断出，伊川盆地的水患不会影响到此。

既然东北方向无法突围，那就可以看看东南方向有没有合适路径。还不错，这里为伊川盆地留出了一条宽阔的通道。而伊水之南的汝水正是沿着这条通道向南注入淮河的。也就是说伊河之水在注满伊川盆地后向东南方向突围，并与汝水汇合，形成了一片大湖泊。由于湖泊的水流最终通过汝水下游河道注入淮河，因此就被命名为汝海了。至于汝海的南界应该在哪，或者说有哪段的汝水扩张为汝海。考察地形，现在的北汝河（也就是古汝水北段）在郏县（春秋时的郏邑，郑国部分有过描述）南部有一条顶角朝东南方向的 V 状丘陵，而北汝河也在此沿着这个角向北拐了个弯后再继续南流。这条 V 状丘陵起到了天然大坝作用，使得漫流至此的大部分洪水得以蓄积起来，成为汝海的一部分。

确定了汝海的大致范围后，可以明白上古时淮河的水患主要来自何方了。也就是说，伊、汝之水对淮河流域造成的水患才是大禹的治理对象。伊、汝两河水流不太大时，依托山势，这些水流汇集成汝海，沿着汝水下游河道向南注入淮河。到了雨季，伊汝两河水量暴涨，汝海之水就会向南奔涌而下，进而造成淮河中下游地区洪水泛滥。

这样一来，就要实施一项工程，把伊河水引入洛河，而后流入黄河，在山东那边入海。伊阙那儿就要打开一个口子。这条宽 150 至 250 米的缺口，石质硬度在 5 度以上，对仅有石制工具的上古人看来，未必能凿开，因此只能是天然形成的缺口，只是由于洪水带来的泥沙，特别是泥石流在此淤积。天长日久缺口内的河床不断加高，终于在大禹时代改变伊河的水流方向。大禹所要做的就是在枯水季寻找到足够人力，清除掉淤泥，重新打通伊水北流通道。由于大禹疏通的 V 型缺口是供伊水北流而用的，因此洛阳龙门也被称之为伊阙，阙即是有缺口的意思。

对于这点，春秋人的体会远比今人要沉重得多。那时的人们坚信伊阙是禹打开的。《左传》昭公元年载："刘子曰：美哉禹功！明德远矣。微禹，吾其鱼乎！吾与子弁冕端委以治民临诸侯，禹之力也"。这位刘子即是刘定公，春秋时的刘国国君，姬姓，名夏。鲁昭公元年（公元前 541 年），周景王派刘定公到颍慰劳赵孟。到了河洛，他看到伊阙，大为感叹地说：

禹功，美哉！要不是大禹，我们或许早就变成鱼了。这话，印证着那场曾经发生，而且足以惊天地泣鬼神的全民族治水总动员。

也有新锐学者认为，大禹治水传说所发生的地域应该在豫西以嵩山为中心的伊、洛、颍、汝河流域，所治洪水主要来自于汝海。汝海是什么？是汝水的别称。《文选·枚乘》："客曰：'既登景夷之台，南望荆山，北望汝海。'"李善注："郭璞《山海经》注曰：汝水出鲁阳山东，北入淮海。汝称海，大言之也。"伊阙淤泥堵塞，当时气候异常，降雨频繁，造成伊河在熊耳山和南部诸山之间汇聚成湖，湖水通过外方山与箕山之间的低矮丘陵进入汝河（现北汝河），伊河成为汝河的支流，并在汝州盆地中聚水为湖，最终形成汝海。

夏秋雨季时，汝海水在颍河、汝河流域泛滥，甚至漫过伊阙，危及洛阳盆地，影响到夏族主要聚居地，也就是古豫州中心伊、洛、颍、汝河流域。大禹治水的关键是疏通伊阙，使伊河回归故道，汝海消失。

伊河、汝河流域的地貌条件表明，伊河堵塞后完全有可能成为汝河的支流，借汝河河道宣泄；水文数据显示伊河有足够水量，能在此聚水成湖，并且先夏时期有九星汇聚现象，水旱灾害严重，伊河携有大量山洪汇入所带泥沙，水量小，流速慢等原因很有可能造成伊阙堵塞。

汝水流入淮河，是不是说造成淮河水患的罪魁祸首是伊水呢？其实大禹治水后，淮河依旧是历代王朝的治理重点，淮河流域最大支流汝水两岸洪灾不断，为解决这个问题，元朝将汝水一截为二，将北汝水入淮河的另一大支流颍水，再注入淮河；南汝河则与其他河流汇集成洪河流入淮河。这种分流作法固然是能够让汝水的下游地区减少洪灾危险，但同时也让颍水成为淮河的第一大支流，并增加了洪涝的风险。

鉴于淮河水患未断，大禹的治理是将伊河水北向引入黄河，尽管此举并非是一劳永逸的方法。大禹之所以为后人所传颂，在于他开创性的用人工治理方法疏导河道，减轻了淮河流域的水患。在这种情况下，大禹为淮河两岸部族所敬仰，由此开启了中央之国的扩张之路。

河流的水患并不存在于一年四季，考虑河流是否存在水患的危险，是看它夏季的最大水量是否大到足以漫过河堤。而测量流量的方法是计算每秒流过多少立方米的水量。仅这样描述，还不足以感受到伊河水在上古时期的雨季水量有多么惊人。我们可以得到的数据是近现代所测量的伊河上游的最大洪峰是发生在 1954 年 8 月，流量每秒 1370 立方米。而黄河在 1958 年 7 月 17 日，黄河下游郑州花园口出现每秒 2.23 万立方米，为建国以来最大洪峰量。历史上黄河的决堤改道，洪峰量也基本为这个数量级。至于四五千年前的伊水，水量究竟有多大，目前不得而知。不过幸运的是，中国最早的洪水记录是在伊水做的（223），根据当时留下的记录测算，当时的洪峰达到每秒 2000 立方米。由此可以想象在上古时期它的水量有多大了。换句话说就是，上古伊水所造成的洪灾足以抵得上后来的黄河水灾。在这种情况下，大禹在洛阳盆地与伊川盆地之间的山脉上打开一个缺口，让伊河水，或者说是汝海的水分流至黄河，足以让淮河流域的部族们的农业环境发生质的变化。

关于禹门口堵塞造成河水漫流入渭河、运城盆地的可能性并非不存在。只是这段河道两侧主要是台地，河水造成大面积漫流的可能性不大。大禹之所以在中国历史上占有重要地位，主要是借治水之功，在政治上将西部族群在黄河流域的影响力扩散到淮河流域。从这点来看，如果禹门口是大禹治理地点的话，那么影响力只能在黄土高原内部，大禹也就不可能开创中央之国的基本地缘格局了。

所谓水患，往往是因为上游发洪水，下游受损失，大禹将伊河改流入黄河，显而易见地减轻了淮河流域的水患。黄河泛滥的影响范围不止是黄河下游，淮河中下游也往往是受害者，历史上就有夺淮入海的事情发生。黄河的龙摆尾，造成的只能是下游河道的不稳定。而就目前情况看，没有证据表明黄河在包括禹门口所在的中游有分流情况。

如果黄河一直按照自己的方式注入大海，其实淮河流域并不一定会成为受害者。黄河的第一次向南改道是在汉武帝时期，而这时黄河两岸的堤岸已经让黄河的河床高过淮河流域了，而在春秋时吴国所做了一项工程，为黄河的南侵提供了技术帮助。当时吴国为进入中原争霸而将淮河支流泗水向北延伸连通黄河，这条带有运河属性的水道在后来多次为黄河指引南下路线。问题是黄河的泥水并不会因为流到淮河及其支流而减少，因此累积到一定时候，黄河又想破堤改道了。只不过由于这时的黄河在下游地区是向东南方向折转，因此压力转移到北岸堤防上。黄河在破堤后，河北平原又成为了新的受害者。如此周而复始，黄河的下游也就像一条巨龙的尾巴一样，在山东丘陵的南北摆动。

实际上，黄河危害淮河，并非仅是上述原因。在很多时候，黄河之水被人为地直接引入淮河流域。一种情况是出于军事上的目的，其中最著名的例子是宋末金初和抗战初期。两个案例的共同点是退守江淮的中原政权，希望漫流的黄河水能阻止北方之敌入侵。不同点则在于前者的防御对象是来自东北的女真人；后者则是来自外岛的日本人。

另一种情况是因为河北平原成为帝国政治中心，不希望让洪水的危险留在身边，这时淮河流域就只能成为牺牲品了。典型的例子是1546年明朝政府人为地把黄河引入泗水南流入淮。之所以这样做就是因为实在无法忍受河北平原那频繁的水患。

无论是有意或无意将黄河水引入淮河，都极大破坏了淮河流域的水系结构。这也是古典时期中后期，淮河流域无法形成相对稳定的割据政权的主要原因，或者说淮河流域的命运不可避免地被掌握在中原政权手中。而在黄河与长江流域分属不同的政权时，淮河流域成为地缘博弈牺牲品的命运也就在所难免了。

说到这儿，有必要看看淮河那边有什么纪念大禹的动静了。无独有偶，安徽怀远县也有大禹塑像，不是一个，而是俩，荆山半坡和老西门外禹王路口各一处。半坡大禹塑像落成于1989年，由白色花岗石雕凿。高9.5米，大禹头戴栉风沐雨的冠笠，手握劈山开河的神耒，脚踏俯首被擒的水怪，给人以洪归大海，万籁平成之感。老西门大禹塑像落成于1995年，高5.7米，由赭红色花岗石雕成。大禹头戴斗笠，左手执耒，右手挥出，袍袖随风鼓起，基座正面为磨光花岗石线刻壁画。内容为"禹会诸侯""禹娶涂山""禹镇蛟龙""洪归大海"等。碑的背面为"禹娶禹会禹生启于怀远涂山"碑文。

这就带来一个问题，为什么安徽怀远会修建大禹塑像？按说大禹在河南、山西、山东治水，到不了安徽。其实，大禹是从河南洛阳附近治理伊水入手，而直接受益者就是安徽的淮河流域。

涂山氏是上古神话传说中大禹的妻子，据《吕氏春秋·音初篇》记载，禹时，涂山氏之女唱"候人兮猗"。"候人兮"何意？是等候盼望的人；

猗，是古汉语中的叹词，相当于现代汉语中的啊之类。这几个字不简单，是有史可稽的中国第一首情诗。等候人是涂山氏，被候的那位男士就是禹。安徽怀远县有涂山氏祖庙。大禹后来同涂山女生下的儿子是启，传说启曾上天偷《九天》《九辨》之乐，并亲自指挥演出。

安徽人说，涂氏发源于滁河流域，是江西、安徽一带的盛族。古代，滁河叫涂水，涂氏家族祖先住在涂水旁，以水为姓。这就是《名贤氏族言行类稿》说的："洪州人因水为姓"。《通志氏族略》也记载"南昌洪州有涂氏，因水为姓。"不过，也有学者认为涂氏跟绝大多数姓氏一样，也是中原播迁过来，而不是在江南土生土长的，像《姓氏族谱笺释》所指出的："系出涂山氏；晋新吴侯涂钦渡江南至豫，为东南涂之氏之祖。"据有些学者考据，涂山氏很可能是上古时一个诸侯的名称。

尧舜时，禹的功劳最大。洪水平定后，史官写文章表扬大禹，名《禹贡》。也有一种说法是，《禹贡》出自大禹之手。贡，功也；同时，贡也是赋贡之意，文中一再强调哪里的赋贡应是多少。《禹贡》不是一篇简单的表扬稿，也不是对大禹行走全国的追记，而是最早有价值的地理著作，后来的《汉书·地理志》和《水经注》等都受它的影响。

《禹贡》的文字不多，连后人加注的标点符号在内，不过一千五六百字。所说九州岛为冀、兖、青、徐、扬、荆、豫、梁、雍。当时黄河上游和现在大致相同，到河南荥阳县以下却流向东北，在黄河中下游地区形成东西两条河流，一为南流，一则流向东北。东西两河之间是冀州，相当于今山西和河北西部和北部，还有太行山南河南部分。兖州是在济、河间。就兖州来说，黄河以北是冀州，以黄河与冀州分界。所说的济为济水，是久已埋塞的古河道，由河南荥阳东北，从黄河分出，流经今河南封丘、山东定陶、济南，东北流入渤海。济、河所维的兖州，相当于河北东南、山东西北和河南东北部。《禹贡》说："海岱维青州"，青州东至海西至泰山。是现在山东东部。徐州在海岱和淮水间，相当于山东东南和苏北。扬州在淮海之间，北起淮水，东南到海滨。《禹贡》以荆及衡阳维荆州。荆山在湖北南漳县，衡山在湖南。豫州在荆河之间，为今河南大部，兼有山东西部和安徽北部。梁州是自华山之阳起，直到黑水。黑水何在？没有恰当解释。梁州包括今陕西南部和四川。雍州在西河、黑水之间。今陕西和山西的黄河当时称西河，黑水当在雍州西。雍州山水有鸟鼠、三危，也有弱水、都野，皆在甘肃。雍州境内有昆仑、析支等部落。据说昆仑在汉临羌县西，析支在汉河关县西。汉临羌县在青海惶源县东南。汉河夭县在青海同仁县。按照这些山水分布，雍州当在陕西北部和中部，甘肃和青海一部。《禹贡》中对九州岛之区划大小、山川脉络走向、土壤类别、物产的种类等都有所论述，言之有据。不过那些事发生在史前，那时没有记载，只能用口碑形式传下来。尽管是对口碑的整理，但对沿途每个地点也说得比较清楚。

大禹之后的治水，主要工程往往与黄河有关。"水利"一词最早见于《吕氏春秋·孝行览》，那时，这个词仅指捕鱼之利。司马迁在《史记·河渠史》中提出水利一词，具有防洪、灌溉、航运等含义。

清末在山东设河防总局，1904年改为总办。民国初，黄河分省管理，设河兵、汛兵。1933年黄河大水。民国政府仓促之际办了一件对头的事，成立了黄河水利委员会。新中国成立后，对黄河动了真章。

自古，三门峡峡口有两座石岛，两个岛把河水分成三股，从北而南称为人门、神门和鬼门，三门峡因此得名。在三门中，神门最深，鬼门最险，人门最浅。1957年4月，三门峡水利枢纽工程开工，来自全国四面八方的水电工程建设者投身于这一项目，神门岛和鬼门岛被炸掉。不早不晚，三门峡工程正好赶上大跃进年代，施工队伍主要来自官厅水库、狮子滩水电站以及治淮工地，由于机械化程度高，虽然在第一线施工的工人人数仅有一万多人，但是施工进度突飞猛进。

三门峡大坝开工前夕，国务院批准设三门峡市，大坝建成后，陕县老县城的一半沉入水中，在老县城的骨架上发展起来的三门峡市，血与肉同三门峡大坝相缠相绕，谁也离不开谁。一大批工业企业落地三门峡，还有沿海工业迁到了这里。随着工程、产业而来的是大批移民，在陕县老县城基础上发展为一座新兴移民城市。

从三门峡大坝坝址溯黄河而上114公里，到陕晋豫三省交会的潼关，黄河在潼关以上由北向南流，到潼关后转90度大弯折向东流，穿过三门峡后进入大平原。发源于甘陕黄土高原的泾河、渭河以及北洛河都在潼关附近汇入黄河。渭河入黄河处的河床宽达十余公里，而在潼关处河床缩到 1 公里，形成货真价实的"咽喉"。

如果潼关处河床淤积，水位升高，将对上游特别是对泾河、渭河、北洛河流域带来巨大影响。潼关高程是黄河上游水情安全的关键指标。大意是指黄河流经陕西潼关时 1000 立方米每秒流量时的水位。通常而言，泥沙淤积越重，潼关高程越高，上游最大支流渭河的水情就越危险。三门峡大坝的蓄水水位与潼关高程联系紧密，一般说，坝越高，水位越高，发电量越大，但水流速度落差也相应增大，减速的水流只能带走更少泥沙，使水库乃至上游的河床产生泥沙淤积。

潼关高程居高不下，成为陕西人的心病。渭河多泥沙，每年输送到黄河的泥沙量占黄河含沙量近三分之一。渭河最大的支流是泾河，平均每方水含沙量 146 公斤。渭河泥沙不能及时排到黄河中，在河床上不断淤积，从渭南淤到西安、咸阳。这种情况，修建时并非没有考虑，渭河淤积是否会造成严重的回水影响？当时过于乐观，而事实表明，陕西境内产沙是造成三门峡水库淤积的主要原因。自 1995 年以来，渭河来水量大幅下降，进入三门峡水库的水量由半世纪前的 400 亿立方米减少到不到一半，雨水枯竭使渭河无力将泥沙冲下来，因此造成一系列问题。

忙活了那么些年，三门峡人面对的就是这样的现实。不说三门峡有多大的险情，当说的是三门峡大坝形成的问题只能逐渐解决，要彻底解决，恐怕要很长时间。多年来，三门峡政府和群众在看潼关的脸色过日子。这儿的人在难题中生活，在难题中建设，这种事儿真的不大容易。

三门峡人的急切，三门峡人的殷切，三门峡人对所在城市发展趋势的关注，三门峡人对于所在城市转型的关注，确有来头。

"安澜"是个古老词汇，始见于王褒的《四子讲德论》，所谓"天下安澜，比屋可封"，本意是波浪平静，后用来喻时世太平。黄河沿岸，不管是官员还是百姓，总把"安澜"二字挂在嘴上。1972 年 4 月 23 日，黄河在山东段首次断流。自有历史记载以来，这是头一次，但不是最后一次。从此"黄河之水天上来，奔流到海不复回"的景象，每年都有一段时间看不到了。据黄河口的利津水文站记载：70 年代断流最长时间为 21 天，80 年代断流 36 天，而在 90 年代竟然达到 133 天。

曾经奔腾不息的黄河，曾经咆哮不停的黄河，就这样永远失去了苍天赋予的原始野性了吗？在岁岁安澜的背后，究竟还隐藏着什么？

自上世纪 90 年代以来，黄河水偏枯。从洪水发生规律看，久旱后有大涝。1933 年的黄河水是在连续 11 年枯水后发生的。枯水期越长，发生大洪水的可能性越大。现在的黄河大水和上个世纪截然不同。当时指花园口每秒 2.2 万立方米流量，现在几千个流量就可能出槽，形成"横河、斜河、滚河"等险情。经济发展对母亲河的过度索取，地质学上相对年轻的黄河，正极不情愿地提前越过生命鼎盛期，过早地走向原本还很遥远的衰老。鉴于这是无法回避的趋势，三门峡建设须另辟新局。

如果翻翻旧账，在上世纪 60 年代中期，三门峡市一度成为"小三线"建设重点，陆续建成一批大中型企业，形成以煤炭、冶金、纺织、机械、电力为支柱的工业格局。然而随着社会发展，传统产业开始衰落。这是无法避免的。过去三门峡市发展主要依靠能源，而三门峡的能源业在走下坡路，传统的"黄黑白"发展模式无法继续，"黄黑白"是指灵宝市的黄金、义马的煤炭和陕县的铝矾土资源。

近年来，由于周边河流水位下降、断流的小水电站关停，在三门峡市只剩大唐电厂为保民生而支撑着。三门峡大坝的发电效益，低水位运行，年发电量只有 12 亿至 14 亿千瓦时，在三门峡市电力行业中分量很轻，只相当于大唐三门峡发电厂半个季度的发电量。一言以蔽之，随着为服务三门峡工程而布局的工业以及"小三线"建设布局的一大批工业产业的没落，这座城市与三门峡水利枢纽的联系在不断地弱化。

对三门峡一带，我不算陌生。40 多年前，127 师师部在洛阳以西的新安县，下属部队驻在渑池、洛阳、巩义，经常行军到三门峡。从洛阳到三门峡，距离 120 多公里；从渑池县城行军去三门峡，距离不过 65 公里。我们为什么总是行军去三门峡？主要目的是看三门峡大坝。由于这个大坝是苏联专家帮着建设的，得以在坝上开展部队教育。

三门峡大坝在三门峡市郊，不过十二三公里远近。拦河大坝由主坝、副坝、隧道和坝后发电站组成。主坝为混凝土重力坝，长 713 米，最大坝高 106 米；副坝为钢筋混凝土心墙土坝，长 144 米，坝高 24 米。主、副坝总长为 857 米。在坝顶的中部，用白漆划出了一道省界，这道省界以北是山西省，以南是河南省。每次上到坝顶后，战士们都对这道省界饶有兴致，喜欢在"河南"与"山西"之间来回走上几趟。

三门峡市区与山西平陆县的县城紧挨着，仅一道黄河之隔。平陆好像是山西较穷的地方，公路就没怎么修。近年来，我们曾经开车在平陆县一侧，沿着黄河跑了几十公里。狭窄的、坑坑洼洼的简易公路够悬的，一边紧贴着大山，一边紧贴着大河，从车窗探头往下看，心惊肉跳的。就此，也不用翻地理书或看地图了，心惊肉跳的感受明白无误地告诉我，三门峡是黄河晋陕峡谷的出口，出了这道大峡谷，往后的黄河水就在一马平川的大平原上流淌了，直至在山东流进大海。

2015年夏季，我再次到三门峡大坝，站在坝上，琢磨着司马迁说过的一段话："夏书曰：禹抑洪水十三年，过家不入门，陆行载车，水行载舟，泥行蹈毳、山行即桥。以别九州，随山浚川，任土作贡。通九州岛，陂九泽，度九山。然河菑衍溢，害中国也尤甚。唯是为务。故道河自积石历龙门。南到华阴，东下砥柱，及孟津、洛汭，至于大邳。于是禹以为河所从来者高，水湍悍，难以行平地，数为败，乃厮二渠以引其河。北载之高地，过降水，至于大陆，播为九河，同为逆河，入于渤海。九川既疏，九泽既洒，诸夏艾安，功施于三代。"

司马迁的这段话相当重要，不仅是对大禹治水过程的概括，而且大部分话直接摘自于《禹贡》。《禹贡》的原文是："导河积石，至于龙门，南至于华阴，东至于砥柱，又东至于孟津，东过洛汭，至于大伾；北过降水，至于大陆；又北，播为九河，同为逆河，入于海。"

释文大致是：疏导黄河从积石山开始，到达龙门；再向南，到达华山北面；再向东到达砥柱；又向东，到达孟津；又向东，经过洛水与黄河会合的地方，到达大伾山；然后向北经过降水，到达大陆泽又向北，分成九条支流，再合成逆河，流进大海。

《国语·周语上》称："为川者为之使导。""为川者"就是挖人工运河。《禹贡》述雍州水路之贡道云："浮于积石，至于龙门西河。"龙门即禹门口，西河本指龙门以南黄河由北向南的一段流程。胡渭《禹贡锥指》云："雍之西北境远近不同，各从其便，以至龙门，不尽由积石。其曰'浮于积石'者，举远以该近耳。"看来从远古时，积石即为中原同西部水路交通之起点。但是，《禹贡》所说积石究竟在何处？

郑观应是中国近代具有完整维新思想体系的理论家，对古地理有研究，在《盛世危言》中称："河水发源昆仑之墟，伏流数千里，涌出地上汇为星宿海，至积石流入中国。由积石而东北而南三千里至龙门。"郑观应说的积石山即阿尼玛卿山，在青海东南，为昆仑山脉中支，黄河绕流东南侧。《孔传》云："积石山在金城西南，河所经也。"以为在汉代金城郡河关县（今甘肃临夏积石山县）。唐杜佑《通典》、南宋全履祥《书经注》、清蒋廷锡《尚书地理今释》、毕沅《山海经注》、万斯同《群书疑辨》等皆主此说。这个积石山才是我们要找的。

该河段属山区峡谷河道，河谷开阔，河床稳定，主流无摆动，流速较快，无淤积，两岸无堤防，防洪压力不大。附带说说，积石山黄河吊桥位于青、甘交界河段，左岸是青海循化县，右岸是甘肃积石山县。桥长75米，1974年通车。2003年7月，《黄河大合唱》词作者张光年（光未然）的骨灰在钢索吊桥上被撒在黄河中。当年他作词的《黄河大合唱》撼人心魄，鼓舞了抗日军民的士气。诗人怀着激与灵思回归黄河母亲的怀抱，黄河携带着诗人炽热的品格与魂滔滔东去，奔向大海。

逆河指黄河入海处的一段河流。以迎受海潮而得名。《禹贡》："（禹导河）至于大陆，又北播为九河，同为逆河，入于海。"《孔传》："同合为一大河，名逆河，而入于渤海。"蔡沉集传："意以海水逆潮而得名。"宋曾巩《本朝政要策黄河》："当禹之行水，功之所施者最多，自大伾而北，既酾为二，至大陆，又播为九，然后为逆河，以与海属。"

在司马迁所引《禹贡》的那段话中，两个地名引起我的注意，"东至于砥柱，又东至于孟津，东过洛汭"。大禹治水不是全程瞎忙活，而是抓住重点河段，从龙门之后开始疏导，而后过砥柱，往下是洛汭。

所谓砥柱，就在三门峡大坝跟前，相隔二百来米，即被称为"中流砥柱"的那块大石头。郦道元《水经注·河水篇》："昔禹治洪水，山陵当水者凿之，故破山以通河，河水分流，包山而过，山见于水中若柱然，故曰砥柱也。"三门峡大坝没有建前，船家接近砥柱时，如果企图绕开，会出事，而船头直对砥柱，会被强大水流冲荡着，与砥柱擦身而过。为此，船家给大石头砥柱起了个朴素的别名，叫"朝我来"。

辞书中对洛汭的解释是，洛水进入黄河之处。洛河古称雒水，南洛河为洛河水文上的名称，源出陕西蓝田县与渭南、华县交界的箭峪岭侧木岔沟，流经陕西东北部及河南西北部，在河南巩义市注入黄河。

巩义西距洛阳76公里，砥柱东距洛阳120公里。在陇海铁路上，洛阳位于巩义至三门峡之间，砥柱和洛汭，一东一西地包夹着洛阳。

黄河是中国人民的母亲河。自上古起，华夏人丁就想驯服黄河，让倔强的亲娘不要总是使性子。但在上古，仅是一个梦。大禹在治水过程中，涉及到砥柱和洛汭。那么，新中国的治黄是在哪儿下的功夫？如果简单概括的话，新中国成立后，先在砥柱那儿建了个三门峡大坝，后在洛汭附近建小浪底水利工程枢纽。时光流淌了4000多年，新中国中央政府的治黄之地，竟然与上古的大禹治水之地不谋而合。

当然，由于知识背景发生了翻天覆地的变化，大禹治水和今人治黄的路数远远不同。但是，不管怎么说，从大禹时代到今天，人们都在对黄河使劲儿，都想方设法抚慰不驯顺的黄河。这是中华民族精神的一种承传。而且，这是目前所见历时最久的承传，长达4000多年！

30. 夏朝：一个"丢失"的朝代

在黄帝时代，中原一带的人们以部落形式活动，那时，还没有形成国家。在那个漫长的时代过去之后，才出现王朝。在中国语汇中，国家指地理上一定地域划分，包括领土、主权、治权等。而朝代，由家族担任最高领导人，以世袭方式统治疆域。无论从夏到清的哪个朝代，都是在这片土地上建立的，它们共同组成中国的历史。

不用说，中国人都希望夏朝真实存在过，以便把民族历史拽长一截。但是，这种事在国际上有严格标准，不能想怎么着就怎么着。至今，中国史学界主流认为，夏朝（约公元前 2070 年至约公元前 1600 年）是中国历史上第一个王朝。它与后来朝代不同，国家形态很不完备，仅是部落联盟形式国家。中国史学界尽力从积极角度认识夏朝，认为在那个时代里，华夏文明强劲地发挥着核心作用，推动了中华文明形成一体结构。

夏朝为什么姓夏？司马迁认为，夏是姒姓夏后氏、有扈氏、有男氏、斟鄩氏、彤城氏、褒氏、费氏、杞氏、缯氏、辛氏、冥氏、斟灌氏 12 个氏族组成的部落的名号，以夏后氏为首。夏后氏建立夏朝后，以部落名为国号。在诸多说法中，司马迁的说法听起来是那么回事。但是，夏后氏不是个单纯姓氏，而是宗族代号，他们姓姒。

夏朝在仰韶文化后建立，也在炎黄二帝后，如果说炎黄二帝处于仰韶文化晚期，从情理上说，仰韶文化的尾巴梢儿应与夏朝连得上。

根据文献资料，有两个地区可能是夏人活动的区域：一个是河南嵩山附近的登封、禹县和洛阳平原；另一个是山西南部的汾水下游。在传说中，夏代都邑和一些重要历史事件，大多与这两个地区有关。

夏朝建立前，酋长间应该出现过争夺部落联盟第一把手的战争。那时的部落联盟应该不小了。夏部族是在颛顼之后才兴起的，在争夺联盟首领的争斗中，一位被称为鲧的人崛起。这点，《史记·夏本纪》与《大戴礼记》的记载差不多，都说鲧是颛顼的儿子，还有文献说鲧是颛顼的五世孙，表明夏族很可能是颛顼部落的后裔。

对于鲧的来头，《史记·夏本记第二》中是这样说的："夏禹，名曰文命。禹之父曰鲧，鲧之父曰帝颛顼，颛顼之父曰昌意，昌意之父曰黄帝。禹者，黄帝之玄孙而帝颛顼之孙也。禹之曾大父昌意及父鲧皆不得在帝位，为人臣。"由此可见，鲧是黄帝的曾孙，颛顼之子。《国语·周语》中说鲧作为夏族首领封在崇，故称崇伯鲧。这表明夏族早期活动于崇附近。因此，鲧又被称为有崇氏。

崇在河南嵩县北，嵩县位于洛阳西南，地处伏牛山北麓及其支脉外方山和熊耳山间。洛阳人爱喝羊汤，而且挺挑剔，有的羊汤迷只认老店。一次我们去洛阳办事，那天一大早，接待者开车拉着我们去嵩县喝羊汤。洛阳人去嵩县吃早饭，可感受到洛阳与昔日那个崇的距离。即便后来鲧的儿孙建立夏朝，国都也大致在洛阳附近。

尧主持部落联盟的工作时发生过一次特大洪水。尧派鲧治理洪水。据《尚书·尧典》，尧对鲧的成见相当深，而鲧也不争气，不善于团结本部落干部，与共同治水的其他部族关系搞得很僵。他的治水方法笨拙。"鲧窃帝之息壤以堙洪水"，什么意思？鲧一门心思地以为"土能克水"，"作三仞之城"，大筑堤坝以"障洪水"。障来障去，无所成。他还以为是土不够用，于是去偷能自己生长，永不耗减的土壤，即是"息壤"。

黄河出太行山后，流向东北的古冲积扇已形成，与从山西高原流出的永定河、滹沱河冲出的小冲积扇会合，铺陈起大片平地。不知鲧是否将"息壤"搞到手了，依然一味筑坝堵洪。后人把鲧治水失败归结为采用"壅防百川"的办法不对头。但当时生产力水平低下，对治水的认识处于很低层次，只能到处堵口。鲧治水失败，被殛死于黄海海滨的羽山。殛是何意？是被雷电劈死。上古没有可以引来雷电的金属引线，这个活儿不大好干。羽山在山东郯城县附近，郯城县位于山东南部。

尧去世后，部落联盟首领是舜。过去尧主政时，鲧的后人受到老爷子波及，没有出头之日，舜一眼认准了治水世家子弟禹。尽管禹是鲧的儿子，倒没有受到血统论影响，成立治水委员会，以契（商族的祖先）、后稷（周朝的祖先）、皋陶（尧舜二帝的大法官）等人组成。

大禹从父亲那里继承了"身执耒臿，以为民先"这一远古洪荒时期部落首领率先垂范的作风。禹最初宗法乃父，埋填"陂九泽"，"然河灾泛滥，害中国大甚"。禹继则深刻吸取教训，认识到，特大洪水从高峡流出，"水湍悍，难以行平"，于是埋疏并施，"因水之流，疏川导滞"。也就是说，他总结了父亲治水失败的教训，变"堵"为"疏"。据《史记·夏本纪》，他"劳身焦思，居外十三年，过家门不敢入"。

鲧没有干成的事，被他的儿子禹干成了。西周以来，诸子百家有意识改造神话中的人物形象，将人类理想的英雄美德加在他们身上。在宣传工作中，舆论鼓吹鲧和禹这对父子以天下苍生为重，平治天下、造福人类。在上古神话中，鲧和禹是为天下苍生福祉而鞠躬尽瘁的模范父子，无疑是中华文化在传承与发展过程中的"养浩然之气"者。

舜又给禹派了另一项任务，即讨伐三苗。三苗亦称有苗，在湖南洞庭湖一带活动。禹将三苗驱赶到丹江与汉水流域（夏朝末年，三苗被迁居到甘肃敦煌一带）。舜把部落联盟大酋长的位置禅让禹，禹在涂山召集部落会盟，再次率领军队征服三苗，自此奠定天下一统格局。

夏部落联盟的接班人，主要还是由日渐老去的首领推荐的，或者说禅让制度一直没有被破坏。禹也要考虑接班人问题，曾推举偃姓首领皋陶为继承人，然而皋陶没有等及禅让，比禹早死。岁月不饶人，禹日渐衰老，打算继续走禅让的老路。他请东夷族的首领伯益为继承人。

东夷是华夏人对东方民族的泛称，并非特定指的某个民族。夷又有诸夷、四夷、东夷、西夷、南夷、九夷等称。禹的本意是华夏族与东夷族建立统一战线，然而，下面的人吃不透禹的政治意图，有很多部落并不拥戴伯益，反而拥戴禹的儿子启。

启得以继位，征服了不服从的东夷部落。启的即位，第一次打破禅让制，成了王位世袭继承制的开端。根据普遍说法，启在位期间，完成了夏朝的建立，而且使夏朝走上鼎盛时期。

对于夏朝的开国国君，史学界有两种说法，一种说法是大禹，另一种说法是大禹的儿子启。据说，禹在执政时，没有发生阶级分化，也没有剥削，是财产公有的大同社会；禹之后则逐渐进入财产私有的阶级社会。各部落联盟的首领多采用民主推选制，也就是后世所推崇的禅让制。禹实际上是天下大同时代的最后的部落共主。

夏氏族原姓姒，从启开始，改用国名夏为姓。夏朝初期，启就逐渐把持不住自己了，饮酒、打猎、歌舞无度。启能歌善舞，而且经过适当的训练，据《山海经》载，启舞蹈时"左手操翳，右手操环"。古老的乐舞文献《九辩》《九歌》与《九招》，均称启为原作者。在启的统治期间，他的儿子武观时常作乱。在《韩非子·说疑》中，说武观"害国伤民败法"，最终被诛杀。启到了晚年，怠于政事，社会矛盾凸显。

启死后，儿子太康继位，太康和他老子差不多，人品不怎么样，终日沉溺酒色，带着家属到洛水北岸打猎，几个月也不回朝。后羿是东夷部落首领，利用夏民怨恨，逐走太康，夺取夏室。在宫室这番大折腾中，太康失国，逃到同姓部落斟（河南巩县西），羿灭斟，立仲康，仲康子相逃到商丘，被羿攻伐，逃帝丘，依同姓昆吾部落。

后羿爱玩儿，自恃箭术过人，终日沉溺于田猎游乐，对贤臣不是疏远就是流放。他任用寒浞主持朝政，寒浞是中国历史上的第一个佞臣，善于谄媚逢迎，却深得后羿的信任。后来，寒浞收买了后羿的亲信，将后羿杀死，夺得最高统治权，不但霸占了后羿的妻子，而且任意杀戮百姓，搞得民怨沸腾。后来，羿进入了神话传说故事，成为射日英雄。在月宫里，成为嫦娥的夫君。这点与希腊神话的产生有类同之处。

寒浞杀羿，相成为肘腋之患，寒浞派兵攻打在帝丘避难的相，相的妻子后缗那时已怀孕，逃归母家，不久生下少康。少康长大后，管理畜牧。寒浞的儿子派人追杀少康，少康逃到有虞氏部落，作庖正。舜的后人虞思听说少康贤正，就把两个女儿嫁给少康，少康这才站住脚。

有个叫伯靡的夏朝遗臣，居在有鬲氏部落，是中国历史上第一个忠臣，收抚斟灌氏、斟氏等部落的逃散人众，整顿队伍。在伯靡配合下，少康开展复国运动，太康失去的帝位，经过几十年斗争被少康恢复。这一事件史称少康中兴。少康的儿子叫杼，挺能干，发明了盔甲，夏因此拥有强大武装，肃清寒浞的残余势力，并征伐东夷，使夏朝达到鼎盛。

夏朝经过太康失国、少康中兴后，直至桀之前，再没有值得一提的大事发生。季杼主政时，征伐东夷各部落，一直打到东海。后来还都伊洛之间。季杼统治时期成为夏代中期的极盛时期。

夏朝建立后，出现了法律，朝廷制定《禹刑》。《唐律疏议·名例律》中有夏刑三千条，郑玄注《周礼》说："大辟二百，膑辟三百，宫辟五百，劓墨各千。"《左传·昭公六年》载："夏有乱政，而作禹刑。"后人将《禹刑》作为夏朝法律的总称。夏朝已初步形成奴隶制的五刑，并有定罪量刑的基本原则。

夏朝以前，征战由各部落青壮年男子负担，夏建立后，中原形成了统一的部落共同体，专职战斗队伍必不可少。禹征三苗，所统领军队为"济济有众"。夏代农业文明达到很高程度，考古发现在夏代已有谷、稻、麦、菽、瓜等多种农产品。

夏实行"五十而贡"的税收制度，各部落按收入比例向中央政府纳税。传说禹的大臣仪狄开始造酒，少康发明秫酒酿造方法。畜牧业有一定发展，重视马的饲养。制陶业在夏代已成为独立行业。至于青铜器，发现有二里头文化的铜刀。如果二里头文化被认为是夏文化，那么这件青铜器就是夏朝的。夏代铸造青铜的历史不长，青铜器没有形成好的规范，所以有点像陶器的样子，跟夏代出土的陶器一模一样，比较原始。

《夏小正》是现存最早的农事历书，后来散失。现存《夏小正》为宋朝傅嵩卿把当时所藏的两个版本《夏小正》文稿汇集而成，不尽是原来之全部篇章。因原稿散佚，成稿年代争论很大，但一般认为最迟成书在春秋时期。据《史记·夏本纪》载："司马迁曰：孔子正夏时，学者多传《夏小正》云。"故人们认为是孔子及其门生考察后所记载下的农事历书，所收录有关夏朝的也多是物候等文化讯息。

《夏小正》由经和传两部分组成，全文共 400 多字。内容是按一年十二个月，分别记载每月的物候、气象、星象和有关重大政事，特别是生产方面的大事。书中反映当时的农业生产的内容包括谷物、纤维植物、染料、园艺作物的种植，蚕桑，畜牧和采集，渔猎；蚕桑和养马颇受重视；马的阉割，染料和园艺作物的栽培，均为首次见于记载。《夏小正》文句简奥不下于甲骨文，大多数是二字、三字或四字为一完整句子。指时标志，以动植物变化为主，用以指时的标准星象都是一些比较容易看到的亮星，如辰参、织女等。缺少 11 月、12 月和 2

月的星象记载。还没有出现四季和节气的概念。记载的生产事项，包括农耕、渔猎、采集、蚕桑、畜牧等，无一字提到"百工之事"，这是社会分工还不发达的反映。

《礼记·礼运》载："孔子曰：我欲观夏道，是故至杞，而不足征也；吾得夏时焉。"郑玄笺："得夏四时之书也，其书存者有《小正》。"《史记·夏本纪》说："司马迁曰：孔子正夏时，学者多传《夏小正》云。"这些记载表明，《夏小正》在春秋以前就有，直至春秋时，杞国还在继续使用，因此成书年代可能是商代或商周之际。

农业生产与季节、天象关系密切，古代的天文历法知识是在农业生产的实践中不断积累起来，又直接为农业生产服务的。在尧舜时，就有关于羲和、羲仲在河洛地区观察日月星辰以定四时的传说，说明中国在很早以前就有一批熟悉天文、制定历法的专职人员，天文学和历法发达。所谓发达，也就是接近于事物的本来面貌。

相传，夏禹曾经"颁夏时于邦国"。夏代历法是中国最早的历法，当时已依据北斗星斗柄所指的方位确定月份。《夏小正》是中国最早的天文历法著作。它按夏代十二个月顺序，分别记述每个月的星象、气象、物象以及所应从事的农事和政事。其星象包括昏中星（黄昏时南方天空所见的恒星）、旦中星（黎明时南方天空所见的恒星）、晨见夕伏的恒星、北斗的斗柄指向、河汉（银河）的位置以及太阳在星空中所处的位置等等。

《夏小正》按十二月时序详细记载上古先民所观察体验到的天象、气象、物象，形象地反映出上古先民对时令气候的朴素认识，是华夏民族数千年天文学史的初始阶段——观象授时的结集。《夏小正》所记星象，不仅北斗柄指向受到重视，还记有天空明亮的织女、南门及最显眼的天河"汉案户"，二十八星宿还没有形成概念，只出现了参、辰、昴这几颗亮星。可见《夏小正》时代之古。日本学者能田忠亮将《夏小正》星象分类分析，得出结果是极大部分天象属于公元前2000年左右。夏代的文献与考古，经碳－14测定，夏文化年代即在公元前2070年至公元前1600年，正同《夏小正》星象的大部分记事从天文学测算所得的年代相吻合。

中国传统的干支纪年纪日法起源很早。在夏代末期，帝王有孔甲、胤甲、履癸（桀）等，都用天干为名，说明当时用天干作为序数已较普遍。夏代历法是中国最早的历法，依据北斗星旋转斗柄所指方位确定月份，夏历是以斗柄指在正东偏北所谓建寅之月为岁首。保存在《大戴礼记》中的《夏小正》，是现存有关夏历的重要文献。

　　季杼后到孔甲前，经历五代六帝，夏王朝统治稳定，保持向上发展趋势。夏王朝以伊洛一带为中心，向东抵达东海沿岸，西连西河，北及燕山，南逾长淮，夏夷诸部众多邦国臣服统治。不降死后，弟扃继位。扃死，子廑继位。廑病死，不降之子孔甲继位。孔甲死，子皋继位。皋死，子发继位。发死，子履癸（即桀）继位。

　　《史记·律书》说桀"手搏豺狼，足追四马"。尽管桀的功夫到家，但在位期间，夏室与方国部落的关系破裂，屡次征伐惹怒了不少权威部族。桀是历史上第一个亡国之君，算荒淫天子的老前辈，他宠爱妃子妹喜，因此误国。妹喜由此也成为史书中红颜祸水的滥觞。

　　夏朝末期，夏初那种无阶级、大松心的日子一去不复返了，社会上分成三个大阶级：奴隶主阶级、奴隶阶级和平民阶级。奴隶主多是由父系氏族社会末期的氏族贵族和部落首领转化而来的，他们在交换中夺取了大量的财富，在战争中扩大了权力，最终转变为占有全部生产资料和完全占有生产者本身的奴隶主阶级。

　　上古文献中，所谓"百姓"，指的是奴隶主阶级。他们是处于社会高层，配有自己的姓氏，其他人则像阿猫阿狗，连个姓名都没有，顶多为了使用方便，而给他们安排个代号，就跟阿拉伯数码差不多。奴隶由部落战争中的俘虏转化而来，也有部分氏族公社的贫苦社员沦为奴隶。

　　夏代，从事农业生产的被称为黎民，或称众人；从事畜牧业的被称为牧竖，或隶圉；奴隶名目繁多，在通常的情况下，奴隶被称为"臣"（男性）和"妾"（女性）。奴隶被奴隶主成批地赶到农田种地、放牧，从事繁重的体力劳动。奴隶主可以随意把奴隶关进监狱，施以重刑杀害。奴隶被杀死的方法有许多种，其中最残酷的就是人祭和人殉。

　　黄河中下游有个古老部落，名商，聚集地是商丘。商丘地名的由来，就因这里曾是商部落中心。商人活动范围在豫东，除此而外，也包括山东西部菏泽等地，或者说在东夷活动区域边缘。

传说中，商的祖先叫契，早在尧舜时，跟大禹一起治过洪水；另一先祖王亥在夏时以造牛车闻名，他驾着牛车，用帛和牛当货币，在部落间做买卖，由此可见，商部落的手工业和畜牧业发达。

在夏朝末年，商成为一个强大的部落，首领叫成汤。成汤看到夏桀暴虐残忍，喜好淫乐，民心渐失，认为是灭夏的时机，采取了一系列强商弱夏的措施，在内政外交上做了准备。成汤将居住地迁至亳。至于亳邑在何处？学者倾向于20世纪80年代发现的洛阳偃师商城遗址。从亳到夏朝统治中心伊洛流域，交通便利。成汤对内实行勤政薄敛、体恤民情的政策，使人民生活安定，物资积累日益丰富。

大约在公元前1600年，成汤伐夏桀。战前召开誓师大会，发布讨夏檄文，就是流传于今的《汤誓》。誓师后，成汤选良车七十乘，敢死战士六千人，联合各部落，绕道夏都以西，突袭夏都。夏军仓促应战，同成汤在鸣条一带（河南封丘附近）决战。夏军本来就不愿为桀卖命，打了一会儿就纷纷逃散。桀携带妹喜登上船向南逃窜。桀没有被商兵俘获，逃匿安徽南巢，后来就病死在那儿了。夏亡。汤在各路诸侯的拥护下，告祭上天，宣布建立商朝。这就是历史上有名的"汤武革命"。

远古时创造了一个沿用至今的名词，把改朝换代说成是天命变革，所以称之为"革命"。这是中国历史上第一次使用武力改朝换代。这种"革命"实际上是私有制度的进一步完成，夏商的社会发展方向一致，只不过商的经济发展比夏快，力量比夏强。如果说夏是国家机器逐渐形成的朝代，那么，商是国家机器已经形成的朝代了。

夏朝被认为是中国历史上的第一个奴隶制王朝，虽然记载较多，但文献成书较晚，迄今为止，史学界并没有发现夏朝存在的直接证据，夏代是否存在？引起了至今不绝的怀疑。

宋宣和年间，山东临淄出土春秋时期的青铜器，叔夷钟铭文中追述宋人祖业，其中说："隙成唐，又严在帝所，溥受天命，删伐夏司，败厥灵师，以少臣惟辅，咸有九州，处禹之堵"。成汤受天命讨伐夏，打败其军。在小臣辅佐下，囊括九州岛之地，占有大禹之都。这段铭文同西周以来文献中关于夏和殷（商）是前后承替的两个王朝、"殷革夏命"的说法一致，成为两周史籍中有关夏王朝记载的有力佐证。或者说约在公元前2070年，禹建立了中国历史上第一个王朝夏朝。

通常说来，山东淄博出土的这件青铜器应该挺重要，上面的铭文也能说明些问题，遗憾的是，它是春秋的物件，铭文是春秋时期的人追溯以往所说，不能认定就是这么回事。按照考古标准，这么回溯不能算历史，要证实夏朝曾经真实存在，就得有夏朝的文物。

夏朝开国者是禹，有关禹的记载广泛存于先秦史料中。《诗经》和《尚书》中都曾经提到大禹治水。上古文物铭文中多次提及禹，如春秋末期的齐侯钟、秦公簋等。而西周中期的著名青铜器遂公簋的九十八字铭文当中，开篇即是"天命禹敷土，随山浚川"。

夏朝被认为是中国第一个出现的朝代，也是一个疑似朝代。之所以这样说，是由于夏朝的存在没有实物佐证。缺少实物佐证的历史，如同没有血肉的骨架。在后世诸多田野发掘中，和远古唯一联系紧密的文物记录，惟夏朝缺少对应。可以说，至今夏朝仅存留于记忆和传说中。

史学传统是将王朝更代作为主要内容，政治史占据史学中心位置。王朝序列的确定，除去显而易见的武力征服的顺序之外，更深层的原因是政治理想和伦理标准的延续性。夏王朝被认为是中国文明的源头。这个观念对于传统的中国人而言，根深蒂固。

20世纪初期，以古代社会实物材料为研究对象的考古学传入中国时，大多数学者敏锐地意识到，考古学将填补中国上古史的空白。萌蘖于新文化运动的古史辨运动的意义，不局限于对中国古史的考信问题提出根本的置疑和否定。救亡高于启蒙的认识导致国家主义考古学的生成。国家主义考古学的基本关怀和具体课题都直接响应特定的意识形态的"学术"诉求，其中，最常见的课题是论证特定民族或国家的文化特质及原创性。因此，一个典型的例子就是早期夏文化考古，即对史载中的夏王朝的考古学面貌的追寻。

无论在任何时候，史学都是时代政治的折射，中国历史悠久的说法，被不同时期的爱国主义者和文化本位主义者们反反复复地征引，作为维系民族凝聚的手段益发凸显重要性。如果连5000年文明以及那些创世英雄都不存在了，还有什么能振奋民族精神呢？重要的是，作为华夏文明的源头，夏朝一旦被证明为伪，那么中国文明的源头又在何处？夏文化问题从一开始就被提升到事关民族尊严的层面。

中国上古的真相究竟是什么？上个世纪的二三十年代，中国考古学处于重建中国上古史的热望中。准确地说，中国考古学诞生之初就无力在殷墟之外经营，因而对于夏的追寻与中国考古学的关系可以表述为：殷墟考古鼓励了中国史学界对夏的追寻。或者说，由于安阳发掘对殷商历史的确认，而直接鼓励了对夏王朝的考古学面貌的求证。

《竹书纪年》和《史记·夏本纪》都记载了夏朝世系。较早的《逸周书·度邑解》云："自雒汭延于伊汭，居易无固，其有夏之居。"《论语》中也有"殷因于夏礼，周因于殷礼"的话。传统上，中国的学术界对夏朝的存在坚信不疑。但按照考古学标准，由于没有切实的文物证实，夏朝的存在始终无法最终确认。

商推翻夏，建立了自己的王朝。对这件改天换地的大事，商朝人是不是应在乌龟壳和牛骨头上大书特书呢？按说商朝人应该这样做，后来每个王朝都要把自己推翻的那个朝代贬损一番，说人家怎么怎么不好，吹嘘自己的先王多么英明，所以才能改朝换代。

按照这个常理，如果能在商朝人的记载中找到有关夏朝的资料，也能证明夏朝的存在。最早包含有商王名字的文字记载是出土于安阳殷墟的甲骨文。然而，在这些文字材料中，都没有关于夏朝的任何记载。给史学家的印象是，商朝人似乎不知道有个夏朝。

商汤是灭夏建商的开国之君，在甲骨文中，祭祀他的卜辞达到680余条，都是歌功颂德的。而在这些条中，丝毫不提成汤推翻夏朝的丰功伟业。甲骨片上倒是记载商朝建立以前商人的先王。按照史书说法，当时他们还只是夏朝的诸侯，这些甲骨没有提到任何有关夏朝的事。

甲骨文虽然仅是卜辞，但这些卜辞的涉及面极广，几乎包括商王朝社会生活的各个方面，而已出土的10万片甲骨文，竟然连个夏字都没有出现过。紧随夏朝之后的商朝，甲骨文和青铜器铭文中竟然找不出有关前代王朝的任何记载。除非商王朝是第一个王朝才会出现这种情况，因为在前面什么都没有，一片空白。

迟至战国至汉代的文献中，才出现夏商世系，引用最为频繁的是《竹书纪年》和《史记》，而它们成书比商王朝晚 700 年以上。到了 20 世纪 20 年代，王国维发现，甲骨文中的商王名号与《史记》中的商王世系可以相互对应。王国维进而推论："由殷周世系之确实，因之推想夏后氏世系之确实，此又当然之事也。"这一观点被国内的史学界普遍认同。那时，考古学家和历史学家们牛气冲天，信心满满，认为既有必要，也有可能找到夏人和夏王朝的文化遗存，最终目标则是要在考古材料与历史文献整合的基础上重建夏史。

有学者认为，实物既然已证明商朝的存在，那么，夏朝与商朝一样，世系明晰，传承有序，绝非空穴来风。况且司马迁去古不远，肯定见过大量典藏文献，加之遍游九州岛，考稽耆老，不放过任何一个阙疑之处，历来被后世的史家所推崇，被誉为信史。况且，当代世界范围内的新的古代史观，无不重视传说和神话，譬如欧洲文化的源头希腊的神话和传说，实际上就是希腊的远古史和文明史。

但是，甲骨文中并没有提供关于商代各王在位时间跨度的年谱。由于甲骨文用来记录祭祀过程，贞人没有必要有意留下确切的各王在位的时间长度，或者这类信息被认为是不重要的，而没有加以记录。

到了殷墟晚期，王年确切记录中才出现祭祀周期。即使这时，商对以前各王在位长度也没有明确观念。因此，商是否记录卜商土世系且将其传给其后的王朝，值得怀疑，更不必说推定的更早的夏世系了。

夏朝是否曾经存在是一桩公案。甲骨文出土前，商和夏是难兄难弟，都不被学术界认可。甲骨文出土后，商代世系被甲骨卜辞证实，没有人怀疑商朝的真实存在了。位居二十四史之首的《史记·夏本纪》中，关于夏代世系的记载与该书《殷本纪》中关于商代世系的记载一样明确。话可以这么说，《史记·夏本纪》中记载的夏代世系与《殷本纪》中记载的商代世系一样明确，商代世系在安阳殷墟出土的甲骨卜辞中得到证实，因此《史记·夏本纪》中所记的夏代世系被多数学者认为可信。

这种说法听着很有道理，但历史不能建立在推理基础上。就像给俩孩子做亲子鉴定，你不能说只要一个孩子的 DNA 能通过，那个孩子就不用做 DNA 鉴定了，因为俩孩子长得挺像。这不行，俩孩子都得做 DNA，才能算数。情同此理，商朝世系清楚了，不能取代夏朝的世系；不能用商朝的考证代替对夏朝的考证。

最早见于战国至汉代文献的那个夏和那个商的世系，都不能算是史学意义上的编年史，文明刚启动不久的殷商王朝，就像个初萌恋情的少女，慌里慌张的，不知道自己会做出什么傻事来。

宗谱中的早期国王像，是在其后演变过程中被创造、编辑和改进而来的。文献中夏和商的王系应理解为口传世系。尽管在商和其他同时期人群中可能有关于夏人的口头传说，夏朝也很有可能是早于商朝的一个重要的政治实体，但在没有夏当时的文字材料发现的情况下，作为一个王朝的夏的存在还无法得到证明。

从世界范围看，中国并不是唯一被上古王系困扰的国家。苏美尔、埃及、玛雅和许多其他文明都有文字记载证明深远的历史，这些记载源自口头传说，一系列纪年上的扭曲可以出现在对口头传说的王系、宗谱和其他关于历史时间跨度推测的处理上。宗谱可以通过压缩被缩短，在这种情况下，被记住的只有最早的开国的几代和最近立为嫡嗣的四至六代。与此形成对比且更为普遍的是，宗谱也会被人为延长。

苏美尔王系成文于公元前 2100 年，记述到那时为止统治美索不达米亚的王朝顺序，列出前后相继 115 个统治者的名字。这些王分属不同城市，许多是同时存在的。由于年代扭曲，苏美尔王系把 600 余年的历史时期拉长为超过 1900 年的统治期。公元前 1 世纪玛雅早期纪念碑上的文字，把王室举行宗教仪式内容的日历始点追溯到公元前 3114 年，比最早的农业群落出现于该地区早 1000 年。以世系连续性和祖先崇拜为核心的，具有特定的社会、政治和宗教背景的贵族活动的悠久历史被编造出来。

夏代是中国进入阶级社会和文明时代的开始。在现代考古学兴起之前，夏代历史犹如迷雾，夏代历史长期为中外学术界怀疑。按古书的粗略记载推算，传说中的炎黄二帝约在公元前 3000 年左右，接着进入夏朝。夏商周断代工程从考古学、天文学等各方面给出了估计数字：夏始于公元前 2070 年；夏亡商始，估计是公元前 1600 年；商结束，也就是周武王伐纣年代，断代工程选择了一个年份：公元前 1046 年。

夏朝史料匮乏，可作为根据的只有《尚书·禹贡篇》、《竹书纪年》及《史记》中关于夏朝的记载。夏朝的史料不但缺，也不明确。《史记·夏本纪第二》只记录了世系和大禹治水、少康失国、夏桀亡国等不多的几个大事件，没有多少典籍记载或实物佐证。《竹书纪年》的作者年代至今尚无定论。无论如何，关于夏殷部分，只能是后人追记的。所记是否可靠，令人怀疑。更何况，司马迁在《史记》中，就没有列出西周共和元年（公元前 841 年）以前的纪年表。

20 世纪初，新锐知识分子中出现疑古思潮，顾颉刚认为中国古史中的三皇五帝时代是后人添加的，当然不是率性之说，也是经过一些考证的。随着甲骨卜辞和青铜器出土，展示出一个可以触摸到的商文明，疑古派没法子了，只得将历史的发轫稍微往前推了一下，以商王朝作为中国文明有物可征的信史，而夏王朝依然是虚无缥缈的梦。郭沫若言，《尚书》开始于唐、虞，《史记》始于黄帝，这些都靠不住。如果单纯从史料出发，商代才是中国历史真正的起头。

英国史学家罗伯兹在 1993 年出版的《世界史》中说："一致公认，中国文明从商开始。长期以来是研究中国历史的基础。因为中国只有公元前 8 世纪以后的纪年，没有更早的像埃及那样的纪年表。"对于中国历史的长度问题，罗伯兹其实是个二把刀，连殷商的起始年头都没搞准，上来就敢说中国历史。但是，他的意思清楚，中国人也可以看懂，如果中国的历史真的始于商朝，距今只有约 2900 年。

与罗伯兹相反，美国史学家威廉·麦克高希在《世界文明史》书中指出："大约公元前 2000 年，中国的文明在新石器文化出现的地方发展起来，夏及后来商的统治者在黄河流域建立了王国，在那里，他们建造了规模相当的灌溉工程。第一座城邦二里头，建于公元前 1900 年。"麦克高希对于夏朝的看法，与中国多数学者有差距。但他认为夏朝作为商朝前的政治社会，已进入文明社会，已成为一个"王国"，这一认识还是明确的。

有必要说说，不要以为麦克高希在《世界文明史》书中认可了夏朝，就等同于西方史学界承认夏朝的存在。一种理论建构往往有自己的核心理论概念。麦克高希着眼于历史性的纵向视野和全球化的横向视野，以传媒技术的发展为前提、以文化变革为线索、以历史维度为依据，把世界文明史分为 5 个阶段，提出"文化技术"概念和"世界五大文明"之说,并追寻"五大文明史"的发展轨迹,阐述长达五千多年的世界文明史。平心而论,他的学说在西方史学界不被看好,没有什么影响。

多年以来,中国的史学工作者一直在国际考古界公认的所谓科学文明定义与民族文化自尊之间彷徨,难于取舍,近乎于走投无路。一部分学者实在没有法子了,只有期盼着从河南的某处旷野中再挖出一个可以触摸到的夏朝,以证5000年的文明史之实。然而,旷野茫茫,在厚厚的历史尘沙的遮盖之下,夏朝究竟在哪里呢?

31. 二里头遗址·石峁遗址·特洛伊遗址

　　徐旭生生于 1888 年，河南唐河人，幼读私塾，18 岁入新式学堂，后在巴黎大学读哲学。学成归国。1926 年任北京大学教务长，1927 年任北师大校长，1932 年任北平研究院史学研究会编辑，1937 年任中国史学研究所所长。解放后先后出任北京研究院领导小组主任委员、中国科学院考古研究所研究员，著述等身，造诣颇深。

　　1926 年，瑞典探险家斯文·赫定到西北考察，与北洋政府签订协议，其中有不让中国人参加，采集品全部运到国外等内容。内容泄露，舆论大哗。经徐旭生和刘半农与赫定反复谈判，达成新协议：在中国学术团体协会领导下成立西北科学考察团；设中国及外国团长；中外科学家各占一半；采集品留在中国。新协议使国内学术界极为振奋，报刊都纷纷报道评论。中方团长为徐旭生教授，外方团长是斯文·赫定。考察团包含中国、瑞典、德国、丹麦 4 个国家的专家。

　　上路后，考察团一度断粮缺水，驮行李的骆驼倒毙。斯文·赫定病倒，徐旭生带着队伍继续前进。后来斯文·赫定感慨地说："我们的境况愈阴沉，徐教授的自信和宁静愈强大，在我们经历的艰难时期中，他表现出完全能驾驭这环境的神情。"国情差得一塌糊涂，军阀混战，盗匪横行，进入新疆时，当地政府要求检查行李，德国团员拒绝检查，徐旭生严词驳斥。考察尚未结束，徐旭生与斯文·赫定返回内地，受到空前热情的欢迎。考察期限由两年延至六年，在西北约 460 万平方公里区域内进行多学科考察。令国人兴奋的是，第一次把全部采集品留在中国，徐旭生获得瑞典国王颁发的勋章。中国政府为考察出纪念邮票一套，这是中国第一次为学术界出版发行纪念邮票。

　　史学界把人类出现到国家形成间的时期叫远古，把文字记载出现前的时代称为上古。1932 年起，徐旭生开始探索中华民族形成问题，发表《中国古史的传说时代》等著作，认为中国古代部族的分野，大致可分为华夏、东夷、南蛮 3 个集团，三大集团相互斗争，后和平共处，终于同化，渐次形成后来的汉族。其中经历三大变化：一是华夏族与东夷族渐次同化，氏族林立的中国渐次合并，形成若干大部落。二是黄帝死后高阳氏出现，已是民族社会末期，劳心与劳力分工；而帝颛顼的"绝地天通"的宗教改革，对后来有很大影响。三是大禹治水后，氏族制度逐渐解体，变成有定型有组织的王国。

20 世纪中叶，范文澜根据《竹书纪年》中的传说和《史记》的记载，将夏代列为中国历史上第一个朝代，建于公元前 22 世纪末。尽管范文澜是当之无愧的学术权威，但长期以来，夏朝在考古上是空白点。这个王朝究竟是否存在，学术界存有诸多质疑的声音。

寻找夏氏族或部落活动区域，要从古代遗留传说中找，文献保留的资料中找。夏代保留史料很少，尤其有地名史料。徐旭生约略统计：先秦书中关于夏代包有地名的史料约 80 条：除去重复，剩下的在 70 条内。西汉书中存 30 条左右，多重述先秦所说，地名超出先秦范围的不多。不到百条史料，对于找夏氏族或部落活动区域还得去掉一大部分。把史料分类，不少属于禹治水范围。《尚书·禹贡》所举地名包括春秋战国人知道地域的全部。上面略计数字中，有多条谈夏后氏偶然有交涉的氏族。以上两类对研究无用，可不谈，有用的不到 30 条关于夏后氏都邑记载，大部分在《左传》《国语》《古本竹书纪年》里。

1958 年，年过七旬的徐旭生凭着"伊洛竭而夏亡"这句话，徒步行走在伊洛平原上，苦苦寻觅。这天，他途经偃师二里头，农民看见他在地头看来看去，转来转去，凑过去问老人家是否丢失了东西。徐旭生乐呵呵地说，是丢东西了，丢掉的是座城池。没想到，这农民一听这话也乐了，将他领到村东正挖的水塘边，说那座丢掉的城在这儿呢。徐旭生一看，塘壁上布满陶器碎片，用手一摸，哗啦哗啦往下掉！

往后的事就没多少可说的了。当秋，河南省文化局文物工作队和中国科学院考古研究所分别进驻二里头遗址发掘。徐旭生仅凭着传世文献上的一两句话，独自"摸"到偃师县二里头。他走出的这步，给史学界的最大启示是：文献中关于古史的传说并非全是无稽之谈；经过系统梳理考证的文献，可以作为探索中国早期文明的有益线索。

偃师县是很古老的地方，出过不少历史名人，简单捋捋，大致有商汤（商开国君主，葬山化蔺窑）、苏秦（葬首阳山）、吕不韦（葬偃师县第一高中院内）、钟繇（中国第一位书法家，葬山化东屯）、钟会（灭蜀大将，钟繇子，葬山化东屯）、杜预（晋名将，杜甫之祖，葬前杜楼）、李弘（武则天子，葬緱氏）、杜甫（葬前杜楼）、颜真卿（葬于山化汤泉），当然，还有那位大名鼎鼎的唐玄奘，还有张生和崔莺莺什么的。

2013年秋季，我和中科投资公司的几位同志去偃师县谈项目。当时那儿的副县长是位女同志，特意带着我们到偃师第一高中看吕不韦的墓。那儿没有怎么整理过，显得乱糟糟的。

到了吕不韦墓，自然而然地想起秦始皇。据史书记载，秦始皇有三个名字。一曰嬴政，是秦庄襄王之子，生于正月，名正，古代通政，追根而论为嬴政。二曰赵政，先秦时有以出生地为姓的习俗，生于赵国首都邯郸，故称赵政。三曰吕政，这就牵扯到身世问题。

据《史记·吕不韦列传》载，吕不韦为河南濮阳巨富，不满足于拥有万贯家私，对王权垂涎三尺，打点行装，到赵国的国都邯郸，结识了正在赵国当人质的秦王的孙子子楚。吕不韦与能歌善舞的赵姬同居，赵姬有身孕后，去勾引子楚。不久，吕不韦把赵姬献给子楚。赵姬足月后生下嬴政，子楚立赵姬为夫人。后子楚回国继承王位，死后把王位传给子政。这种说法被班固接收，《汉书》称嬴政为吕政。东汉高诱为《吕氏春秋》作注，序记所载情形，与司马迁的记载基本一致："不韦取邯郸姬，已有身，楚见说之，遂献其姬，至楚所，生男，名正，楚立之为夫人。"唐司马贞《史记索隐》："吕政者，始皇名政，是吕不韦幸姬有娠，献庄襄王而生始皇，故云吕政。"《史记·吕不韦传》记载："姬自匿有身，至大期时生子政。"从两汉到宋元时期，都信秦始皇私生子之说，未有异议。吕不韦认为嬴政是自己的亲儿子，让嬴政喊自己为仲父，仲父这个称号究竟是谁开始叫的，目前还不大清楚。仲父既不是官名，也不是爵名，而是叔父之称，是颇具亲情色彩的称呼。

我对那位女副县长说："按司马迁在《史记》中的说法，秦始皇是吕不韦的儿子，既然吕不韦墓在偃师，那么秦始皇的'籍贯'很可能就在咱这儿。"对于我的话，那位女副县长哼啊哈的，没说出个啥，带我们来此转悠的其他人则平淡地说："可能是这么回事吧。"以后就再没话了。乖乖！我心说，偃师名人之多，连秦始皇都有可能是偃师人，这儿的人却都无动于衷，可见这地方的发现之多，把偃师人都搞疲沓了。

洛阳盆地处于黄土高原的东南缘，中国地势第二阶梯和第三阶梯的过渡地带。盆地内是广袤的平原，山河拱戴，土地肥沃，气候温暖，物产丰茂，四方辐辏，自古被认为是"天下之中"，帝王建都之所。相传周武王克商，得胜回师时，就在洛阳盆地的东部一带偃旗息鼓，并且解散了军队，休养民生，偃师即因此而得名。

二里头遗址坐落于洛阳盆地东部、古伊洛河北岸的台地上，西距汉魏洛阳故城约5公里，距隋唐洛阳城大约17公里，东北6公里处是偃师商城。遗址背依邙山，南望嵩岳，前临伊洛，后据黄河。

斟鄩为史籍记载中的夏朝都城。据《竹书纪年》载，从夏朝第三任君主太康始，到夏桀皆以斟鄩为都，但缺乏考古资料证明。直到徐旭生率队来豫西作夏墟调查，在洛阳偃师县城区西南9公里处的二里头村南高地上发现了沉睡几千年的夏都斟鄩。研究表明，洛阳在夏代太康、孔甲、帝皋、夏桀4个帝王统治时期曾是都城。

二里头遗址包括偃师二里头、圪垱头和四角楼3个自然村，总面积400万平方米。遗址规模宏大，内容丰富。宫殿、陵寝、房屋、道路、水井多有发现，还发现了铸铜遗址，发现了原始的青铜工具，其中有武器和酒器，说明中国青铜文化的历史在夏代已经相当成熟，同时也说明洛阳是中国最早进入青铜时代的地区。二里头晚期的文化层还出土了大量的玉制品，有琮、圭、璋等礼器；陶制品则更多，有陶塑的龟、猪、羊头以及陶器上刻划的一头二身龙蛇纹、龟纹和人物形象。

二里头文化分为两种类型，以二里头遗址为代表的二里头类型，另有以东下冯遗址（山西夏县）为代表的东下冯类型。遗址地点分布符合文献记载。分布在河南的遗址中还有郑州、洛阳、临汝等，呈现出文化迭压。二里头文化迭压在商文化之下，龙山文化之上。夏朝属新石器时代末期转向青铜时代的过渡期。这些遗址表明，二里头文化很有可能是文献中所指的那个"夏"。依据碳-14放射性定年法，二里头文化被定于约公元前 2395 年至约公元前 1625 年间。

偃师二里头村位于伊洛二水之间，距离洛阳约 18 公里，东西长约 2.5 公里，南北宽约 1.5 公里。距今 3850 至 3550 年。

中国三代考古学者对这一遗址进行了 40 多次发掘。考古发掘和研究情况表明，这里是纪元前中国最大的聚落，拥有目前所知中国最早的宫殿建筑群、最早的青铜礼器群及青铜冶铸作坊，是迄今为止可确认的中国最早的王国都城遗址，可视为以后历代宫城的祖源。

宫城遗址位于遗址中东部，东西宽近 300 米，南北长 360 至 370 米，面积达 10.8 万平方米，四周有墙。墙外有环城大路，宽 10—20 米。宫城内发现两组排列有序的宫殿建筑群，分别以 1 号宫殿、2 号宫殿为核心，并有中轴线。1 号宫殿基址面积达 1 万平方米，正殿居基址中北部，四周有回廊；正殿之南为庭院，过庭院为面阔八间的大门。近年发现的 3 号宫殿建筑基址，早于 1 号宫殿基址百年左右，是迄今发现的最早的宫殿建筑基址。

遗址出土的一个宫殿基址，长 30 米，坐落在方形夯土基址上，是面阔八间，进深三间的木结构，成列柱洞有石础为底。堂前面积约五六千平方米，可容万人。殿四周有廊庑建筑。宫殿正门在庭内，是面阔八间的牌坊式建筑。宫殿当年必定气象壮伟，象征巨大的政治权力。二里头宫城是迄今发现的中国最早的宫城，可视为历代宫城的祖源。

2002 年春，清理 3 号基址墓葬时发现了大型绿松石形器。器物全长逾 70 厘米，由两千余片形状各异的细小绿松石片粘嵌于上，组成龙身和图案，每片绿松石的大小仅有 0.2—0.9 厘米，厚度仅 0.1 厘米。绿松石龙形体长大，巨头蜷尾，龙身曲伏有致，形象生动传神。龙头略呈浅浮雕状，为扁圆形巨首，鼻、眼充填以白玉和绿松石。这一绿松石龙形器的用工之巨、制作之精、体量之大，在早期龙形象文物中十分罕见。据推测，它可能是在宗庙祭祀典礼中使用的。嵌有绿松石的铜牌饰也极为珍贵。这块铜牌饰外部轮廓为束腰明显的长条形，上下各有一对可供穿缀的纽，正面有数百颗长方形绿松石片相互衔接，规整排列，铺嵌成图案，历经几千年也没有松脱。

无论古今中外，道路都是城市骨架。考古家往往以道路为切入点探究城市遗址布局框架。据勘探记录，考古队在 1976 年钻探发现 2 号宫殿基址时，在东侧钻探出一条南北大路，当时已追探出 200 余米，因冬季麦田浇水中止。20 余年后，2001 年秋，考古队员循此线索继续追探，路北端被晚期堆积打断，向南伸进新庄村，实际长度更大。大路宽一般十余米，最宽处达 20 米。继续钻探时，老乡告知小麦长得不好，依田野考古常识，可能是因为地下有质地致密的夯土建筑基址，导致土壤结构异常所致。遂派人钻探，结果发现庄稼长势不好的地块位于 2 号宫殿基址西北约 200 余米处，钻探结果令考古队员大喜过望。阻碍地下水下渗的遗迹并不是夯土建筑，而是坚实的路土，顺藤摸瓜，居然是条东西向大路，向东延伸，与宫殿区东侧南北向大路垂直交叉，主干道的"十字路口"找到了！最后确认这条大路的长度达 300 余米。

二里头考古工作队队长许宏用几个"最"字形容二里头遗址：最早的城市干道网、最早的中轴线布局的宫殿建筑群（都邑与建筑上的王权表征）、最早的青铜礼乐器群（华夏青铜文明之肇始）、最早的青铜器铸造作坊、最早的绿松石器作坊、最早的使用双轮车的证据、最早的具有明确城市规划的大型都邑。

在古中国，国与邦的意思差不多。邦国以都城为中心，"中国"就是"中央之邦"，最接近本意的是都城及京畿地区是王权国家的权力中心所在。洛阳盆地是最早的"中国"区域，而二里头遗址则是这个区域中最早的一座大型都邑，堪称"中央之邦"。

二里头遗址的发现，虽然没有足以定案的铁证，但意义显而易见，那就是使得国内多数学者对夏王朝的存在不再怀疑。甚至国外也有部分学者转过身来，给了中国人一个好脸儿。

徐旭生根据古文献中对西亳的记述，认为二里头遗址"为商汤都城的可能性很不小"，这个遗址的地理位置与亳都相符。这一观点主宰了学术界近 20 年，直到中国殷商文化研究会副会长邹衡提出，郑州应为商都亳，而二里头遗址应为夏都，从而引发了旷日持久的二里头遗址与二里头文化之王朝归属的论战。

二里头遗址姓夏还是姓商？有人以为二里头文化的晚期，是夏商递嬗之际，而中期前当是夏文化。1983 年偃师发现一座面积 200 万平方米的城市遗址，名偃师商城，位于二里头遗址东北约 6 公里处。这一发现引发了新一轮的辩论，焦点集中在二里头（代表夏或商）与偃师（理应为商）的关系上。上世纪 90 年代，大部分考古学家初步达成共识，二里头文化第一至三期为夏代后期，第四期和偃师、郑州两座城址代表的是商。上述现象被认为是文献所载商灭夏这一历史事件的反映。

夏朝建立者禹将天下分为九州，洛阳属豫州。禹将都城定在阳城（河南登封），与洛阳相距约百里，所以洛阳属夏朝统治的中心区域。夏朝第三个王太康（启的儿子）统治时期，将都城迁到洛阳。

史书载："太康居斟郡，羿亦居之，桀又居之。"斟鄩，史家考证在洛阳市偃师的二里头村附近。少康恢复夏王朝后，以伊洛一带为中心。少康以后，夏朝几世不在洛阳建都，桀统治时又定都斟鄩。《史记·吴起列传》中载："夏桀之居，左河济，右泰华，伊阙在其南，羊肠在其北。"即便对洛阳地理不大熟悉的人，也会一眼看出来，既然"伊阙在其南"，所说的就是今天洛阳所处的位置。

"夏商周秦汉、唐宋元明清"。在中国，这段顺口溜几乎妇孺皆知。可是，中国第一个朝代夏没有被史物证实。许宏说：如果有夏，二里头遗址最可能是夏都。理由有三：首先，二里头的地层年代据碳 –14 测定，是传说中夏商分界的公元前 1600 年左右；其次，二里头的地理方位正处于后世文献所说"伊洛竭而夏亡"的伊河、洛河之间；再有，二里头出土最多的一种陶器，形状酷似公鸡昂首，《礼记》中载夏朝的专有容器为"鸡夷"。所以给人印象，这里与夏朝脱不了干系。

郭沫若说中国信史自商始，范文澜《中国通史》中将夏归之于传说。夏商周断代工程动用 200 多位学者，5 年攻关后公布成果，将夏朝年限、历代王号一一列出。凭的是什么？存在很大争论。至今，夏朝依然只是个假定，因为迄今无任何考古发现能铁证夏朝的存在。先假定存在是考古科研一种手段。上世纪初，王国维正是先假定商朝的存在，破译后发现司马迁《史记·殷本纪》里写的商朝历代王名，几乎全能在甲骨文中找到，一举使中国信史上推至商。司马迁凭什么写《史记·夏本纪》？如果有确凿依据为何不写明出处？如果没看到，凭何说"夏"？这是谜。

那么，司马迁究竟看到过什么，确实不大清楚。

中华文明历史悠久，然而有文献记载年代的信史却始于西周共和元年（公元前841年）。司马迁在《史记》中说他看过有关黄帝以来的许多文献，虽然其中也有年代记载，但这些年代较模糊，而且不一致，所以弃而不用，在《史记·三代世表》中仅记录夏商周各王的世系而无具体在位年代。因此共和元年以前的中国历史一直没有公认年表。

第一个对共和元年以前中国历史的年代学作系统研究工作的学者是西汉晚期的刘歆。刘歆的推算和研究结果体现在他撰写的《世经》中，《世经》的主要内容后收录于《汉书·律历志》。从刘歆后直到清中叶，又有学者对共和元年以前中国历史的年代进行推算和研究。这些工作都有一定局限性，因为推算所用的文献基本不超过司马迁所见到的文献，所以很难有所突破。晚清以后，情况有些变化，学者扩大了资料来源，开始根据青铜器的铭文作年代学研究。1899年甲骨文的发现又为年代学研究提供了新的材料来源。进入20世纪后，中国考古学的发展又为研究夏商周年代学积累了大量的材料。

夏商周断代工程是自然科学与人文社会科学相结合，研究夏、商、西周三个历史时期年代学的项目，是多学科交叉联合攻关的系统工程。工程正式启动于1996年5月，2000年9月通过验收。2000年11月，《夏商周年表》正式出台，是中国迄今为止最具科学依据的古代历史年表，为中国公元前841年以前的历史建立起1200余年的三代年代框架，夏代始年为公元前2070年，商代始年为公元前1600年，盘庚迁殷为公元前1300年，周代始年为公元前1046年。对夏代的始年、夏商分界年代、武丁在位年代和武王克商年代的估定有创新意义，不但为对夏商周的年代精确化创造了良好条件，还为继续探索中华文明起源及早期发展，为揭示5000年文明史起承转合的清晰脉络，打下一定基础。但是，由于工程成果报告简本发表后，结论和方法引起了中外学术界的不少质疑，因此最终报告繁本未能通过，是一项尚未最终完成的项目。

从夏商周断代工程正式公布《夏商周年表》之后，来自中国国内和国际的批评声不绝于耳。某些国外人士认为，夏商周断代工程有"政治背景"，是中国政府在搞民族主义，有些学者甚至对该工程的"学术道德"

产生了怀疑。斯坦福大学退休教授倪德卫在《纽约时报》上撰文，断言"国际学术界将把工程报告撕成碎片"。亦有人认为"国际学术界"一贯漠视中国本土研究成果，对中国历史没有发言权。

2003年4月美国亚洲学协会年会在华盛顿召开，中国方面参加会议的是"工程"专家组组长李学勤等。不少海外学者对"工程"的结论提出疑问。其实古人并没有欺骗我们，司马迁早就说过："昔三代之居，皆在河洛之间。"几十年间，有关夏商周的重要考古发现，证明了夏商周三代和河洛间的关系是何等的密切。但是，中国历史还没有夏商周以前和夏商周部分的确切纪年，古书记载的上古确切年代，只能依照司马迁《史记·十二诸侯年表》，追溯到西周共和元年（即公元前841年），再往上就存在分歧，或是有王无年，出现了"五千年文明，三千年历史"的不正常现象。夏代究竟存在与否？夏与商的交接是在什么时候？二里头遗址真的就是中国第一个王朝夏的都城斟鄩吗？甚至有些外国学者认为：所谓夏朝是商人臆想出来的历史传说。夏商周被古人尊称为"三代"，主要活动区域均在河洛一带，在中国五千年文明中占有极为重要的地位，如果无确切的纪年，不能不说是一种遗憾。

偃师商城遗址的发现，似乎为夏商周断代工程提供了可靠物证。究竟是有夏还是无夏？不排除部分学者的骨子里存在民族情感。二里头遗址应该比秦陵兵马俑重要得多，因为秦王朝的存在没有疑义，夏却还是个中华千古之谜，一旦突破，就不得了。

说了二里头遗址，再说一处与二里头遗址年代相近的遗址。那个地方不在河南，而在与河南相邻的陕西的神木。

神木在陕西北部，与内蒙古相接，清道光年间的《神木县志》载："境内山多水少，四面沉沙，故其人近仁而鲜智。凡机械作为之习，弗能为也。"从清至民国，战乱频繁，灾害相连，群众生计维艰。新中国成立后，神木发生了很大变化，但拘于经济底子薄，百姓日子好不到哪儿。自从神木发现丰富的煤资源后，真正发生了翻天覆地的变化。如今打开神木县的网页，说神木是中国第一产煤大县、中国最大兰炭基地、中国最大聚氯乙烯基地、西部最大火电基地、西部最大浮法玻璃基地、西部最大电石基地，在中国国家能源安全体系中占有重要位置。

2015 年 8 月,我随中科投资公司去神木考察,到那儿才知道,过去巴掌大的神木县城,如今大得难以想象,主要街道叫东兴街,估计有十来公里长。过东兴街到新区,有个广场,广场中央有个方尖碑,样子就像美国首都华盛顿的方尖碑。敢于比照华盛顿,也不知是哪位领导的点子。方尖碑旁有两座堂而皇之的高楼,据说是市委和市政府办公楼。神木人说市委和市政府害怕上面批评,没有正式搬进去。我不知道这种说法有根据没有,但至少当地百姓这么猜度。

在神木县城转悠时,吴总扭了脚脖子,到医院拍片子才知道,神木这儿看病不花钱。神木有两样东西让外地人羡慕:一是免费医疗,二是15 年免费教育。神木财政之所以能支撑这两项支出,靠的是煤储量和煤炭工业。探明的煤矿储量足够在当前规模下开采 100 年以上。近一段时间以来,神木百姓担心会失去让他们引以为豪的福利,原因简单,煤是神木经济的支柱,随着行业不景气,挖煤致富的好日子过去了。这座坚守免费医疗的城池,虽然不至于倒塌,但至少出现了裂缝。

我们在神木锦界工业园考察,有人建议,既然到了神木,不妨到石峁遗址看看。我第一次听说石峁,问是怎么回事。有位陕西博士对当地风物有所研究,告诉我石峁遗址是黄帝时的遗址,距今 4000 多年了。

石峁遗址是已发现的龙山晚期到夏早期规模最大城址。位于神木县高家堡镇石峁村秃尾河北侧山峁,地处黄土高原北部边缘,初步判断文化命名为石峁类型,距今 4000 年左右,属新石器时代晚期至夏代早期遗存。有些专家认为可能是黄帝都城昆仑城,也有专家提出质疑。

1976 年,西北大学考古系教授戴应新从民间听到些关于石峁的信息,于是到石峁考察,此后吸引西安和北京的考古队。经考古发掘,呈现出一座老大不小的石砌城址。考古勘探确认,遗址由"皇城台"、内城、外城三座基本完整并相对独立的石构城址组成。调查发现,石峁石城分为外城和内城,内城墙体残长两千米,面积约 235 万平方米;外城墙体残长 2.84 千米,面积约 425 万平方米。规模远大于年代相近的良渚遗址、陶寺遗址等已知城址,成为已知史前城址中最大的一个。是黄河腹地二里头遗址之外一个重要遗址。

"皇城台"位于内城偏西的中心,为四面包砌护坡石墙的台城,大致呈方形，依山势而建。外城用内城东南部墙体、向东南再行扩筑的一道弧形石墙，大部分墙体高出地面，保存最好处高出地表一米余。城墙越沟现象将石峁城址基本闭合，形成相对封闭的独立空间。

根据清理出年代特征明显的陶器和玉器，并结合地层关系及出土遗物，专家初步认定最早一处是"皇城台"，建于龙山中期或略晚（距今4300年左右），兴盛于龙山晚期，夏（距今4000年）时毁弃，属于中国北方地区一个超大型中心聚落，寿命超过300年。

文物部门于1976至1981年对该遗址进行初步发掘，发现有房、灰坑以及土坑墓、石椁墓、瓮棺葬等，出土陶、玉、石器等数百件，尤以磨制玉器十分精细，颇具特色，其原料主要为墨玉和玉髓，器类有刀、镰、斧、钺、铲、璇玑、璜、牙璋、人面形雕像等。

石峁遗址出土大量玉器，以玉人头像价值最高，是中国新石器时代遗址中发现的唯一一个以人为雕刻对象的玉器。目前流失在世界各地的石峁玉器有4000件左右。石峁玉器世界闻名，却一直没有"正名"，这是因为没有在考古发掘上发现过石峁玉器，缺乏关键依据。但在考古挖掘中，发掘出了6件完整玉器。这是重要的考古收获。

新石器玉雕人头像属双面平雕。顶有一凸起的发髻，鹰钩形鼻，口微张，脑后有凸出的耳，颌下有颈，阴刻橄榄形大眼，颊钻一圆孔，可能供系佩用。玉呈青色，局部有褐色侵蚀、半透明。原始社会时期的玉雕人头像在陕西省内属首次发现，类似的玉石雕像在全国史前遗址中却非鲜见，如山东滕县大口的玉雕人面像，甘肃永昌鸳鸯池51号墓石质雕人面像，四川巫山大溪遗址64号墓双面石雕人面像，安徽含山长岗乡凌家滩1号墓玉人等。在石峁遗址中与玉雕人头像同时出土的还有玉器、陶器等。玉器中的玉刀与薛家岗文化和二里头文化遗址出土玉刀相似，玉器与广汉文化和二里头文化遗址出土物相似，陶器与陕西龙山文化的器物相似，因此属龙山文化晚期器物。

玉人头像是避邪和巫术中用的面具，早在旧石器时代，原始巫术信仰就已出现，他们的信仰是万物有灵。考古发掘的资料证实，人面具是宗教活动、祭礼仪式或避邪等用，带在身上或嵌入装饰品上。玉在古代被视为山之精髓的美石，为瑞祥之意，玉制成的面具对邪恶有威慑力量。

原始人由于对大自然了解不深，对各种自然现象错误理解，凭着幼稚的狭隘想像，用人工制造玉人面来征服自然，达到平安生存。

从玉人面形象看，新石器玉雕人头像钩鼻大眼，与中原人面不大一样，可能是以西北民族为蓝本雕刻的。玉质材料类似和阗玉，又似甘肃酒泉与兰州的玉村，新疆和阗玉与甘肃所产的玉质相似，甘肃距陕西和河南较新疆近，故以前所称商代已有新疆软玉，该人头像的材料不排除来自甘肃的可能。从人头像的形象与玉质看，很可能是出自西域某少数民族工匠之手，若此人头玉料确为新疆和阗玉，其形象是西域人，此器又是迄今所知中国内地与西域民族交往的最早物证。

在2012年的挖掘中，考古人员在外城东门还发现了壁画的身影。考古人员在一段石墙墙根底部的地面上，发现了100余块成层、成片分布的壁画残块，部分壁画还附着在晚期石墙的墙面上。这些壁画以白灰面为底，以红、黄、黑、橙等颜色绘出几何形图案，最大的一块约30厘米见方。这是龙山时期遗址中发现壁画数量最多的一次。几何图案是北方地区的一种传统流行图案，之前就曾发现过这类图案。

2012年，考古工作者在后阳湾一座房址附近发现鳄鱼骨板，正面有许多点状小孔。据此判断，那个时代的黄土高原气候湿润，适宜扬子鳄成长。这块鳄鱼骨板是包括陕晋中北部、内蒙古中南部在内的河套地区的首次发现，所以推断这条鳄鱼未必生长于此，有可能来自南方。据史料记载，上古时有一种鼓名叫鼍鼓，用扬子鳄皮革制作而成，是等级的象征。鼍是扬子鳄的古称，这些骨板很可能便和制作鼍鼓有关。

沈长云依据《潜夫论·志氏姓》《大荒西经》《左传·成公十三年》《国语·晋语》《国语·齐语》等典籍分析，认为不仅黄帝后裔白狄在陕北地区活动，黄帝部族直接后裔也在陕北活动。根据考古专家发现石峁古城的年代为龙山晚期至夏代早期，与黄帝活动的时间大体相当，由此更能确定石峁古城为黄帝部族所居。

2013年4月《光明日报》刊陈民镇的《不要把考古与传说轻易挂钩》一文，认为把石峁古城直接与黄帝挂钩，与记载相冲突。石峁古城有没有可能是黄帝后裔的居邑呢？在传统古史观念中，黄帝与尧舜一脉相承，属于徐旭生说的华夏集团。石峁古城的始建年代距今约4300年，相当于龙山时代。在龙山时代，中国文明逐步定型。过去一般将龙山时代定为距今 4600 年至 4000 年，中华文明探源工程的最新研究结果表明，龙山时代的上限距今 4300 年，良渚文化的下限距今 4300 年以前。这一调整带来深远影响，如果同时代山西襄汾的陶寺古城与尧舜有关，那么石峁古城是否便是黄帝部族的居邑呢？

这便涉及到黄帝的时代问题。《路史·发挥》引《竹书纪年》："黄帝至禹，为世三十。"如果这一记载有据，再结合《说文》中一世三十年的记载，黄帝到大禹间隔 900 年。结合夏商周断代工程关于夏代始年的认识，黄帝年代距今约 5000 年，如果石峁古城与黄帝有关，至少与一般记载相冲突。按照《路史·发挥》中"黄帝至禹为世三十"的记载，黄帝的年代距今约 5000 年，因此有关石峁为黄帝部族居邑的说法，不大对头。有专家认为，石峁遗址所属考古文化只反映了北方草原文化性质和游牧传统，与黄帝代表的华夏文明不相称，石峁古城可能是草原文明人群对农耕文明的防御性建筑。

2013 年，考古人员发掘石峁城址外城东门南北两侧城墙区域，发现樊庄子祭坛、祭祀遗迹以及皇城台夯土基址、池苑遗址。樊庄子祭坛，具层阶结构，共 3 层。石峁城址内城中部偏西的皇城台，发现遗物最丰富。夯土基址小板块夯筑的迹象明显确凿，钻探所知的面积不小于 1500 平方米；池苑遗址紧接夯土基址北部。在外城东门两侧城墙区域的发掘，揭露出一套包括城墙、马面、角台在内的完整防御体系。这些改变了人们对新石器时代文化格局的认识，过去人们认为高度文明出现在中原，石峁遗址则表明北方已出现规模巨大的城邦。

二里头遗址的挖掘，石峁遗址的挖掘，不由令人想起欧洲考古学家对特洛伊遗址的挖掘。土耳其希萨利克在公元前 13 至公元前 12 世纪颇为繁荣，公元前 12 世纪初，迈锡尼联合希腊各城邦组成联军，渡海远征特洛伊，战争延续十年之久，史称特洛伊战争，特洛伊也因此闻名。

西方文明的源头是什么？世界文明史中，古希腊文明以特异的风采与卓越的成就享誉后世，以至有"言必称希腊"说。荷马史诗是古希腊文学中最早的一部史诗，是《伊利亚特》和《奥德赛》的统称，也是最具影响力的文学著作。它是欧洲叙事诗的经典范例，内容丰富多彩，故事情节和人物形象为后世欧洲的诸多作家提供了丰富的素材。

公元前11世纪到公元前9世纪的希腊史称荷马时代，因荷马史诗而得名。《荷马史诗》是这一时期唯一的文字史料，相传由盲诗人荷马写成，实际上是许多民间行吟歌手的集体口头创作，由荷马加工整理而成。史诗包括了迈锡尼文明以来多少世纪的口头传说，到公元前6世纪才写成文字。两部史诗都分24卷，《伊利亚特》有15693行，《奥德赛》有12110行。

《伊利亚特》和《奥德赛》的梗概大致是：小亚细亚西部沿海有特洛伊人的一座王都，名伊利昂，特洛伊人是东方许多部族的霸主。伊利昂城的王子帕里斯乘船到希腊，受到斯巴达王墨涅拉奥斯的款待，但他把墨涅拉奥斯的美貌的妻子海伦骗走，带回伊利昂城。阿凯亚人非常气愤，由墨涅拉奥斯的哥哥迈锡尼王阿伽门农倡议，召集各部族的首领，共同讨伐特洛伊人。他们调集1000多艘船只，渡过爱琴海攻打伊利昂城，历时9年没有把这座王都攻下来。到了第十年，阿伽门农和阿凯亚部族中最勇猛的首领阿喀琉斯争夺一个在战争中掳获的女子，由于阿伽门农从阿喀琉斯手里抢走那女俘，阿喀琉斯愤而退出战斗。《伊利亚特》的故事以阿喀琉斯的愤怒为开端，集中描写第十年里的51天的事情。《伊利亚特》写到赫克托尔的死为止，最后奥德修斯献计造只大木马，内藏伏兵，特洛伊人把木马拖进城，结果阿凯亚人里应外合，攻下伊利昂城，结束了历时10余年的战争。离开本国很久的阿凯亚首领们纷纷回国，奥德修斯带着伙伴乘船向故乡伊塔克出发。从这里开始了以奥德修斯在海上的历险为中心的另一部史诗《奥德赛》的故事。

特洛伊之战被认为是绮丽的神话，神话故事给这场战争笼罩了虚幻外衣，扑朔迷离，俨然是没有现实原型的艺术想象画卷。而在西方世界，《伊利亚特》和《奥德赛》被誉为史诗。说到这儿了，不由想起《西游记》描写了孙悟空、猪八戒、沙和尚保护唐僧去西天取经的故事。唐玄奘取经是历史中发生过的真实事件，但《西游记》仅是古典小说，谁也不会认为是历史，更不会有人认为《西游记》是史诗。仅从此而言，比之欧洲人，中国人对历史的态度更为严谨。

历史上有没有发生过旷日持久的特洛伊战争？是史学家争论不休的

话题。荷马史诗是神话与历史相融合的作品，《伊利亚特》和《奥德赛》记述了人神交互战斗的特洛伊战争，排除了虚构的天神的因素，史学家在研究特洛伊战争时，依然不得不追随考古学家的脚步。

海因里希·施里曼是德国人。出于童年的梦想，放弃商业生涯，于1870年带着希腊妻子到奥斯曼帝国，开始发现之旅。在希萨里克山挖掘特洛伊遗址，要获得奥斯曼帝国政府的允许。他在没有获得准许的情况下开始挖掘，而且试图买下这块地。奥斯曼帝国政府勒令他立即停止非法挖掘。经过几个月的谈判，被允许挖掘了，不过有个许诺：如果发现对皇家博物馆有意义的古代宝物，一半将归皇家博物馆所有。

挖掘再次开始时，最初只有8个工人，几个装土篮子和少量手推车。奥斯曼帝国政府塞给施里曼一个监工，检查所有出土物品，成了施里曼与财富梦想间的障碍。这些困难不算最大的，希萨里克山给施里曼造成的困难最大。奥斯曼帝国政府禁止擅自挖掘前，施里曼在山顶挖出一段石墙，有6英尺厚。起初他认为这就是荷马在史诗中描写的特洛伊城墙。随后意识到，这座山其实是由无数个世纪中古城堆积而成，特洛伊起码比它早1000多年。施里曼认为特洛伊应在山的底层，然而，如何移走这座山呢？他将50英尺高的小山从上向下发掘，开掘一条30英尺深的垂直通道。30英尺深的垂直通道完工后，在遗址下只找到些被鉴定为石器时代的遗物，却肯定不是特洛伊。

施里曼决定在遗址另一处开挖垂直通道。金属对象开始出土，带有枭（猫头鹰）图像的罐子，令他倍感兴奋。据说，枭是献给希腊女神阿西娜的祭物，当时全世界都在注视着这个考古工地，他定期向英国和德国报纸报告工作进度。人人都想知道他会找到普里阿摩斯国王的特洛伊吗？向下挖掘40多英尺后，发现石基，他认为这是城堡墙基。但希望再次破灭，只挖出两堵平行的墙，显然不是荷马描述的特洛伊。

时光流逝，寒暑三易，施里曼掘出一个金冕，由16353个金箔组成。他宣布发现了特洛伊国王普里阿姆宝藏。其实没有确切考古证据表明发掘出的是特洛伊城。特洛伊时代没有文字，没有足够证据证明施里曼发现的就是特洛伊，只是那个时期的一个较大聚落。

特洛伊城约在公元前3000年就有人居住，之后荒废了一段，从罗马时代以降，直到 4 世纪，又有人定居。特洛伊居民的历史大致可分为 9 个时期，每个时期都有代表性残存建筑物及相应废墟，这些遗物按居住地的兴衰，层层累积起来。特洛伊城战争发生属于第七时期，这个时候建有高大城墙，房屋较小，在所挖掘的地板底下发现许多巨大储藏罐，说明当时的人们储存粮食，以备被围攻之需。特洛伊战争时，城市陷于大火之中，最后被希腊将领阿加曼农摧毁，后来又被亚历山大帝的后继者重建。罗马人相信，在特洛伊战争之中，幸存逃过一劫的伊尼亚士是祖先之故土。最后特洛伊城因环境变迁，终难逃没落命运。

当前，距特洛伊城遗址不远有座收藏特洛伊文物的博物馆，规模不大，文物寥寥无几。据说发掘出的大量珍贵文物被窃，包括造成战争起因的大美女的海伦的项链。海伦是众神之王宙斯的女儿，小时被提修斯掠走。海伦的继父将她嫁给斯巴达国王墨涅劳斯。

公元前 3000 年左右，爱琴海地区进入青铜时代，出现了奴隶制国家，19 世纪出土的克诺索斯王宫遗址是典型建筑。约公元前 1200 年，另一支希腊人（多利亚人）入侵，毁灭迈锡尼文明，此后 300 年，希腊陷入沉寂状态，封闭而贫穷，希腊历史进入所谓"黑暗时代"。

西方史学家对这一时期的了解，主要来自《荷马史诗》，所以又称荷马时代。在荷马时代的末期，铁器得到推广，取代了青铜器；海上贸易也重新发达，新的城邦国家纷纷建立。格罗特是 19 世纪的英国史学家，他所著《希腊史》，是根据之前有关特洛伊战争的文献写作而成的，属于第二手史料，并不被史学界看好。相比之下，公元前 8 世纪，荷马把有关特洛伊战争的传说整理加工，创作《荷马史诗》。因此，在西方史学界眼中，《荷马史诗》作为记录特洛伊战争的作品更可靠。

我真的有些想不通，《荷马史诗》中所说的特洛伊战争掺杂了大量神话，却可以作为史料，而夏朝并不被认为是历史。《史记》有夏本纪，夏朝并非空穴来风。固然，到目前为止，中国考古队没有发掘出能肯定夏朝存在的确实依据。但是，相比之下，谁敢说特洛伊博物馆中曾收藏而后来失窃的项链是大美女海伦使用过的？如果用二里头遗址开发与特洛伊城遗址的开发相较，从严谨程度看，西方考古者的治学精神不如中国考古者，二者的差距不是一星半点儿，而是相去甚远。

32. 一个猜想：夏文化哺育了马厂彩陶

在中国，安特生很勤奋。这种勤奋或源于天性，或意识到自己无意中踏入了探索史前史的处女地。对于这块，中国人不在行，而在行的西方学者并没有进来，他可以拔个头筹。凭着这点，他就会髻出去。

自从在仰韶村发现彩陶片后，安特生在附近也搜集了不少陶片或陶器。他在河南究竟搜罗了多少东西？他没有公布过清单，别人当然不得而知。但是，不妨粗线条地猜一猜，估计大部分是彩陶片什么的，可能有点完整的彩陶器皿，却几乎没有成型的大家伙。也就是说，他后来到手的那些好东西，几乎全部是在甘肃和青海搜集到的。

安特生在甘肃和青海收获颇丰，如果问他在中国的西北之行最大的收获是什么？无疑是马家窑彩陶。后来在瑞典斯德哥尔摩东方博物馆里陈列的也主要是马家窑彩陶。与马家窑彩陶相比，安特生搜集的其他仰韶文化的陶器都差着一截。或者说，差着很大一截。

马家窑彩陶是打哪儿来的？当地工匠制造的。但西北很落后，许多方面被中原甩在身后。那么，马家窑当地工匠的艺术构思受到哪儿的影响？事实表明，马家窑彩陶受到了庙底沟类型彩陶的重大影响。

庙底沟位于三门峡市陕县，是河南仰韶文化最接近甘肃、青海的地方。数千年前中原地区肯定没有提出"开发大西北"一类口号，而中原边缘的庙底沟彩陶是中原大地面向大西北的一个窗口。

距今5000年至6000年时，继老官台文化而起的仰韶文化早期的半坡类型彩陶发展很快。之后，中国大部分地区的彩陶都发展起来了，进入了兴盛期。从图案构思特点看，仰韶文化西部的彩陶以鱼等水族动物纹为代表，东部彩陶以鸟及其变体鸟纹为代表。仰韶文化彩陶以豫、陕、晋邻接地区的庙底沟类型居突出地位，以富有动感的弧形，构成精美而流畅的图案花纹。庙底沟类型早期吸收和融合了半坡类型彩陶的一些因素，又吸收了中原地区的制陶技术，因而彩陶发展很快。

庙底沟类型晚期的彩陶，其彩绘风格带有标志性，影响面很宽，有特色的钩羽、圆点和弧边三角纹，对鲁南、淮北地区的大汶口文化中期、长江中游的大溪文化中期、甘肃东部和河北的仰韶文化中期、西辽河流域的红山文化的彩陶纹样都产生过影响。

中国考古界为中原文化向西北的渗透过程，梳理了辫子。继裴李冈文化之后，在郑州、洛阳地区出现了大河村类型彩陶，与庙底沟类型、大汶口文化中期彩陶相互影响，呈现出复杂面貌。后岗类型是继磁山文化发展起来的，后岗中期彩陶，时间约与庙底沟相当，后岗类型彩陶以编织纹为主，与大汶口文化中期出现的彩陶有密切关系。当这些彩陶文化向西北渗透时，表现出旺盛的生命力。

那么，为什么当年安特生从河南搜集的仰韶彩陶并不怎么样，或者换一个说法，那就是他在河南压根儿没有寻觅到正经器形，而在甘肃和青海搜集到的彩陶光彩夺目？后人解释这个问题时，一般认为，甘肃和青海的仰韶文化是从中原传播过去的，后来中原的仰韶文化势衰，以至慢慢凋敝，而西北仰韶彩陶仍然保持着上升势头，并且比中原地区多延续了几百年以至上千年，所以逐渐拉开了差距。

这种说法并不让人服气，因为甘肃和青海的彩陶不是比中原彩陶强一星半点儿，而是要强得多。尽管中国自古就有青出于蓝而胜于蓝的说法，但也得差不离儿，甘肃和青海的彩陶不会比祖地强那么多。

可以这样说，庙底沟彩陶在西北繁衍的最成功子孙，就是马家窑彩陶。马家窑文化分布的范围不算小，是老大的一片，主要分布在甘肃的中南部地区，以陇西黄土高原为中心，东起渭河上游，西到河西走廊和青海东北部，北达宁夏南部，南抵四川北部。分布区内主要河流为黄河及支流洮河、大夏河、湟水等。

安特生发现了马家窑的3种类型，把在临洮马家窑村发现的这种类型定名为马家窑类型。发现了马家窑文化马家窑类型之后，第二年重返临洮，从临洮出发向西走去，在临洮之西的广河县半山村发现并命名了马家窑文化的半山类型。发现了半山类型之后，安特生继续向西进入青海，在湟水流域发现并命名了马家窑文化的马厂类型。后来，根据新的考古发现和研究成果确定，马家窑文化最早期的一个类型是石岭下类型，它主要分布在甘肃的甘谷、武山一带，距今 6800 年到 5800 年，随后便转入了马家窑类型。

马家窑文化包括马家窑、半山、马厂 3 个文化类型，从已经发现的有关地层迭压情况看，马家窑类型早于半山类型，半山类型早于马厂类型。从以往发现的数据就可以看出半山类型和马厂类型相承、相似的因素很多，关系密切。马家窑彩陶是个草草打包的大篓子，在这个大篓子里按照年头和产地划分"派系"，不能笼而统之地用一个标准分析达到很高艺术水平的成因。其实在马家窑文化彩陶的几种类型中，做工和彩绘也不是一刀切，而是良莠不齐，有好有赖。其中一个类型，多为四大圈形图案，内容丰富，笔法流畅，而且黑红相映，线条粗细相间，画法更是由蛙变成了蛙神和人。这就是马厂类型。

马家窑文化分为几个类型，现分述于下：

石岭下类型彩陶，最大直径在腹部，口沿多为平唇，变体鸟纹成为石岭下类型独具特色的纹样，腹部常饰二方连续的变体鱼纹。

半山类型彩陶，有壶、罐、碗、瓶，以壶、罐为最多。从器形上来看，它的最大直径又回落靠近腰部，从绘画特点来看，由黑红两彩组成，黑彩上都带有明显的锯齿纹，图案绘制绚丽而精美，其花纹继承了马家窑水波纹，进而更加夸张地绘画成大旋涡纹。半山的图案在后期演变中，水波纹的中心点被逐步放大，画上了表现田园的四大圈纹。它所表达的内涵从水文化向土地文化过渡。

马厂类型彩陶，有壶、瓶、罐、碗、盆、杯，花纹承袭半山彩陶的四圈图案，把四圈减成两圈纹。侧面画蛙纹。有些则全部画上蛙纹，蛙纹画法形式繁多，有些常以抽象变形和解构方法画成。陶器造型象个圆球体。绘画中去掉了半山彩陶的锯齿纹，将红彩直接涂成底色，在底色上以黑色线条表现图案，而且画得很粗犷，其画类似于写意画形式。

马家窑类型有瓶、盆、罐、碟、钵等器。造形特点是瓶、壶，最大直径靠近陶器肩部，多有细高径的口部，口沿向外反转，器型优美。马家窑类型花纹的线条娴熟流畅，花纹精美多为水波纹和旋涡纹。典型的马家窑类型的彩陶,以流畅而生动的黑色线条作画,部分陶器画加有白彩,后期出现了红彩。其画法类似于工笔画形式。

马家窑文化彩陶继承仰韶文化庙底沟类型风格,但表现更为精细,形成绚丽而又典雅的艺术风格。陶器大多以泥条盘筑法成型,陶质呈橙黄色,器表打磨得非常细腻。马家窑文化遗存中还发现有窑场和陶窑、颜料以及研磨颜料的石板、调色陶碟等。马家窑文化彩陶,早期以纯黑彩绘花纹为主;中期使用纯黑彩和黑、红二彩相间绘制花纹;晚期多以黑、红二彩并用绘制花纹。

马家窑文化的制陶工艺已开始使用慢轮修坯,并利用转轮绘制同心圆纹、弦纹和并行线等纹饰,表现出了娴熟的绘画技巧。马家窑文化彩陶的大量生产,说明这一时期出现了专门的制陶工匠师。彩陶发达是马家窑文化的显著特点,在中国发现的所有彩陶文化中,马家窑文化彩陶比例最高,而且内彩特别发达,图案的时代特点鲜明。

新中国成立后,考古工作者在马家窑遗址的实地及附近地区考古挖掘,又有一批马家窑彩陶出土。根据3种类型文化分布的地层关系和碳-14测定的数据确定了相当清晰的概念:马家窑类型产生于距今5800~4800年之间,半山类型产生于距今4800年至3800年之间,马厂类型产生于距今3800年至2800年之间。

根据年代的划分,马家窑彩陶亦并非一刀切,上乘之作是马厂类型,也就是这个类型有较比较像样的绘画。专家指出,马家窑彩陶中有中国绘画的萌芽,指的其实就是马厂类型。只有在马厂彩陶上,中国美术史专家看到了中国绘画最早期的萌动。

与别的马家窑类型彩陶相比,后人可以看到,马厂类型彩陶绘制中使用了新工具,用毛笔作为绘画工具、以线条作为造形手段、以黑色(同于墨)作为主要基调,奠定了中国画发展的历史基础与以线描为特征的基本形式。由于毛笔的使用,马厂类型彩陶仿佛有了质的飞跃。以至于有的专家认为,彩陶是中国文化之根,绘画之源,马厂彩陶将史前文化的发展推向了新高度,创造了绘画表现的许多新的形式,所以后世有专家说,马厂的彩陶图画,就是神奇丰富的史前"中国画"。

这就产生了一个问题:是何人把毛笔带到了大西北?这不是可忽略

不计的问题，而是至关重要。根据碳 –14 测定结果，马厂类型彩陶产生于距今 3800 年，这是个什么年份？考虑到碳 –14 测定允许有 5%—10% 的误差，可以说，头一批马厂类型彩陶恰恰产生于夏朝亡后不久。

尽管我是外行，也有个模糊猜测：夏亡朝之际，一批会使用毛笔的夏朝制陶工匠去了甘肃和青海，正是在他们的手里催生了马厂彩陶。这么一来，就要追究一个问题了，这就是：夏朝亡国之后，王室成员和追随夏朝王室的人到哪儿去了？

追究夏朝亡后夏朝遗民去向，并非无迹可寻，史料露出了蛛丝马迹。别看那时是上古，但华夏民族与商部落间并没有深仇大恨，只不过是成汤对不争气的桀耿耿于怀。成汤成事之后，讲政策，不仅懂得"缴枪不杀"，而且对部分夏朝贵族做了尽可能妥帖的安排。

夏朝的开国君主是禹，亡国君主是桀。在这个承传了数百年的王朝中，开国的禹自然是亡国的桀的老祖宗。禹为姒姓，发源地叫雍丘，今人考证出，雍丘位于河南杞县。没有区别就没有政策。桀虽然为政不仁，不得人心，而商汤仍然很给桀——禹的后世子孙——面子。禹早已远在天国，成汤出于对禹的后人的眷顾，把桀与桀的属下区别对待，封夏王室姒姓贵族于杞国，以奉祀祖先的宗庙。后人说，夏朝灭亡后，夏朝的剩余势力仍然在中原活动，就是指的这件事。

但是，商朝时有"杞在商时，或封或绝"的说法。什么意思？就是说在英明而宽厚的成汤故去后，后来的商王就不再给夏王室姒姓的贵族后裔那么多优惠政策了，而是视如普普通通的老百姓，生生死死不管（直到陕西来的周武王灭商朝之后，重新拾起当初成汤的政策，封大禹后裔东楼公于杞地，延续杞国国祚，主管祭祀禹）。

在中国，许多地方有禹的踪迹，既有关于禹的故事，也有关于禹的传奇，还有一大堆关于禹治水时路过或住过的山、州、县、市、穴、桥、石、洞等亦人亦神的传说。在诸多与禹有关系的地方中，有不少是靠不住的，比较可信的是来自浙江会稽山的说法。

东南的浙江怎么会和在河南活动的禹扯上关系？《史记·夏本记》中说："禹会诸侯江南，计功而崩，因葬焉，命曰会稽"。按司马迁的说法，夏朝第一把手禹到江南巡视，到茅山，与准备归顺的各地酋长谈话。但

410

路上一病不起，不久驾崩。禹去世后，遗体没有运回河南，而是就地安葬。安葬大禹的那座山名"会计山"。为什么起这么个名？传说中，禹打算"大会诸侯，计功封爵"，从这八个字里提出"会"字和"计"字。后来取会计山谐音，叫会稽山。会稽山有大禹陵。山下有禹陵村，住了些夏禹姒姓的后代，代代相传，为禹守陵。

夏亡，夏王室的人只要不甘投降，就得集体大逃亡。从那时起，夏朝王室一分为二，分别向南、北方向迁移。不少氏族人员离开故土，南迁至南巢。据有关专家考证，南巢就是后来的安徽巢湖一带，这是南支。北支反方向逃离，进入蒙古高原，与当地人融合，他们的后代便是后人所称的匈奴。司马迁在《史记·匈奴列传》中对这件事有个概括性说法："匈奴，其先祖夏后氏之苗裔也。"在《括地谱》一书中，有个约略的说明："其子獯鬻、妻、桀之妻妾，避居北野，随畜移徙，中国谓之匈奴。"所说的獯鬻，即是桀的儿子。

匈奴是古族的名称，也称胡人，大概最初在蒙古高原活动。蒙古高原是现在的地名，上古那会儿，把那儿称为"大漠"。大漠气候严寒，那儿的人出于对农耕生活的向往，喜欢往南迁移。反正那时没有户籍管理制度什么的，于是一点一点地从蒙古高原南移，到春秋战国时，已然活动于燕赵之地，也就是现河北一带。秦汉之际，匈奴首领冒顿单于统一各部，势力强盛，统治了大漠南北的广大地区。

按照司马迁的说法，匈奴的祖先是从中原去的夏朝的遗民，主要是有夏氏。獯鬻逃跑时，大概携带了大批钱财，领着妻儿老小和随从人员到了蒙古高原。虽是败军之将，到了大漠中，与土著相比，亦属于先进文化传播者，相当于后来的欧洲的殖民者抵达非洲，自然而然成为一方霸主，他的后代们和土著逐渐融合，即是匈奴。至于匈奴首领冒顿单于之类，已是他们的子子孙孙的子子孙孙了。

这本书是谈仰韶文化的，怎么对夏朝以至于夏朝的遗民流向感兴趣了？原因是我有个扣儿一直没解开。这就是安特生他们为什么会在西北发现那么绚丽多彩的彩陶？我打算通过夏朝遗民的走向，说说自己对仰韶文化去向问题的一个猜想。

按照通常的说法，桀带着氏族人员南迁至安徽的南巢一带，桀的儿子带着家眷和随从去了北边，当匈奴的祖先去了。一南一北，两支人马，都是王室成员，加上少数警卫人员和亲信。那么，夏朝官员和不甘于接受成汤统治的夏朝遗民去了哪儿？

一种说法是夏遗民流落西北，这是徐中舒提出来的。他生于1898年，安徽安庆人，治学严谨。

在1930年的殷墟发掘中，李济在商文化层发现了彩陶片，并据此指出："希望能把中国有文字记录历史的最早一段与那国际间甚注意的中国史前文化联贯起来，作一次河道工程师所称的合龙工作。"徐中舒在《再论小屯与仰韶》一文中提出仰韶文化为夏文化，根据是当时发现的仰韶文化分布地域及文化特征，结合文献记载的夏部族活动地域，认为"从许多传说较可靠的方面推测，仰韶似为虞夏民族遗址"。文章称夏代中心在中原西部，夏在失国后流离于西北地区。

新中国成立后，徐中舒发表《夏史初曙》一文。他说："夏文化的中心地带现已查明，就是分布在河南的龙山文化和二里头文化。"他结合古文献记载，对夏、商之际的民族大迁徙情况进行了系统研究，指出"夏商之际夏民族一部分北迁为匈奴，一部分则南迁于江南为越，这都是中国历代相传的旧说，单词词组虽不足令人遽信，但综合言之，皆有条理可寻，又未必全是向壁虚构之说。以上这些旧说，与地下遗迹也可以相互印证。""夏亡之后，韦、顾两族都迁至中原以外的边远地区，这些边远地区都可以作为夏代原有的边疆看待。"

徐中舒在文中所提到的室韦，是个古老民族，尽管北魏时才见诸于史书，但是起源很早，早先分为5部，分布在嫩江流域和黑龙江南北两岸。唐朝时，在室韦名称下，包容面更为广泛，达到了20多个部。各部发展不平衡，南方各部以狩猎为主，兼营农业，而北方纯粹狩猎。居住在额尔古纳河的蒙兀室韦是蒙古部的祖先。徐中舒分别考察了夏、商之际韦族等北迁的情况后指出，"中国历史上的辽、金、元、清四代，都应是室韦的后裔，他们入主中国，就是室韦重返中原与我们共同缔造区夏，并不是什么外族入侵。"

郭沫若和胡厚宣也有类似考证，见解似乎比徐中舒开阔些。他们认为，甲骨文中所提到的"土方"，就是战败失国后的夏人。翻《辞海》，何为土方？相关的解释是："古族名，殷商时分布在殷的西北方。武丁时期，与殷王朝有频繁的接触。"

徐中舒先提出，夏朝遗民在失国后流离于西北，数年后改为夏朝遗民流向东北。不管是西北还是东北，反正夏朝遗民远离了中原故土。其实，西北说似乎更为妥帖，符合夏朝遗民的心态。

在夏亡的政治环境中，惶惶不安的夏朝遗民没必要大老远跑到东北。他们的祖祖辈辈依傍着黄河生息，他们也离不开这条大河。从他们那时的情绪看，可以离开洛阳一带，却不会离开黄河河道，而是顺着黄河往上游走，到陕西潼关。到了这里，当然不会去北边的河套，因为那边就是天寒地冻的大漠了。他们继续往西走，到兰州一带，就重新见到黄河了，如果再往黄河上游走，则到了黄河畔的西宁。兰州和西宁，前者是甘肃省会，后者是青海省会。而在数千年后，安特生正是在兰州和西宁之间寻找仰韶彩陶的。

在仰韶文化的分支中，马家窑文化彩陶中，绘画初萌是马厂类型彩陶。这种彩陶是在哪儿发现的？是湟水流域。湟水是黄河上游的支流，在青海东部，源出海晏县包呼图山，东南流经西宁市，在兰州西边的达家川入黄河。湟水流域有个地方叫乐都，在唐朝的安史之乱后，乐都这个地方被划入吐蕃。看看吧，这是个多么荒僻的地方。

在湟水流域一带，发现马厂彩陶前后几天，安特生用手枪打死一名藏人。刘大有、刘晓龙在《安特生评传》书说，当时这名"藏族歹人"持枪乘马迎面扑过来，安特生只得扣动手枪扳机把他干掉。到底是杀死了一条鲜活的生命，作为基督徒，安特生那时是何等心境，没有人说起过。"文革"中有人说安特生屠杀藏民，指的就是这件事。

安特生一行抵达湟水流域时，乐都的左近基本上是汉藏混居的蛮荒之地。可以肯定地说，在这片汉藏混居区域，当地的汉民和藏民凭着一己之力，不可能烧制出马厂彩陶。那么，这里怎么能出现马家窑文化中水平最高的马厂彩陶呢？无从想象。如果一定要追究，那就只有一种可能，即马厂彩陶是借助于外力搞起来的，或者说是外来户做出来的。而那些外来户，可能就是流落于此的夏朝遗民。

根据碳–14测定，马厂彩陶的起始年代正是夏朝的亡朝年代。这不

413

是巧合，从中原颠沛流离过来的夏朝遗民带着较高文化，带着中原地区对绘画理解，在这里作出绘画初萌的马厂彩陶。3800多年过去了，安特生一行在湟水畔搜集的马厂彩陶，作者当是夏朝遗民。

实际上，在夏朝亡朝前后，仰韶文化已然度过了全盛期，进入衰退期。在黄河和长江下游地区，彩陶衰退得最早，也最为明显。大汶口晚期和良渚文化中的彩陶，也在逐渐衰退之中。与此同时，在仰韶文化晚期，彩陶的地域性增强，中原和关中地区的彩陶，分别经秦王寨、大司空村、半坡上层等类型，先后趋于衰亡。在黄河中下游地区，仰韶文化晚期出现了彩绘陶，只不过绘有族文化纹样的器皿逐渐成为特权拥有者的礼器，只被少数权贵阶层所掌握，一般人碰不到。

谁也不会无缘无故地抛弃一批好东西，仰韶彩陶的衰退不是孤立出现的现象。造成仰韶彩陶衰落的主因是青铜礼器的崛起。与陶器相比，青铜器结实、耐用，而且经过擦拭后出现亮铮铮的金属光泽；从制作水平和使用角度看，陶制礼器难以望其项背。随着青铜器的发展，青铜器工艺取代了制陶工艺的地位，彩陶很快就走向衰落了。

当中原地区的仰韶彩陶走向衰微时，黄土高原和黄土高原以西的大西北地区，由于地处高原山地，加上自然条件和交通相对差，经济发展水平远远不如中原地区，社会发展进程缓慢，与其他文化接触亦相当少。所有这些，使得西北地区较多地保留了以彩绘纹样为主的陶器装饰工艺传统。这种工艺传统不仅没有日复一日的衰微，反而方兴未艾，在此后很长的一段时间内继续发展。

在中原地区进入阶级社会后，工艺技术遂以青铜礼器为代表。与此相吻的是，在西北地区，至今未曾发现过体型较大的青铜礼器，只能以青铜制作小件铜器。彩陶在这些地区人们生活中依然占有一定位置，这是西北地区彩陶延续时间很长的一个重要原因。这也就是说，安特生在青海乐都的汉藏混居区搜集到的马厂文化彩陶，实际上是仰韶文化的最后一个成果，也是最为绚丽的成果。

33. 西方制定的文明标准，上古中国难以达标

会哭的孩子有奶喝，是民间广泛流布的真理。

不管什么事，只要不哭不闹，就不会引起广泛关注，哭了闹了，有了争议，也就有了看点，引起领导重视。上头过问了，下面就好办了。

自从发现仰韶文化，中外学者围绕仰韶文化是本地土生土长还是西来的，纷纷攘攘地折腾了几十年。那时的学者们老实巴交的，全然没有炒作概念，纯粹是学术之争，从而把仰韶文化这把火煽了起来。

至今，完全可以认定，仰韶文化是在中国本土产生的，不仅如此，仰韶文化是中国新石器时代中最重要、分布面最广、文化影响最为深刻的考古学文化。苏秉琦有一句话说得很重，他认为仰韶文化的陕县庙底沟类型，是中华民族核心人的文化遗存。中国学者对于仰韶文化的这一客观评价，怎么想象也不过分，令人玩味无穷。

那么，仰韶文化能不能代表一种文明现象？回答这个问题，就要闹明白，什么叫文明？标准答案是：文明是人类发展史上的特殊阶段，是人类脱离动物界后进一步脱离原始野蛮状态的阶段。

如果这是一道考题的话，像以上那样说，这道考题的分数就算到手了。但是，如果仅仅这样回答，就等于啥也没说。什么是文明？本应回答文明的属性，仅说文明在哪种状态、哪个阶段产生，不能得分。就像问什么是家猪？得回答哺乳纲，猪科，体躯肥满，四肢短小等。如果仅回答由野猪驯化而来，这种回答没有说到点子上。我当然没有资格改变教科书的说法，只能就着这个文明的定义说下去。

亨利·摩尔根是美国著名的原始社会史学家，长期居住在印第安人易洛魁部族中，研究他们的社会制度和生活习俗，代表作是《古代社会》，论述了氏族组织为原始社会的基本细胞。

在《古代社会》一书中,摩尔根把人类社会进化史分为三大段,即野蛮、半开化和文明,每个阶段都有详细的定义。摩尔根氏对文明的定义是:"这一时代,如前所述,以声音字母之使用以及文字记录之制作而开始。"关于文明,摩尔根只有一个标准,即是文字。

那么,从考古学上怎么来判断文明是否被及某个地区? 对于考古学的文明标准,国际上有些通行标准,这些标准是外国学者提出的,是不是完全适合中国情况,还需要做进一步考虑。而直到今天,中国学术界由于没有提出自己的标准,也在使用外国制定的这种标准。

文明标准得以确立并流行开来,得益于一本 1968 年出版的书。这本书的作者是英国考古学家格林·埃德蒙·丹尼尔(1914—1986)。这位学者痴爱文学,出版过几部侦探小说。二战期间,曾经服役于皇家空军航空摄影组,专门判读空中照片,确定考古遗址的方位,并分析和检查敌军阵地。二战结束后,他回剑桥大学执教,长期担任剑桥大学考古学系主任,主要研究欧洲考古,还研究考古学历史,担任过世界考古学史会议主席。他在 1968 年出版《最初的文明》,成为西方考古学生必读书,把考古学通行的文明标准普及到全世界。

丹尼尔在书里确定的标准系列,并非是他自己提出的。早在 1958 年,在美国芝加哥大学的东方研究所里召开了一次近东文明起源学术研讨会,会上有一位叫克拉克洪的学者提出了文明的 3 条标准,而后经丹尼尔补充,并通过《最初的文明》一书在全世界得到普及。

严格按照丹尼尔所说,文明起源时的标准是什么? 第一条标准是发掘出原始聚落不行,应该有几座城市,有城乡差别。这个标准加上量的限制,城市要能容纳 5000 人以上居民。第二个条件是文字,没有文字,人类的思想文化的积累就不可能存留和传播。第三个条件是要有礼仪建筑,什么叫礼仪建筑,就是建筑物不是为了一般生活需要而建造,是为了宗教、政治或者经济的原因而特别建造的复杂建筑。

由克拉克洪归纳提出、经丹尼尔推广的考古学上的文明标准,就这么 3 条。他们也有些吃不准,因而适当放宽条件,宣称文明起源的那个时间段里遗留的信息很少,要求 3 条全部达标,相当难,因此只要有两条符合标准就够了。而在两条里面,文字是不可缺的,有了文字,再有其他的任何一种，就可以认为是文明社会了。

埃德蒙·丹尼尔热爱中国，曾经参与讨论古代中国的学术问题。他的最后一本考古学史专著名为《考古学简史》，封面印的是秦始皇陵兵马俑坑。书中结尾部分明确提出："在未来的几个十年内，对于中国重要性的新认识将是考古学中一个关键性的发展"。

丹尼尔制定的3条文明标准传播到东方后，中国学者觉得不大过瘾，提出加上一条，就是冶金术的发明。在中国，冶金术被普遍认为是古代生产力发展的标准，这一条加上丹尼尔提出的3条，那就是4条标准了。其实，我真的不明白中国学者为什么对丹尼尔的这3条如此感兴趣。丹尼尔在《最初的文明》中制定的3条文明标准，符合西方人判断问题的习惯，而对于中国人宣扬史前文化不利。或者说，这3条套到中国史前文化的脖子上，上古的中国远远不能达标。

按照丹尼尔提出的文明标准，最好有都邑的遗址。城市是人类社会的重要聚落形态，是历史文化的特殊产物。城市构造致密紧凑，足以用最小空间容纳最多设施；同时又能扩大自身结构，适应不断变化的需求和社会更加繁复的形式，从而保存不断积累的文明遗产。社会权力不是向外扩散，而是向内聚合。社会的各种不同构成因素以前只是分散在河谷平原，偶尔传及更远的地区，现在都在压力之下被动员起来并束集在一起，统统进入了城市的高大围墙的封闭之中。

巴比伦、印度、希腊都发现了城市遗迹，而且城市中的那些建筑物是砖石结构的，特别是希腊米诺斯文明遗迹的克诺索斯王宫（公元前2000年），宏伟华丽，在各早期文明中首屈一指。还有印度河流域的早期文明哈拉巴文明（公元前2500年），在摩亨佐与哈拉巴等地发现完整的城市遗迹，据考证，当时城市人口已达数万。

城市是出于军事需要而诞生的，是大规模防御设施，藉各种寨堡、沟洫、障壁、栅栏防卫居住区。仰韶时代晚期，随着社会生产力发展，财富积累日益增多。中原氏族和部落间以掠夺财富为目的的战争日趋激烈。为防御外来的入侵，以城垣环围的新型防御设施应运而生。

中国很早就出现了城池。《汉书·食货志》《氾胜之书》称神农之世已修有城池；《路史·后纪》《史记·封禅书》《事物纪原》《淮南子·原

417

道训》等认为炎黄时代开始修城筑邑；《水经·河水注》《吕氏春秋·君守篇》《淮南子·原道训》《太平御览》《博物志》则认为鲧和禹都曾经筑过城郭。这些记载虽不统一，但上古初民已经修城筑郭是客观存在，越来越多的考古发现逐渐证明了这点。

1984年，河南考古人员在郑州西北的邙山探出一处仰韶文化遗址，定名西山遗址，面积约20万平方米，文化堆积层厚，发掘揭露面积6万多平方米，清理出城址、房基、窖穴、灰坑、墓葬、陶器等，时代跨越了仰韶文化的早、中、晚3个时期，是中原地区为数不多的经过大规模田野科学考古发掘的新石器时代重要遗址之一。

西山遗址揭露出一座仰韶文化城址，始建年代距今约5300年，使用约500年后被废弃。城址平面近似圆形，直径大约180米，城墙残长约265米，宽3—5米，是迄今为止中原发现年代最早、建筑技术最先进的城址。城墙采用版筑法，现存城墙一般排三板，上下层板块交错，根据发掘得知方块板筑法筑墙有3种形式。以立柱固定夹板，四面板块同时夯筑，依序逐块排列筑起，墙体中心板块直接填土铺筑，稍经夯打而成。筑墙过程中采用穿棍支撑夹板、棍修夯筑板块等技术。

西山仰韶文化城址约相当于传说中的炎黄时代，有学者主张郑州西山仰韶文化城址为黄帝时代古城，是否空穴来风？从时间上看，西山城址的年代距今5300—4800年，与黄帝时代基本相当。司马迁在《史记·封禅书》称，黄帝建造了五城十二楼。《事物纪原》引《黄帝内传》说，黄帝杀死蚩尤后，建造城阙。这些记载虽然带有传说成分，但一部分已被考古资料证实。它至少说明，五帝时代已开始筑城。

在中原地区发现的一批早期城址中，郑州西山、濮阳高城、襄汾陶寺、辉县的孟庄和登封的王城岗等，是五帝时代城邑的历史见证。西山这座城为黄帝时代所建，也不无可能。有的专家认为，西山城址所在位置处于黄帝部族的范围之内，如果别处没有第二座城的发现，西山古城极有可能是有熊国的国都。黄帝都有熊，是有熊国君，基本上可以成为定论，因此，把西山古城称为"黄帝城"，这种说法无可厚非。

不妨做点对比：世界的一些著名古城，平面规划也多为圆形。如美索不达米亚的乌尔、伊朗的弗拉斯巴等等，平面均为椭圆形；埃及的厄尔卡勒，伊朗的塔布里斯、图斯伊斯法罕、玛沙德、席拉兹等等，平面则为圆形。埃及古代的象形文字中，城市被表达为一个圆形圈，圈内的十字交叉路把城市分割成 4 份。如果这在事实上就是一个象征性的规划图，那真是古典城市的一份最好的象征图。

西山城址是这一地区的中心要邑，有女神庙、祭坛、原始殿堂、高台冢、龙虎塑等，其中最为重要的是古城。古城是大概念，它可包括庙、坛、殿、堂、冢、塑之类的建筑。目前所说的古城，虽大多数主要指遗址中的城垣，但城垣的发现和古城的确定，意味着与之相应的其他重要建筑的可能存在，或已破坏，或未出土。

考古学家认为，在聚落发展史上，西山古城颇类似八角形平面，正处在从传统的圆形环壕聚落向城墙环团的方形城址的过渡阶段。西山城址在中国建筑史上的地位，起着承先启后、继往开来的作用。它所扮演的这种角色，绝非仰韶文化的环壕聚落和龙山时代的方形城址所能取代的，而是中国现已发现的最早的"雏形城市"。

比西山遗址稍晚的都邑是 20 世纪 50 年代发现的郑州商城。它坐落在郑州偏东的郑县旧城及北关一带。城墙筑于商代的中期，夯土层内木炭的放射性碳素断代并经校正年代为距今 3570 ± 135 年，据此可知上限公元前 1620 年前后。有些学者认为是商代中期"仲丁迁隞"的隞都，属商代中期；也有人认为是商汤所都的亳，属商代早期。

这处遗址于 1950 年由韩维周发现并报告。到了 1951 年春，中科院考古所河南调查发掘团对该遗址调查，1955 年发现城墙遗址，确定此为商代城市。可以断定郑州商城东北部是商代二里岗时期王室贵族的宫殿区。郑州商城的发掘工作正待进一步展开时，"文革"爆发，事情就放下了，而且一放就是数年。没法子，"文革"闹的。

1971 年，考古学家安金槐再度组织对郑州商城的摸底调查。到了 1973 年，考古队在郑州商城内展开全面考古钻探与试掘，在城东北部发现大小不等的商代夯土建筑基址，其中有多处规模宏大，不同于一般的建筑房基，于是这里被确定为宫殿基址的所在地。

郑州商城的平面为长方形。城墙周长 6960 米，出土了数以万计的物品，珍贵者如玉戈、玉铲、玉璋、玛瑙等。一个祭祀坑内出土一件夔龙纹金箔，城址西墙外出土两件大型铜方鼎，西墙外一座商代墓内出土一件完整的原始青釉瓷尊，高 27 厘米，轮制，饰席纹和篮纹，胎质呈灰白色，细腻坚硬，器表遍施光亮晶莹的黄绿色釉。这件原始瓷尊的出土把中国的制瓷历史上溯到 3000 年前。在商代墓内还出土有制作精致的象牙觚和象牙梳。还出土 460 多枚穿孔贝，是当时的货币；出土的吹奏乐器枣石埙和陶埙，展示了中国古代音乐的源远流长。

中国发掘出来的"城"有几座，它们不是令人生疑，就是建造城墙的材质成问题，有点碎砖烂瓦踪迹就算侥幸。小地方不必说，而稍微像点样子、有宣传价值的郑州商城又是商代的，距今不过 3000 多年，与所需要看到的文明起源的城市遗址不在一个层面上。

中国早期文明遗迹是夯土建造的，当然不易保存。相比之下，西方在建筑大量采用石材，因此保存下来的城市遗址多。希腊迈锡尼文明时期的城市遗迹，据说有一段巨石建造的城墙厚达 20 米。几大文明地区发掘出来的早期文明遗迹，都大量使用烧制砖块，典型的是印度河流域的哈拉巴文明遗迹以及两河流域的乌尔、巴比伦、苏萨等城市遗迹，埃及的南城遗迹，希腊的米诺斯文明遗迹等等。稍后，西方建筑的典型代表古罗马建筑，也不是用石材建筑的，也大量用砖。

丹尼尔宣布的文明标准第二条是文字。严格意义上的文化与文明，是从文字诞生开始的。恩格斯在《家庭、私有制和国家的起源》一文中指出，人类由愚蛮向文明的过渡，正是"由于文字的发明及其应用于文献记录"，才得以实现的。这话就说得蛮好。

中国字是中国人的骄傲，而用文字印证文明起源之早，却是中国的一根软肋。中国最古老的甲骨文距今不过 3000 多年，比巴比伦文字起源相差甚远。甲骨文具备六书，即象形、指事、会意、假借、形声、转注。汉语曾与多民族语言交汇，但不像英语那样是多民族语言，具有强大凝聚力与吸附力。汉字作为世界上唯一的表意文字，是有象可征、有意可寻的符号集群：汉族人口众多，有高度发展的文化，所以在语言交汇过程中汉语始终具有稳定性。美国语言学家盖利·吉宁斯在《世界语》中称，西方语言学家经过长期多次交流之后认为：汉语是智能的语言。这种说法让中国人美滋滋的，但是与文字起源的早晚无涉。

有学者称，中国文字并非始于甲骨文，在更悠久年代里就产生了文字符号，如在陶器上刻画的陶文。其实，再给甲骨文找个名为"陶文"的祖宗，方法就笨拙。不管怎么说，至今也没有哪位认识什么陶文，而能辨识甲骨文的学者倒是有一大把。那么，有可能从甲骨文的身上找到陶文的影子吗？或者说能够从儿孙的脸上找到祖上的痕迹吗？如果找不到，不用做鉴定，也可以断定二者之间没有"血缘关系"。

　　既便如此，我还是忍不住要为甲骨文的"祖上"辩护几句。这里所说的甲骨文的"祖上"，并非什么陶文，而是已毫无踪迹的甲骨文的真正前辈。既然毫无踪迹，"前辈"又从何说起？甲骨文仅出现在卜骨上。根据这个现象，可以合理地推测，甲骨文是给占卜的巫留存备考的，是占卜的专用文字，纣王以至之前的商王估计也看不懂，而且未必会看，由巫向统治集团传达大意就可。把这个猜测延伸，如果甲骨文仅仅是巫的专用文字，那么商朝前的夏朝很可能存在，原因是夏朝也有占卜，也有巫术，只是没有殷商时的集中贮藏条件，后世找不到了。

　　如果把这个猜测进一步向前延伸的话，捋着线头向前找，估计应该延伸到仰韶时代。仰韶彩陶告诉后人，在仰韶时代，原始宗教已产生，巫是相关仪式的主持人。仰韶时代的巫应有专用文字，否则手里什么东西都没有，根本没法儿干活儿。当然，即便这个假想能够成立，最初期的文字也肯定粗疏得不行，一定不像今天的文字，能够准确无误地记录口语，估计只能记录一些名字，就像小孩子学说话。

　　有人会说，殷商那会儿没有纸张，文字如果不刻在甲骨上，就没有地方可以留存。所以不能说甲骨文刻画于占卜所用的甲骨上，就证明它是巫文字。其实，那时即便没有纸张，也有其他可以留存文字的地方。比如说刻在石头上或是写在泥版上。各国古代文明都有文字，但文字的载体不一样。古代埃及用纸草纸，中国没有发现纸草这种植物，埃及古人把纸草截取下来连接、压平、晾干后成为类似纸样的东西。古代美索不达米亚等地在泥板上面刻画出楔形文字，然后焙干。中国的发明是简，用竹子、木头等随手可得的东西做成条状，一根一根编连起来，叫册。所以，没有纸张不是理由，甲骨文几乎全部出现在甲骨上，就连商鼎上都几乎不存在，证明它很可能是占卜的专门文字。

《左传》中流露出一点文字的蛛丝马迹，说夏代有"百物而为之备"的图像符号。如果是这么回事，它就是象形文字的前身，正在向着象形文字迈进。这一过程，即把社会的全民的形态各殊的图像符号逐渐规范化和稳定化，往往需要几百年，甚至更长。

殷商的贞人集团属于完成了这一任务的特殊人群。甲骨文是巫的专用文字，仅仅供巫者使用，未必打算作为什么文化传播工具。印证这种说法的一个例证是，所有甲骨文中，没有关于文字传播的只言片语，商朝没有任何教育机构。在安阳小屯的发掘中，大量甲骨上只有几个字，甚至于一个字。这种甲骨文显然不是系统记录的，而是占卜者随手刻画的，估计相当于今天重要会议秘书的临时记录。

不管怎么给甲骨文寻根问祖，甲骨文的产生年代，都晚于尼罗河流域象形文字和两河流域的楔形文字。至于夏商的年代，比两河流域、尼罗河流域、印度河流域的（有文字可考）的文明晚两三千年。

古老文明的发展道路都是曲折的，后来由于外族入侵和其他原因而中断，但对历史的贡献和影响没有湮灭，而是保留下来，如世界通行的拼音字母等。相比之下，甲骨文释意清楚，能与后世记录相对照。尼罗河和两河流域由于载体中断，没有形成标准，只能凭后人解读。尤其是印度河流域文明，留下的所谓印章符号算不算文字都不清楚。

英语除小部分基础词汇，多数词汇是由数量有限的希腊词根和拉丁词根以及前后缀组合而成（拉丁词根源于希腊词根），科技词汇基本都是由希腊词根构成。很多人觉得英语词汇构成，就像胡乱把字母拼接在一起，毫无规律可言，其实是不了解英语的希腊词根构词法。西方各国语言，很多词汇相近，是因为都是用同样的拉丁词根和希腊词根构成。西方各国的语言间差别，并不比中国各地区方言之间的差别更大，在西方国家一个人同时会说几种西方语言的情况很平常，就像有些中国人同时会说普通话、四川话、广东话一样。

从文字上说，英语字母是拉丁字母，而拉丁字母源于希腊字母，希腊字母源于腓尼基字母，而腓尼基字母最早的源头可追溯到埃及文字。拼音文字是地中海沿岸的腓尼基人发明的，发明时间比甲骨文晚。但是，腓尼基文字广泛繁衍，儿孙满堂，而甲骨文只有占卜者使用。

尽管甲骨文是今天汉字的直接起源，但是，如果没有受过古文的专门训练，不仅看不懂甲骨文，而且会看得眼晕，晕晕乎乎的，不可能分清甲骨文、金文、小篆、大篆等等之间的区别。

文明起源时，名气最大的礼仪建筑是埃及金字塔，任何人站在金字塔前，对着狮身人面像，都会感觉到这是一种文明，不能说是原始的，处在蒙昧野蛮状态。金字塔是坟墓，如果仅为一般需要，无论如何也不需要建造这样大的坟头。它之所以被建造，是因为要尊重法老，使法老的神灵可以永存，代表了文明时代的阶级分化和统治。

在礼仪建筑上，不用说，中国上古文化还是不能够通过测验，因为压根儿找不到那种大对象儿。古老的中国有大件儿，不知比金字塔大多少倍，那就是长城。但秦始皇修建长城是秦以后的事，不在文明起源选题范围内。再说长城也不是礼仪建筑，而是硕大无朋的军事建筑。

中国文明史究竟有多长？20世纪初，西方学者认为中华文明源于巴比伦古文明，长4000余年（从公元前2282年算起，至今为4281年）。20世纪中期，西方学者以进入文明时代为条件，称中国文明史只能从"盘庚迁殷"算起，长3500年。20世纪晚期，中国大量的考古发现，使西方学者改变对中华文明的看法。要问中华文明史究竟有多长？对于这个问题，他们只能表示：暂不发言。

1992年由中国社会科学出版社出版的中文本《剑桥中国秦汉史》总编辑序，可了解他们"暂不发言"的原因。总编辑序中说：计划编写《剑桥中国史》时，当然打算从中国历史的最早时期写起。但是，在着手写这部丛书的几年时期，我们不论对中国史前知识，或是对前第一个千年大部分时期的知识，都因大量考古发现而发生了变化；这些发现始于20世纪20年代，而自70年代以来取得了越来越大的进展，大批新材料一再改变着今人对早期史的看法，而且至今还没有对这些新的证据和传统的文字记载作出任何普遍公认的综合。尽管屡次作出努力，试图计划并写出能够总结早期中国知识现状的一卷或几卷著作，但事实证明现在尚不能做到这一点。很可能还需要10年工夫，才能对所有的新发现进行可能有一定持久价值的综合。因此，出于无奈，我们在编写《剑桥中国史》时，就从秦汉这两个最早的帝国政体开始。

编写《剑桥中国史》的学者当然知道秦汉的制度、文学和艺术、社会形态及其思想和信仰都扎根于过去，但如果没有更早的言之有据的东西，或者说即便言之有据，但没有扎实的文物考证跟随，他们就只有从秦汉写起。西方学者有时候很自信，甚至于过于自信，有些盛气凌人；有时候又坦率得可爱，居然说出"出于无奈"这样的真心话，这种态度是坦诚的。其实，他们也不能不坦诚，因为谁也不敢在学术上自毁名声，即便是对中国友好的西方史学家，也不能吹捧中国，而只能踩在一个他们认为最坚实的，而且言之有据的基点上，书写中国文明的开始。

这样一来，依据西方制定的标准：中国最早的商文明始于公元前1500年左右，距今也就是3500年左右。你可能认为西方史学家成心挑刺儿。中国人习惯于说的"上下五千年"，被欧美史学家一刀砍掉1500年，仅剩3500年了。其实，西方史学家也在凭良心办事，没有违背自己的学术良心。在他们看来，商朝前的事，中国史学家们既找不到文字踪影，也拿不出像样东西，就没法子了，只能接受这样的事实。

彩陶是仰韶文化的标志性器物。大河村遗址出土的彩陶绘有30多种图案，除有动物、植物、几何图案外，还有太阳、月亮、星座、日珥、旋风等自然现象纹饰。彩陶传播过程中，携带了文化传统，将区域居民的精神聚在一起，为后来的统一局面奠定了文化基础。这种传播意味着深刻的文化认同，标志着华夏历史上的文化大融合，是一个伟大文明的酝酿与准备。以晋、陕、豫交界地带为中心区域的庙底沟类型在其所处的时代（距今6000—5300年）居于领先强势地位，成为中国史前时代第一个繁盛期的最绚丽、最具代表性的文化符号。

有人会说，彩陶没啥了不起的，世界重要古代文明遗址都有彩陶出土，有的比仰韶彩陶还要早，而且花色不在仰韶彩陶之下。情况的确如此。但是，这里要说的是传承性，也就是仰韶彩陶后来是怎么延续的。

说清这个问题，要把视野扩展开，从大尺度上认识陶器。在石器时代和青铜器时代之间，存在着以农耕畜牧业和陶器工艺为代表阶段。这是人类从野蛮走向文明的过渡时期，孕育文明的历史阶段即陶器时代。或者说，在石器时代和青铜时代之间，有必要划出陶器时代。在这个时代，陶器不仅只是生活用具，而且和巫术配合使用，为祭神用具。

先民制造陶器，涉及陶坯泥料的选择和配合，烧制陶器对火的使用和控制，泥坯的成形技术和艺术，再就是陶窑。这些工艺都是单纯石器打制（旧石器）和磨制（新石器）所没有的。陶窑和陶钧（以及快轮陶车）超越了石器时代简单的手持工具层次，进步到技术装备层次。

　　相比之下，后来的青铜冶炼和铸造，需要以下先决条件：事先制作泥模和陶范，调整铜锡（铅）合金的成分比例，火的加热和温度控制，浇铸前对铸范预热，冶炼和熔铸炉以及预热窑等技术装备。正是陶器的制作方法、装备为青铜器制作奠定了配料、造型、制范、用火控火的技术基础。大多数青铜器的原型是陶器，或由陶器形制发展而来。如果没有陶器技术装备的创始与积累，就不会有后来的铜器时代。

　　附带说说，中国最早提炼的金属是"易"。它在常规金属中熔点最低，仅摄氏231度，后来被写作锡。随着冶炼技术进步，炉温达到摄氏327度以上时，"船"被提炼出来。是因为比重大，冶炼中像船一样浮在其他金属上面。后来写作铅。摄氏419度，一种叫做辛的金属熔化，因为最初用来制造一种叫辛的刀具，接生时用来割断脐带，后来被写作锌。炉温达到摄氏950至接近1000度时，一种可用来制造筒状容器的金属熔化，因而被称为"同"，后来写作铜。最后是"失"。"失"的熔点是摄氏1539度。工业时代之前，很难达到这种炉温，在古老的冶金过程中，它是被丢弃的部分，因而称为"失"。随着冶金技术的进步，人们逐渐发现，"失"虽不能熔化，但反复锻烧后淬火，坚硬和锋利程度超过铜。这一发现让人惊喜万分，以至爱屋及乌，把它的斑斑的锈渍也看成一种美，这就是"秀"（锈）。后来，"失"被写作铁。

　　礼起源于陶器时代。在远古祭祀礼仪制度中，陶器不仅是诞生最早的，也是首要的礼器。通常认为，华夏礼仪之邦使用的礼器主要是青铜器，这是普遍又很久远的误解。实际上，礼器包括陶器和青铜器。

　　仰韶彩陶服务于原始宗教。中国进入青铜时代后，礼器的形制不变，材质却变成了金属的。从仰韶彩陶到商周礼器，完成了这个转身后，礼器逐渐出局。进入唐宋后，陶器又完成了一次华丽转身，从形制上直接影响到瓷器的形成和发展，以至中国在欧洲人眼里，就是瓷的国度。我们清晰地看到了仰韶文化的延续能力和延续过程。而这种一贯到底的延续，是世界上其他古文明发源地的彩陶，都没能完成的。

在中国，玉器比仰韶彩陶出现还要早。从兴隆洼玉器算起，已有8000年历史。在绵长的时期里，玉文化理念、审美、制作技巧，不间断地发展。西坡仰韶文化墓地出土玉器10件，其中有9件是玉钺，表面光润，采用了磨制和通体抛光技术。玉钺的形态虽然与早期的石质工具接近，却是从生产工具演变为黄河中游地区具礼仪性器物，是死者生前身份和地位的象征。出土的带象牙镶玉钺反映了仰韶文化中期用玉制度的形成，以及与东部地区的文化交流关系。

仰韶文化留给后人的东西并不算多，掰着指头数数，无非就是原始农业、原始养殖业、普通陶器、彩陶、陶窑，再就是古代贤人安到伏羲氏头上的初始八卦。至于那些石器和麻袋片儿衣服，还有缝制衣服的骨针什么的，早就被初始文明的出现抛得无影无踪了。

丹尼尔在《最初的文明》一书宣扬的3条文明标准，仰韶文化一条也不够格，而且差距很大。容纳5000人以上的城市？仰韶文化中不存在，只有些圆咕隆咚的半地下草屋；文字，有学者力图把陶文作为甲骨文的前身，而在仰韶彩陶上，连陶文的影子都没有；礼仪性建筑别提了，仰韶文化中只有干打垒，那是仰韶最像样的房子，而干打垒绝非什么礼仪建筑，只能勉勉强强地遮风挡雨，蜷着身子在里面睡觉。

美国史学家克拉克洪提出，经丹尼尔传播的三大文明标准，不过是个大而化之的框架，5000人的城市，文字和礼仪建筑都是浮头的，能体现一定文化水平，却未必是丈量文明的真实标杆。

仰韶文化当然是一种文明的代表。固然，它不大符合西方所说的文明标准。拿丹尼尔的3条标准套，仰韶初民参加考试的话，不会及格。但是仰韶文化哺育了初民，当各个部落逐渐走向联合时，文化储备的力量逐步显示出来。仰韶时代形成的八卦宇宙观日臻成熟，日后构成的《易经》，成为中国古文化的"群经之首"；原始宗教氛围中造就的仰韶彩陶，过渡到青铜时代，变身为中国古代礼乐文化的基本道具；仰韶时代形成的原始农业，在日后不断地改进完善，使得中国在此后的数千年间始终是一个成熟的农业国。

对于文明的理解不同，像世界各地人们的认识水平问题，与实际操作不着边。其实并非如此。由于中国古人对于文明的理解更透彻，所以文明的事物也更加恒定。在全球的几个资格最老的文明国家中，中国文明有一个突出的特点，就是从它起源之后，就一直绵延下来了。而其他古老文明都没能做到像中国这样的连续传承。

中国学者喜欢把"四大文明古国"的说法挂在嘴上。尽管在世界范围内，这种说法遭到强烈质疑，但中国人很难改口，甚至觉得没有必要改口。原因简单，观览了"四大文明古国"的发展道路之后，人们看到了历史和文化的颠倒现象，而且触目惊心。

在历史上，自从波斯人进入埃及后，古埃及文明就衰落了，希腊化时期，埃及古代文明实际上已经衰亡了。这次衰亡如此彻底，以至于古埃及文字后来也没人认识。欧洲中世纪时期，埃及古文字由于刻在石刻上，人们都能看见，但认为是异教符号，并不认为是古文字遗存。直到1923年古代埃及文字被解读后，人们才逐渐将埃及文明挖掘出来重新了解和认识。古代美索布达米亚文明更是如此，楔形文字早就没有人认识了，也是经过一番颇为费力的解读，才能理解那里有古老的历史。古代印度文明也是如此，当时还不是后来的印度人，是公元前3000年左右在印度兴起的文明，后来印欧民族进入印度，那个文明就消失了。

古巴比伦、古埃及、古印度创造的文明，无一例外地符合西方国家史学界制定的三大文明标准，在这几个地方，当文明发生之际，就拥有居民人数在5000以上的城市，这几个地方很早就有了像模像样的文字以及学校，还有壮观的礼仪建筑。但是，这些早期文明遗产全都因为国家历史的中断而未能承袭下来，即便留存至今，也只有旅游意义。像埃及的金字塔、狮身人面像之类，只是有资格收取门票的石头堆，而就埃及人当前的文化形态而言，金字塔、狮身人面像却是异物，当地人未必能说清楚它与埃及当下的文化有多大的关联。

伊拉克人是巴比伦人的后人，而古代的巴比伦文明与当今伊拉克的文化形态相去甚远，简直恍如隔世。不妨稍揣摩一下伊拉克人的心态，他们赞叹远祖创造的远古文明，又未必理解远祖为什么能够创造出辉煌的远古文明。于是就只剩下一个解释了，那就是UFO人士所说的，苏美尔人经过了外星人的培训。今日，伊拉克人中有不少人笃信这种说法，其实有一定道理。他们与昔日的苏美尔人间存在巨大文化断层，历史的中断，使得他们失去了远祖留下的精神家园。

在人类文明的几个主要发祥地中，中国排位老末，比巴比伦文化承传有序差一截。而文明延伸却出现了相反情况，只有老末的文化保持了数千年延续性，基本没怎么走样。特别是文字出现后，从仰韶文化发凡出来的远古文化被带进以后的历史，并被卷在浩浩荡荡的洪流中流淌下来。在时间坐标中顺流而下，用历史语言来说，这就叫"流传"。

历史是看着粗糙而实际相当精细的筛子，粗糙物事不能通过网眼，仰韶文化的衍生物不是所有都能通过网眼的，只有精致之物能够通过，流传下来，经过许多朝代，经过说不尽的风风雨雨，传承到现在。今日中国人是这个文明传统的负载者，它还将影响着今后的中国人。

文明到底是什么？人类创造了众多文明，城市、文字、宗教礼仪建筑、青铜器，当然是文明发展过程中的重要客观物质形态，但并非证明一种文明存在的既定标准。例如南美秘鲁印加文明中就没有文字，计数在主绳上结小绳，用结节表明数字，用不同颜色和长度表明不同类别，以这种简陋方式操作自己的智慧，在农业、交通、金属加工、纺织技术、制陶业、医药学以及音乐、文学等方面取得令人叹服的成就。玛雅文明是中美洲古代印第安人文明，形成于公元前 2500 年，玛雅建筑达到古代世界高水平，能对坚硬石料雕镂加工。建筑布局严谨、结构宏伟。但玛雅文明属新石器时代和铜石并用时代，工具、武器为石制和木制，没有青铜器，更不知用铁。玛雅文字出现后，出土的第一块记载着日期的石碑是公元 292 年的产物，比中国的甲骨文晚了约 1000 年。

城市、文字、宗教礼仪建筑、青铜器，并非完整地体现文明的全部构件，还有更深层次的参数可以挖掘。不同的族群，以自己独特的思维方式和对生命的感悟，创造出了不同的文明，它们一起构成了古代人类文明的丰富性与多样性，它们也都是地球上烂漫的文明花朵。中国史学界如果因自己的远古文化遭到冷落而不服气的话，那么，继续在既有的体系中撕搏，并没多大的现实意义，唯一的出路是另外建立一套文明的评价体系，找到那些能够真正反映文明尺度的标尺。这一标尺的确立，要看的是所丈量的东西能不能经得起历史的锤炼，能不能经得起时间的磨砺。在这个基点上，再去考虑如何尽可能地与世界接轨。

人类古代文明的发祥地大都位于河海之滨或者河流的交汇地。埃及的尼罗河，印度的恒河，美索不达米亚原野上的幼发拉底河和底格里斯河，都是人类古老文明的血脉。古老的两河培育了灌溉农业，也让文学与数学之树发芽生长。轮子的发明，将交流和贸易成为现实，楔形文字的出现让巴比伦人成为文明人。公元前3500年前，两河流域诞生了世界上第一批真正的城市。但两河流域文明建立在单一灌溉农业基础上，一旦失去灌溉条件，古文明就随之衰败。

中华上古文化则不然。东亚季风吹拂着华夏大地，复杂多样的自然环境虽然不如两河流城那样便于利用，却为先民创造多种生态因子，为先民发明创造更高更复杂的利用自然条件的技术铺下客观基础。黄河与长江都源自崇山峻岭，而不是两河流域那平坦的原野。从山岩喷泄而出的江流须有较高技术才能利用，而广大地域的多中心文化，又使得中华文化的发展不致因为某个中心的衰落而全体消亡，因此，中华古老文化的不曾中断和持续发展就是客观的必然。

最早的"中国"是从豫西走出去的，这么说并不突兀，根据无非两条：三门峡市渑池县有个仰韶村，在那儿首次发现仰韶文化，开仰韶文化之先河；三门峡市属陕县有个庙底沟，庙底沟类型文化分布范围包括陕西关中、山西南部及豫西，是仰韶文化中最繁盛的一个类型。

从仰韶村到庙底沟，距离不远，开车的话，一会儿就到。静下心想想，有耐人寻味之处：中国如此之大，为什么最早的"中国"偏偏挤在这一地区？粗浅的答案是，这两个地方都濒临黄河。

对于这种说法，也许有人不服膺。濒临黄河的地方很多，为什么偏偏三门峡一带成为最早的"中国"？答案是三门峡所在的位置相当特殊，特殊在哪儿？黄河是流经三门峡后才进入中原的，也可以说，在三门峡这里，滚滚黄水与中原发生了第一次碰撞。

自古，黄河就不断地演出"龙摆尾"的大剧。频繁的改道和随着改道引发的泛滥，形成了大片覆盖着黄土的原野，为旱作农业提供了广袤肥沃的土地。这一地带的气候颇有规律，雨季正好在农作物生长期，适于黄土地带生长、成熟期短又易于保存的粟，成为这一时期的主要粮食作物。黄河流域的古代文化既经历了自身长期的发展演变，又充分吸收了周围地带的文化精华，终于成为中华早期文明的主流。

褓褓的本意是包婴儿的小被子和带子，旧说长一尺二至二尺，阔八寸左右，是孩子来到人间收到的第一件礼物。一尺青天盖一尺地。仰韶文化，中国的最古文明，自上古时降生在豫西。苍茫黄河两岸的豫西原野是初出娘胎的"中国"的褓褓，哺育了嗷嗷待哺的"中国"。

三门峡地区要多古老就有多古老。学者们论古道今，大河畔的那片丘陵地带是个最有说头的地方。上古遗留在这里的一个寂寞山村以及残留的陶器、陶片，昭示了中华民族远祖文化的发轫和生成过程。这种文化有一个很大来头，产生于中华民族远祖的核心圈子里，而后就一路承传，在不断的发酵中，膨胀为内容广博的文明。

仰韶文化是距今 5000—7000 年新石器时代文化，主要分布于黄河中下游一带，以豫西、陕西渭河流域和山西西南的狭长地带为中心，东至河北中部，南达汉水中上游，西及甘肃洮河流域，北抵内蒙古河套地区。已发掘出的文化遗址，出土文物均反映了同一文化特征。沿着黄河走，在文明初始期的华夏大地上，有星罗棋布般各具地域特色的多个文化中心。多中心不平衡发展是这个时期的特点。

全国已经发现上千处仰韶文化遗址，陕西数量最多，占全国总数的40%。先民生活过的场所，把远古拉到你面前。裴李岗文化、磁山文化、老官台文化、大地湾文化是仰韶文化的前身。黄河上游甘肃的马家窑文化、齐家文化是仰韶文化的后期。那些无声的文物都在诉说，上古的黄河流域，活跃着先祖的身影。

今天重提仰韶文化，有什么意义？意义重大。因为人类文化的精神领域里存在着历史的积淀物，这就是现代人同远古祖先的联系，在学者们那里，它被称为"原始意象"。

提到仰韶文化对后世的影响，不由想起瑞士心理学家和精神分析医师卡尔·古斯塔夫·荣格（1875 — 1961）。按照荣格的学说，与远古那会儿相比，现代人无论科技水平怎么发达，脑瓜怎么好使，心理活动的基本模式也是人类远古活动的遗迹，是重复亿万次的那些典型经验的积淀和浓缩，沉淀着原始祖先的意识瘢痕。

不妨看看牛犊子，刚刚落生，摇摇晃晃地站起来，还完全没有醒过神儿呢，就到母牛的腹下寻找乳头，接着就吮吸乳汁。每当在电视中看到这种画面，我总是想，是谁教会牛犊子这么做的？其实，人也一样，生来并非白板一块，而是先天遗传着一种"种族记忆"，就像动物先天遗传的某些本能一样，种族记忆或集体无意识，是潜藏在每个人心底深处的超个人内容，有许许多多的原型正像生活中的许多典型的情境的无穷无尽的重复，已经将这些经验铭刻在人类的心理构造之中了。

按照荣格学说，原始意象负载的无意识内容，是集体无意识的载体，是被压抑和被遗忘的内容形态。但这并不是心理结构最隐蔽、最深层的部分，在它之下还存在着集体无意识，其中集聚着人类诞生以来的经验和感情的最深层部分。尽管它已超越了个人的理解力，但确实是具有永恒意味的色彩斑斓的象征。人类由于自身的种种限制，尽管不能全部揭示其超越人类理解力的全部丰富的内涵，但对原始意象的象征表面形式的探索，意义正在于帮助人们认识并返回自己灵魂的故乡。

人类并非只有单一不变的原始意象模式，不同的民族，不同的区域，不同的文化环境，必然赋予原型以不同的意义和类别。在这一点上，原型的全人类性质只统一于形式，而涉及到的具体内容，又是富有联系和区别的世界。那么，华夏民族的原始意象是什么呢？无疑，中国人要在精神上寻根的话，只能追索到仰韶文化中。或者换句话来说，除了仰韶文化之外，在中国人的原始意象模式中，还有什么别的吗？

曾经有人说，现代人的一个莫大悲哀来源于无以确认本民族当代精神导源于上古的原型。这点对于我们中华民族来说，似乎不构成问题。仰韶文化遗留的那些瓶瓶罐罐上的图案和纹饰，既是我们远古祖先的原始意象的集中反映，又是从远古通向现代的一座桥梁，那些瓶瓶罐罐上的图案和纹饰，包容了阴阳观，它们表明着中华民族的精神遗传基因中，就是以阴阳文化为核心的，因而《易经》特别适宜激活它的故乡人的集体无意识。这就是我们这个民族至今考虑问题的习惯，也是中华民族打算自立于世界民族之林的思维优势。如果认识不到这一点或者意识到了却没有巩固这一点，那么即便是垄断性优势也会被打破。

荣格认为人格结构中有3个层面组成：意识（自我）、个人无意识

（情结）和集体无意识（原型）。集体无意识是人格结构最底层的无意识，包括祖先在内的世世代代的活动方式和经验库存在人脑中的遗传痕迹。集体无意识的内容是原型，原型与本能差不多，都是人格中的根本动力，原型在心理上追求它的固有目标，而本能在生理上追求满足。原型是由于人类祖先历代沉积而遗传下来的，不需要借助经验的帮助，只要在类似的情境下，人的行为就会和祖先一样。

这种情况在中国表现得很明显。学者们考察了民间剪纸艺人，在无数剪纸作品中，文化的民俗意识完好继承下来，形成普遍经验组成的原型。例如有的老艺人无意识剪的蛇精，恰如女娲形象的显现。在剪纸过程中，偶然幻化初极为原始的图式，出现"神话母体的自我重现"。在民间有很多剪纸作品，从仰韶文化遗迹中可以找到惊人的对应图式。艺人在创造过程中运用了原有的思维习惯和方法，这种集体无意识思维不依赖于个人的发展创造，而是在特定文化背景下的集体思维习惯，是民族文化意识特色显现。正如布留尔认为的那样："他们的思维方法只拥有许许多多世代相传的神秘性质的集体表象，在他们的中间不受思维逻辑的任何规律的支配，是靠存在物与客体之间的神秘的互渗。"

从原始彩陶纹样到汉代画像石、画像砖，会出现巧合，荣格曾称其为"魔法的艺术"。实际上，这是原始思维逻辑在集体传承的结果所致。从中可以看出，许多作品在思维方式和造型上与原始艺术有相似之处，这同时也说明，那些远古的原始经验，通过集体传承的方式，越过漫长的历史岁月，已经悄然沉积在后人的深层心理结构之中。

从上古起，中华圣祖黄帝以及部落子民就从狞厉恐怖的大自然中汲取了野性舒展的精气，几千年的光阴溘然逸去，这股万世不衰的精气，使得炎黄的后裔们呼唤着那个遥远年代的严酷而暴戾的人格归来。腾腾喷向天空的生命之火，缓缓注入心灵的万物之泉，惊雷的呐喊，软风的抚慰，情感搏斗的波峰浪谷，大同理想下的灿烂谐音，使得当代中国人通过不同的道路，不同的侧面，不同的方式，或多或少地与上古建立了精神上的联系，并由此获得了回返最深邃生命源头的途径。

时至如今，在改革开放的国度里，中国人从来就没有像今天那样强烈地意识到了自己的职责。当他们为此失去了很多东西，尝到了不少艰辛时，才感到从来就没有像今天那样活得有价值，有滋味，在有胆有识地把过去与未来连为一体时，才感到生活是如此的有声有色。

　　写到这儿，本书就算写完了。掩卷之前，打算再用几句话煞尾，说些啥呢？冷不丁地想起一件似乎不搭界的往事：1953 年 3 月 5 日，苏联领袖斯大林逝世。那时，我在广州育才托儿所（位于小北路，至今尚存）上中班。消息传来，阿姨们恸哭，我们这帮孩子跟着阿姨们吱吱哇哇地哭。在那几年间，中国人民把苏联称为"老大哥"，"老大哥"的领袖离开了人世，在中国，甭管大人还是孩子，都发自内心的难过。但凡上了点岁数的中国人都应该知道，"老大哥"，这种充满家庭温暖的称呼延绵了多年，直到中苏两国关系搞僵才算完。至今，中俄两国关系不错，但在今生今世，中国人不会再把哪个国家称为"老大哥"了。为何在前后几十年间会发生如此巨大的变化？原因并不复杂，挺简单，挺清晰，那就是：仰韶时代以来的中华古文化培植了后代子孙心底的傲岸，经过一个为时不短的轮回，中国大众心底的傲岸重新苏醒了。就是这样。